新商科大数据系列精品教材

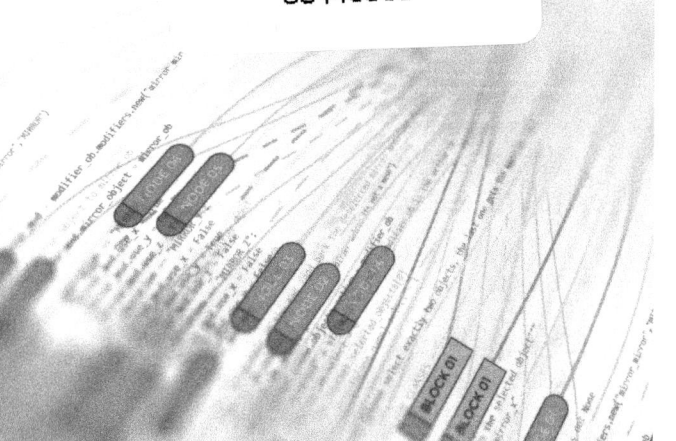

Excel商务数据分析与应用

刘飞 吴祖剑 关雁龙 主编

电子工业出版社
Publishing House of Electronics Industry
北京·BEIJING

内 容 简 介

企业在生产经营过程中会产生大量不同属性的数据,通过对这些商务数据的分析与处理可发现企业存在的问题及业务发展的机遇和趋势,并帮助企业做出有益的决策。

本书由浅入深地介绍了商务数据分析的意义与重要性,以及数据分析与处理在大数据和互联网时代中的基本特征、数据模型和分析方法;借助 Excel 工具,以理论与实践相结合的方式讲解了如何对商务数据进行分析与信息挖掘,并深入讲解了商业环境下的数据分析实际应用场景与案例。

本书每章都提供了练习与实践,既可作为应用型院校电子商务、商务数据分析与应用、大数据管理与应用、工商管理等相关专业的教材,也可作为商务数据分析人员的参考用书。

未经许可,不得以任何方式复制或抄袭本书之部分或全部内容。
版权所有,侵权必究。

图书在版编目(CIP)数据

Excel 商务数据分析与应用 / 刘飞,吴祖剑,关雁龙主编. —北京:电子工业出版社,2022.11
ISBN 978-7-121-44358-9

Ⅰ.①E… Ⅱ.①刘… ②吴… ③关… Ⅲ.①表处理软件-应用-商业统计-统计数据-统计分析-高等学校-教材 Ⅳ.①F712.3-39

中国版本图书馆 CIP 数据核字(2022)第 183077 号

责任编辑:刘淑敏
印　　刷:北京虎彩文化传播有限公司
装　　订:北京虎彩文化传播有限公司
出版发行:电子工业出版社
　　　　　北京市海淀区万寿路 173 信箱　邮编:100036
开　　本:787×1 092　1/16　印张:19　字数:493 千字
版　　次:2022 年 11 月第 1 版
印　　次:2023 年 11 月第 2 次印刷
定　　价:68.00 元

凡所购买电子工业出版社图书有缺损问题,请向购买书店调换。若书店售缺,请与本社发行部联系,联系及邮购电话:(010)88254888,88258888。

质量投诉请发邮件至 zlts@phei.com.cn,盗版侵权举报请发邮件至 dbqq@phei.com.cn。
本书咨询联系方式:(010)88254199,sjb@phei.com.cn。

前　言

随着互联网技术与各行业的紧密融合及大数据时代的不断深入，企业在日常管理、生产流通、服务保障等领域产生了与之相关的大量数据。科学客观的数据分析与应用是推进企业发挥核心竞争力的重要保障，为企业的销售管理、客户管理、绩效管理、财务管理、风险控制、市场预测、竞争分析等经营环节提供了有力的数据支撑，因此受到企业的广泛重视。

本书全面介绍了基于 Excel 2016 的商务数据分析与处理，主要内容包括 Excel 的基础操作、数据操作、函数应用、图表制作、透视图表应用及在商业上的各种实践案例。

本书具有以下特色：① 章节内容设计循序渐进，由浅入深。读者能够轻松了解数据分析背景，掌握 Excel 的深层次数据分析与处理方法。② 理论与实际相结合。通过贯穿整个企业市场活动的数据分析与处理链条，讲解 Excel 的数据分析方法。全链条式演示，操作性和实用性强，易学易用。③ 以真实案例数据为素材，图解 Excel 的数据分析与处理方法。④ 本书提供丰富的课程配套资源，主要包括教学大纲、教学日历、电子教案、电子课件、微课视频、源数据和 Excel 操作效果、重难点解析、课后习题及答案、模拟试卷及评分标准等。读者可以登录华信教育资源网（http://www.hxedu.com.cn）免费获取以上资源。

基于对高等教育职业能力培养与教育教学体系的考量，建议将"商务数据分析与应用"课程设置为 3 学分 48 学时，其中，16 学时为理论教学，32 学时为上机实验和综合实践。

本书由华南理工大学软件学院刘飞老师、暨南大学"暨南大学伯明翰大学联合学院"吴祖剑老师和北京青湖科技有限公司教育创新研究院关雁龙老师担任主编，负责全书内容的组织与撰写，隋东旭对书稿做了细致的审校工作。本书在策划和编写过程中，得到了电子工业出版社姜淑晶编辑的大力支持和帮助，在此深表谢意！

本书在编写过程中，考虑了互联网时代背景下的商业大数据发展现状，借鉴了国内外许多专家学者的学术观点和文献，参阅了大量商务数据分析与处理类书籍、期刊和网络资料，并得到了众多教育界同行与在校学生的积极反馈，在此谨对各位作者与读者表示感谢。由于编者水平有限及电子商务数据分析技术的迅速发展，书中难免有不妥之处，望广大读者批评指正。

作者联系方式：feiliu@scut.edu.cn（刘飞），zujian.wu@jnu.edu.cn（吴祖剑），18911629001@163.com（关雁龙）。

编　者

目 录

第1章 商务数据概述 ………………… 1
1.1 初识商务数据 …………………… 2
1.1.1 商务与商务数据 …………… 2
1.1.2 商务数据的分类 …………… 3
1.1.3 商务数据的作用 …………… 4
1.1.4 商务数据的获取 …………… 5
1.1.5 商务数据的应用 …………… 6
1.1.6 商务数据分析的指标 ……… 7
1.2 商务数据分析的工具与流程 …… 7
1.2.1 商务数据分析的工具 ……… 7
1.2.2 商务数据分析的流程 ……… 8
本章小结 ………………………………… 9
练习与实践 ……………………………… 9

第2章 商务数据采集与处理 ………… 10
2.1 商务数据的采集 ………………… 11
2.1.1 数据的划分类别 …………… 11
2.1.2 数据的采集流程 …………… 12
2.1.3 数据的采集方法 …………… 13
2.2 商务数据的处理 ………………… 16
2.2.1 清洗缺失数据 ……………… 17
2.2.2 清洗重复数据 ……………… 19
2.2.3 清洗错误数据 ……………… 30
本章小结 ………………………………… 33
练习与实践 ……………………………… 33

第3章 商业数据分析 ………………… 34
3.1 商业数据的来源与分析作用 …… 35
3.1.1 商业数据的来源 …………… 35
3.1.2 商业数据的分析作用 ……… 36

3.2 售前数据管理 …………………… 37
3.2.1 店铺浏览量分析 …………… 37
3.2.2 店铺关注度分析 …………… 43
3.3 售中数据管理 …………………… 51
3.3.1 商品成交率计算 …………… 51
3.3.2 商品评价排序分析 ………… 53
3.4 售后数据管理 …………………… 60
3.4.1 商品销售排名分析 ………… 60
3.4.2 商品月度销售分析 ………… 62
3.4.3 商品退回率分析 …………… 65
3.4.4 商品返修率分析 …………… 67
3.5 商品数据管理 …………………… 68
3.5.1 更新供货商信息 …………… 68
3.5.2 分类限定供货商品 ………… 69
3.5.3 调整供货商账号格式 ……… 70
3.5.4 自动填充供货商信息 ……… 72
3.5.5 筛选商品数据属性 ………… 74
3.5.6 分类汇总商品 ……………… 76
3.6 店铺数据管理 …………………… 79
3.6.1 打印店铺资料 ……………… 79
3.6.2 设置打印范围 ……………… 80
3.6.3 导出店铺资料 ……………… 81
本章小结 ………………………………… 83
练习与实践 ……………………………… 83

第4章 客户数据分析 ………………… 84
4.1 客户数据的来源与应用 ………… 85
4.1.1 客户数据的来源 …………… 85
4.1.2 客户数据的应用 …………… 87
4.2 客户数据 ………………………… 87

4.2.1　性别分析 ················· 87
　　4.2.2　年龄分析 ················· 90
　　4.2.3　属地分析 ················· 93
　　4.2.4　消费金额分析 ············ 94
　　4.2.5　购买能力分析 ············ 96
4.3　潜在客户数据 ····················· 97
　　4.3.1　关注用户分析 ············ 97
　　4.3.2　活跃用户分析 ·········· 101
　　4.3.3　消费意向分析 ·········· 102
　　4.3.4　消费导购效果分析 ···· 103
本章小结 ······································· 106
练习与实践 ··································· 106

第5章　运营数据分析 ············· 107

5.1　运营数据的来源与应用 ······ 108
　　5.1.1　运营数据的来源 ······· 108
　　5.1.2　运营数据的应用 ······· 108
5.2　商品使用数据分析 ············· 109
　　5.2.1　商品使用满意度分析 ···· 109
　　5.2.2　商品使用频率分析 ···· 115
5.3　服务应用数据分析 ············· 118
　　5.3.1　服务应用数据沉淀 ···· 118
　　5.3.2　服务应用数据挖掘 ···· 121
本章小结 ······································· 125
练习与实践 ··································· 125

第6章　市场数据分析 ············· 126

6.1　市场数据的来源与应用 ······ 127
　　6.1.1　市场数据的来源 ······· 127
　　6.1.2　市场数据的应用 ······· 127
6.2　市场数据与报表 ················· 128
　　6.2.1　制作销售报表 ············ 128
　　6.2.2　分析畅销与滞销商品 ···· 131
　　6.2.3　统计与分析市场销售量 ···· 137
　　6.2.4　设计商品组合式销售方案 ···· 139
6.3　市场异常数据统计与分析 ···· 146
　　6.3.1　商品退货与退款原因统计 ···· 146
　　6.3.2　商品退货与退款原因分析 ···· 149
6.4　商品影响力分析 ················· 152
　　6.4.1　畅销商品关键词统计与分析 ···· 152
　　6.4.2　畅销商品定价因素关联性分析 ···· 158
6.5　流量贡献度统计与分析 ······ 173
　　6.5.1　付费流量 ··················· 174
　　6.5.2　免费流量 ··················· 176
6.6　市场预测 ····························· 180
　　6.6.1　市场分布分析 ············ 180
　　6.6.2　市场渠道分析 ············ 183
　　6.6.3　行业竞争分析 ············ 192
本章小结 ······································· 195
练习与实践 ··································· 196

第7章　经营管理数据分析 ······ 197

7.1　管理数据的来源与应用 ······ 198
　　7.1.1　管理数据的来源 ······· 198
　　7.1.2　管理数据的应用 ······· 199
7.2　人事管理 ····························· 200
　　7.2.1　人员结构分析 ············ 200
　　7.2.2　考勤管理分析 ············ 202
　　7.2.3　绩效管理分析 ············ 203
　　7.2.4　人员招聘分析 ············ 206
7.3　采购管理 ····························· 208
　　7.3.1　成本价格分析 ············ 208
　　7.3.2　采购资金分析 ············ 212
　　7.3.3　采购时间分析 ············ 216
　　7.3.4　商品采购金额比例分析 ···· 221
　　7.3.5　商品采购资金变化分析 ···· 224
　　7.3.6　供货商报价比较分析 ···· 228
　　7.3.7　商品购买量分析 ········ 231
7.4　库存管理 ····························· 236
　　7.4.1　统计库存类商品比例 ···· 236
　　7.4.2　查询库存商品动态变化 ···· 241
　　7.4.3　分析库存商品数量 ···· 245

V

7.4.4　分析库存商品折损与补货… 249
　　本章小结…………………………… 257
　　练习与实践………………………… 257

第 8 章　商务数据的可视化与报告 ……… 258

　　8.1　商务数据的可视化 …………… 259
　　　8.1.1　商务数据可视化基础 …… 260
　　　8.1.2　商务数据可视化图表 …… 264

　　8.2　商务数据分析报告 …………… 290
　　　8.2.1　商务数据分析报告基础 … 291
　　　8.2.2　商务数据分析报告类型 … 292
　　　8.2.3　商务数据分析报告撰写 … 292
　　本章小结…………………………… 294
　　练习与实践………………………… 294

参考文献……………………………… 296

第 1 章
商务数据概述

学习目标

了解什么是商务数据；
了解商务数据的分类与作用；
了解商务数据的获取和应用领域；
了解商务数据处理的常用工具；
了解商务数据处理的基本流程。

重点与难点

掌握商务数据的指标类别；
熟悉商务数据的应用场景；
熟悉商务数据处理的应用工具；
掌握商务数据处理的基本流程。

思维导图

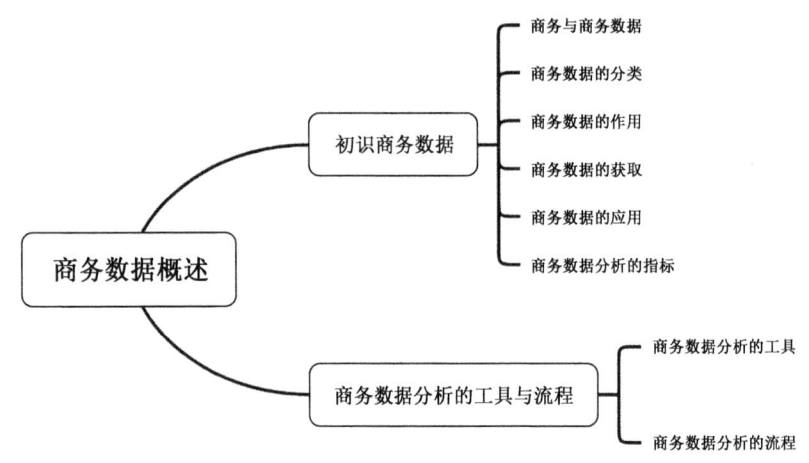

```
                          ┌─ 商务与商务数据
                          ├─ 商务数据的分类
             ┌─ 初识商务数据 ─┼─ 商务数据的作用
             │            ├─ 商务数据的获取
             │            ├─ 商务数据的应用
商务数据概述 ─┤            └─ 商务数据分析的指标
             │
             └─ 商务数据分析的工具与流程 ─┬─ 商务数据分析的工具
                                      └─ 商务数据分析的流程
```

1.1　初识商务数据

在互联网与大数据迅猛发展的时代，企业频繁的商务行为产生了大量的商务数据。利用数据为企业发展提供有效的支持与服务是企业在从事商务行为过程中数据化的"痕迹"。企业要想更好、更稳健地发展，必须做到快速、精准地提取经营过程中的数据，并对其进行科学有效的发掘与分析，为企业的管理决策与市场运营提供有效的数据分析支撑。随着信息处理技术的不断发展，对数据的收集、处理、分析也变得越来越容易，数据分析已经不再是专业数据处理机构的工作，而是企业内部的一个基本岗位职能。

本章围绕商务数据的相关概念与应用场景，为读者展开详细的论述。通过对商务数据来源的分析，使读者能够认识企业在商务运营的不同环节中所形成的各类数据，了解各类数据反映了企业的何种经营状态，并如何对数据进行筛选、挖掘与利用。同时，本章还介绍了商务数据常用的处理与分析工具、商务数据处理的基本流程，以及在不同应用场景中商务数据指标的功能和作用等。

1.1.1　商务与商务数据

《韦氏大词典》对商务（Commerce，Business）一词给出的定义为：商务是指大规模的商品交易或买卖，包括在各地之间的运输。从概念中不难看出，一切商务行为的目标是商品的交易或买卖，商品既包括货物，也涉及服务。在商务行为过程中，参与的角色包括购买者、销售者（或服务提供者）和生产者。

电子商务（Electronic Commerce，EC）是在互联网、大数据被广泛应用的时代背景中发展出的一种全新态势。电子商务至今并没有一个统一的概念，从电子商务行为的特征来分析，能够总结出一个被大多数人认同的概念，即电子商务是指在商业活动中利用互联网，通过远程通信的方式，完成整个交易过程的商务行为，它具有数字化、网络化、数据化的特征，但其本身的属性仍然是商务。

数据是客观事件或事物的状态变化过程中可记录的物理符号或物理符号的组合，是对客观事物的逻辑归纳，是用于表示客观事件或事物的未经加工的原始素材。数据可以是连续的值（如声音、图像，称为模拟数据）；也可以是离散的值（如符号、文字，称为数字数据）。数据反映了客观事件或事物的性质、状态及相互关系。对数据进行加工和处理，将物理符号变成具有逻辑性的数据，就得到了数据信息。

商务数据是指当一次商务行为发生在货物或服务价值转移的全过程中时，所有参与角色的行为数据，其内容包括货物或服务购买者数据、企业销售数据、生产与物流数据、管理与运营数据等。商务数据一般以数字、文字的形式表现，具有容量性、连续性、时效性和真实性的特征。

1.1.2 商务数据的分类

1. 按照参与角色的维度分类

商务数据可以按照商务行为过程中数据的来源或参与者的角色进行区分。在参与者的行为过程中，数据来源可以归纳为三个维度：商务行为的角色，即参与者维度的数据；商务行为的目标，即商品和服务维度的数据；商务行为的环境，即运营和管理维度的数据，如图1.1所示。

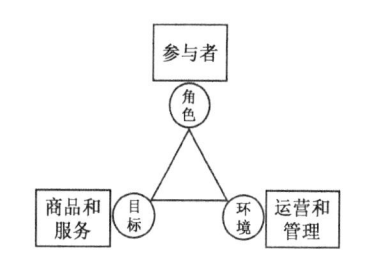

图1.1 商务数据按照参与商务行为角色的维度分类

（1）参与者

参与者主要是指商品或服务的购买者，即用户。基于参与者维度的商务数据涵盖了用户购买商品前的数据（登录次数、浏览内容等）、购买中的数据（购买数量、购买金额、购买频次、用户年龄、用户性别等）、购买后的数据（推荐量、评价量、互动量等）。通过对这些数据的处理、整合、分析，能够反馈用户使用商品和服务后的真实感受与评价，及时调整营销策略、优化产品或服务的功能，并绘制用户的消费行为画像，分析客户的消费习惯、消费偏好、功能需求、使用体验等，实现用户精准的个性化服务。

（2）商品和服务

商品和服务是用户参与商务行为的目标对象，基于此维度的数据反映了商品或服务的数量、价值等指标在交易过程中的变化，包括售前商品或服务的浏览量、点击量、预订量等，售中商品或服务的订单量、出货量、销售额等，以及售后商品或服务的退货量、维修量、投诉量等。

（3）运营和管理

运营和管理的数据体现在对用户与企业之间发生商务行为的运营支撑与管理支撑。运营支撑数据包括物流管理数据、库存管理数据、客服专员服务量数据、广告投放数据、商品物流数据、线上线下活动数据等。管理支撑数据主要是企业经营管理的数据，例如，市场销售人员占比数据、研发数据、人力资源数据等。

2. 按照数据产生的维度分类

电商企业以销售为导向，用最简单的分类方式可以将商务数据分为两大类：前端行为数据和后端商业数据。

前端行为数据指访问量、浏览量、点击量及站内搜索量等反映用户行为的数据；而后端数据更侧重于商业数据，如交易量、投资回报率及全生命周期管理等。

3. 按照数据应用的维度分类

按照数据应用的维度分类包括：销售数据、用户数据、交易数据、流量数据、产品数据、市场数据、竞品数据和渠道数据等。

1.1.3 商务数据的作用

随着信息技术与电子商务的不断融合与发展，企业商务行为中产生的数据越来越多，数据挖掘为企业的发展注入了新的活力，通过对数据的收集、分析、整合及应用，提升了企业个性化与精准化运营的能力，促进企业可持续性发展。

1. 强化营销能力

对销售数据等进行系统的分析，可以帮助企业了解用户的消费特征，这些特征包括消费能力、消费习惯、季节性消费周期，甚至不同地区的消费文化和消费习俗等特征。利用数据分析的成果可以为用户勾勒画像，精准地分析用户消费特征和潜在需求，引导新用户未来潜在的需求，开展精准广告投放，实现用户个性化服务定制，最终实现强化企业营销的能力和提高精准营销转化率的目标。

2. 改善用户关系

通过对销售数据、售后服务数据、论坛评价数据等的有效分析，可以使企业获得用户对其提供的产品或服务的信任度、满意度及忠实度，能够更好地帮助企业了解用户的消费特征，针对不同特征的用户，可以开展有针对性的分类、分层服务，积极改善用户关系，提高用户满意度，实现老用户稳定、新用户不断增长的目标，促进销售转化能力的全面提升。

3. 提升产品质量

通过对产品或服务的满意度与需求诉求的数据分析，帮助企业不断地优化和提升产品的性价比，以及服务的水平和能力，实现企业的可持续发展。通过对相关论坛数据的分析，可以为企业提供具有差异化的产品或服务的模型，为企业快速开发新产品、新服务提供有效的数据支持。

4. 掌握行业动态

产品或服务的市场定位对于企业的发展至关重要，直接影响产品或服务的营销渠道。产品或服务的市场定位主要依赖市场数据的收集与分析，通过行业数据分析，掌握行业现状、发展趋势、竞争情况，持续关注竞争对手的研发动向、营销方向等，以及通过商务数据分析对自身未来发展做好风险预判。

5. 优化运营管理

通过数据分析，改善和调整企业内部管理和运营状态，包括人员配置、劳动时间、绩效管理、财务管理等，使企业的内部管理达到最优状态。

1.1.4 商务数据的获取

商务数据通过不同渠道或不同工具获取的方式并不相同，一般而言，商务数据的获取通常有以下四个主要途径。

1. 企业经营过程中产生的各类数据的直接记录

企业在生产、研发、售前、售后及财务管理、人力资源管理经营过程中都会有大量的数据产生。传统模式下，这些数据的记录依赖企业自己的管理习惯与流程，例如，最简单的是使用人工销售统计表记录数据，也可以利用进销存类企业管理软件进行数据统计等。此外，有些具备一定编程能力的企业，会独立开发数据库管理小程序，一方面便于企业管理使用，另一方面可以很好地对相关数据进行统计分析。

这是一些传统企业获取数据的途径，仅限于企业自身的数据获取，对于分析企业自身的经营状态有一定的辅助作用，但不足以了解竞争对手或整体行业发展的情况。

2. 从电商交易平台，利用店铺工具等获取数据

随着电子商务行业的不断发展，企业对商务数据的重视程度也随之提高，各大电商交易平台出现了专门的数据服务工具。利用这些电商平台的数据工具，企业可以快速获得自己需要的数据，包括企业自身数据和竞争对手的数据等。常用的电商平台数据工具有阿里指数、生意参谋、生e经、数据魔方、量子恒道及京东数据开放平台等。

这种获取数据的途径不仅效率高、数据量大，而且针对性强，但竞争对手同样也能获得类似的数据。

3. 从搜索引擎的数据源获得数据

企业可以利用搜索引擎获得数据，例如百度指数。使用搜索引擎的网民将搜索行为存留在平台上，累积到一定的数量，就会形成有价值的数据源。企业通过搜索引擎的数据指数，可以了解网民搜索的预设关键词的情况，从而快速了解消费动向和趋势。

通过此种途径获取的数据数量大、范围广、目标群体相对不确定，通常适合对行业发展需求的分析及对整体市场发展的判断等。

4. 向专业的数据公司购买数据或安装数据插件

随着大数据技术的不断发展与应用，企业商业数据的价值被更加重视。数据经营是互联网、大数据背景下催生出来的一个新行业，即大数据分析公司。大数据分析公司通过自主开发的数据平台爬取各类专业数据，并进行分类处理，企业可以向大数据公司购买其需要的原始数据，也可以购买经过分析处理的数据。

数据分析领域的软件开发技术不断完善，成本逐渐降低，各类数据查询和分析的插件类软件层出不穷，借助这类插件类软件获取数据也是一种获得数据的方式。这种插件不仅可以记录自己的经营数据，还可以查询到竞争对手的一些数据，如产品的上下架时间、关注人数等。

1.1.5 商务数据的应用

电子商务是信息技术背景下的一种新的经营模式，它的发展为企业的经营与管理提供了更便捷的通道。有效地利用数据，对商务数据进行分析、挖掘和应用，将促进企业的可持续发展。商务数据可以应用在以下几个方面：销售分析、客户分析、产品和市场分析及运营与管理分析等。

1. 销售分析

销售数据的分析对于企业的发展而言，将起到至关重要的作用。电子商务已经成为商业销售的主要形式之一，商品和服务在互联网平台通过数字化的方式完成交易后，留存了大量的客户数据，通过对这类数据的整理和分析，能够挖掘客户二次消费的潜在可能，实施精准营销，促成新的订单；同时，能够发现买方市场对产品或服务的需求趋势，在广告投放和营销策略上有的放矢。

通过企业实际营销行为获得，包含在单位时间内的销售额、销售量、销售种类、交易量、交易人数等数据的记录。

2. 客户分析

客户是企业最重要的资源，客户数据普遍受到企业的重视，通过对客户数据的分析，了解客户的消费习惯、消费能力、消费动机、消费趋势，能更好地为客户提供商品及服务，从而提升客户的满意度和信赖度，成为企业持续的客户资源，持续提升企业的获利能力。

客户包括老客户和新客户：老客户可以以会员的身份体现，而新客户以潜在客户的身份体现。客户数据包括客户在交易过程中的消费金额、消费频次、消费类别等直接商务数据，还包括客户在浏览企业网站时产生的数据，包含浏览量、日访客数量、实时在线量、登录时间、在线时长等数据；同时，也包括客户以会员身份登记的个人信息，在不侵犯客户个人隐私的前提下，获取到的会员信息，如姓名、性别、年龄、联系电话、联系地址等数据。

3. 产品与市场分析

通过对商务数据的综合分析，可探索商品和服务市场的规律及变化，预测客户未来的消费需求，为产品更新迭代、服务提升做好准备，提前布局，保持并逐步扩大市场占有量，并加强新产品和新服务在未来市场中的竞争优势。产品和市场分析的应用包括竞品数量、竞品价格、市场饱和度、市场总容量、成交价格趋势等。

4. 运营与管理分析

运营与管理是为了更好地销售商品和服务，通过控制成本和优化管理流程，减少不必要的工作环节和岗位设置，最大限度地提升商品或服务的性价比，包括库存管理、人力资源管理、薪资管理和研发管理等。

1.1.6 商务数据分析的指标

运用适当的工具对收集来的商务数据进行分析，提取有用信息进行归类和整合，并基于一定的标准对数据进行概括，形成数据分析指标。商务数据指标能够让企业决策者清楚地看到其商务数据中存在的问题，以做出更准确的判断，采取更适合的营销或管理策略。

对商务数据指标进行分类时，可以依据企业在商务行为中的参与角色来划分。

1. 销售指标

销售指标包括成交率、退货率、维修率、转化率、注册转化率、客服转化率、市场占有率等。

2. 客户指标

客户指标包括会员注册量、会员流失量、活跃会员量、会员购买率、登录量、浏览量、访问量、实时在线人数、日均在线人数、平均在线时间等。

3. 产品与市场指标

产品与市场指标包括产品占有率、产品畅销度、产品滞销度、竞品占比、市场饱和率等。

4. 运营与管理指标

运营与管理指标包括物流指标、出库指标、库存指标、出勤率、销售人员占比、研发人员占比等。

1.2 商务数据分析的工具与流程

在商务交易活动中形成了大量的商务数据，想要充分利用这些数据为企业的经营活动服务，就需要对数据进行处理和分析，经过处理和分析后的数据信息将为企业的运营决策提供有力的支撑。

1.2.1 商务数据分析的工具

商务数据分析是运用特定的统计工具或数据工具，对商务行为中产生的相关数据进行整合和分析，为商业管理提供科学有效的数据信息支持，通过对商务数据分析成果的应用，服务于商业销售计划、客户精准营销计划的编写等。商务数据分析通常需要计算机软件或第三方数据平台的支持，常用数据分析工具概述如下。

1. SQL 数据库工具

SQL 是结构化查询语言，是一种关系型数据库的标准语言，也是数据分析从业者必备语言工具之一。SQL 从功能上可以分为 3 个部分：数据定义、数据操纵和数据控制。它适合数据量庞大、数据性质呈现多个维度，并且对数据分析或查询有特殊需求的场景。SQL

可以将多个数据列表进行关联后分析或查询。

2. Hive 数据仓库工具

Hive 是基于 Hadoop 的一个数据仓库工具，具备数据提取、数据转化、数据加载的功能，可以对存储于 Hadoop 中的大规模数据进行存储、查询和分析。Hive 还支持结构化的数据文件转换数据库格式，并支持 SQL 的查询，同时能将 SQL 语句转变成大规模数据集 MapReduce 的编程任务来执行。Hive 十分适合对数据极其庞大的数据库进行统计分析。

3. Python 计算机编程语言

Python 是一种计算机编程语言，同时也是一款非常适用于数据分析的编程语言。由于 Python 语言具有简洁性、易读性、可扩展性等特点，它成为高级数据分析领域中最常用的数据分析工具之一。同时，它提供了效率更高的数据结构，且可以简单、有效地面向对象编程。它的语法和动态类型使它成为多数平台写脚本和快速开发应用的编程语言。Python 支持数据挖掘、网络爬虫、可视化报表等功能。

4. Microsoft Excel 电子表格办公软件

Microsoft Excel 是美国微软公司开发的 Microsoft Office 办公系列软件之一，是一款电子表格工具软件。Excel 有直观的操作界面、出色的计算功能、强大的图表处理工具，是目前最流行的个人计算机数据处理软件，也是应用范围最广泛、使用人数最多的数据分析工具之一。Excel 可以对目标数据进行管理、排序、筛选、分类、汇总、分列、异常值处理、透视表、模拟运算、可视化、统计等工作，是功能最多的数据分析应用软件之一。Excel 广泛应用于教育、管理、统计、财会、销售、金融等领域。

除上述介绍的商务数据分析工具软件，还有 SPSS、R 语言、百度统计、Google Analytics 等数据处理工具，以及第三方数据分析平台工具，如国云数据魔镜、友盟+等。每种数据分析工具和平台都各有优缺点，选择适合自己工作特点、易学易用的数据处理与分析工具或平台，能够极大地提高工作效率和品质。

1.2.2 商务数据分析的流程

商务数据分析与应用是基于提升企业商务活动的效率和能力，通过有针对性地收集、整理、加工和分析数据，挖掘有意义的、有价值的数据信息，其流程包括数据收集、数据处理、数据分析、数据呈现和数据报告等 5 个步骤。

1. 数据收集

商业行为的决策是个严谨的过程，要以数据为基础做出合理的决策。数据分析要有一个确定的目标，无论是针对市场、客户还是运营，首先要明确数据收集与分析的目的是什么、要解决什么商务问题，然后再开展数据收集。数据收集是整个数据分析与应用流程中最重要的一环，精准、科学、系统的数据收集是商务数据分析与应用的前提。

2. 数据处理

数据处理是指对收集的数据进行加工、整理，以便开展数据分析。这个过程是整个数据分析过程中最占用时间的，在一定程度上也是数据质量的保证。数据处理主要包括数据清洗、数据转化等处理方法。数据清洗和转化的主要对象包括残缺数据、错误数据和重复数据。

3. 数据分析

数据分析是指通过分析方法和技巧对准备好的数据进行探索、分析，从中发现因果关系、内部联系和业务规律，为企业提供决策参考。到了这个阶段，要想能够驾驭数据、开展数据分析，就要涉及工具和方法的使用。

4. 数据呈现

经过分析处理的数据要以一定的形式呈现出来，目前最直观、最容易识别的方式就是可视化呈现。借助数据呈现可视化工具，让数据转化成各类图表或图形，例如，饼图、折线图、柱形图、条形图、散点图、雷达图、金字塔图、矩阵图、漏斗图和帕雷托图等。

5. 数据报告

将数据分析后的量化指标进行汇总，经过研究诊断，结合商务行为进行分析和描述，形成完整的数据分析报告与应用成果，提出解决方案供企事业单位的决策者使用。不同领域的数据报告在内容、格式等方面的要求略有差异。

本章小结

通过本章的学习，读者可以对商务数据有一个全面的、初步的认识，了解商务数据分析、商务数据分类的重要作用，以及商务数据各项分析指标及其应用领域。读者在熟悉商务数据的分析流程与常用分析工具和方法之后，可以继续学习如何进行商务数据分析与应用。本章的学习目标是为后面章节的深入学习打好基础，对商务数据分析和应用能有整体的、系统的认识。

练习与实践

通过学习本章内容，请回答以下问题。
1. 什么是商务数据及商务数据如何分类？
2. 商务数据的分析指标有哪些？
3. 商务数据分析的常用工具有哪些？

第2章 商务数据采集与处理

学习目标

了解数据采集与处理的基本概念；
理解数据采集的基本方法与数据处理方式。

重点与难点

熟悉商务数据采集流程；
学会清洗处理残缺、错误和重复数据。

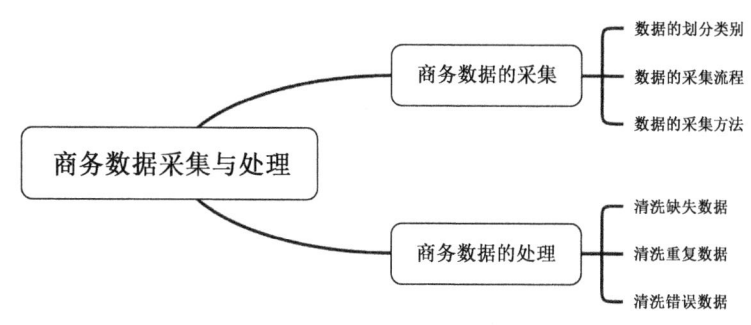

第 2 章 商务数据采集与处理

思维导图

商务数据采集与处理
- 商务数据的采集
  - 数据的划分类别
  - 数据的采集流程
  - 数据的采集方法
- 商务数据的处理
  - 清洗缺失数据
  - 清洗重复数据
  - 清洗错误数据

2.1 商务数据的采集

商务数据的产生有不同的场景与领域,数据的来源渠道具有多元化和差异化的特征,因此,针对不同数据渠道的采集有不同的方法与技巧。数据采集的具体工作实施者必须厘清数据渠道类型,掌握相关采集方法,才能较好地完成数据采集与处理的前期准备工作。

2.1.1 数据的划分类别

数据采集的首要任务是明确所采集目标数据的类别,数据可以由线上网络商务交易平台产生,也可以由线下实体经济活动产生,因此,数据资料来源具有多元化、多渠道的特点。目标数据可以从数据的获取过程、获取范围和获取对象三个方面进行分类,如表 2.1 所示。

表 2.1 数据的类别划分

数据获取	数据类别	数据类别样例
过程	一手数据	数据渠道直接收集
		自我经验总结
	二手数据	文献资料
		调研报告
范围	内部数据	客户行为数据
		交易行为日志数据
		商品交易数据
	外部数据	人口数据
		经济数据
		新闻舆论数据
		市场经营数据
对象	普通商务数据	商务交易业务定制数据
	特定商务数据	商务活动推广期数据
		特定用户与商品销售调研数据
		第三方服务咨询公司发布行业数据报告

1. 数据的获取过程

数据素材来源的第一个类别为数据获取过程，此类别又分为两个子类别：一手数据和二手数据。一手数据是指数据采集人通过数据渠道直接收集整理的数据，或者从自我经验总结中获得的数据；二手数据是指数据采集人通过调研、阅读相关资料，借用他人或者组织分析总结的经验和成果，自我整理而得到的数据，例如文献资料和调研报告。

2. 数据的获取范围

数据素材来源的第二个类别为数据获取范围，此类别又可分为两个子类别：内部数据和外部数据。内部数据是指企业、行业单位内部对商务交易保存的数据，例如，交易过程涉及的客户行为数据、交易行为日志数据、商品交易数据等；外部数据是指通过公共平台发布的各类宏观与微观数据，例如，人口数据、经济数据、新闻舆论数据、市场经营数据。

3. 数据的获取对象

数据素材来源的第三个类别为数据获取对象，此类别又可分为普通商务数据和特定商务数据。普通商务数据的采集对象是线上与线下商务交易实体，可以针对该类交易实体定期采集商务交易业务数据；特定商务数据的采集对象是特定商务活动交易实体数据采集，例如商务活动推广期数据、特定用户与商品销售调研数据及第三方服务咨询公司行业数据报告。

2.1.2 数据的采集流程

在对收集的数据进行处理分析之前，需要遵循以下 3 个基本步骤来完成数据的采集整理，即分析数据需求、刻画客户特征、采集数据信息，如图 2.1 所示。

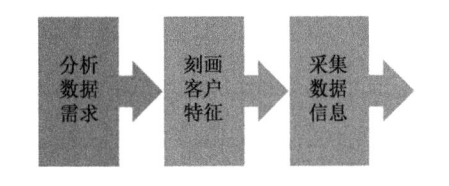

图 2.1　数据采集的基本流程

1. 分析数据需求

现实世界中存在海量的数据，不同的商务活动对数据分析的使用目的并不相同，即数据分析的原生驱动力不同。因此，采集商务数据的第一步，应该明确对拟获取数据如何协助管理者进行商务活动分析与决策。在数据需求分析的指导下，从商务活动产生的海量、异构和多维度的数据中开展并实施有针对性、有目的性的数据采集活动。

例如，如果商务活动的主体是线上交易平台入驻商家，那么其核心的数据分析需求就是在线访客数量、注册用户数、商铺关注度、商品浏览热度、商品订购与售后服务数据；如果商务活动主体是媒体公众号，那么核心的数据分析需求就是公众号粉丝数、文章阅读数和浏览量、热点推文转发数、点赞数与评论数等。

虽然数据的使用需求在各行各业中并不相同，但其核心的需求指标是一致的，即从现有的数据中挖掘出可以协助商务活动主体分析问题、研究对策、做好分类、指导交易行为的有用信息。有效的数据需求分析可以避免商务活动主体陷入分析无关冗余数据、低效获取商务交易反馈、失误制定交易活动策略的困局，从而支持商务活动主体高效准确地采集商务数据并进行深度的数据分析与信息挖掘使用。

2. 刻画客户特征

商务活动的主体构成是"商家"与"客户",无论何种行业,商务数据分析的素材来源与分析结果使用对象都离不开"客户"。因此,对目标客户的特征刻画是数据采集的重要前期准备工作之一。对客户特征的分析与分类,是对前一步数据需求分析的进一步划分,即在客户特征的分析框架下对数据需求的子集进行更细致的分类,做好"客户特征"与"数据需求"的对应关系记录。

3. 采集数据信息

在明确了数据需求分析内容与客户特征刻画分析之后,就可以开展按需的数据采集工作了。数据采集工作主要由"数据需求分析人员"和"数据采集技术人员"两类人员相互配合完成,前者向后者提供整理出来的数据需求与客户特征指标,后者带着需求指标与客户指标去采集数据。双方的有效合作可以降低数据采集的冗余度,提高数据采集的效率,增加后期数据分析的价值。

2.1.3 数据的采集方法

在大数据时代背景下,数据的采集存在广度与深度范畴的困难。在了解数据采集的具体方法之前,需要对采集对象(大数据)进行从定义与特征方面的初步了解与认识。

1. 数据的定义与大数据特征

数据(Data)是指通过定性或者定量的方式对客观事物进行记录并描述其性质、状态和相互关系的结果,是一种对客观事物的逻辑归纳,也是用于表述客观事物的未经加工的原始信息素材。在初步了解数据的定义之后,需要进一步对当前涉及数据分析与应用的"大数据"概念及其特征进行了解。

大数据主要是指大量的、不同来源的、不同类型的、不同含义的海量数据。由于大数据是动态变化的、维度不断增加或减少的,因此能够通过研究分析并发现大数据所蕴含的规律,并进一步利用这些规律促使商业行为产生价值。维克托·迈尔·舍恩伯格和肯尼斯·库克耶编写的《大数据时代》一书中对现代大数据特征、数据收集与分析做过阐述。作者认为,现代大数据及其分析处理,主要是指不依赖随机采样方法、不追求精确度、不热衷于寻找因果关系的大数据收集和分析过程。

因此,结合 IBM(International Business Machines Corporation,国际商业机器公司)曾提出的大数据 5V,可以进一步了解大数据特征:"Volume(大量)""Velocity(高速)""Variety(多样)""Value(低价值密度)""Veracity(真实性)",如图 2.2 所示。

(1)数据的"Volume(大量)"特征

现代数据的特征之一是大量,海量低密度的非结构化数据量通常高达数十 TB,甚至数百 PB。

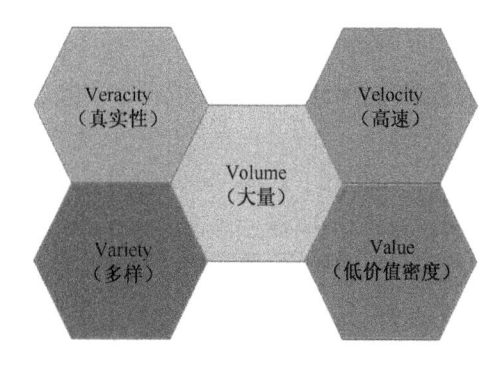

图 2.2 数据采集对象的 5V 特征

因此，数据采集方法首先要考虑并解决如何处理如此大量数据负载的问题。

（2）数据的"Velocity（高速）"特征

现代数据的产生、传输与存储均有着数据量增长速度快，数据处理任务要求实时性分析，而非事后批处理的特征。因此，数据采集方法的实施手段要考虑如何高速接收并处理数据。

（3）数据的"Variety（多样）"特征

现代数据特征之一是多样，即数据类型众多。例如，传统结构化数据与新兴非结构化数据类型。因此，数据采集的方法要解决数据多样特征下的信息收集与清洗整理环节。

（4）数据的"Value（低价值密度）"特征

现代数据虽然在数量上特别巨大，但其价值含量不尽相同。如何在海量信息中针对价值密度相对较低的数据进行收集、分析和获得相关结论预测，是最终进行数据收集的目的和意义。

（5）数据的"Veracity（真实性）"特征

现代数据的使用最重要的特征之一是其真实可靠的数据质量。任何数据采集与分析的基础都是大量的真实高质量数据。因此，数据采集行为的实际意义是收集真实的商务交易与行为所产生的高质量数据。

2．数据采集的维度

随着现代科技的迅猛发展，数据的创造速度与积累量迅速攀升。据国际数据公司统计显示，全球近 90% 的数据将在这几年内产生，预计到 2025 年，全球数据量将达到 163ZB（注：ZB 即十万亿亿字节）。数据信息的表现形式更是从单一的纯文本形式演变成声音、图片、视频等多种形式。因此，无论从数据数量上，还是从数据结构或数据维度上，数据采集均存在数据的高度复杂性、数据领域的广泛性，以及高难度性。

数据采集工作可以从四个维度来实施与开展：线上、线下、定量与定性。值得注意的是，在实际操作过程中，这四个维度可以依据具体数据采集对象情况配合使用，如图 2.3 所示。

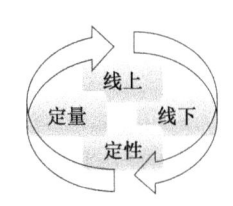

（1）线上维度

基于现代互联网世界的迅速发展，在线用户数量不断增长，由此带来海量、异构和多维的数据。通过网络的方式，数据的采集过程更加快速、采集对象更加多元化、采集的数量更加巨大。

图 2.3　数据采集的四个维度

因此，针对线上维度的数据来源，现代商务活动数据的采集可以通过在线调查问卷、在线平台日志、在线业务数据库、在线搜索引擎与网站数据爬虫等方式获取。

（2）线下维度

传统的数据采集可以通过数据采集人员现场调研、用户访谈等线下方式进行。可以在预先准备好的访谈框架内，依次完成线下数据采集步骤：确定数据采集对象、设计调研访谈提纲与问题、投放调研问卷与采访用户、收集调研问卷结果与访谈记录、整理汇总调研访谈结果并分析。

（3）定量维度

商品交易活动产生的数据必将通过客观具体的数据描述方式存储在物理实体上。无论是线上还是线下的活动产生的数据都存储于各种平台的业务数据库、网站日志、搜索引擎及第三方统计平台数据库等。这类定量的数据采集一般通过电子化方式进行记录、传递和分析。

（4）定性维度

商务交易活动的主体之一是人员，人员包括参与活动的客户与商家。因此客户与商家的互动交流往往具有定性的特点。例如，客户对商品质量与服务的反馈数据，有很大一部分是定性描述，需要后期的整理汇总与分析。因此，在数据采集过程中，需要对此类定性数据进行诸如（线上或线下）问卷调研、用户访谈的内容与结果汇总分析。

综上所述，商务数据的采集需要从多个维度进行定性与定量的采集方法实施，而鉴于数据采集的多个不同维度特征，上述的四个维度将融合交织在数据采集过程中。下面，将介绍常用的数据采集方法，并介绍采集到数据后如何处理。

3. 数据采集的方法

数据采集方法普遍通过线上与线下相结合的方式完成，下面介绍的采集方法不仅仅局限于线下或线上使用，而是混合交织于线上与线下的同步使用。

（1）程序式数据采集方法——网络爬虫

广泛应用于互联网搜索引擎的网络爬虫，是一种基于一定规则的自动获取万维网信息的程序或脚本。网络爬虫可以自动采集其能访问到的页面内容，并通过获取或更新的方式整理网站的内容。网络爬虫一般有数据采集、数据处理和数据存储三个功能。

（2）日志式数据采集方法——业务数据库与网站日志

无论是线上的互联网产品交易还是线下的商品直接交易，所有交易业务活动都将通过业务数据库存储相关数据信息。此类数据信息包含了商品销售量、订单量、购买用户数等指标数据。由于业务数据库面向的是实时发生的商业交易行为数据，所以数据具备实时性与准确性，是现代互联网客观评价网站质量的有力客观依据。

网站日志则更多地对用户数据及其相应行为进行记录与分析。因此，数据采集可以通过获取网站日志的方式直接查询用户使用行为，其包含用户访问页面的次数、访问页面的有效停留时间等数据。另外，网站日志除了支持数据的采集行为，还可以用于日志文件恢复，使由用户的一些误操作导致的数据缺损或破坏行为得以纠正。

（3）问答式数据采集方法——用户访谈与问卷调研

用户访谈是数据收集最直接的方法之一。在访谈之前，设计好访谈的提纲，选择好适当的访谈对象，记录好访谈的内容，并对访谈的数据结果进行分析。访谈过程中，用户对问题的回答数据较容易集中于某些高频的关键词类别。此时可以针对高频出现的关键词进行整理归类，以获得对访谈数据的分析结果。

问卷调查是用户访谈的普遍使用方式。通过问卷调查可以对目标用户进行画像，了解目标用户的特征类别。在初步结合问卷调查用户样本的数量之后，可以通过设计问卷内容、投放问卷、收集问卷、分析问卷结果的步骤，达到刻画目标用户特征的目的。

（4）服务式数据采集方法——第三方数据统计服务

第三方数据统计服务主要是指线上非被访问网站拥有方、非被访问网站流量引入方的信息服务提供商，通过第三方统计工具记录并分析网站等对象被访问数据，然后按客户需求提供此类数据的服务。由于数据的获取和分析是网站被访问者与访问者之外的第三方提供的，所以一般而言，其收集统计的数据相对客观，是主流数据采集的途径之一。但由于第三方的客观身份事实，数据的采集与分析并不可能达到100%的技术性准确分析和数据解读，存在第三方统计工具对数据误读和漏读的可能性。

第三方数据统计工作一般有以下四个步骤。

第一步是埋入代码，即在网站页面中埋入统计工具的跟踪代码，使页面可以按照需求记录，诸如访问者时间、IP地址、停留时间等数据。

第二步是加载代码，即访问者点击相应广告后，已埋入跟踪代码的页面被打开，跟踪代码被加载，访问者的访问情况被记录。

第三步是结合Cookie分析，即结合浏览器Cookie信息，第三方统计工具对记录下的访问信息进行流量分析和处理。

第四步是数据展示与服务提供，即第三方数据统计服务方将经过分析处理的访问量、流量信息，按照不同维度展示给用户。

常见的第三方数据统计服务平台方有Google Analytics、StatCounter、SimilarWeb、51la、Clicky、Matomo、友盟+、百度统计。这些数据统计服务平台可以用来统计和分析实时访问、访客信息、流量分析等，实时了解与监控管理目标网站的整个运行状态、数据服务提供是否符合预期设计，并且还可以通过数据分析统计，总结调整相应的商品推广策略，提高服务能力和水平。

2.2　商务数据的处理

在通过数据采集阶段各种途径获取目标数据之后，需要对采集到的数据进行相应的处理，即数据清洗，以达到数据分析使用前的预处理目的。数据清洗主要用于检测、纠正、删除数据记录集，这些数据记录集存储于各类数据表或数据库中，数据记录集包含了不准确或损坏的相关数据记录。因此，我们可以将数据清洗视为对数据记录集中不正确、不完整、不相关、不准确或有其他问题的"脏"数据部分进行替换、修改或删除操作。

一般不符合数据分析需求的问题数据主要有三类：缺失数据、重复数据和错误数据。针对此三类问题数据，进行数据清洗操作可以删除重复的数据信息，纠正数据中存在的错误，并提供给数据分析阶段一致性的数据源。

通过使用Excel表格工具和简单的统计学检验方法，可以依据一些规则对此类缺失、重复和错误的数据进行清洗，下面分别介绍相应的操作方法。

2.2.1 清洗缺失数据

商务数据在采集过程中，由于多种因素会存在缺失的数据值，这些缺失值在数据记录中通常使用错误标识符（#DIV/0!）或空值来表示。通过使用统计学方法查找缺失数据并进行相应处理，可以保证所使用数据的完整一致性。常用缺失值一般有以下三种处理方法：数值替代法、数值删除法和数值保留法。

1. 数值替代法

对一个样本数据表中存在的缺失值，可以通过使用一个样本统计量的值或者使用一个统计模型计算获得的数值，进行针对缺失值的替代。在面对大样本数据中多个缺失值存在时，可以在通过定位数据空值之后，使用 Ctrl+Enter 组合键在选中的空值单元格一次性输入样本数据的平均值。而当缺失值的数量较少时，可以选取该缺失值数据前后几天的数据平均值作为缺失数据的填充值，替代缺失值。

下面采用一个样本统计量的值代替缺失值的方式来进行数据替换，打开"商品成交额"数据表，按照以下步骤进行操作。

Step 1：在打开的"商品成交额"数据表中，单击选中 A1 单元格，按住 Shift 键的同时单击选中 D11 单元格，此时，A1:D11 数据单元区域被选中，如图 2.4 所示。

图 2.4 选中数据集定位缺失值范围

Step 2：选择"开始"选项卡，在"编辑"组中单击"查找和选择"下拉按钮，如图 2.5 所示。

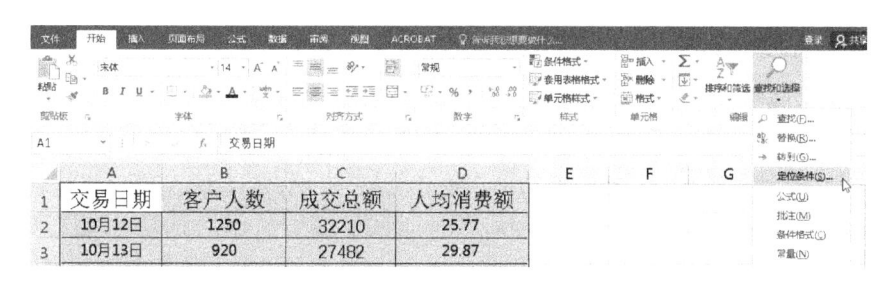

图 2.5 单击"查找和选择"下拉按钮

Step 3：此时，在"查找和选择"下拉按钮中选择"定位条件…"命令，如图 2.6 所示。

Step 4：在弹出的"定位条件"对话框中选中"空值"单选按钮，然后单击"确定"按钮，如图 2.7 所示。

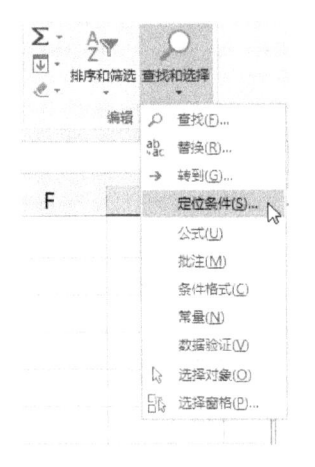

图 2.6　选择"定位条件…"　　　图 2.7　"定位条件"对话框

Step 5：此时，数据表中的空值单元格可以自动被选中，如图 2.8 所示。

图 2.8　自动选中表格中的空值单元格

在图 2.8 所示的销售数据记录中，"人均消费额=成交总额/客户人数"。销售数据记录表中 10 月 18 日的成交总额数据缺失，其相应的人均消费额数值无法计算从而缺失。在此种情况下，有如下两种方法可以进行缺失数据的处理。

（1）使用平均消费数值替换

由于人均每日消费额度相对稳定，可以考虑使用其他人均消费额的平均值约 26.14 元进行替代填充，从而计算获得该日的成交总额约为 25 356 元。

（2）使用缺失数据前后记录平均值替换

由于缺失数据较少，可以使用 18 日前后两天的成交额取平均值后，计算得到 18 日成交额为 45 052 元，从而计算出人均消费额约为 46.45 元。

上述替代方法使用了一个样本里的平均值进行替换，保证了缺失数据的准确性与客观性。在更为复杂的数据记录与模型使用情况下，可以使用一个统计模型计算出来的值代替缺失值。

2. 数值删除法

这种清洗数据的方法简单明了，可以直接在数据表中删除带有缺失值的行记录（整行删除）或者列字段（整列删除），从而降低或减少因缺失数据值导致对总体数据的影响。但值得注意的是，直接舍弃记录数据将导致数据特征的减少，因此这种方法并不适用于以下场景。

（1）场景一

数据集中存在大量数据记录不完整的情况而且占总体比例较大。例如，如果带有缺失数据值的记录条目超过 10%，那么直接删除这些记录，将会带来损失过多有用数据特征信息的风险。

（2）场景二

数据集中存在缺失值的数据记录大量存在较为明显的数据分布规律或特征。例如，存在缺失值的数据记录归类于某一类或几类，如果这些数据记录被删除，那么将会丢失大量样本分类数据特征信息，直接导致模型过拟合或分类不准确。

3. 数值保留法

数值保留法是在数据集中保留含有缺失值的数据记录，不做任何处理的方法，也是较为常见的方法之一。这种方法的使用依据主要是考虑到数据集在后期的数据分析与建模应用阶段，有许多鲁棒性（Robustness）较强的建模模型可以容忍或者灵活地处理缺失值数据记录，不会对数据分析与建模应用造成太大的影响。常见的鲁棒性较强的数据分析与建模模型有 KNN、决策树和随机森林、神经网络和朴素贝叶斯等。

2.2.2 清洗重复数据

数据记录中的重复数据一般为两类，即数据字段的完全重复和部分字段重复。针对重复数据的清洗，可以按照以下操作程序与方法进行。

首先，进行重复数据查找，保证数据的一致性，在数据记录中使用以下四种方法：使用条件格式方法、使用高级筛选方法、使用函数方法和使用数据透视表方法。

然后，在查找到的重复数据记录基础上，删除重复数据，保证准确数据清洗结果，并使用以下三种方法：使用删除重复项功能、使用排序方法和使用筛选方法。

下面分别使用数据演示如何查找并删除重复数据。

1. 使用"条件格式"方法查找重复数据

使用 Excel 的条件格式可以高亮显示重复值，此功能可以将重复的数据及所在的单元格使用不同颜色进行标识。

Step 1：打开"会员消费记录"工作表，选择数据单元区域中的 A 列并在"开始"选项卡下的"样式"组中单击"条件格式"下拉按钮，选择"突出显示单元格规则"的"重复值…"选项，如图 2.9 所示。

Step 2：在弹出的"重复值"对话框中，在"为包含以下类型值的单元格设置格式："的"设置为"参数下拉按钮中选择"黄填充色深黄色文本"选项，单击"确定"按钮，则可以标记出所有重复的会员 ID，如图 2.10 所示。

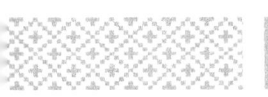

图 2.9 使用"条件格式"查询重复值

图 2.10 设置突出显示数据记录中的重复值

2. 使用"高级筛选"方法查找不重复数据,并隐藏重复数据

使用 Excel 的高级筛选方法可以在数据记录中快速地筛选出不重复数据记录,操作方法如下。

Step 1:打开"会员消费记录"工作表,选中表中的任何一个数据单元格,在"数据"选项卡下的"排序和筛选"组中单击"高级"按钮,如图 2.11 所示。

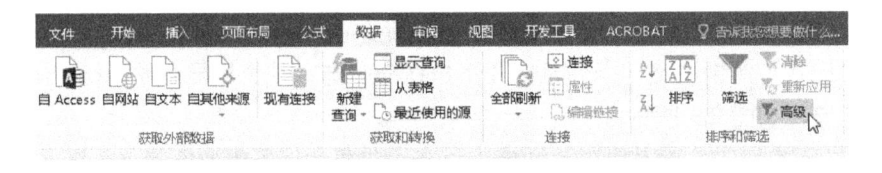

图 2.11 选择"排序和筛选"组中的"高级"按钮

Step 2:弹出"高级筛选"对话框,同时所有数据单元格区域会自动被选中,如图 2.12 所示。

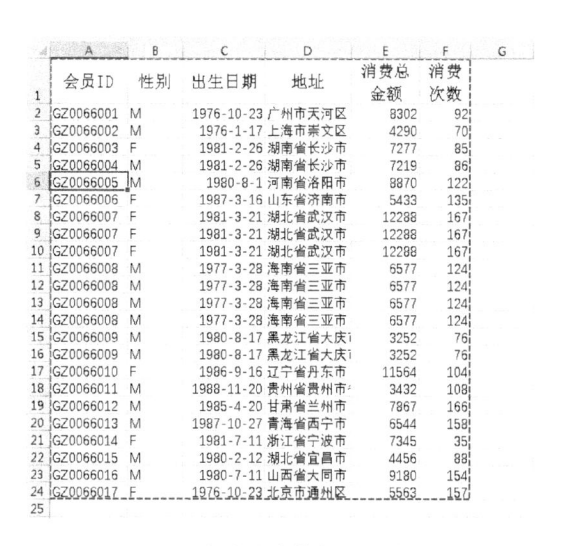

图 2.12 自动选中数据单元格区域

Step 3：在弹出的"高级筛选"对话框中勾选"选择不重复的记录"复选框，单击"确定"按钮，如图 2.13 所示。

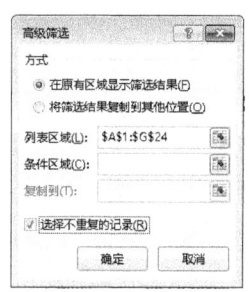

图 2.13 设置"高级筛选"功能

Step 4：数据记录中不重复的"会员 ID"及相关记录数据被筛选出来，同时重复的数据记录被隐藏，如图 2.14 所示。

图 2.14 使用"高级筛选"功能获得不重复数据的结果

3. 使用函数方法查找重复数据

使用 Excel 的 COUNTIF 函数可以依据某个设定条件，对选定数据单元格区域中的单元格进行统计。例如，可以对"会员 ID"的出现次数进行统计，达到识别重复数据的目的，操作方法如下。

Step 1：打开"会员消费记录 2"工作表，在表中的"会员 ID"列右侧插入新的一列，如图 2.15 所示。

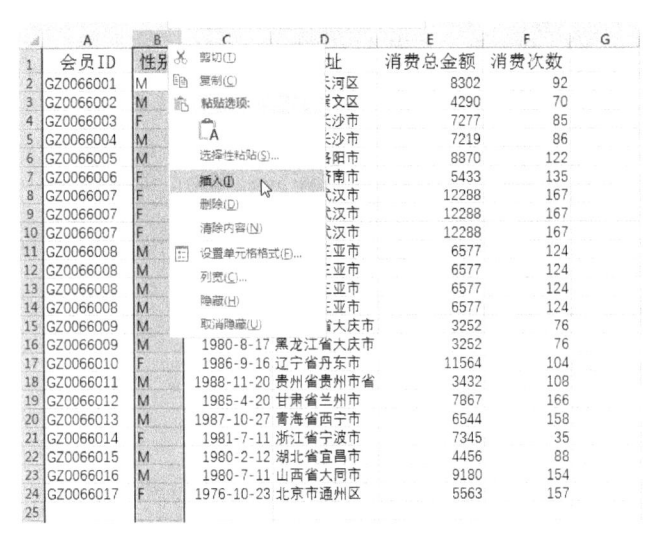

图 2.15 插入新列

Step 2：选中 B2 单元格，在编辑栏输入公式"=COUNTIF($A$2:A2,A2)"，然后使用鼠标选中 B2 右下角拖动至 B24 单元格，填充公式，由此可得到相应的会员 ID 出现的次数，如图 2.16 所示。

图 2.16 重复的数据记录次数显示结果

4. 使用"数据透视表"方法查找重复数据

使用 Excel 的数据透视表可以统计数据记录出现的次数，此处的数据重复项是指在同一数据记录中出现两次或者两次以上。数据透视表的使用操作方法如下。

Step 1：打开"会员消费记录 3"工作表，选择"插入"选项卡，在"表格"组中单击"数据透视表"按钮，如图 2.17 所示。

图 2.17　单击"数据透视表"按钮

Step 2：在弹出的"创建数据透视表"对话框的"请选择要分析的数据"的参数设置区域中，选中"选择一个表或区域"单选按钮，在"表/区域"的部分填写"会员消费记录!$A$1:$F$24"，即选中所有数据单元格区域；在"选择放置数据透视表的位置"参数设置区域选中"新工作表"单选按钮，单击"确定"按钮，如图 2.18 所示。

图 2.18　打开"创建数据透视表"对话框

Step 3：一个空的数据透视表即被创建。在"数据透视表字段"窗口中将"会员 ID"

字段分别拖入窗口下端的"行"和"值"区域,此时可以对会员 ID 进行统计,大于 1 次出现的数据即重复数据,如图 2.19 所示。

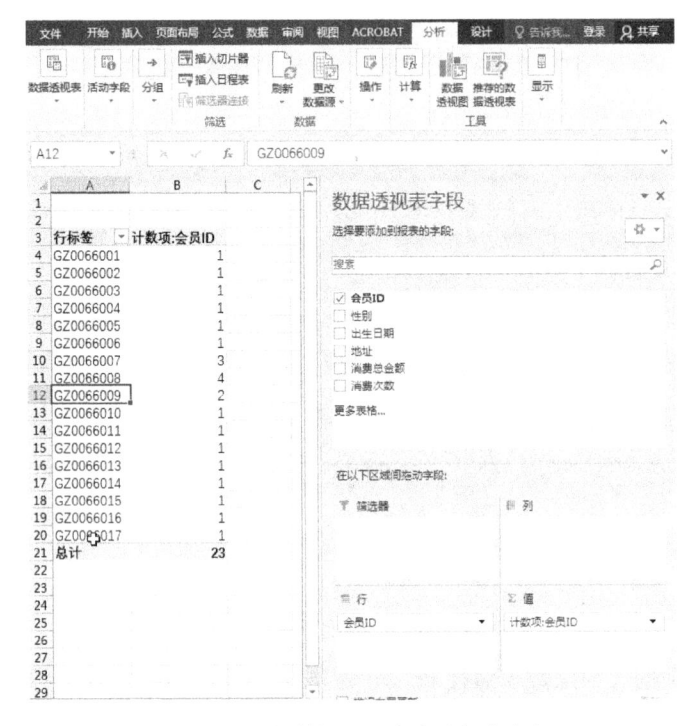

图 2.19　添加数据透视表中的报表字段

Step 4:单击"行标签"下拉按钮,在弹出菜单中选择"其他排序选项...",如图 2.20 所示。

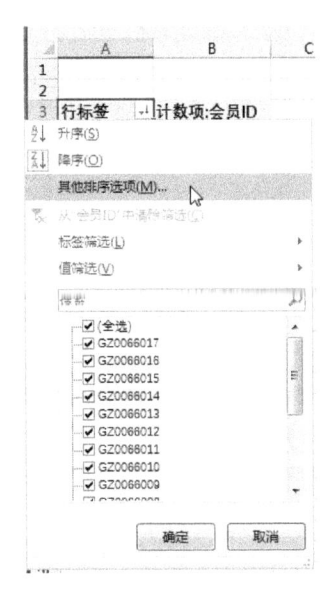

图 2.20　选择"其他排序选项..."

Step 5：在弹出的"排序(会员 ID)"对话框中的"排序选项"的"降序排序(Z 到 A)依据"下拉按钮中选择"计数项:会员 ID"，单击"确定"按钮，如图 2.21 所示。

Step 6：此时，在对"计数项:会员 ID"列进行降序排列之后，重复的会员 ID 及其重复出现次数将会以降序排列显示，如图 2.22 所示。

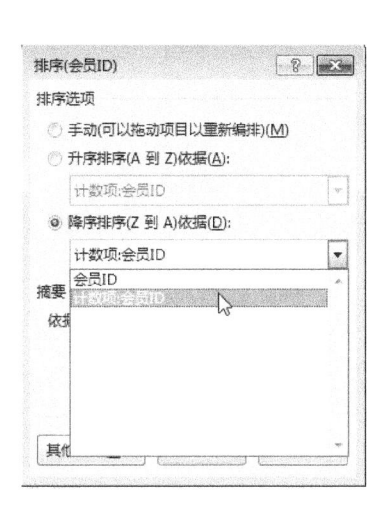

图 2.21　选择"计数项:会员 ID"　　　　图 2.22　降序显示计数项

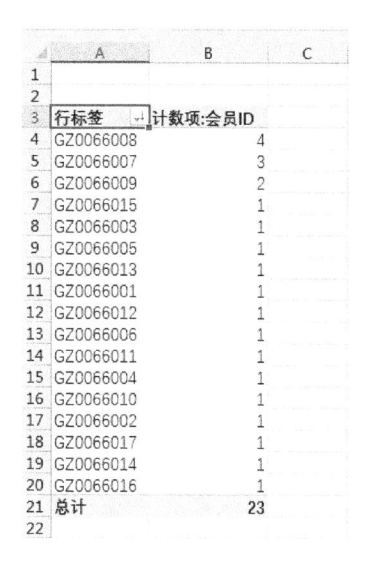

在通过上述方法进行数据集查询，并获得重复数据记录之后，可以使用以下三种基于重复、排序、筛选的方法进行重复数据记录删除操作。

1. 使用"删除重复项"功能删除重复数据

使用 Excel 的"删除重复项"功能可以在数据记录中快速地删除重复数据记录，操作方法如下。

Step 1：打开"会员消费记录"工作表，选择"数据"选项卡，在"数据工具"组中单击"删除重复项"按钮，如图 2.23 所示。

图 2.23　单击"删除重复项"按钮

Step 2：在弹出的"删除重复项"对话框中选中包含重复项的列，单击"确定"按钮，如图 2.24 所示。

Step 3：执行删除重复项操作后，会弹出提示信息显示数据记录中有多少重复数据值被删除，有多少唯一值被保留，如图 2.25 所示。

图 2.24 设置"删除重复项"参数

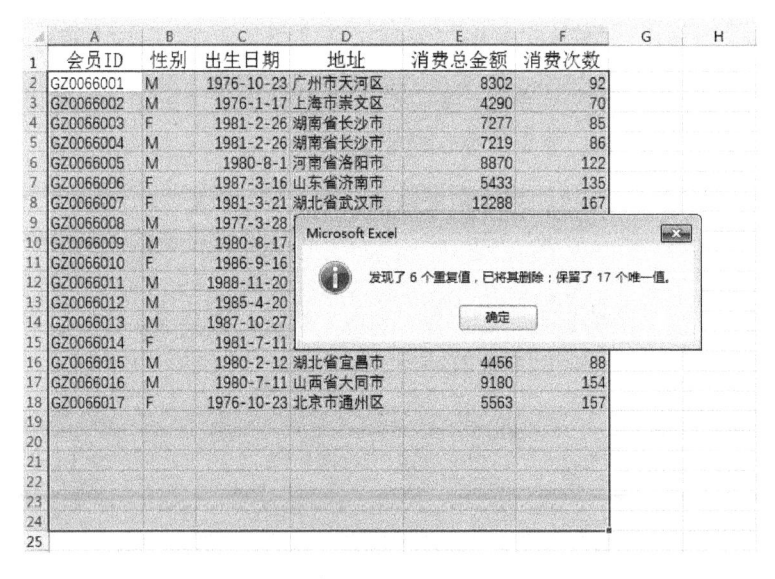

图 2.25 删除重复项完成后的提示信息

2. 使用排序方法删除重复数据

使用 Excel 的条件格式方法进行重复数据识别之后，可以对重复数据记录标记列进行排序，从而删除重复项，操作方法如下。

Step 1：在使用条件格式查询显示重复数据记录之后，选择"数据"选项卡，在"排序和筛选"组中单击"筛选"按钮，如图 2.26 所示。

图 2.26 单击"筛选"按钮

Step 2：此时，工作表中的各字段旁显示出筛选下拉按钮，如图 2.27 所示。

图 2.27 字段旁显示出"筛选"下拉按钮

Step 3：单击"会员 ID"筛选下拉按钮，选择"按颜色排序"选项，在其子菜单中选择单元格填充颜色，如图 2.28 所示。

图 2.28 选择按颜色排序会员 ID

Step 4：由此可获得所有重复项排列在最上方，可直接删除不需要的重复数据记录，如图 2.29 所示。

3. 使用筛选方法

使用 Excel 的 COUNTIF 函数进行重复数据识别之后，可以对重复数据记录标记列进行筛选，并设置"数值不等于 1"的参数进行重复数据项删除，操作方法如下。

Step 1：在前述使用函数查询方法显示重复数据记录之后，选择"数据"选项卡，在"排序和筛选"组中单击"筛选"按钮，如图 2.30 所示，即可在各字段旁显示出"筛选"下拉按钮。

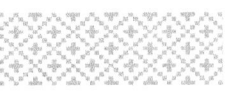

图 2.29　获得可删除的重复数据

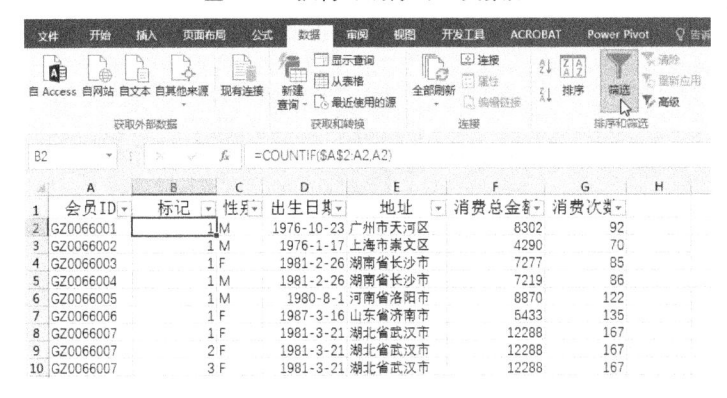

图 2.30　字段旁显示出"筛选"下拉按钮

Step 2：单击"标记"筛选下拉按钮，在数字列表中取消选中"1"复选框，或者选择"数字筛选"中的"不等于"选项，然后单击"确定"按钮，如图 2.31 所示。

图 2.31　使用函数筛选重复数据

Step 3：此时，所有重复的数据都被筛选并列出来了，如图 2.32 所示。

图 2.32　筛选列出的重复数据

Step 4：选中列出的所有重复数据单元格区域，鼠标右键单击选中的单元格区域，在弹出的快捷菜单中选择"删除行"选项，可直接删除不需要的重复数据，如图 2.33 所示。

图 2.33　按行删除重复数据

Step 5：在弹出的"是否删除工作表的整行？"对话框中单击"确定"按钮，如图 2.34 所示。

图 2.34　确认删除重复数据

Step 6：此时，当前工作表中数据单元格区域空白无记录。单击"标记"筛选下拉按钮，在数字列表中选中"1"复选框，单击"确定"按钮，如图 2.35 所示。

图 2.35 选择显示标记值为 1 的数据记录

Step 7：此时，工作表中的重复数据被删除之后，留下了唯一值数据记录，如图 2.36 所示。

会员ID	标记	性别	出生日期	地址	消费总金额	消费次数
GZ0066001	1	M	1976-10-23	广州市天河区	8302	92
GZ0066002	1	M	1976-1-17	上海市崇文区	4290	70
GZ0066003	1	F	1981-2-26	湖南省长沙市	7277	85
GZ0066004	1	M	1981-2-26	湖南省长沙市	7219	86
GZ0066005	1	M	1980-8-1	河南省洛阳市	8870	122
GZ0066006	1	F	1987-3-16	山东省济南市	5433	135
GZ0066007	1	F	1981-3-21	湖北省武汉市	12288	167
GZ0066008	1	M	1977-3-28	海南省三亚市	6577	124
GZ0066009	1	M	1980-8-17	黑龙江省大庆市	3252	76
GZ0066010	1	F	1986-9-16	辽宁省丹东市	11564	104
GZ0066011	1	M	1988-11-20	贵州省贵州市省	3432	108
GZ0066012	1	M	1985-4-20	甘肃省兰州市	7867	166
GZ0066013	1	M	1987-10-27	青海省西宁市	6544	158
GZ0066014	1	F	1981-7-11	浙江省宁波市	7345	35
GZ0066015	1	M	1980-2-12	湖北省宜昌市	4456	88
GZ0066016	1	M	1980-7-11	山西省大同市	9180	154
GZ0066017	1	F	1976-10-23	北京市通州区	5563	157

图 2.36 不重复数据记录

2.2.3 清洗错误数据

在数据处理过程中，一般有三类存在问题的数据需要从收集的数据记录中进行相应的预处理，这三类数据为缺失数据、重复数据和错误数据。前两类数据可以通过缺失数据清洗和重复数据清洗方法进行处理，对于第三类不符合规范或所采集到的数据本身就是错误数值的数据，可以使用以下两种方法进行处理，以保证数据的准确性与规范性。

1. 不符合规范要求的错误数据处理方法

此类错误数据主要为在采集过程中发生超过规定范围的数据值。例如，在某促销活动中，会员可以购买打折商品的数量不能多于 3 个，即少于等于 3 个打折商品采购是正确数据值。那么，如果使用 0 和 1 分别表示会员“未选中”和“选中”该商品，则可以使用 Excel 的 COUNTIF 函数依据指定的条件，利用 IF 函数进行判断与逻辑计算 0 和 1 的个数，返回相应内容。

下面以会员采购打折商品记录数据为例，说明错误数据的处理操作。

Step 1：打开“商品选择 1”工作表，在 I1 单元格输入字段“错误检查”，如图 2.37 所示。

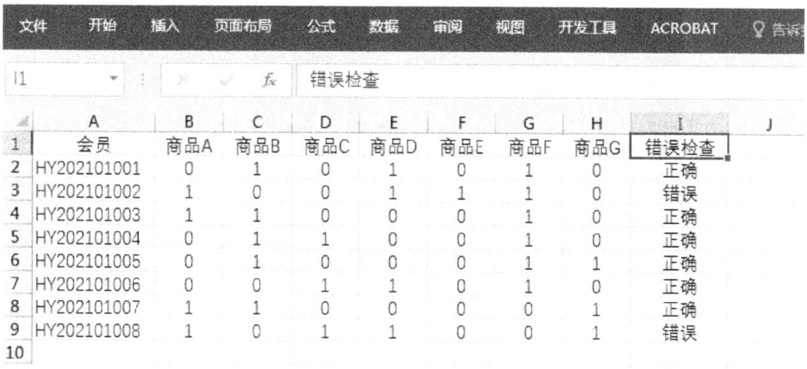

	A	B	C	D	E	F	G	H	I
1	会员	商品A	商品B	商品C	商品D	商品E	商品F	商品G	错误检查
2	HY202101001	0	1	0	1	0	1	0	正确
3	HY202101002	1	0	0	1	1	1	0	错误
4	HY202101003	1	1	0	0	0	1	0	正确
5	HY202101004	0	1	1	0	0	1	0	正确
6	HY202101005	0	1	0	0	0	1	1	正确
7	HY202101006	0	0	1	1	0	1	0	正确
8	HY202101007	1	1	0	0	0	0	1	正确
9	HY202101008	1	0	1	1	0	0	1	错误
10									

图 2.37　输入字段

Step 2：对第 I2～I9 单元格区域检查每一行数据是否符合规范要求。选中 I2 单元格，在编辑栏中输入公式“=IF(COUNTIF(B2:H2,"<>0")>3,"错误","正确")”，并使用填充柄，选中 I2 右下角拖动到单元格 I9，如图 2.38 所示。

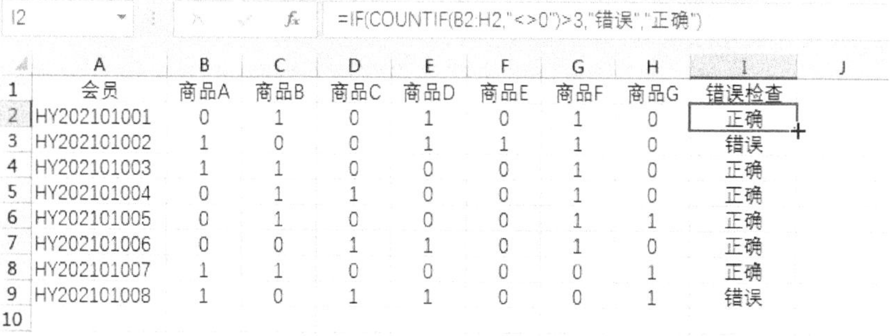

	A	B	C	D	E	F	G	H	I
1	会员	商品A	商品B	商品C	商品D	商品E	商品F	商品G	错误检查
2	HY202101001	0	1	0	1	0	1	0	正确
3	HY202101002	1	0	0	1	1	1	0	错误
4	HY202101003	1	1	0	0	0	1	0	正确
5	HY202101004	0	1	1	0	0	1	0	正确
6	HY202101005	0	1	0	0	0	1	1	正确
7	HY202101006	0	0	1	1	0	1	0	正确
8	HY202101007	1	1	0	0	0	0	1	正确
9	HY202101008	1	0	1	1	0	0	1	错误
10									

图 2.38　检查不符合规范要求的错误数据

在上述输入公式中，COUNTIF()函数首先统计每一条数据记录的 7 种商品是否选中（数字 1 为选中，0 为未选中），如果单元格数值非零("<>0")，那么累加。累加数值大于 3，即商品被选中超过 3 个，不符合要求。使用 IF()函数进行判断，如果逻辑判断为“真”，即商品选中超过 3 个，返回“错误”，否则返回“正确”。

2. 手动输入错误数据处理方法

此类错误数据主要由于人员手动操作，输入了错误数据。例如，在上述会员购买打折商品的数量中，数据只能被标识为 0 或 1，如果出现了其他数值，那么可以认为是由于手动误操作而输入了错误数据。在这种情况下，可以使用 Excel 的条件格式标记出错误的数据，操作方法如下。

Step 1：打开"商品选择 2"工作表，选择 B2:H9 单元格区域，在"开始"选项卡的"样式"组中单击"条件格式"下拉按钮，选择"突出显示单元格规则"中的"其他规则…"选项，如图 2.39 所示。

图 2.39 选择"其他规则…"选项

Step 2：在弹出的"新建格式规则"对话框中，选择"使用公式确定要设置格式的单元格"选项，并在下方区域输入公式"=OR(B2=1,B2=0)=FALSE"，然后单击"格式…"按钮，将单元格式设置为红底，单击"确定"按钮，如图 2.40 所示。

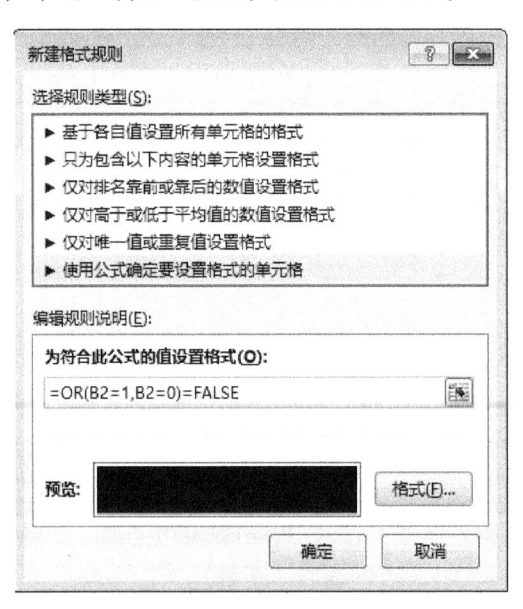

图 2.40 设置"新建格式规则"对话框

Step 3：由此可得到在数据记录中以红色底色标记的错误数据记录，如图 2.41 所示。

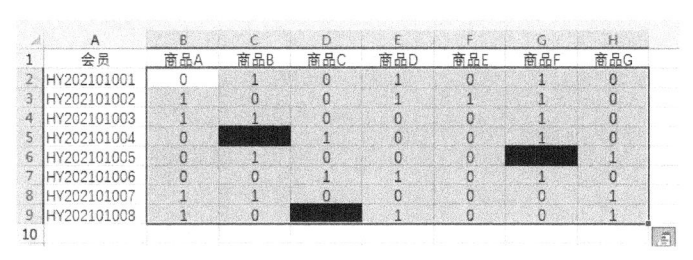

图 2.41　标记输入错误数据

本章小结

对商务数据有效分析的前提是获得关联的业务元数据。因此，商务数据分析的第一步是采集原始数据，然后对获得的数据进行处理，再进一步依据不同的数据分析需求和任务，整合处理过的数据，充分挖掘数据所蕴含的重要商业核心信息。商务行为管理者才可以基于所获得的商业核心信息，对商务活动进行合理的预测、规划、实施和总结，提升商务活动的质量和效果产出。

本章对商务数据的采集、清洗和处理工作的重要性进行了介绍，通过对数据清洗和处理方法的介绍，帮助读者理解商务数据采集与处理的基本概念与要求。数据的采集分为定性数据和定量数据的采集，每种数据又有多种采集方法，例如使用问卷调研采集定性数据、利用业务数据库和第三方统计服务采集定量数据等。同时，还可以通过 Excel 的定位功能定位缺失数据，通过条件格式法、高级筛选法、函数法、数据透视表法等查找重复数据，并利用 Excel 的删除重复项功能，以及排序、筛选等方法删除重复数据，利用函数还可以对表格中的错误数据进行检查。

练习与实践

综合使用本章介绍的数值替换法，对下表中的商品交易信息通过定位数据空值后，使用 Ctrl+Enter 组合键在选中的空值单元格中一次性输入样本数据相应的数据平均值。

交易日期	订购单数	成交总额	均单总额
7 月 12 日	1250	32210	25.77
7 月 13 日	920	27482	29.87
7 月 14 日	1430		
7 月 15 日	1660	37494	22.59
7 月 16 日	1300	42803	32.93
7 月 17 日	1020	34355	33.68
7 月 18 日	1070		
7 月 19 日	2098	55749	26.57
7 月 20 日	1120		
7 月 21 日	1180	45010	38.14

第3章 商业数据分析

📝 学习目标

理解数据的输入、保存、打印输出方法；

掌握平台客户的访问统计与分析方法；

掌握商品销售前后及销售过程中的数据分析方法。

📖 重点与难点

学会使用函数查询用户的数据；

学会使用限定条件筛选商品的属性并汇总数据记录。

第 3 章 商业数据分析

思维导图

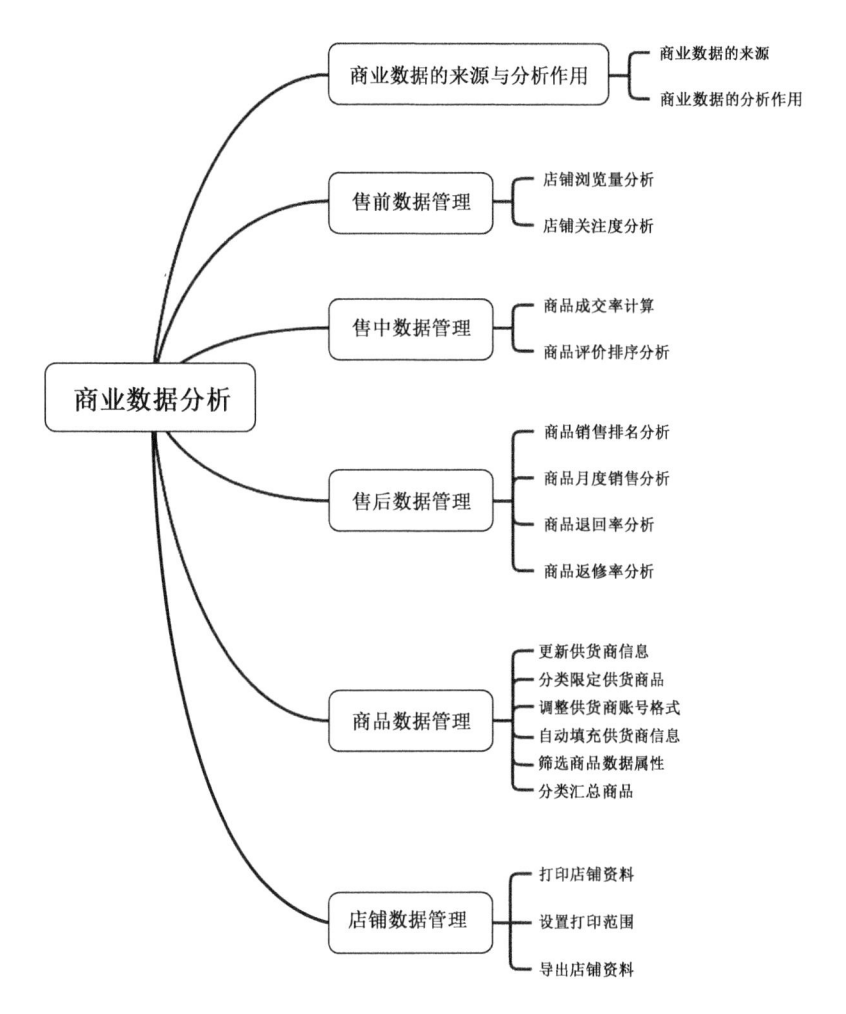

- 商业数据分析
  - 商业数据的来源与分析作用
    - 商业数据的来源
    - 商业数据的分析作用
  - 售前数据管理
    - 店铺浏览量分析
    - 店铺关注度分析
  - 售中数据管理
    - 商品成交率计算
    - 商品评价排序分析
  - 售后数据管理
    - 商品销售排名分析
    - 商品月度销售分析
    - 商品退回率分析
    - 商品返修率分析
  - 商品数据管理
    - 更新供货商信息
    - 分类限定供货商品
    - 调整供货商账号格式
    - 自动填充供货商信息
    - 筛选商品数据属性
    - 分类汇总商品
  - 店铺数据管理
    - 打印店铺资料
    - 设置打印范围
    - 导出店铺资料

3.1 商业数据的来源与分析作用

3.1.1 商业数据的来源

基于产品的销售前后及销售过程中的数据,可以在平台浏览量、店铺访问量、用户关注度等方面进行数据收集与分析。同时,用户在购买商品之后出于各种原因,可能会导致商品退货、返修问题的出现。因此,针对销售前后及客户的售后服务产生的数据进行统计与分析,关系到店铺商品的销售策略与商品交易效益。另一方面,店铺商品的供货商数据与提供产品信息管理,也关系到店铺的运营效率和收益,需要对相应的店铺供货商信息数据进行管理操作,并及时备份店铺销售的相关资料数据。

本节以某电商平台的店铺销售数据为例，对产品的销售前、销售中与销售后的全过程商业数据进行处理、统计与分析，具体数据内容与使用请参见本章 Excel 数据工作表。

3.1.2 商业数据的分析作用

商业销售全过程所创造、迁移和重现的各种数据是数据分析工作的主要对象。通过此类数据的分析，对商业销售过程管理有五方面的促进作用。

1. 用数据量化现状，客观描述活动

商业交易活动有许多可以通过使用数据客观量化现状，去除模糊状态的环节。而这些模糊不清晰的交易，通过数据的分析，可以准确地反映出交易的好坏结果，扩展商业行为。从交易主体店铺或公司的角度出发，使用商业数据的分析对如何管控企业发展、掌握业绩变化情况、建设库存销售运输链、管理人才与提高销售队伍业绩，均有十分重要的促进作用。

2. 用数据判断趋势，理性指导交易

所有的行业交易都需要商家主体对交易趋势进行判断，在传统的企业内部，更多的判断标准是随意性的，给商业经营活动带来了不客观的指导，往往容易埋下失败的潜在危险种子。所以使用数据分析方法来检验商业判断标准是否合理，是否有更好的标准可以使用，是数据分析的第二大作用。

3. 用数据寻找交易原因，探索问题本质根源

商业数据分析可以探索交易发生问题的根本原因，不仅单纯依靠内部系统数据。单纯分析某个商业交易环节的问题，例如销售环节有问题，市场部仅能通过内部数据确定问题发生的时间、地点、区域与商品类别，并不能通过现有的内部数据获得更深层次的原因信息。此时，进行数据的分析与探究可以使市场部迅速获得发生问题的本质根源在于门店管理混乱、核心销售流失、市场欢迎度降低、竞争对手销售打压等方面。

4. 用于评估交易行为

对任何一个商业交易活动的构成主体都需要进行客观的评估。例如，对销售部的人员进行销售能力评估，并不能仅看其销售总额的数量，而要通过对数据的分析，在其销售活动完成之后，掌握商品交付对方回款、利润增加与否、客户大小与满意度等方面的信息。特别是在现代商业交易活动涉及多方人员、场景、组织的现状下，如何进行多维度评估，做好客观评估与结论，是有利于商业活动主体开展实施下一步的重要准备工作。

5. 进行商业数据预测

使用商业数据的分析可以预测企业销售情况，对整个组织的业务部、市场部、供应链、售后都非常重要。商品销售存在销售高峰与低谷两种时期，在销售高峰，需要分析好交易数据，指导商品供应链的供应、售后的服务工作量在成倍增加的同时，可以进行相应的预测并调整资源，用以应对销售高峰；而在销售低谷，通过数据分析与预测，市场部可以进行促销活动的调整，拉动商品销量，而针对商品具体销售环节，业务部要及时跟上策略调

整步伐，落实销售方法。

现代的数据分析预测离不开统计学方法或机器学习方法。虽然商业活动预测不同于农业、社会学、经济学的预测，但在商业环境下产生的数据又有一定的规律和发展趋势，因此可以进行商业数据预测，并保持一种对销售环境变化因素积极谨慎的态度，应对瞬息万变的商业交易活动。

3.2 售前数据管理

店铺在商品交易行为发生前，可以通过对售前平台的访问情况进行数据统计与分析，在分析的结论上制定相应的销售、商品包装与宣传策略。

3.2.1 店铺浏览量分析

打开"店铺浏览量"数据工作表，并按照以下操作步骤进行平台浏览与店铺访问关注的商业数据分析。

Step 1：选择 A2:B32 数据单元区域，如图 3.1 所示。

	A	B	C
1	日期	浏览量	访问量
2	2020-3-5	1550	470
3	2020-3-6	560	215
4	2020-3-7	780	205
5	2020-3-8	870	242
6	2020-3-9	965	220
7	2020-3-10	645	243
8	2020-3-11	880	231
9	2020-3-12	1100	380
10	2020-3-13	900	292
11	2020-3-14	680	246
12	2020-3-15	770	216
13	2020-3-16	1045	339
14	2020-3-17	1328	500
15	2020-3-18	1010	366
16	2020-3-19	1005	388
17	2020-3-20	894	259
18	2020-3-21	720	256
19	2020-3-22	630	230
20	2020-3-23	615	238
21	2020-3-24	835	249
22	2020-3-25	945	270
23	2020-3-26	000	268
24	2020-3-27	1150	394
25	2020-3-28	1300	565
26	2020-3-29	1280	500
27	2020-3-30	1200	490
28	2020-3-31	960	296
29	2020-4-1	810	266
30	2020-4-2	830	285
31	2020-4-3	750	228
32	2020-4-4	600	252
33			

图 3.1 选择数据单元区域

Step 2：在工具栏中选择"插入"选项卡，如图 3.2 所示。

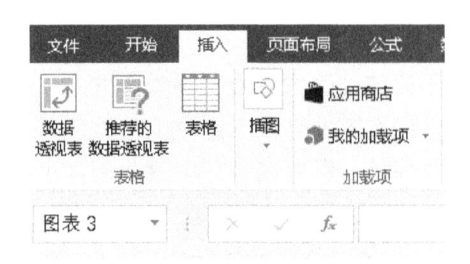

图 3.2 选择"插入"选项卡

Step 3：在"图表"组中单击"折线图"下拉按钮，选择"带数据标记的折线图"选项，如图 3.3 所示。

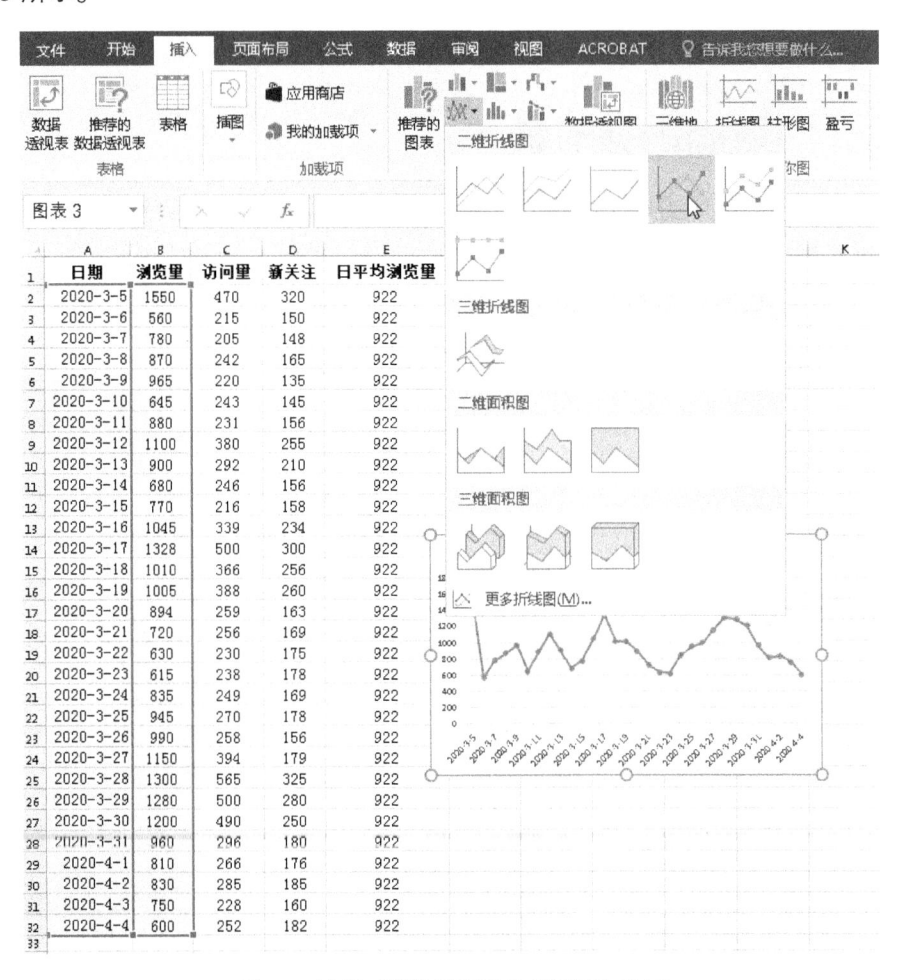

图 3.3 选择"带数据标记的折线图"选项

通过对上述带数据标记折线图的操作，可以修改图表的一些属性并分析数据的变化情况，例如，添加图表标题、设置标题字体格式和设置坐标轴格式等。

Step 1：在同一个工作表中，选中图表并调整其位置，选择"设计"选项卡，在"图表布局"组中单击"快速布局"，选择其中一个布局，如图 3.4 所示。

Step 2：在图表的标题文本框中输入标题，选中文本框并在"开始"选项卡的"字体"

组中设置字体格式为"微软雅黑"、14 磅、加粗,如图 3.5 所示。

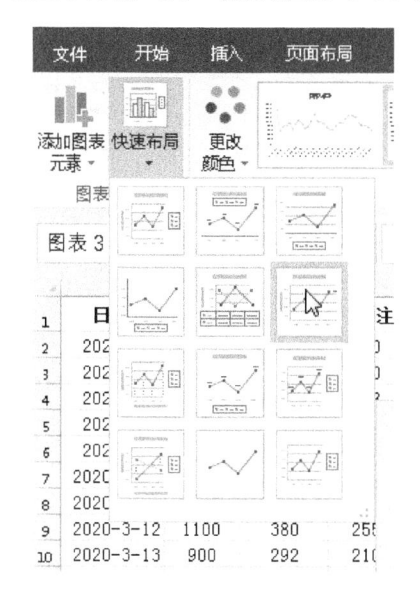

图 3.4　选择快速布局图表　　　　图 3.5　设置图表标题字体格式

Step 3：选中图表横坐标轴单击鼠标右键,在弹出菜单中选择"设置坐标轴格式..."选项,如图 3.6 所示。

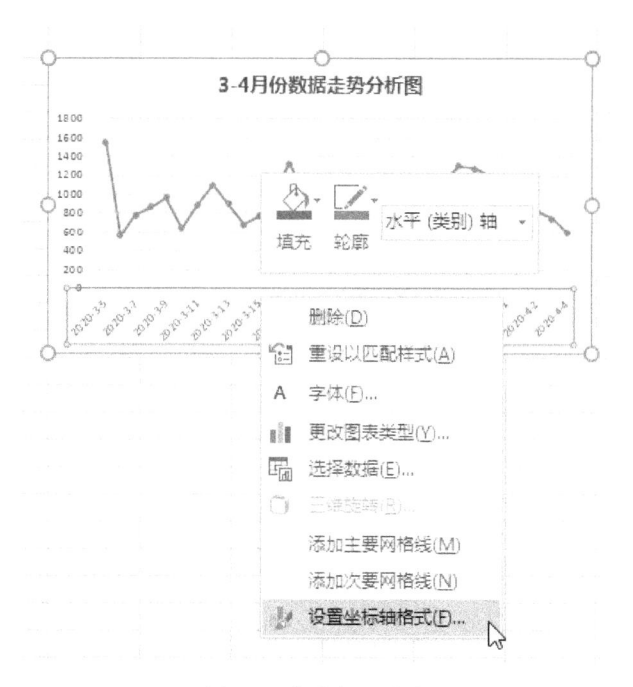

图 3.6　选择"设备坐标轴格式..."选项

Step 4：在弹出的"设置坐标轴格式"窗格中选择"坐标轴类型"为"日期坐标轴",在"单位"中设置"主要"为 1 天,如图 3.7 所示。

Step 5：在图表中选中纵坐标轴,在"单位"中设置"主要"数值为 500.0,并调整图

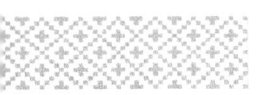

表宽度，使坐标信息完整显示，如图 3.8 所示。

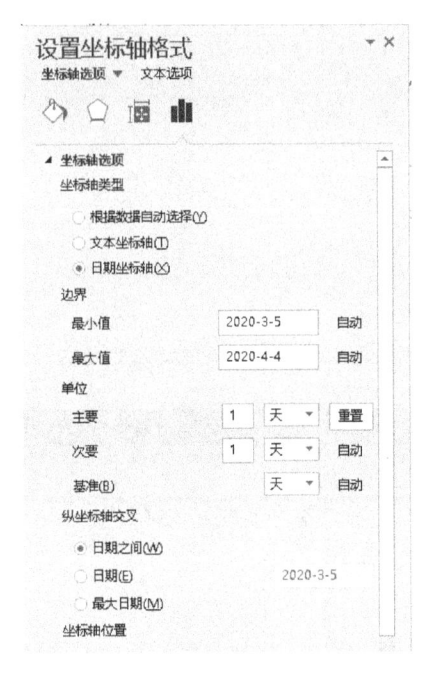

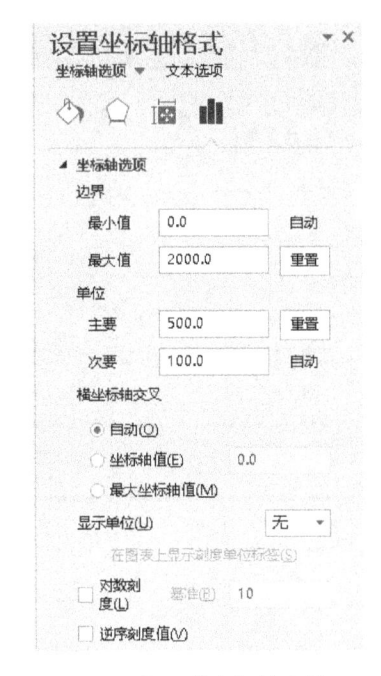

图 3.7　设置横坐标轴属性　　　　　图 3.8　设置纵坐标轴属性

通过修改图表显示数据的变化折线，可以进一步分析走势，并有针对性地调整营销策略。

Step 1：选中当前图表并单击鼠标右键，在弹出菜单中选择"选择数据…"选项，如图 3.9 所示。

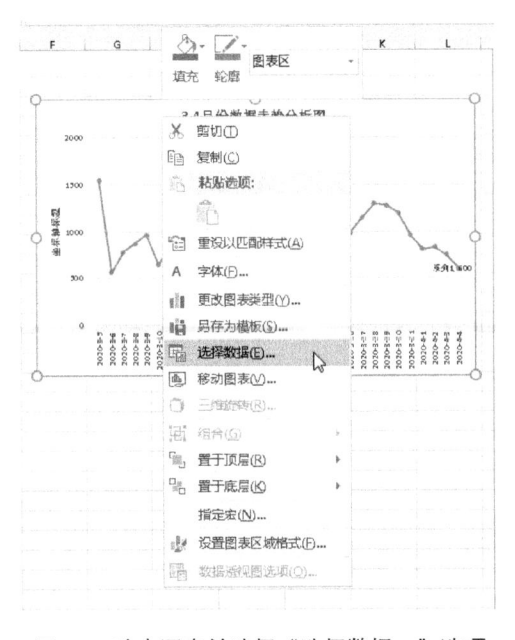

图 3.9　选中图表并选择"选择数据…"选项

Step 2：在弹出的"选择数据源"对话框中单击"添加"按钮，如图 3.10 所示。

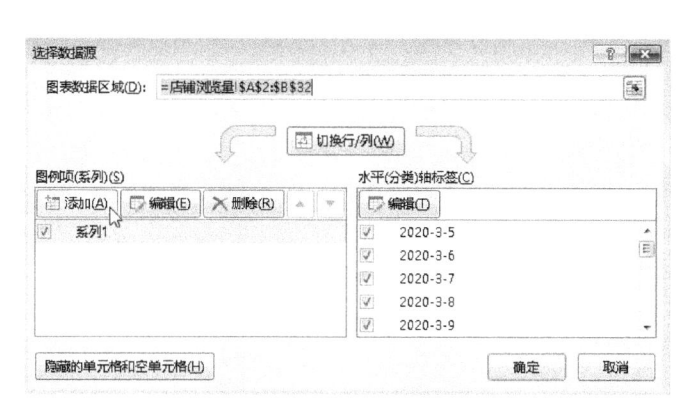

图 3.10 在选择数据源对话框添加数据序列

Step 3：在弹出的"编辑数据系列"对话框中，将"系列名称"内容修改为选中表格的 E1 单元格，并修改"系列值"数据为工作表中的选中 E2:E32 单元格区域，依次单击"确定"按钮，添加新的"日平均浏览量"序列，如图 3.11 所示。

图 3.11 编辑数据序列

Step 4：在图表中选中新添加的"日平均浏览量"序列单击鼠标右键，在弹出菜单中选择"设置数据系列格式…"选项，如图 3.12 所示。

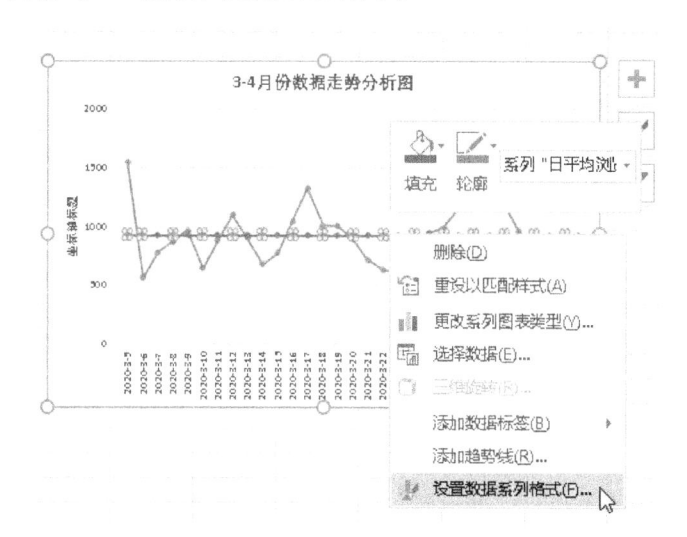

图 3.12 设置新添加的数据序列格式

Step 5：在弹出的"设置数据系列格式"窗格中选择"数据标记选项"并在选项区选择"无"单选按钮，如图 3.13 所示。

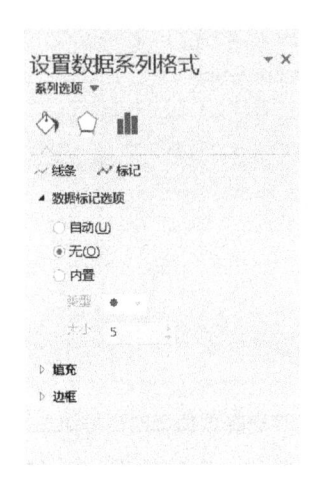

图 3.13 设置"数据标记选项"参数

Step 6：继续在"设置数据系列格式"窗格中选择"线条"，设置"宽度"为"2.25 磅"，单击"短划线类型"的下拉按钮，选择"方点"类型，如图 3.14 所示。

Step 7：在图表中选择另一个数据序列，在"设置数据系列格式"窗格中的"数据标记选项"中选择"内置"单选按钮，并设置大小为 5，如图 3.15 所示。

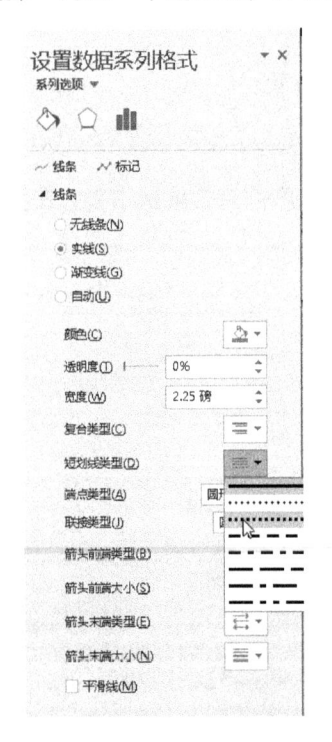

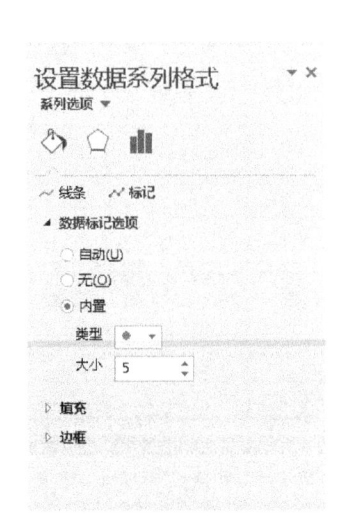

图 3.14 设置数据序列线条宽度与类型　　图 3.15 设置图表中另一个数据序列

Step 8：在图表中选中"浏览量"系列单击鼠标右键，在弹出菜单中选择"设置数据标签格式…"选项，在"设置数据标签格式"窗格中勾选"标签包括"中的"值"与"显示引导线"复选框，显示数据序列数值，如图 3.16 所示。

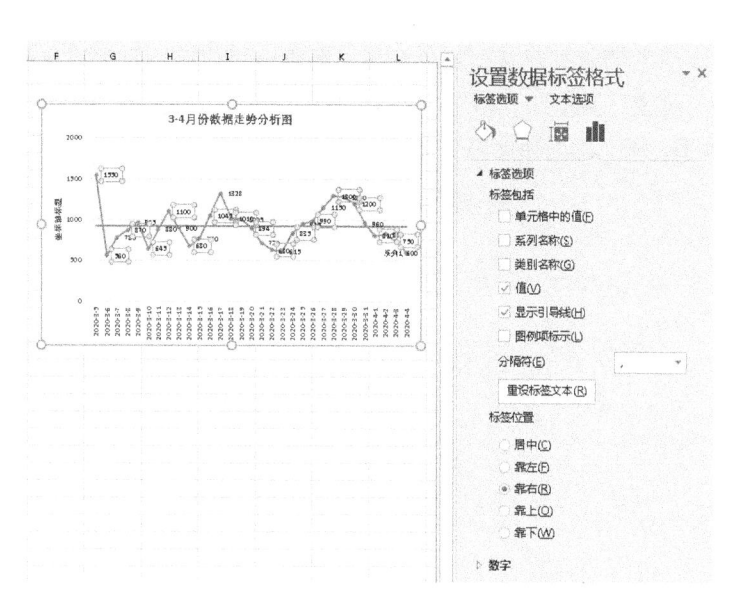

图 3.16 显示图表数据序列

Step 9：根据最终数据分析走势，可知从 3 月底 4 月初浏览量开始下降，如图 3.18 所示。

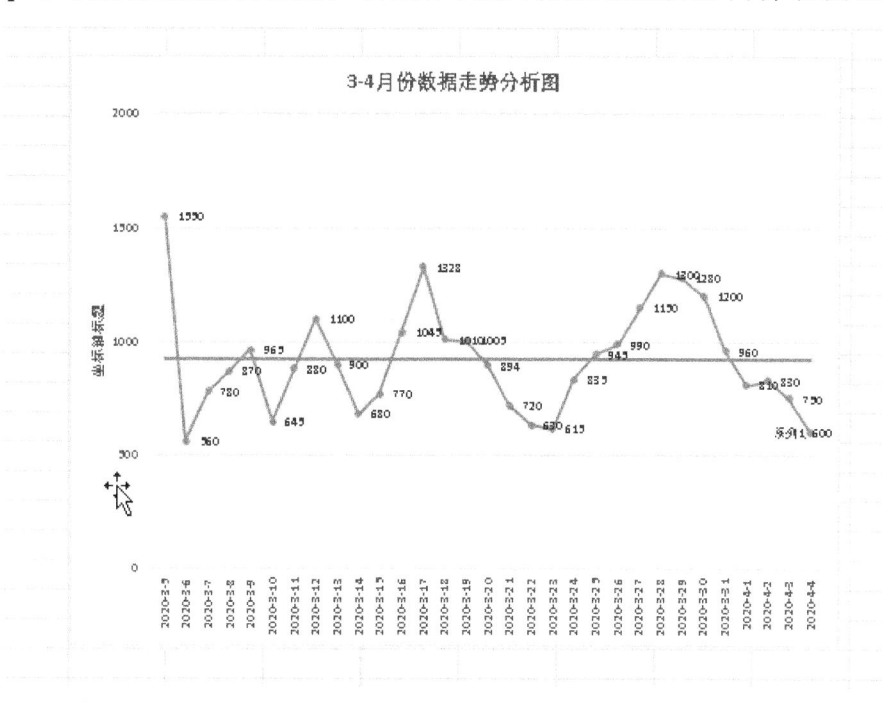

图 3.17 分析图表数据走势效果图

3.2.2 店铺关注度分析

在一定时间段内店铺会有潜在用户浏览量的变化，通过分析浏览过店铺的用户是否关注该店铺，可以进一步了解潜在消费用户对店铺产品的关注与购买情况。特别是基于浏览量变化前提下对关注度的增长或减少变化分析，可更全面准确地反映店铺产品推介效果。

打开"店铺浏览量"数据工作表，并按照以下步骤进行用户关注度分析。

Step 1：选择 B2:D32 单元格区域，如图 3.18 所示。

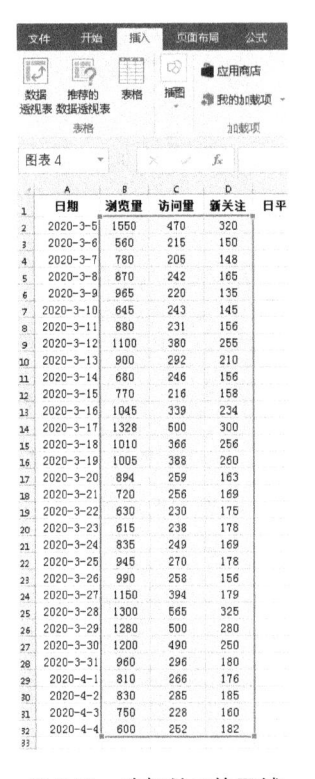

图 3.18　选择单元格区域

Step 2：选择"插入"选项卡，单击"图表"组中的"条形图"下拉按钮，选择"堆积条形图"选项，如图 3.19 所示。

图 3.19　选择"堆积条形图"

调整插入图表的大小和位置，可以进一步设置图表样式，多角度展现数据中的相关性与趋势。

Step 1：选中图表，再选择"设计"选项卡，在"图表样式"组中选择所需要的图表样式，如图 3.20 所示。

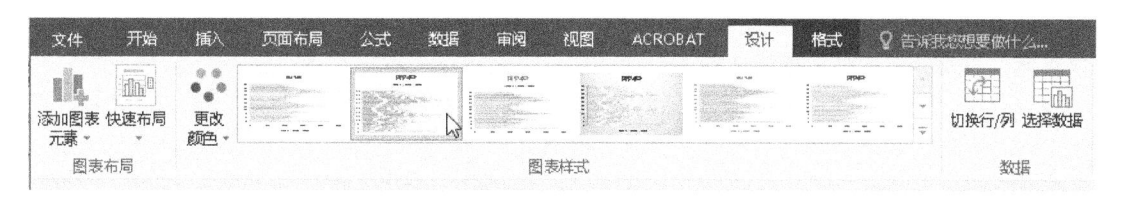

图 3.20　选择图表样式

在选择完所需的图表样式之后，可以继续添加图表标题与布局。

Step 2：在"图表布局"组中单击"快速布局"下拉按钮，如图 3.21 所示。

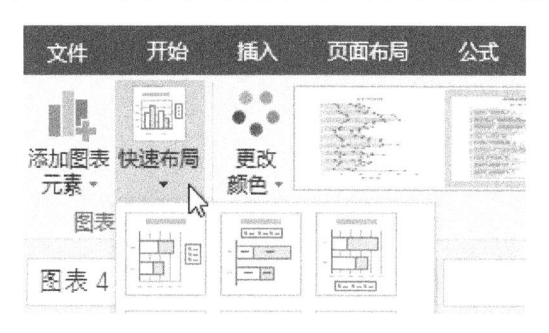

图 3.21　单击"快速布局"下拉按钮

Step 3：选择布局类型，如图 3.22 所示。

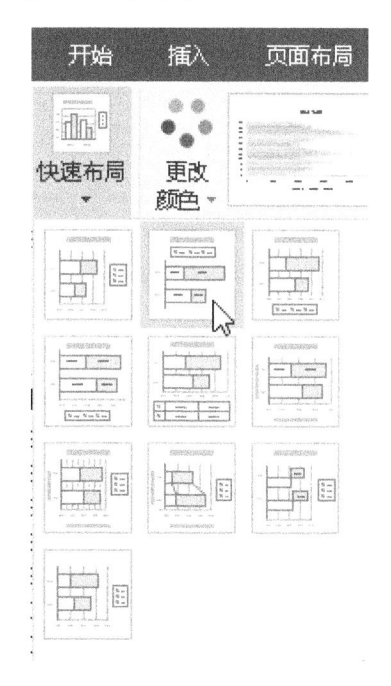

图 3.22　选择布局类型

选择完布局类型为图表布局之后，可以进一步修改图表中的标题，并在图表中设置坐标轴的格式。

Step 4：选中图表，修改标题文本为"用户浏览与关注数据分析"，设置标题字体为"微软雅黑"、12 磅、加粗，如图 3.23 所示。

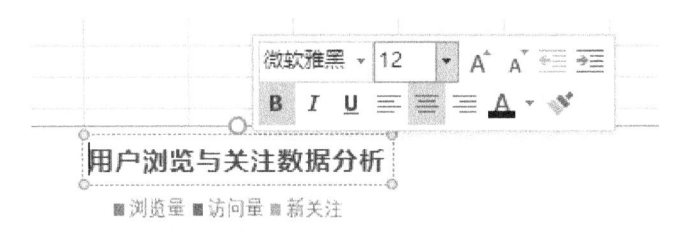

图 3.23　设置图表标题

Step 5：选中图表的纵坐标轴单击鼠标右键，在弹出菜单中选择"设置坐标轴格式…"选项，如图 3.24 所示。

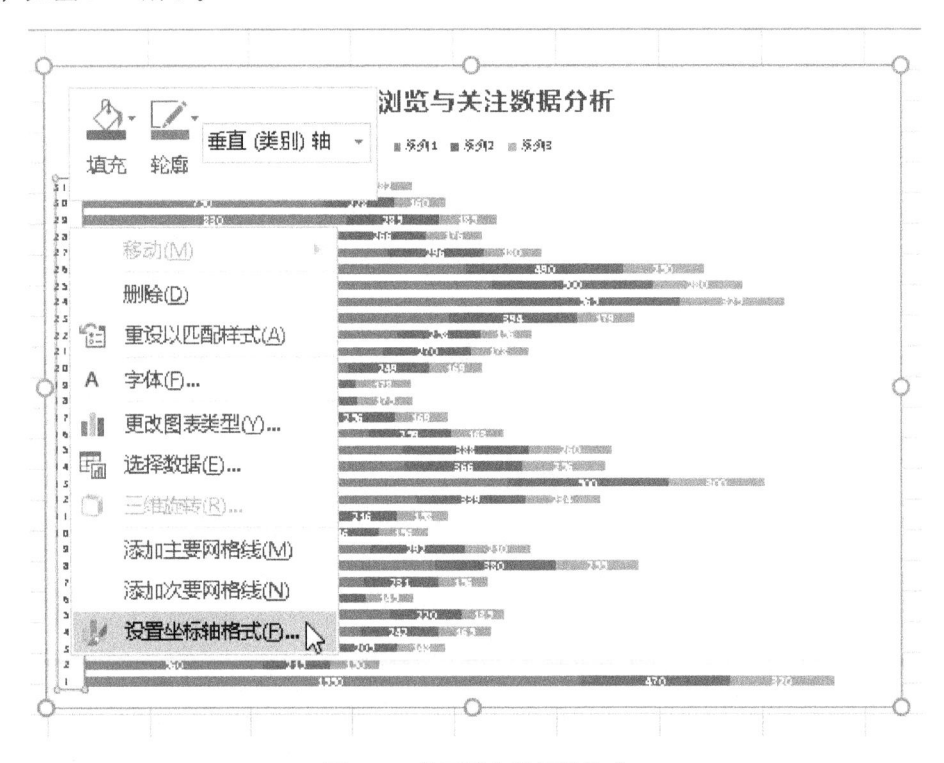

图 3.24　设置图表坐标轴格式

Step 6：在弹出的"设置坐标轴格式"窗格中，单击"标签位置"选项的下拉列表，选择"低"选项，如图 3.25 所示。

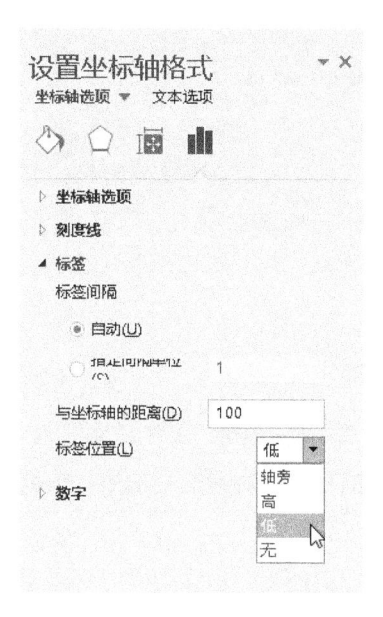

图 3.25　设置纵坐标轴

Step 7：选中序列标签单击鼠标右键，在弹出菜单中选择"选择数据…"选项，如图 3.26 所示。

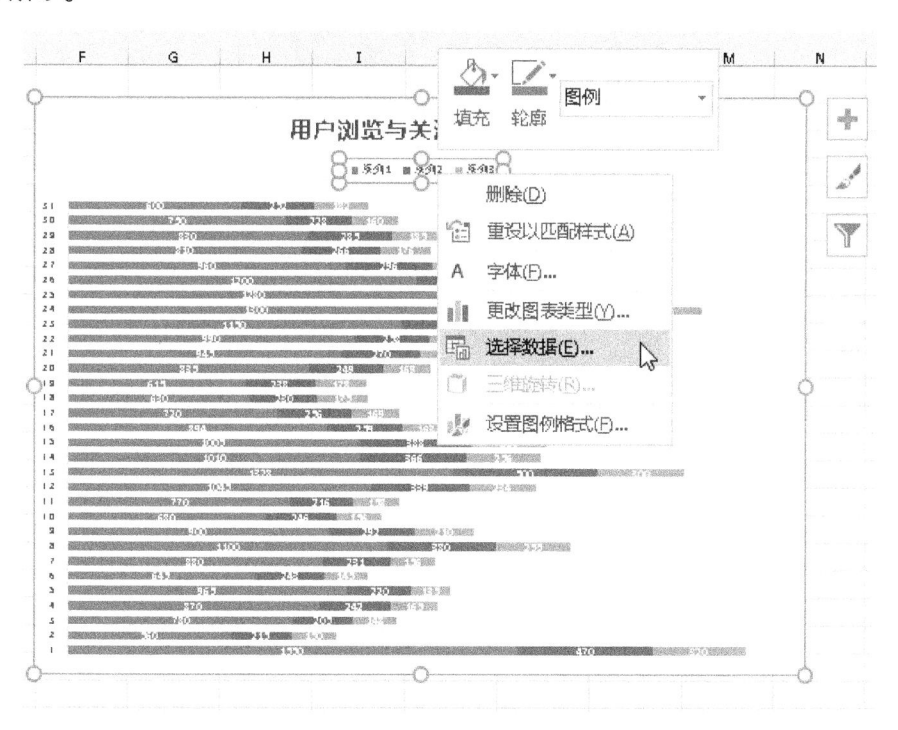

图 3.26　选择"选择数据…"选项

Step 8：在弹出的"选择数据源"对话框中选中"系列 1"，单击"编辑"按钮，如图 3.27 所示。

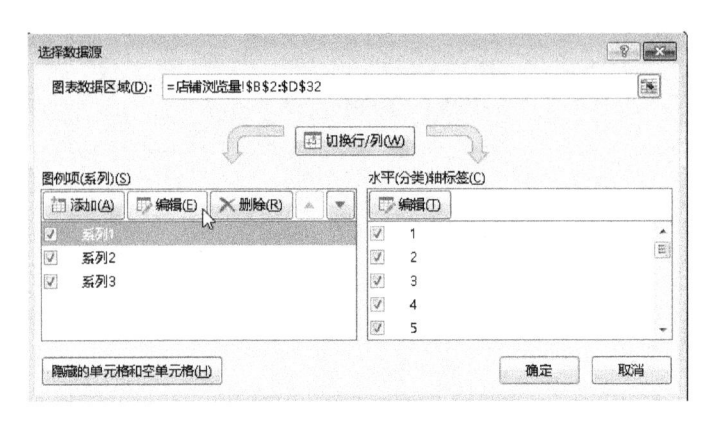

图 3.27 编辑"系列 1"数据源

Step 9：在弹出的"编辑数据系列"对话框中选中"系列名称"，单击选中 B1 单元格，单击"确定"按钮，如图 3.28 所示。

图 3.28 选择"系列 1"数据源

Step 10：回到"选择数据源"对话框，选中"系列 2"，单击"编辑"按钮，如图 3.29 所示。

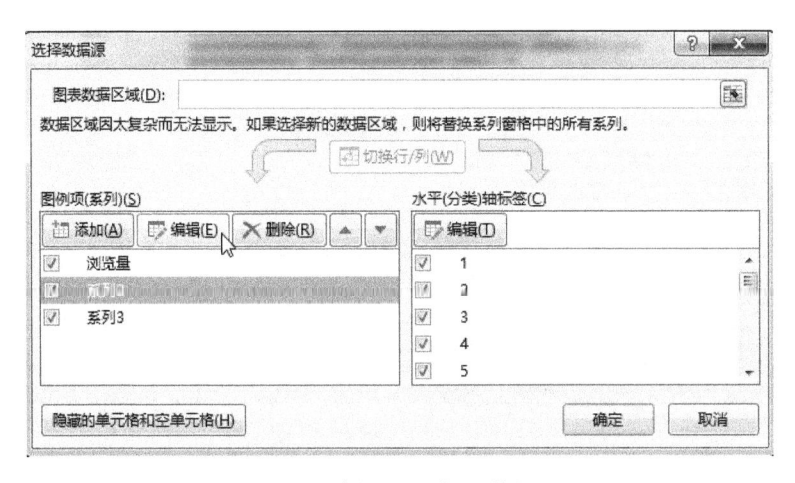

图 3.29 编辑"系列 2"数据源

Step 11：选中"系列名称"，选中 C1 单元格，单击"确定"按钮，如图 3.30 所示。

图 3.30 选择"系列 2"数据源

Step 12：选中"系列 3"，单击"编辑"按钮，如图 3.31 所示。

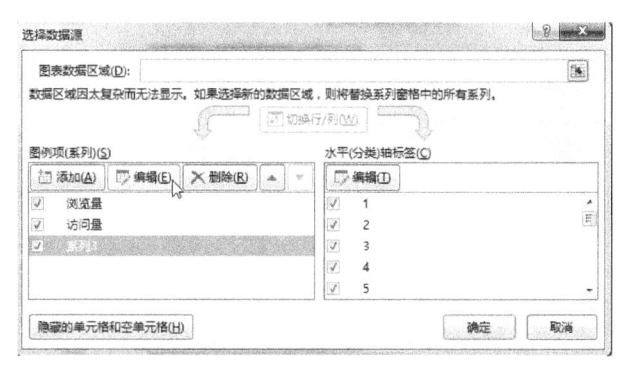

图 3.31 编辑"系列 3"数据源

Step 13：选中"系列名称"，选中 D1 单元格，单击"确定"，如图 3.32 所示。

图 3.32 选择"系列 3"数据源

Step 14：修改系列标签的名称，如图 3.33 所示。

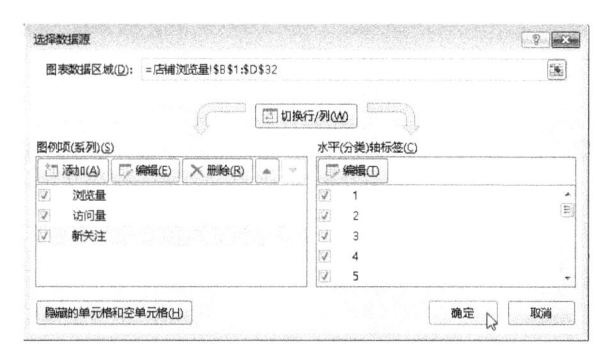

图 3.33 修改系列标签的名称

Step 15：选中系列标签单击鼠标右键，在弹出菜单中选择"字体…"选项，如图 3.34 所示。

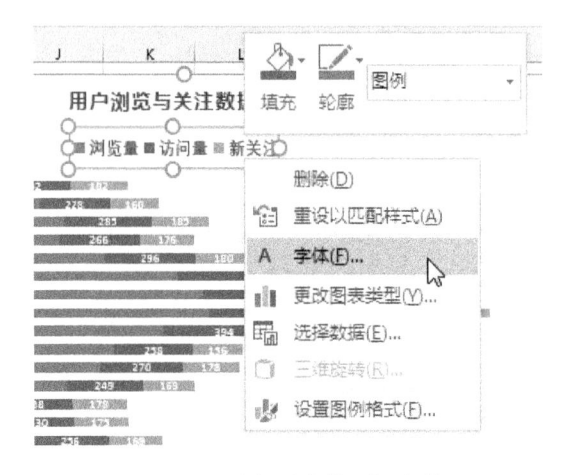

图 3.34 选择"字体…"选项

Step 16：在弹出的"字体"对话框中，设置系列字体为"微软雅黑"、大小为 12 磅、字体样式为"加粗"，如图 3.35 所示。

图 3.35 设置图表系列标签字体样式

Step 17：调整图表的位置与大小，最终获得用户浏览平台的浏览量与访问量，店铺新增加关注的比较结果，如图 3.36 所示。

从上述比较分析结果可得知，在连续一个月时间内，用户对商品的兴趣与关注趋势相似，排除特殊节假日等促销活动效果的影响，平台对用户的吸引策略效果具有稳定性。

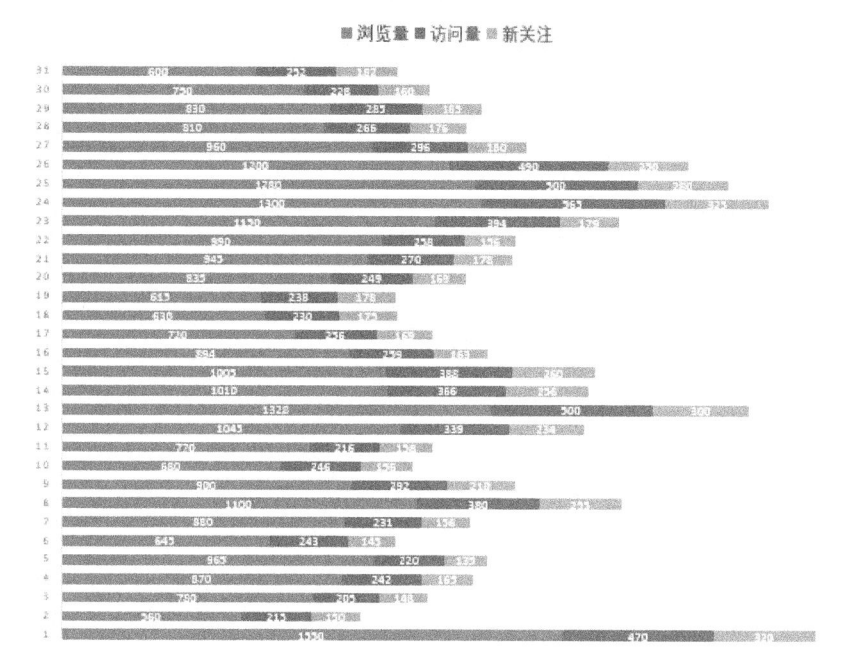

图 3.36　用户浏览与关注数据分析

3.3　售中数据管理

在商品销售的过程中，及时对产生的商业数据进行分析，可以从商品成交率与商品评价排序信息中获得用户对商品的认可度与购买兴趣。本节将通过对商品成交率与商品评价数据的分析，获得商品对用户的吸引力客观反馈信息，为进一步调整商品上架速度与配置方式，扩大销售量做出客观决策。

3.3.1　商品成交率计算

商品最终的交易量在平台、店铺访问总数所占的比例，对客观反映商品交易状况具有重要的指标作用。本小节基于店铺访问人数与商品成交量数据，使用商品成交率对交易成功情况进行客观衡量。因此，商品成交率定义如下：通过各种渠道访问店铺的所有客人中，完成商品购买行为的人数占客人总数的比例。计算公式为：商品成交率=（成交笔数/访客人数）×100%。

打开"商品成交率"数据表，原表商品成交率一列默认为是空值，如表 3.1 所示。按照以下操作步骤完成商品成交率计算与图表显示。

表 3.1 商品成交率

流量类别	访客人数	成交笔数	商品成交率
渠道 A 免费流量	1250	220	
渠道 A 收费流量	700	143	
渠道 B 免费流量	1500	380	
渠道 B 收费流量	660	200	
搜索引擎 A 流量	2300	430	
搜索引擎 B 流量	1820	330	
搜索引擎 C 流量	1710	530	
直接访问	598	165	
其他流量	120	8	

Step 1：选择 D2 单元格，在编辑栏中输入公式"=C2/B2"，然后在编辑栏单击 ✓ （"输入"）按钮，获得计算结果显示在 D2 单元格中，如图 3.37 所示。

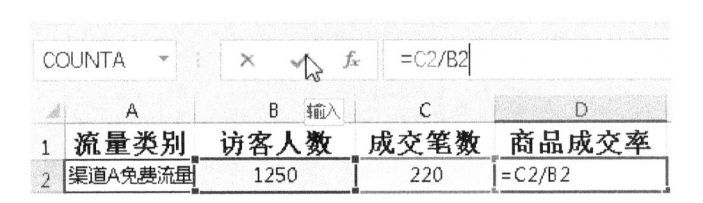

图 3.37 输入商品成交率计算公式

Step 2：将鼠标指针放置在 D2 单元格右下角，按住鼠标左键拖动填充柄至 D10 单元格右下角，如图 3.38 所示。

图 3.38 拖动填充柄获得其他计算结果

Step 3：选择 D2:D10 单元格区域，并单击"数字"组中的"数字格式"下拉按钮，选择"百分比"选项，如图 3.39 所示。

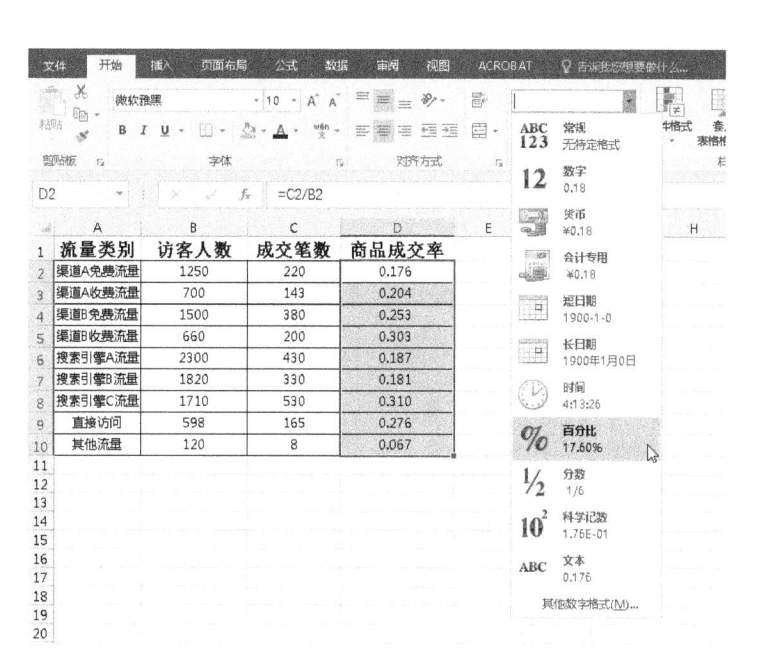

图 3.39 设置计算结果为"百分比"格式

Step 4：经过设置计算结果为百分比格式之后的数据，会自动保留两位小数。单击"数字"组中的 按钮，即可将结果修改成保留一位小数，如图 3.40 所示。

图 3.40 设置计算结果为保留一位小数

3.3.2 商品评价排序分析

通过对商品的购买与售后等服务评价进行分析，可以获得用户与店铺的交互效果信息，对及时调整商品的销售经营模式、服务与销售策略有非常重要的作用。特别说明，有效并且积极的商品评论可以增加其他用户购买的可能性，从而提高商品成交率。打开"商品评价"工作表，进行商品评价的数据分析，具体操作如下。

Step 1：选中 F2 单元格，选择"公式"选项卡，单击"自动求和"下拉按钮，选择"其他函数…"选项，如图 3.41 所示。

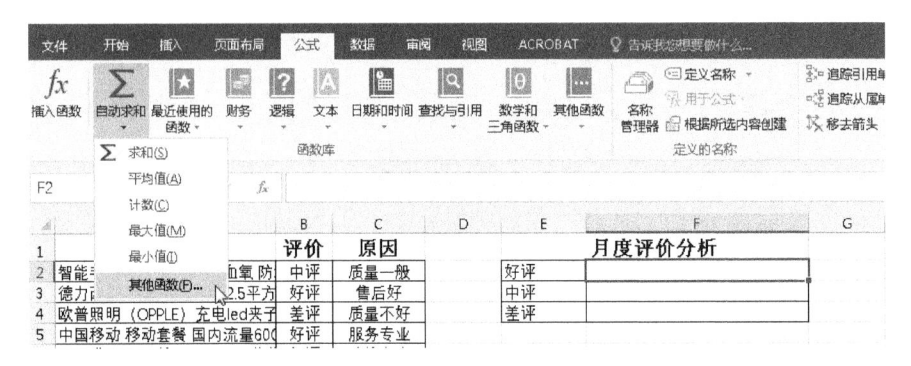

图 3.41 选择"其他函数…"选项统计评论

Step 2：在弹出的"插入函数"对话框中，单击"或选择类别"下拉列表，选择"统计"选项，在"选择函数"列表框中选择 COUNTIF 函数，单击"确定"按钮，如图 3.42 所示。

图 3.42 选择 COUNTIF 函数

此处 COUNTIF 函数的使用语法为 COUNTIF(range,criteria)，其中，range 是需要统计的单元格区域，而 criteria 是需要定义的条件，其形式可以为数字、表达式、单元格引用或文本。

在弹出的"函数参数"对话框中可以进行统计函数的相关参数设置，完成对第一类"好评"商品评价的统计操作。

Step 3：在"函数参数"对话框中将光标定位到 Range 文本框中，输入 B2:B31 作为选中工作表中评论区域单元格，并在 Criteria 文本框中输入"好评"文本信息，单击"确定"按钮，如图 3.43 所示。

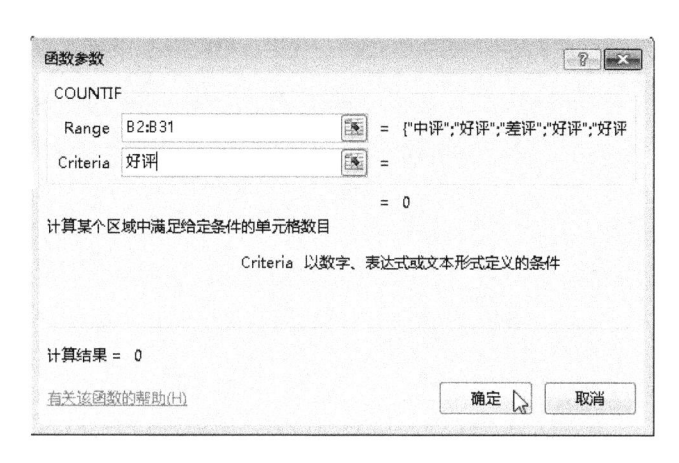

图 3.43 设置 COUNTIF 函数参数

Step 4：此时，好评统计结果会显示在 F2 单元格。将鼠标指针放置在 F2 单元格右下角，按住鼠标左键拖动填充柄至 F4 单元格右下角，如图 3.44 所示。

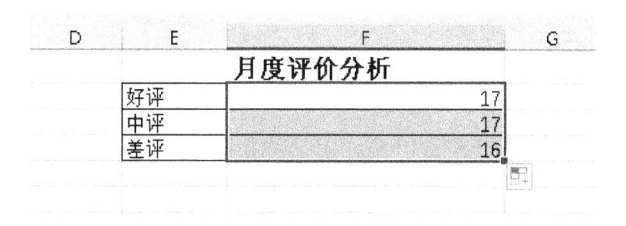

图 3.44 使用填充柄填充其他评论数据

Step 5：选中 F3 单元格，在编辑栏中将函数的第二个参数修改为"中评"，将 F4 单元格中函数的第二个参数修改为"差评"，如图 3.45 所示。

图 3.45 修改参数为"中评"与"差评"

在获得月度商品评价统计分析数据之后，可采用图形化方式进行数据可视化。

Step 1：选中 E2:F4 单元格区域，选择"插入"选项卡，在"图表"组中单击"饼图"下拉按钮，选择"饼图"，如图 3.46 所示。

Step 2：选中创建的饼图，在"设计"选项卡中单击"快速布局"下拉按钮，选择"布局 1"，如图 3.47 所示。

在选择饼图布局形式之后，需要进一步对图表的标题、数据标签的字体进行设置，具体操作如下。

Step 3：选中图表标题文本框，在编辑栏输入等号"="，然后选择 E1 单元格，如图 3.48 所示。

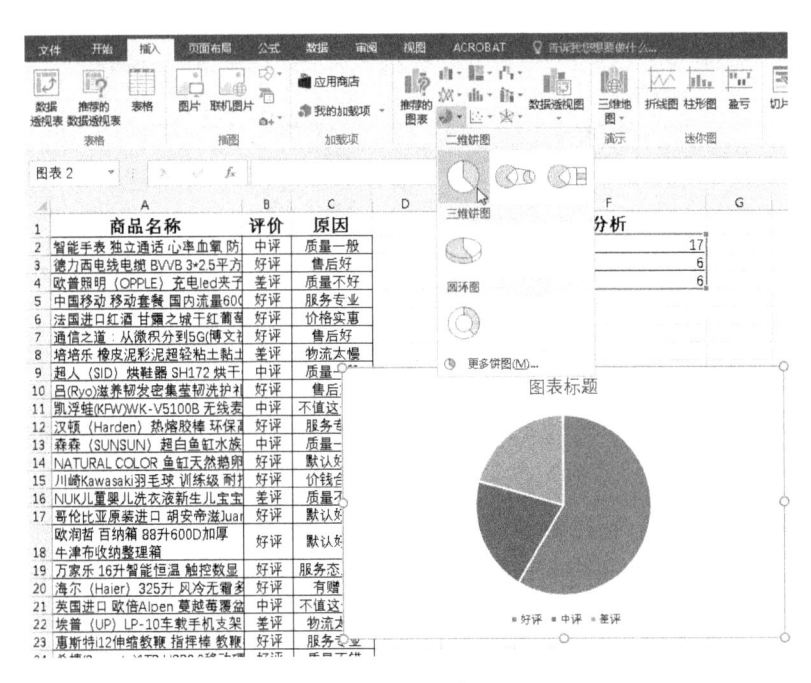

图 3.46 插入饼图

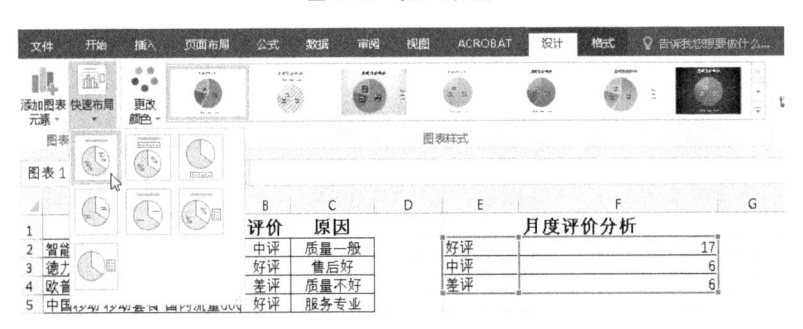

图 3.47 选择饼图布局形式

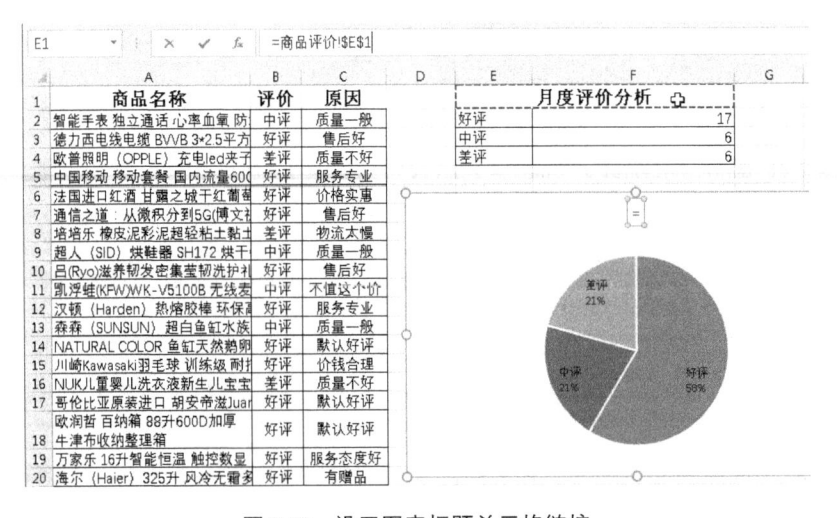

图 3.48 设置图表标题单元格链接

Step 4：创建图表标题单元格链接之后，选择"开始"选项卡，在"字体"组中设置字体为"微软雅黑"、16磅、加粗，如图3.49所示。

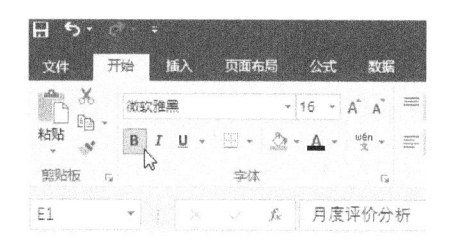

图3.49 设置图表标题单元格链接

Step 5：右键单击图表标题，在弹出菜单中选择"字体..."选项，如图3.50所示。

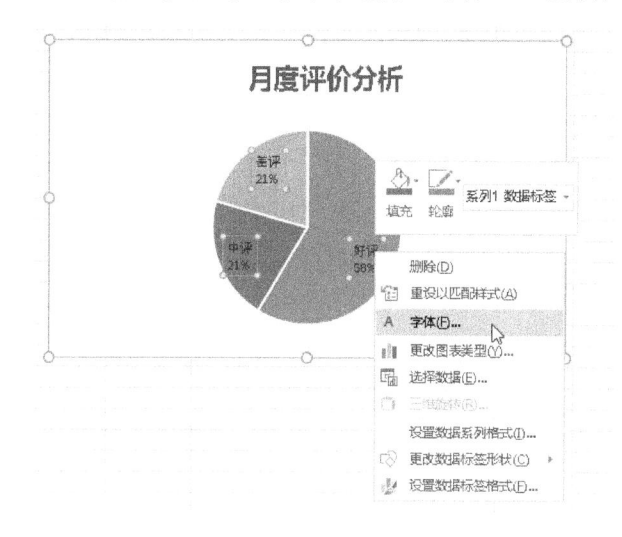

图3.50 设置图表字体

Step 6：在弹出的"字体"对话框中选择"字符间距"选项卡，在"间距"下拉列表中选择"加宽"选项，设置"度量值"为2磅，单击"确定"按钮，如图3.51所示。

图3.51 设置图表标题字体参数

Step 7：在图表中选中数据标签单击鼠标右键，在弹出菜单中选择"设置数据标签格式..."

选项，在弹出的"设置数据标签格式"窗格中的"标签位置"区域中，选择"居中"单选按钮，如图 3.52 所示。

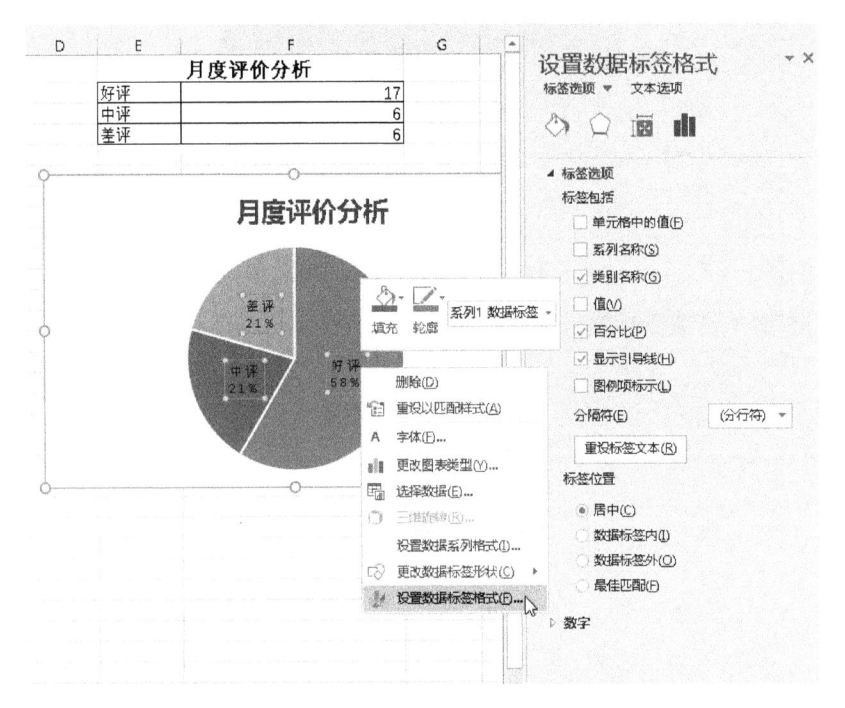

图 3.52　设置数据标签位置

Step 8：在图表中选中数据标签单击鼠标右键，在弹出菜单中选择"字体…"选项，如图 3.53 所示。

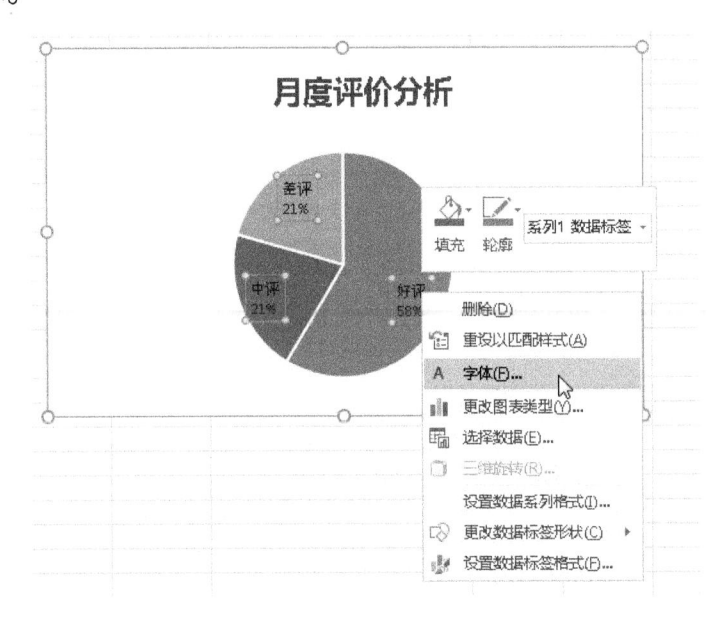

图 3.53　设置数据标签字体

Step 9：在弹出的"字体"对话框中，修改数据标签字体为"微软雅黑"、11 磅、加粗，如图 3.54 所示。

图 3.54　设置数据标签字体

由此，可以获得最后的商品评价统计分析与数据可视化结果，如图 3.55 所示。

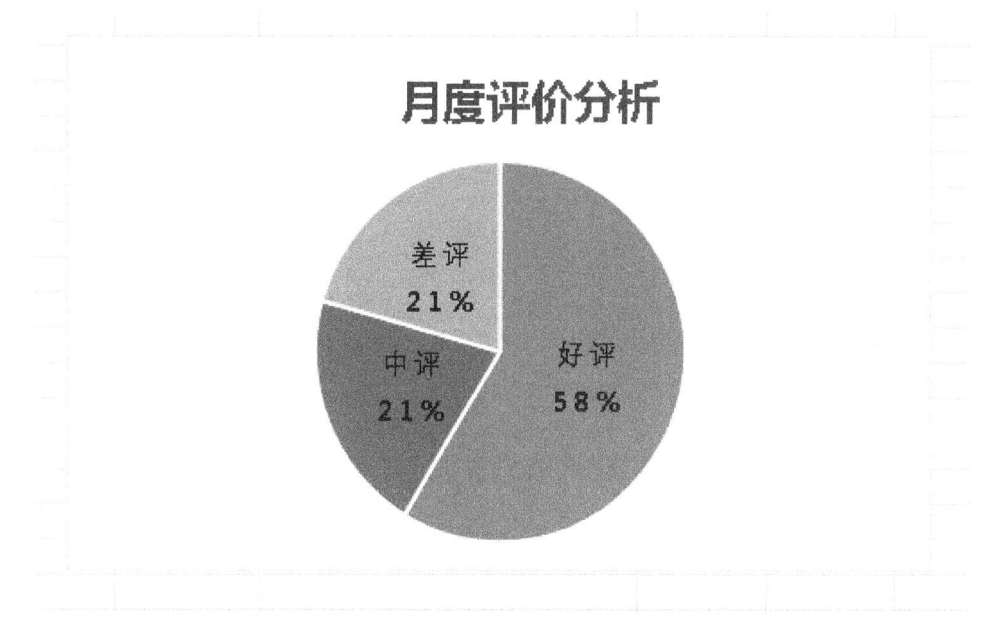

图 3.55　商品评价统计分析与数据可视化结果

从图中可以看出，在商品的购买过程中评价的多数是好评，但不可忽视的是，中评与差评占有总体评价近一半数量，因此，需要对商品的销售服务质量进行调整。

3.4 售后数据管理

在商品销售之后，及时对销售积累的数据进行分类统计与分析，有助于对商品销售的状况有全面了解，并及时反馈到后续商品销售策略的制定与调整中。本节通过对商品销售额进行排序分析，直观地展现商品的销售情况。

3.4.1 商品销售排名分析

打开"商品销售状态"工作表，并按照以下操作方法进行数据分析。

Step 1：选中 F2 单元格，在编辑栏输入公式"=SMALL(RANK($C$2:$C$9,$C$2:$C$9),ROW()-1)"，如图 3.56 所示。

图 3.56 输入公式

Step 2：按下 Ctrl+Shif+Enter 组合键确认，生成数据公式，得出排名序号 1，如图 3.57 所示。

图 3.57 得出排名序号

Step 3：选中 H2 单元格，在编辑栏输入公式"=LARGE($C$2:$C$9,ROW()-1)"，如图 3.58 所示。

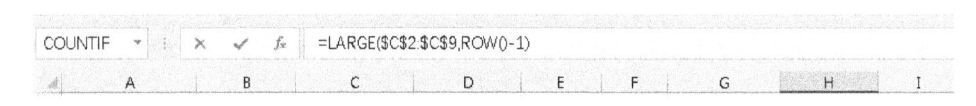

图 3.58 输入公式

Step 4：单击 ✓（"输入"）按钮确认，生成数据公式，得出排名序号 1 的销售额，并设置小数位数为 2，如图 3.59 所示。

图3.59 获取销售额

Step 5：选中 G2 单元格，在编辑栏输入公式 "={INDEX($A:$A,SMALL(IF($C$2:$C$9=$H2,ROW($C$2:$C$9)),COUNTIF($F$2:$F2,F2)))}"，如图 3.60 所示。

图 3.60 获取商品信息

Step 6：按下 Ctrl+Shif+Enter 组合键确认，得出相应的商品编码，如图 3.61 所示。

图 3.61 获取商品信息

Step 7：选择 F2:H2 单元格区域，使用填充柄将公式填充到 F3:H9 单元格区域中，并对 F1:H9 单元格区域进行字体格式、居中对齐和添加边框线等操作，获得最终效果如图 3.62 所示。

图 3.62 商品销售排序效果

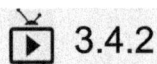

3.4.2 商品月度销售分析

商品的卖家可以对本月度商品的销售明细使用数据透视表分析,更快地处理表格数据,使表格数据透明化,打开"月度销售"工作表,按照以下具体操作方法进行分析。

Step 1:选中任意非空单元格,再选择"插入"选项卡,在"表格"组中选择"数据透视表"选项,如图 3.63 所示。

Step 2:在弹出的"创建数据透视表"对话框中,系统已自动选择数据表区域。在"选择放置数据透视表的位置"中选择"新工作表"单选按钮,单击"确定"按钮,如图 3.64 所示。

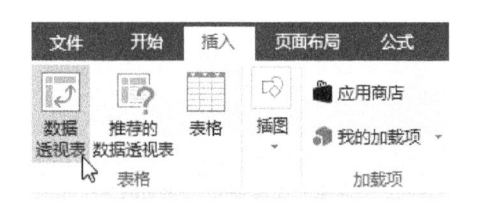

图 3.63 选择"数据透视表"　　　图 3.64 创建数据透视表

Step 3:在新创建的一个空白数据透视表中打开"数据透视表字段"窗格,将"售货地区"字段拖至"报表筛选"区域,将"售货员"和"商品"字段拖至"行标签"区域,将"销售额"字段拖至"数值"区域,如图 3.65 所示。

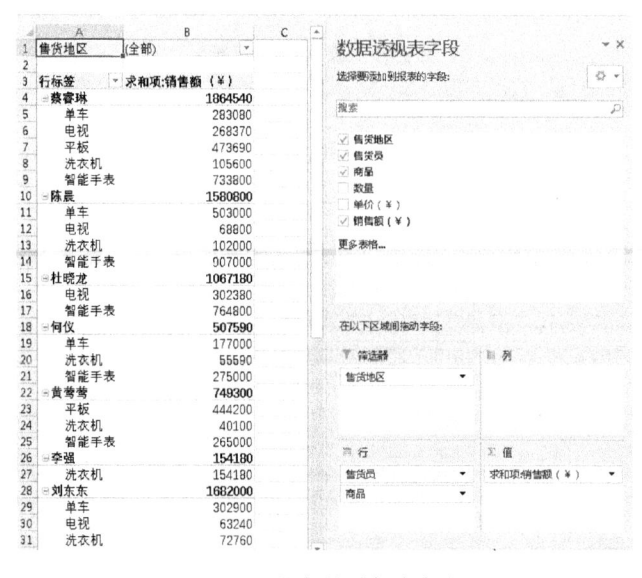

图 3.65 添加拖动报表字段

Step 4：选择"设计"选项卡，单击"分类汇总"下拉按钮，选择"不显示分类汇总"选项，如图 3.66 所示。

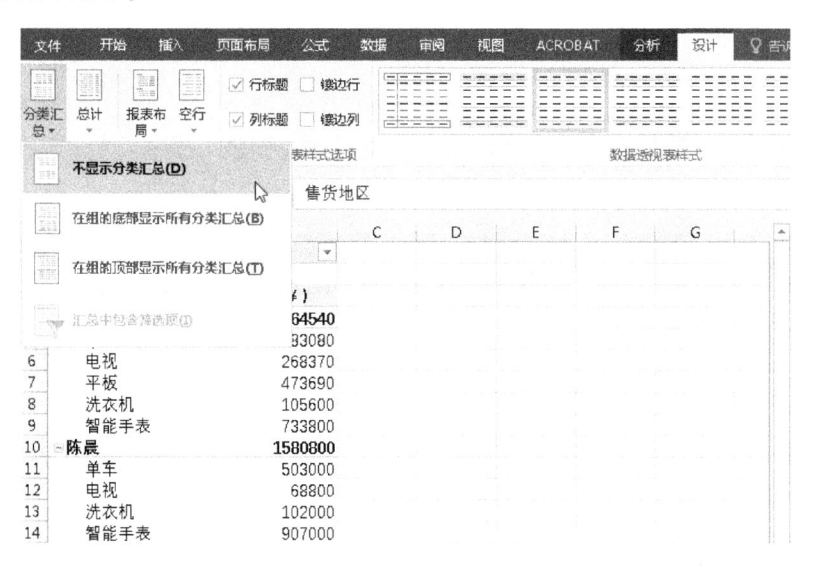

图 3.66　设置不显示分类汇总

Step 5：单击"报表布局"下拉按钮，选择"以表格形式显示"选项，如图 3.67 所示。

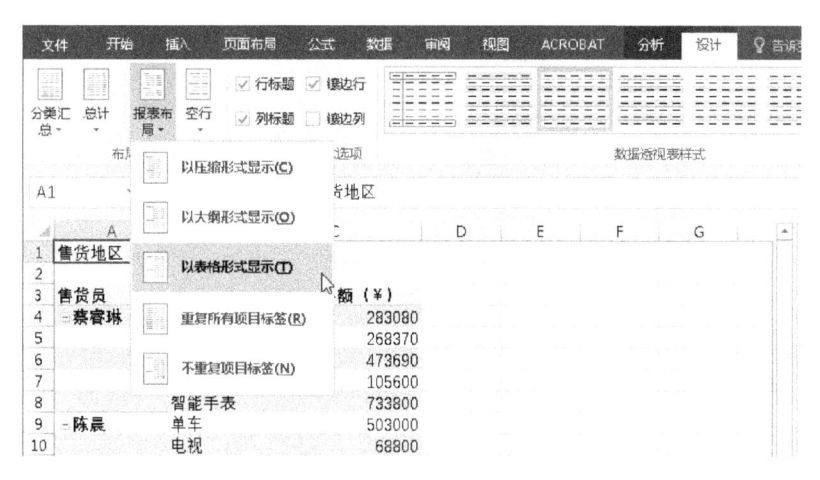

图 3.67　设置以表格形式显示

Step 6：在"数据透视表样式选项"组中选中"镶边行"复选框，如图 3.68 所示。

图 3.68　选择"镶边行"样式

Step 7：在"数据透视表样式"组中选择需要的样式，如图 3.69 所示。

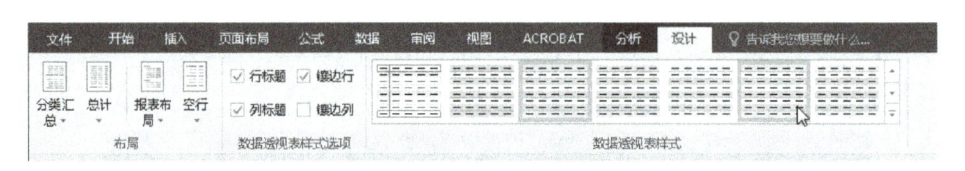

图 3.69 选择需要的数据透视表样式

Step 8:在"分析"选项卡的"显示"组中单击"字段列表"按钮,关闭字段列表窗口,如图 3.70 所示。

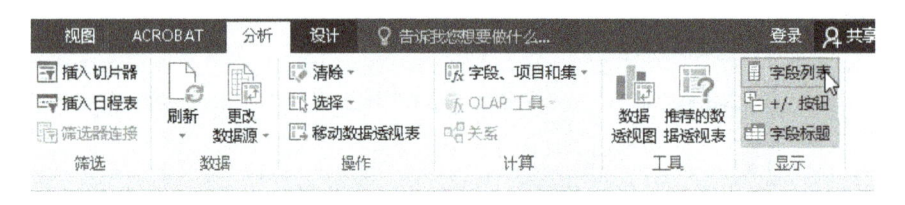

图 3.70 关闭字段列表窗口

Step 9:单击"售货地区"下拉按钮,选择"海口"选项,单击"确定"按钮,如图 3.71 所示。

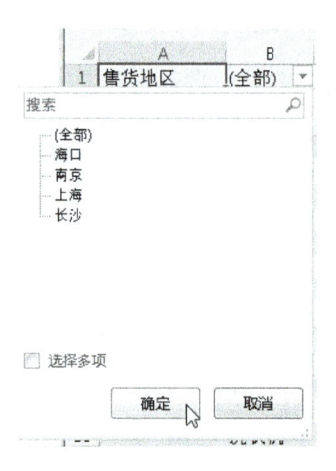

图 3.71 筛选售货地区

在筛选售货地区之后,数据透视表中只保留了"海口"地区的商品销售情况,如图 3.72 所示。通过对数据透视表的操作,可以对商品的销售地区与金额进行快速分析,并了解不同区域的商品销售情况。

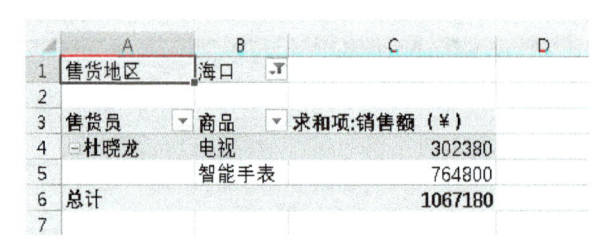

图 3.72 查看"海口"的销售情况

3.4.3 商品退回率分析

商品销售过程中会出于多种原因（例如重复下单购买、选错商品、商品质量不佳）导致商品退回。商品退回会增加交易的时间与金钱成本，直接造成卖家收益损失。因此，通过对退回商品的统计与分析，可以减少退回的可能性，并提高店铺的信誉度。打开"商品退回"工作表进行数据分析，按照以下方法进行操作。

Step 1：选中 A2:A16 单元格区域，复制并粘贴到 E2:E16 单元格区域中，如图 3.73 所示。

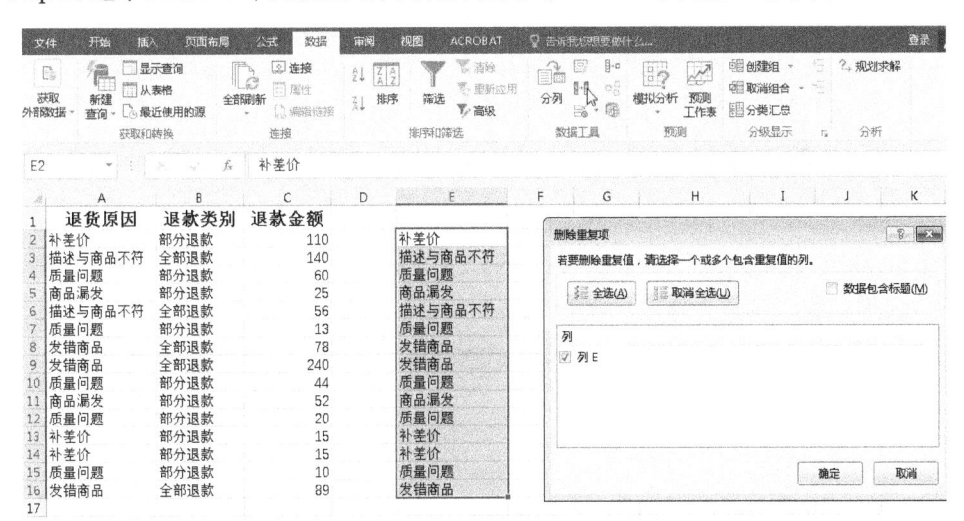

图 3.73　复制数据并设置删除重复项

Step 2：选择"数据"选项卡，在"数据工具"组中单击"删除重复项"按钮，如图 3.74 所示。

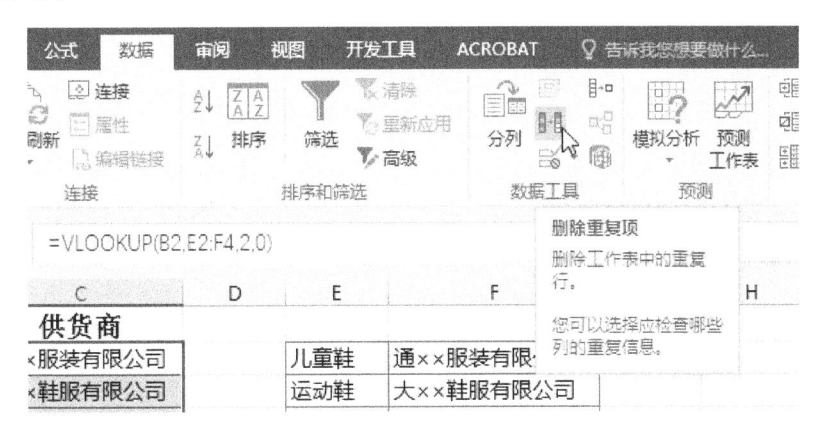

图 3.74　单击"删除重复项"按钮

Step 3：在弹出的"删除重复项"对话框中保持默认设置，单击"确定"按钮。弹出提示信息框，完成重复项删除确认，如图 3.75 所示。

图 3.75 确认删除重复项

Step 4：选择 E2:E6 单元格区域复制数据，选中 G2 单元格单击鼠标右键，在弹出菜单中选择"转置"选项，如图 3.76 所示。

图 3.76 转置粘贴数据

Step 5：选择 E2:E6 单元格区域，在"开始"选项卡中的"编辑"组中单击"清除"下拉按钮，选择"全部清除"命令，如图 3.77 所示。

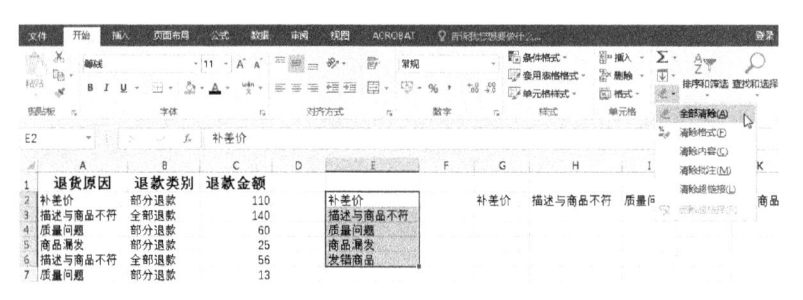

图 3.77 清除所选数据

Step 6：选择 G3 单元格，在编辑栏中输入公式"=COUNTIF($A$2:$A$16,G2)"，按下回车键确认，获得退货与退款数据，如图 3.78 所示。

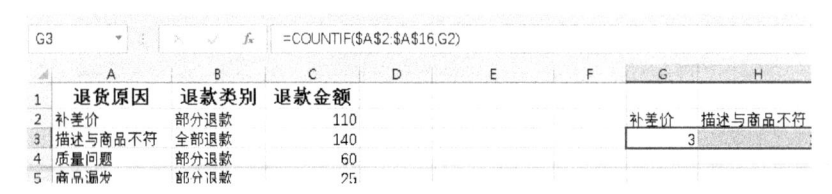

图 3.78 输入统计公式

Step 7：使用填充柄将 G3 单元格中的公式填充到 H3:K3 单元格区域，如图 3.79 所示。

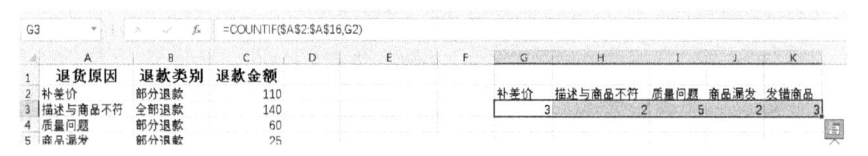

图 3.79 使用填充柄填充公式

Step 8：选择 G2:K3 单元格区域，再选择"插入"选项卡，在"图表"组中选择"饼图"选项，如图 3.80 所示。

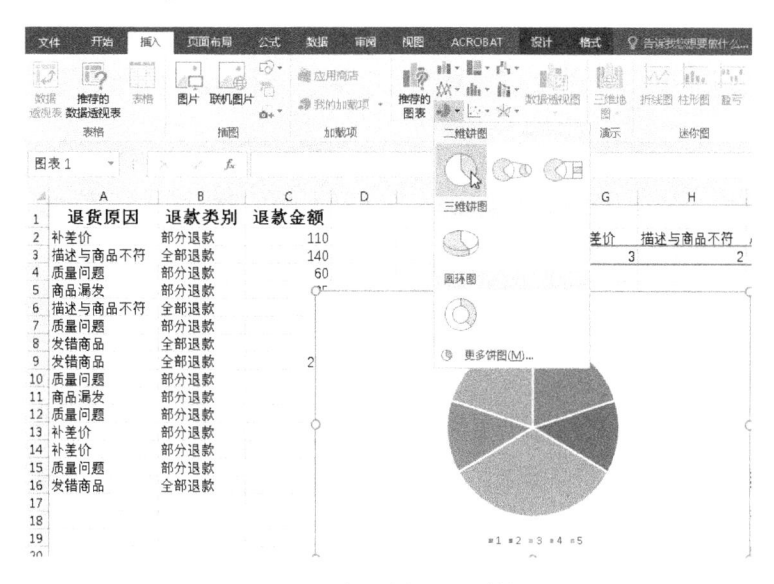

图 3.80　插入饼图显示数据

Step 9：对插入的饼图进行图表标题文字、数据标签调整，最终获得对商品退回原因占比统计分析，如图 3.81 所示。

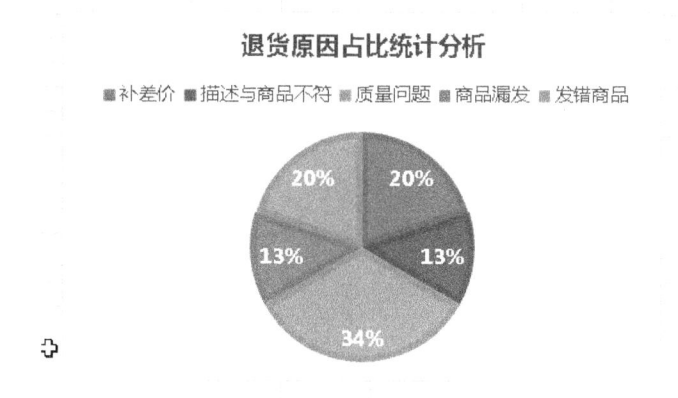

图 3.81　调整图表饼图标题与数据标签

至此，卖家可以通过图形化数据显示结果，清晰了解退回商品的主要问题集中在质量上，下一步的销售管理可以主要解决商品供货商的质量保证问题。

3.4.4　商品返修率分析

部分商品的售后服务会要求商家及时提供商品返回维修服务，对商品的非退回处理策略有一定的影响。如何正确评估商品返修情况是否有一定的增加趋势，是店铺管理过程中商家必须关注的要点。打开"商品返修"工作表进行数据分析，并按照以下方法进行操作。

Step 1：选中 A2:C16 单元格区域，在"插入"选项卡的"图表"组中选择"插入统计图表"下拉按钮，再选择"箱形图"选项，如图 3.82 所示。

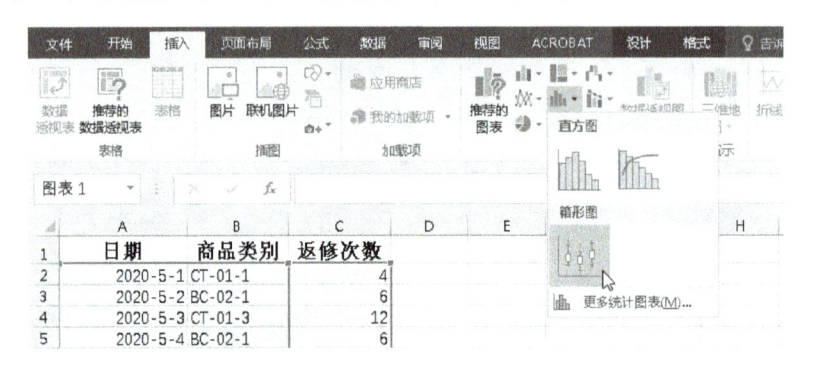

图 3.82　插入箱形图

Step 2：选择箱形图的图表标题，数据横纵坐标轴，修改字体为"微软雅黑"、14 磅、加粗，最终效果如图 3.83 所示。

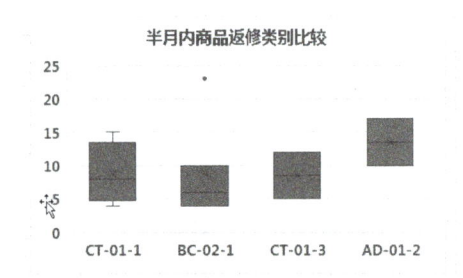

图 3.83　美化箱形图

从此商品的返回维修统计结果可以得知，在过去半个月时间内，某一商品返修次数比其他类别商品高，突出反映了该类商品的售后维修服务必须及时跟上并提供给客户，避免该类商品的返修现状恶化至退货情况，造成商品交易的损失。

3.5　商品数据管理

商品销售的重要一环是商品供货商，无论是线上还是线下的商品交易活动，销售过程中的第一个环节是选择质量可靠、产品具有竞争力、供货渠道稳定的商品供货商。如何精确地管理供货商信息，及时调整商品入库的来源渠道与多元化策略，是保证店铺经营良性发展的重要保障。本节将学习如何对供货商及商品进行分类汇总管理。

3.5.1　更新供货商信息

打开"供货商信息"数据工作表，对 Excel 表中的供货商信息可以通过以下两种方式输入。

方式一是通过单元格区域输入。在工作表中依次选中 A2:I2 区域的单元格，直接输入供货商信息，如图 3.84 所示。

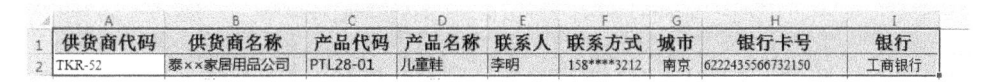

图 3.84 使用方式一更新供货商信息

方式二是通过编辑栏输入。在工作表中依次选中 A3:I3 区域的单元格，在编辑栏输入供货商信息。

图 3.85 使用方式二更新供货商信息

3.5.2 分类限定供货商品

打开"供货商信息"数据工作表，供货商可以供应的商品一般限定于一类或几类，因此，如果对商品名称进行类别限定，有助于提高商品供货数据的输入效率与准确率。依据如下步骤进行限定商品类别操作。

Step 1：选中 D2 单元格，再选择"数据"选项卡，在"数据工具"组中单击"数据验证"下拉按钮，如图 3.86 所示。

图 3.86 选择数据验证

Step 2：在弹出的"数据验证"对话框中，单击"允许"下拉列表，选择"序列"选项；在"来源"文本框中输入供货商品名称，例如"儿童鞋,运动鞋,拖鞋"，需要注意的是，商品名称的间隔使用英文状态下的逗号","隔开，如图 3.87 所示。

Step 3：选择"出错警告"选项卡，单击"样式"下拉列表，选择"警告"选项，在"标题"和"错误信息"文本框中输入相应的信息内容，单击"确定"按钮，如图 3.88 所示。

图 3.87 选择数据有效性条件与来源　　图 3.88 设置"出错警告"选项

Step 4：单击 D2 单元格右侧的下拉按钮，选择所需商品名称后，系统会将其自动添加商品到该单元格中，如图 3.89 所示。

图 3.89 选择商品名称

Step 5：清空 D2 单元格内容，输入不是设定好的商品名称，例如"跑鞋"，系统将弹出警告信息，单击"否"按钮则可以重新输入数据，如图 3.90 所示。

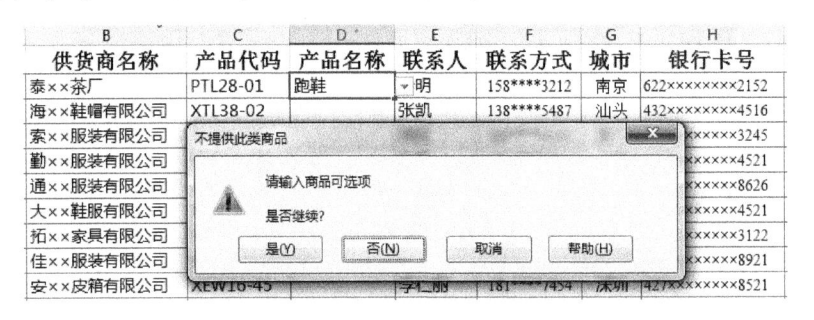

图 3.90 输入错误数据弹出警告信息

3.5.3 调整供货商账号格式

Excel 表格在处理现实单元格中 11 位以上的数字时，将会自动显示为科学计数法，因此，当输入供货商的银行卡信息会出现银行账号不正确显示结果，可以通过调整银行账号的信息数据数值格式，正常显示数据。

打开"供货商信息"数据工作表，对 Excel 表中的供货商银行账号信息调整数值格式。

Step 1：选择 H2:H11 单元格区域，如图 3.91 所示。

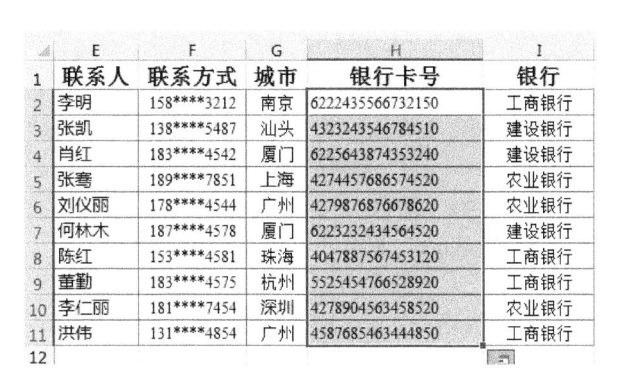

图 3.91 选择单元格区域

Step 2：选择"开始"选择卡，单击"数字"组中的"数字格式"下拉按钮，如图 3.92 所示。

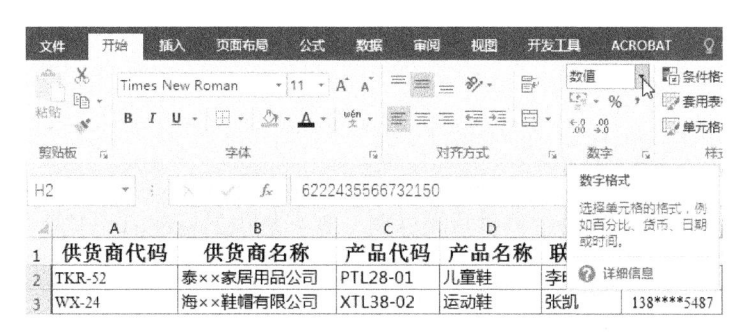

图 3.92 设置数字格式

Step 3：选择"数字"选项，银行账号信息会显示完整，并默认带有两位小数。

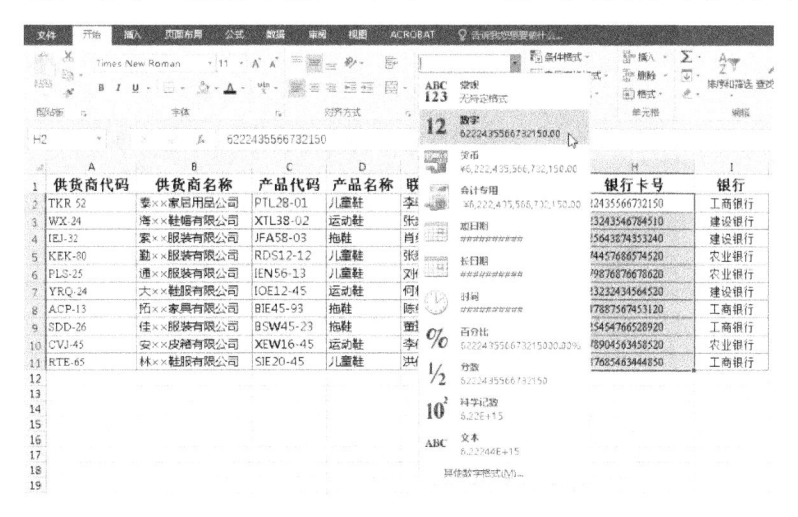

图 3.93 显示默认数字信息

Step 4：选择"开始"选择卡，单击"数字"组中的 ("减少小数位数")按钮，去除银行卡后默认的两位小数，如图 3.94 所示。

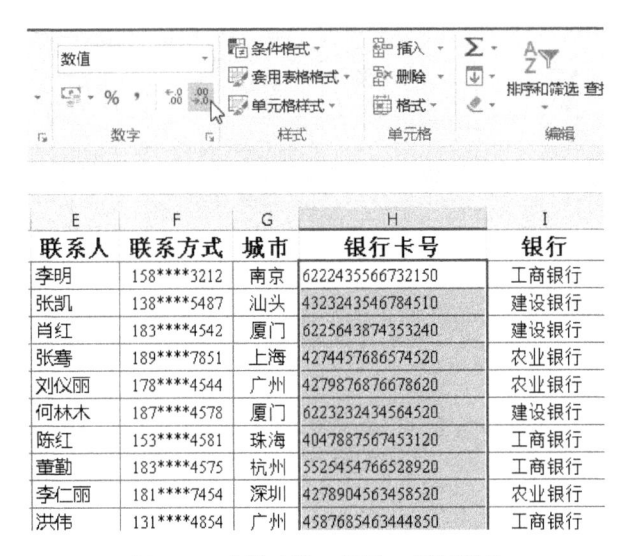

图 3.94 去除小数正常显示银行账号

3.5.4 自动填充供货商信息

当一家供货商成为店铺的主要供货渠道时，其所提供的商品有一类及以上。高效准确地输入此类供货商的信息，可以使用 VLOOKUP 函数进行自动填充。

VLOOKUP 函数使用方法如下。

VLOOKUP(lookup_value,table_array,col_index_num,[range_lookup])

其中，lookup_value 为要查找的对象；table_array 为查找的表格区域；col_index_num 为要查找的数据在 table_array 区域中处于第几列的列号；[range_lookup]为查找类型，其中，1 表示近似匹配，0 表示精确匹配。

打开"商品信息"数据工作表，对数据采用以下操作进行分析。

Step 1：选中 C2 单元格区域，选择"公式"选项卡，单击"插入函数"按钮，如图 3.95 所示。

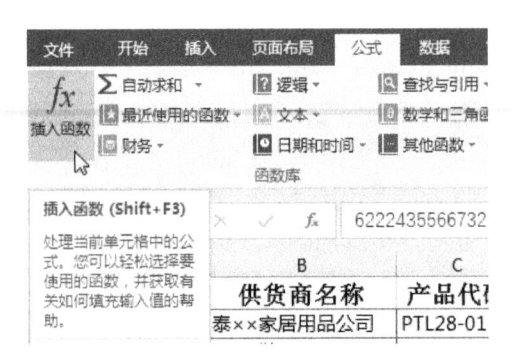

图 3.95 插入函数

Step 2：弹出"插入函数"对话框，在"或选择类别"下拉列表中选择"查找与引用"选项，如图 3.96 所示。

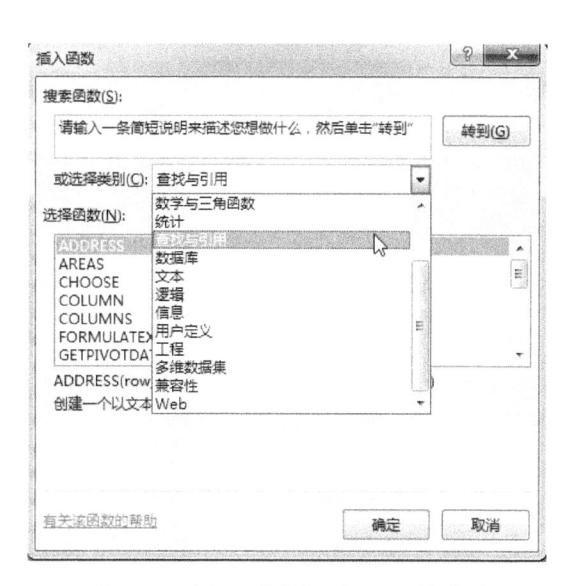

图 3.96 选择"查找与引用"函数类别

Step 3：此时，回到"插入函数"对话框，在"选择函数"列表框中选择 VLOOKUP 函数，单击"确定"按钮，如图 3.97 所示。

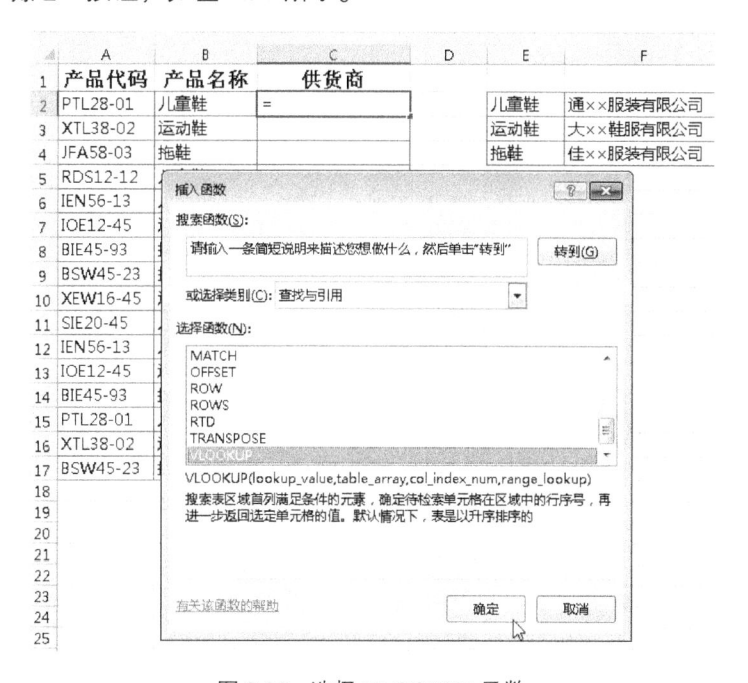

图 3.97 选择 VLOOKUP 函数

Step 4：在弹出的"函数参数"对话框中设置 VLOOKUP 函数参数，定位光标在 Lookup_value 文本框中，单击文本框右侧的折叠按钮，选择 B2 单元格；定位光标在 Table_array 文本框中，单击文本框右侧的折叠按钮，选择 E2:F4 单元格区域；在 Col_index_num 文本框中输入 2；在 Range_lookup 文本框中输入 0，单击"确定"按钮，如图 3.98 所示。

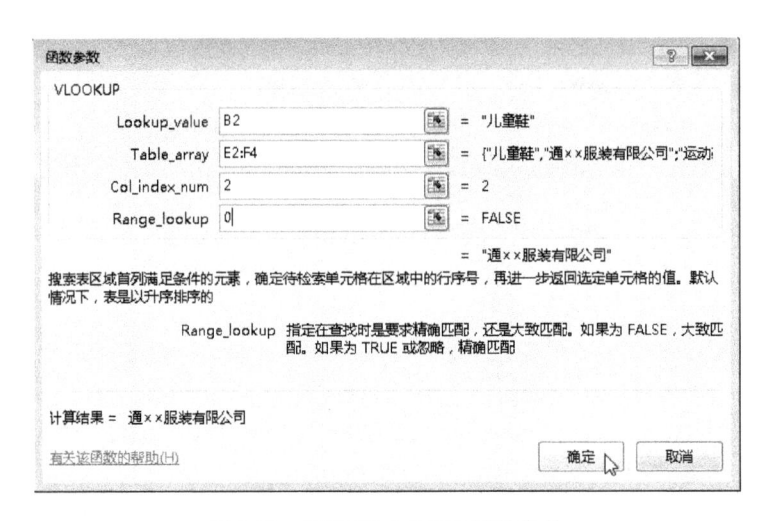

图 3.98　设置 VLOOKUP 函数参数

Step 5：此时，在商品信息表中可以查看函数结果，获得第一个供应商数据，然后选中 C2 单元格，按住单元格右下角拖动至 C3:C17 单元格区域，使用填充柄将 C2 公式自动填充上述单元格区域，如图 3.99 所示。

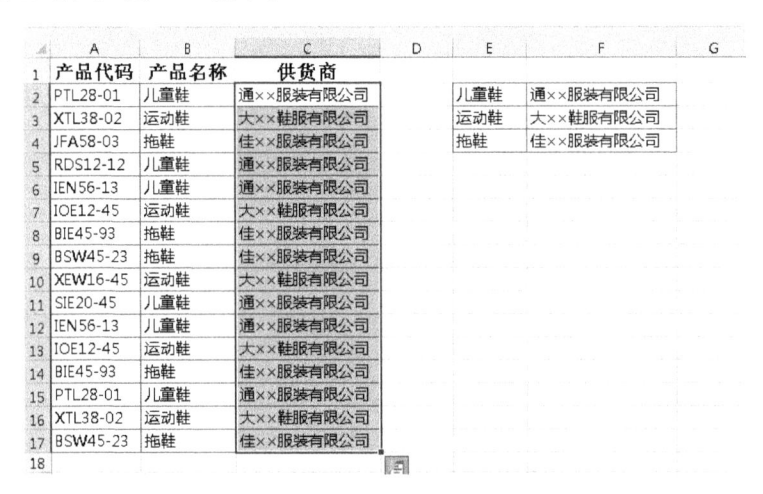

图 3.99　自动填充供应商数据

通过 VLOOKUP 函数的使用，可以快速地依据商品类型自动填充供货商信息，提高了商品信息管理的效率，并避免了人为输入错误导致商品数据不一致性问题的出现。

3.5.5　筛选商品数据属性

店铺上架的商品数据有很多属性，例如单价、数量与合计金额，因此，在查找商品数据信息时可以使用表格筛选功能增加数据查询的简易性。

打开"商品信息 1 原始数据"数据工作表，并对 2020 年 1 月 12 日之后单价大于 180 元的儿童鞋数据进行查询，操作方法如下。

Step 1：选择 C20：E21 单元格区域，输入数据筛选条件，例如">2020-1-12"和">180"，如图 3.100 所示。

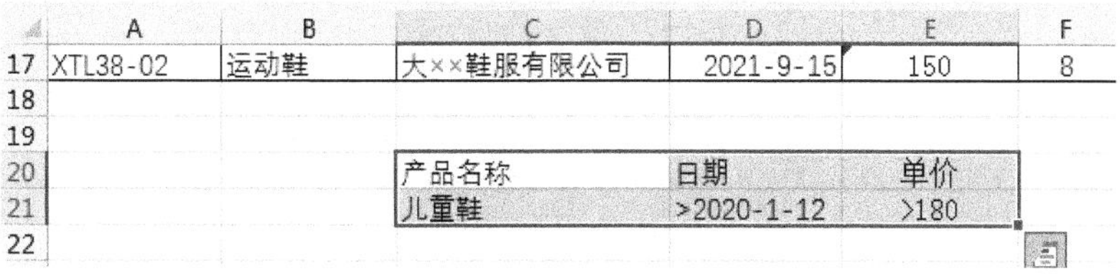

图 3.100　输入数据筛选条件

Step 2：选中表中任意数据单元格，选择"数据"选项卡，在"排序和筛选"组中单击"高级"按钮，如图 3.101 所示。

Step 3：在弹出的"高级筛选"对话框中，系统已自动获取"列表区域"参数，如图 3.102 所示。

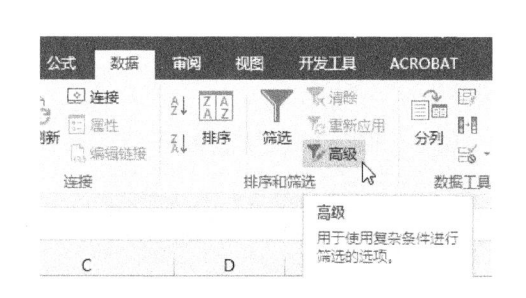

图 3.101　设置数据筛选条件 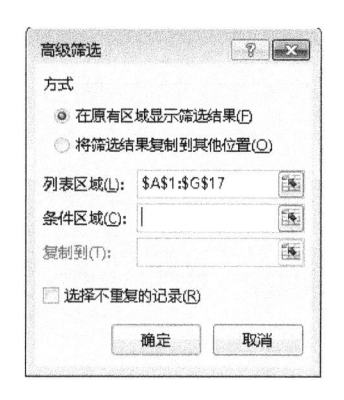　　　　图 3.102　设置显示数据筛选结果

Step 4：在"高级筛选"对话框中，单击"条件区域"文本框右侧的折叠按钮，选中 C20：E21 单元格区域，单击"展开折叠"按钮，如图 3.103 所示。

图 3.103　选择单元格区域

Step 5：选中"将筛选结果复制到其他位置"单选按钮，将光标定位到"复制到"文本框，在表中选择 A23 单元格，单击"确定"按钮，如图 3.104 所示。

最后可以获得对数据的筛选结果，符合筛选条件的商品信息记录将被显示在指定的表格位置，如图 3.105 所示。

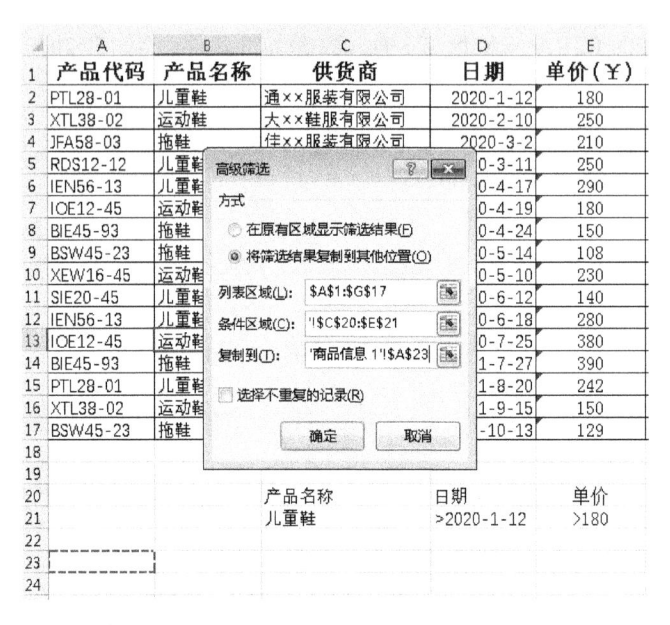

图 3.104　设置筛选结果复制到其他位置

图 3.105　数据筛选结果

3.5.6　分类汇总商品

在管理商品销售数据时，可以对数据列表中指定的字段进行分类，统计同一类商品的相关信息。

打开表"商品信息表 1 原始数据"，按照以下方法操作。

Step 1：选择 B2 单元格，如图 3.106 所示。

图 3.106　选择单元格

Step 2：选择"数据"选项卡，在"排序和筛选"组中单击"排序"按钮，如图 3.107 所示。

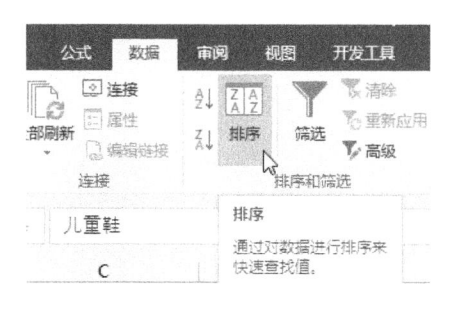

图 3.107　单击"排序"按钮

Step 3：在弹出的"排序"对话框中，在"主要关键字"下拉列表框中选择"产品名称"选项，单击"添加条件"按钮；在"次要关键字"下拉列表框中选择"日期"选项，单击"添加条件"按钮；在新增加的"次要关键字"下拉列表框中选择"单价(¥)"选项，单击"确定"按钮，如图 3.108 所示。

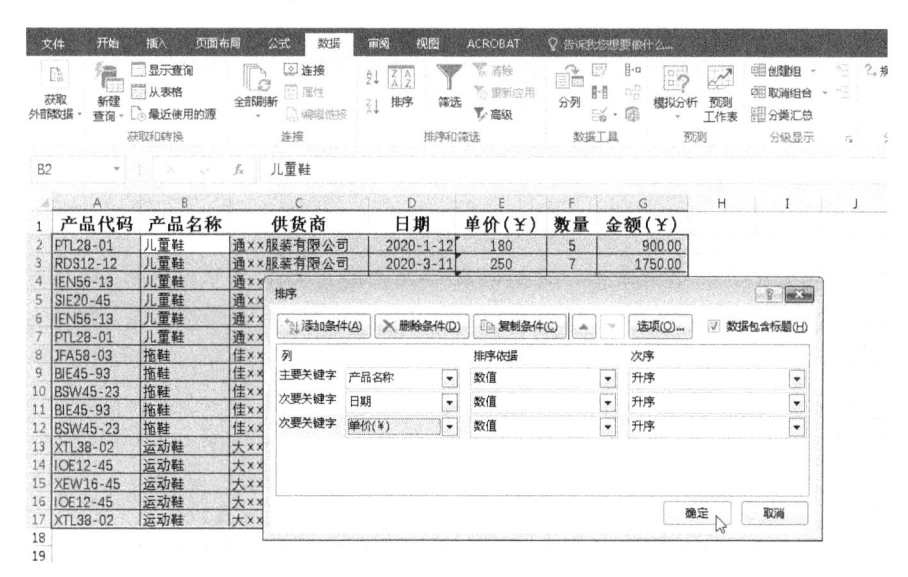

图 3.108　添加排序条件和设置主次要关键字

Step 4：选择 B3 单元格，如图 3.109 所示。

图 3.109　选择单元格

Step 5：选择"数据"选项卡，在"分级显示"组中单击"分类汇总"按钮，如图 3.110 所示。

Step 6：在弹出的"分类汇总"对话框中的"分类字段"下拉列表中选择"产品代码"选项，在"选定汇总项"列表框中勾选"数量"和"金额"复选框，单击"确定"按钮，如图 3.111 所示。

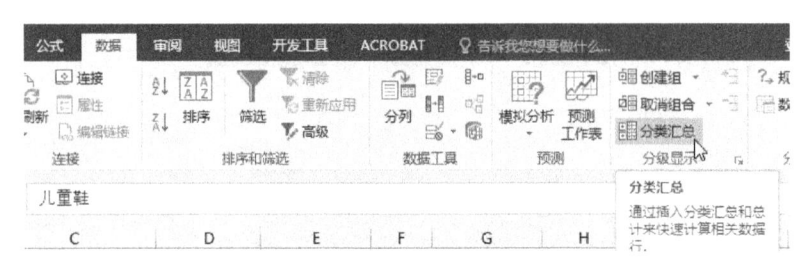

图 3.110　单击"分类汇总"按钮

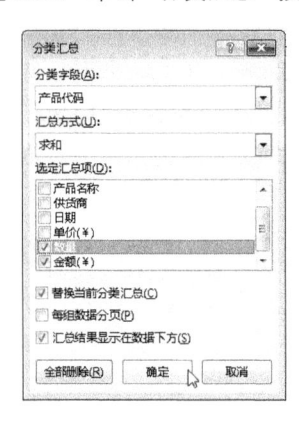

图 3.111　设置分类汇总

店家可以在分类汇总结果中进一步查看各个供货商提供的商品汇总情况，具体了解商品的单价、数量与金额信息统计。数据分类汇总结果被记录在"商品信息 1 原始数据"表中的"分类汇总结果"工作表，如图 3.112 所示。

	A	B	C	D	E	F	G
1	产品代码	产品名称	供货商	日期	单价(¥)	数量	金额(¥)
2	PTL28-01	儿童鞋	通××服装有限公司	2020-1-12	180	5	900.00
3	PTL28-01 汇总					5	900.00
4	RDS12-12	儿童鞋	通××服装有限公司	2020-3-11	250	7	1750.00
5	RDS12-12 汇总					7	1750.00
6	IEN56-13	儿童鞋	通××服装有限公司	2020-4-17	290	4	1160.00
7	IEN56-13 汇总					4	1160.00
8	SIE20-45	儿童鞋	通××服装有限公司	2020-6-12	140	6	840.00
9	SIE20-45 汇总					6	840.00
10	IEN56-13	儿童鞋	通××服装有限公司	2020-6-18	280	3	840.00
11	IEN56-13 汇总					3	840.00
12	PTL28-01	儿童鞋	通××服装有限公司	2021-8-20	242	4	968.00
13	PTL28-01 汇总					4	968.00
14	JFA58-03	拖鞋	佳××服装有限公司	2020-3-2	210	3	630.00
15	JFA58-03 汇总					3	630.00
16	BIE45-93	拖鞋	佳××服装有限公司	2020-4-24	150	5	750.00
17	BIE45-93 汇总					5	750.00
18	BSW45-23	拖鞋	佳××服装有限公司	2020-5-14	108	9	972.00
19	BSW45-23 汇总					9	972.00
20	BIE45-93	拖鞋	佳××服装有限公司	2021-7-27	390	7	2730.00
21	BIE45-93 汇总					7	2730.00
22	BSW45-23	拖鞋	佳××服装有限公司	2021-10-13	129	5	645.00
23	BSW45-23 汇总					5	645.00
24	XTL38-02	运动鞋	大××鞋服有限公司	2020-2-10	250	7	1750.00
25	XTL38-02 汇总					7	1750.00
26	IOE12-45	运动鞋	大××鞋服有限公司	2020-4-19	180	8	1440.00
27	IOE12-45 汇总					8	1440.00
28	XEW16-45	运动鞋	大××鞋服有限公司	2020-5-10	230	5	1150.00
29	XEW16-45 汇总					5	1150.00
30	IOE12-45	运动鞋	大××鞋服有限公司	2020-7-25	380	6	2280.00
31	IOE12-45 汇总					6	2280.00
32	XTL38-02	运动鞋	大××鞋服有限公司	2021-9-15	150	8	1200.00
33	XTL38-02 汇总					8	1200.00
34	总计					92	20005.00

图 3.112　分类汇总结果

3.6　店铺数据管理

商品的销售记录需要定期进行整理与备份，店铺的资料可以通过打印和输出的方式方便查询与使用。本节将介绍如何打印与输出店铺资料。

3.6.1　打印店铺资料

打开"供货商信息"工作表，Excel 表中的供货商信息内容可以通过修改打印纸张大小和方向的方式，使其显示在同一张纸上。

Step 1：选择"页面布局"选项卡，在"页面设置"组中单击"纸张方向"下拉按钮，选择"横向"选项，如图 3.113 所示。

图 3.113　设置打印纸张方向

Step 2：单击"纸张大小"下拉按钮，选择 A4 选项，如图 3.114 所示。

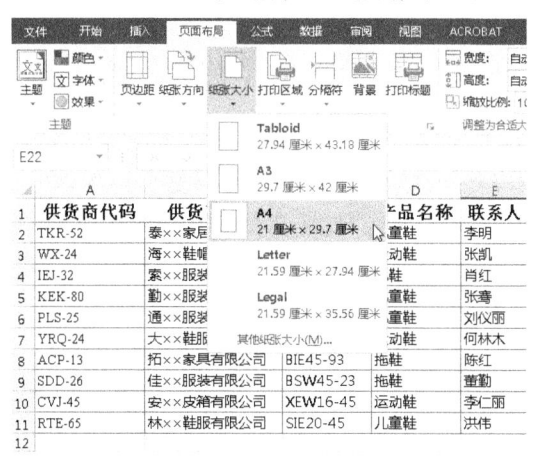

图 3.114　设置打印纸张大小

设置完毕打印参数之后，选择"文件"选项卡，可以在"打印"组中预览表格的打印

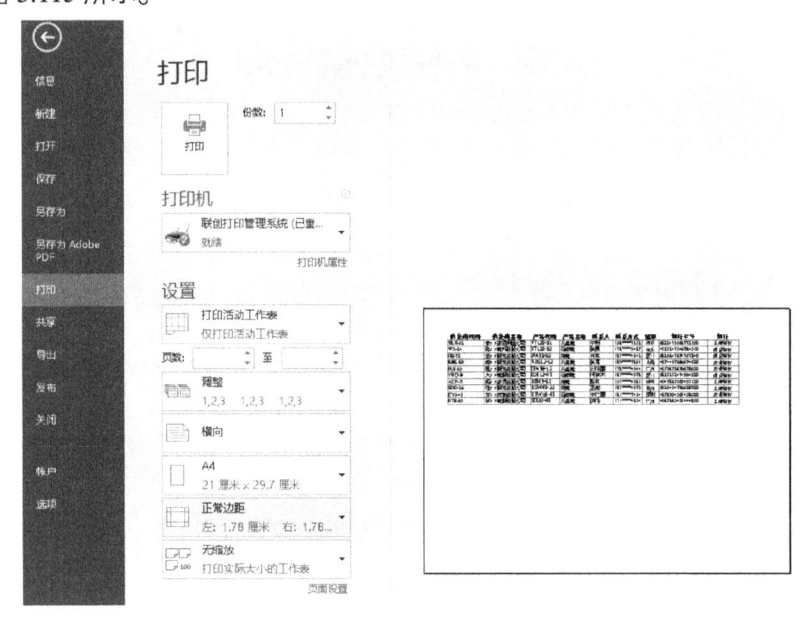

效果，如图 3.115 所示。

图 3.115　预览打印效果

3.6.2　设置打印范围

在店铺管理信息资料时，可以选择性地打印只需要使用的部分数据，即通过设置打印范围打印所需要的数据内容。打开"供货商信息"工作表，按照以下方法操作。

Step 1：选择需要打印的 A1:I6 单元格区域，如图 3.116 所示。

图 3.116　选择工作表中需要打印的内容区域

Step 2：选择"页面布局"选项卡，在"页面设置"组中单击"打印区域"下拉按钮，选择"设置打印区域"选项，如图 3.117 所示。

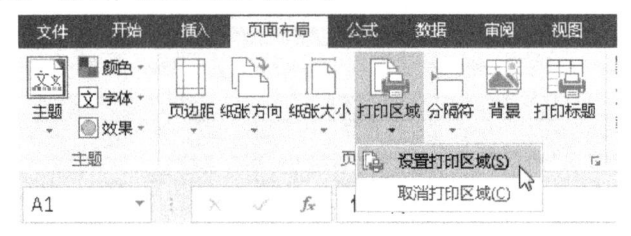

图 3.117　设置打印区域

Step 3：设置完毕打印区域后，选择"文件"选项卡，可以在"打印"组中的"设置"

区中选择"打印选定区域"选项,打印效果如图 3.118 所示。

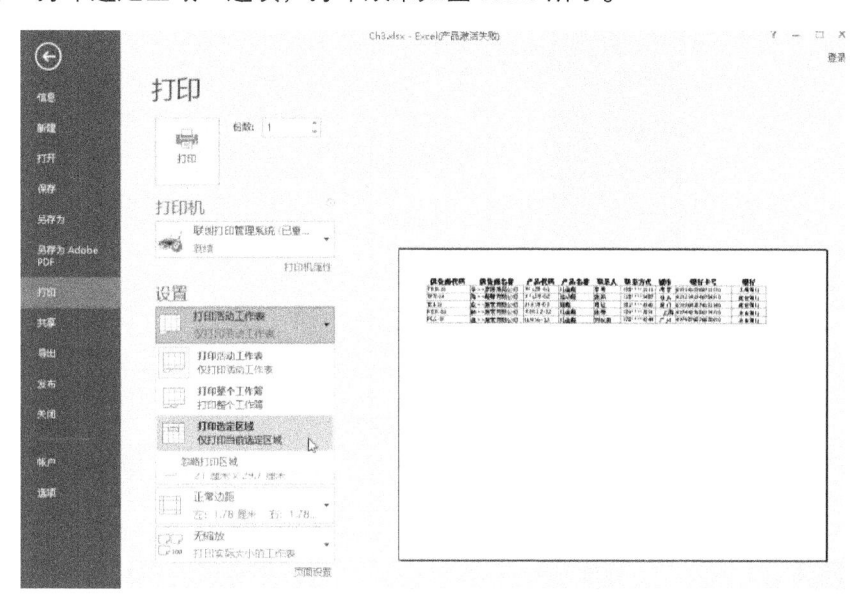

图 3.118　查看打印区域选择效果

3.6.3　导出店铺资料

店铺交易过程所获取的资料表格可以保存成其他格式,以方便资料的分享、展示、修改与保存。打开"供货商信息"工作表,按照以下方法操作。

Step 1:选择"文件"选项卡中的"另存为"选项,如图 3.119 所示。

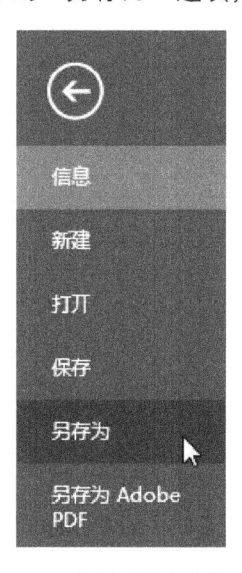

图 3.119　选择"另存为"选项

Step 2:单击"添加位置"选项,选择需要保存文件的位置,如图 3.120 所示。

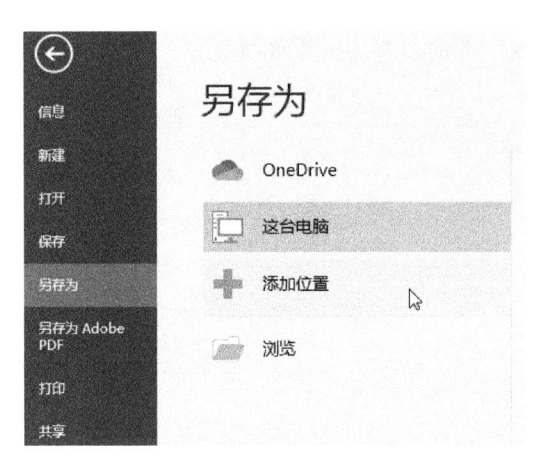

图 3.120　设置需要保存文件的位置

Step 3：在"另存为"对话框中单击"保存类型"下拉列表，可以看到有多种文件格式可供选择，如图 3.121 所示。

图 3.121　选择保存类型

Step 4：在保存类型中选择 PDF 选项，可在该文件类型属性上进行相应设置，单击"保存"按钮。经过设置并保存的文件类型可以使用相应的软件，例如，使用 Adobe 公司的 PDF 浏览器打开保存的文件，效果如图 3.122 所示。

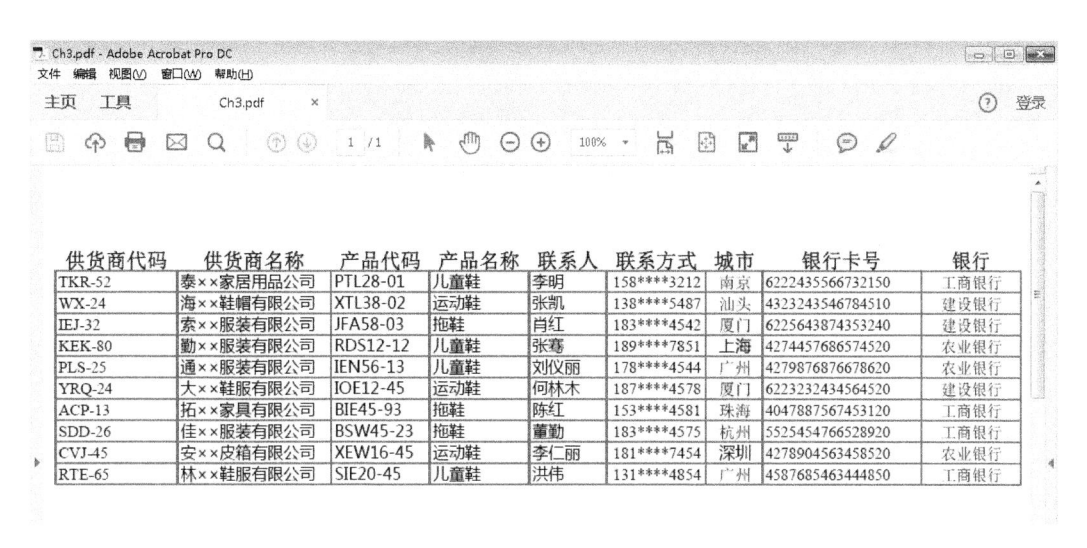

图 3.122 使用 PDF 浏览器打开保存的文件

本章小结

商业数据分析以大数据时代的数据分析为背景，以各类商务经济管理与业务活动中的过程数据为对象，综合运用统计学与数据挖掘等学科知识与技术手段，对商业活动产生的数据进行分析，进一步获取有用信息。

本章介绍了如何使用 Excel 对商品销售的售前、售中和售后相关数据进行分析，并在此基础上介绍了如何通过对店铺商品的供货商数据进行管理、统计与分析。对店铺的数据采集、整理分类、筛选汇总等方面进行了介绍，演示了对店铺资料进行保存的备份方法与打印方式。

练习与实践

综合使用"供货商信息"与"商品信息 1 原始数据"工作表的数据，筛选并分析所有供货商提供的总计金额最大的一类商品。

第4章

客户数据分析

学习目标

掌握用户基本数据信息分析方法;
掌握用户的总体消费能力方法。

重点与难点

学会分析用户的数据;
学会分析用户的总体消费能力。

思维导图

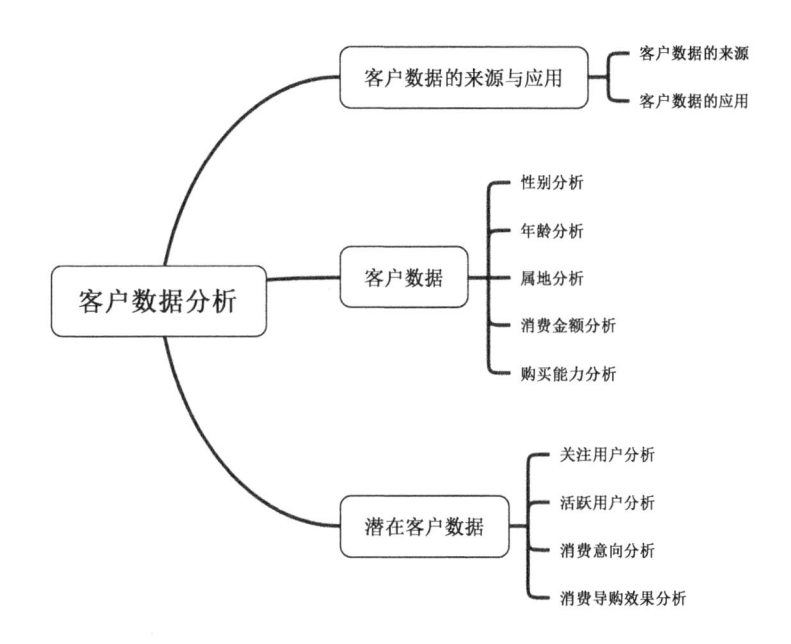

客户数据分析
- 客户数据的来源与应用
  - 客户数据的来源
  - 客户数据的应用
- 客户数据
  - 性别分析
  - 年龄分析
  - 属地分析
  - 消费金额分析
  - 购买能力分析
- 潜在客户数据
  - 关注用户分析
  - 活跃用户分析
  - 消费意向分析
  - 消费导购效果分析

4.1 客户数据的来源与应用

4.1.1 客户数据的来源

本节以某教育公司市场部获得的上半年内新注册会员用户基本信息、某一个月内新用户平台登录使用统计信息、图书阅读记录信息、服务购买信息数据为例，演示客户数据的分析与各种操作方法，具体数据信息可查阅并使用本节相应"注册会员数据""年龄段分布""属地""消费金额"和"购买能力"等 Excel 工作表。上述 Excel 工作表中的客户数据信息如表 4.1、表 4.2、表 4.3、表 4.4 和表 4.5 所示。

表 4.1 新注册会员人数统计

月份	注册用户数	男	女
1	235	135	100
2	320	124	196
3	163	98	65
4	328	176	152
5	310	146	164
6	427	285	142

表4.2 新注册会员年龄段分布

年龄段	登录次数	登录比例
11~20	156	7%
21~30	620	28%
31~40	563	26%
41~50	330	15%
51~60	415	19%
60以上	116	5%
总计	2200	100%

表4.3 访问用户来源属地信息统计

属地	访问量
山西	2346
上海	3356
广州	7342
重庆	5643
长沙	4256
北京	3056
厦门	2480
深圳	5621

表4.4 某用户一个月内消费金额统计

日期	消费金额（元）	累计消费金额（元）
3月5日	23	23
3月7日	34	57
3月8日	20	77
3月11日	15	92
3月12日	36	128
3月14日	48	176
3月16日	25	201
3月19日	78	279
3月20日	30	309
3月21日	109	418
3月24日	73	491
3月26日	89	580
3月27日	65	645
4月2日	55	700
4月4日	70	770

表 4.5　用户购买力统计

购买力等级	购买指数
低	6%
较低	12%
中	46%
较高	28%
高	8%

4.1.2　客户数据的应用

商业环境下需要对客户进行维护与培养其品牌忠诚度，这是商务业务管理重要的内容之一。一般情况下，任何商务交易想要获得新客户，需要投入运营、宣传、促销等的成本比维持现有客户高得多，而且从新客户群体获取销售利润需要一段培育时间，所以维护和提升现有客户贡献价值，比用新客户替换现有客户性价比更高、更能实现持续发展。

分析好客户数据并充分利用好客户数据分析所带来的指导性意见，是建立和部署客户维护策略的最佳方案。在竞争激烈的市场中，商品质量是商务交易最基本的要求，价格是在优秀质量基础上的吸引因素之一。对客户数据的分析应用可以帮助了解产品竞争力，避免发生客户一次性商品购买行为。

客户数据分析和挖掘应用可以帮助企业在老客户即将流失、新客户尚未培育成熟之前，有效地发现问题根源并对客户特征进行画像，及时帮助营销部门修改营销策略、调整市场投放力度与方向。通过客户数据分析应用，事先预估市场如果需要实施挽留客户活动，将带来何种程度的收益，并为此付出何种代价。

4.2　客户数据

通过对销售过程中积累的客户活动商业数据进行分析统计，例如性别、年龄、来源区域、消费群体等情况，可以适当调整产品上架策略与销售模式，在产品竞争市场获得足够的关注度。

本节将学习如何使用 Excel 分析客户活动商业数据，以便更好地理解产品的竞争力内涵并调整销售策略。

4.2.1　性别分析

打开"注册会员数据"工作表，并按照以下操作步骤进行注册用户数、男女用户数量求和计算。

Step 1：选择 B9:D9 数据单元，在"公式"选项卡中单击"自动求和"按钮，如图 4.1 所示。

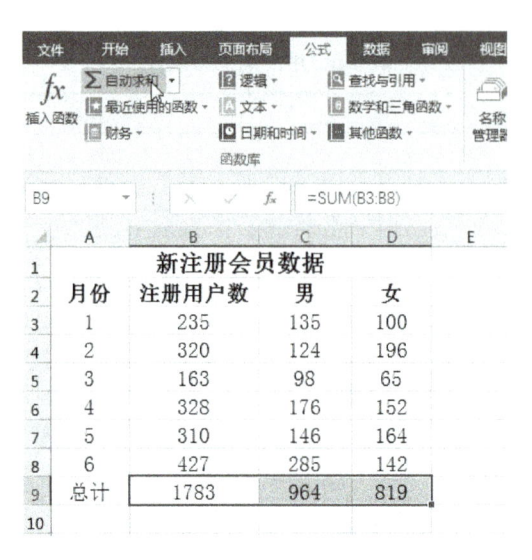

图 4.1　自动求和用户数

在工作表中，通过使用公式对注册用户数及男女用户数自动求和后，将使用图形化效果显示统计用户的性别比例，对前述计算结果进行插入图形化操作。

Step 2：选择 C2:D2 数据单元，按住 Ctrl 键，选择 C9:D9 数据单元，如图 4.2 所示。

图 4.2　选择数据

Step 3：在"插入"选项卡中选择"图表"组中的"三维饼图"选项，插入三维饼图，如图 4.3 所示。

通过对插入的三维饼图进行布局样式调整与美化操作，可以获得注册用户男女比例较为直观的展示。

Step 4：选中插入的饼图，在"设计"选项卡中单击"快速布局"下拉按钮，选择"布局 1"布局样式，如图 4.4 所示。

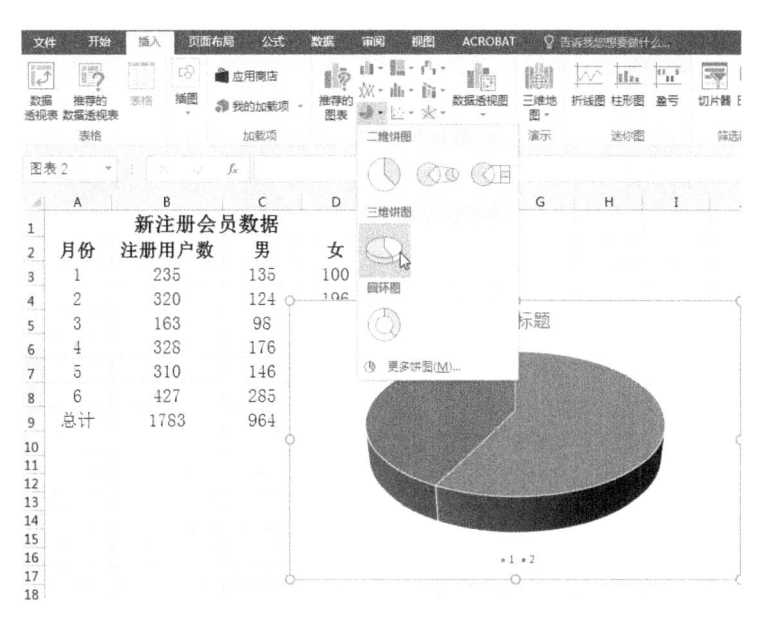

图 4.3 插入三维饼图

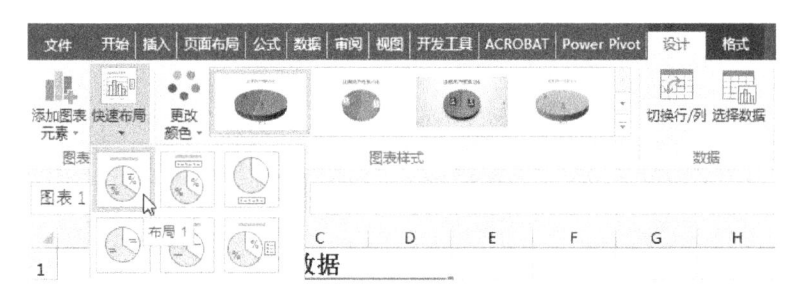

图 4.4 设置图表布局样式

Step 5：更改图表标题为"注册用户性别占比"，调整图表上的数据标签、字体大小等图表元素美化图表，如图 4.5 所示。

图 4.5 美化图表

至此，通过比较图中的男女注册用户数占比结果，可得知产品在半年内对女性用户的吸引力不如男性用户，在销售策略调整时可以考虑在诸如推送活动主题颜色、上架书籍男女类别等方面进行策划。

4.2.2 年龄分析

通过分析用户的年龄，可以了解用户对产品的访问与使用比例，更好地调整商品推荐目标年龄段，增加用户的依赖性。打开"年龄段分布"工作表，并按照以下操作步骤进行用户的年龄段分布分析计算。

Step 1：在工作表中选中任一空白单元格，在"插入"选项卡中的"图表"组中单击"插入散点图或气泡图"下拉按钮，选择"三维气泡图"选项，如图4.6所示。

图4.6 插入三维气泡图

Step 2：选中插入的空白图表，在"设计"选项卡的"数据"组中单击"选择数据"按钮，如图4.7所示。

图4.7 选择数据来源

Step 3：在弹出的"选择数据源"对话框中单击"添加"按钮，如图4.8所示。

Step 4：在弹出的"编辑数据系列"对话框中分别设置"系列名称"参数为A1单元格，"X轴系列值"参数为A3:A8单元格，"Y轴系列值"参数为B3:B8单元格，"系列气泡大小"参数为C3:C8单元格，依次单击"确定"按钮，如图4.9所示。

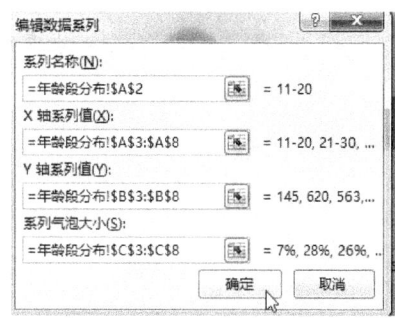

图 4.8　添加数据源　　　　　　　　图 4.9　设置"编辑数据系列"参数

Step 5：删除气泡图图例，在数据系列上右击，在弹出菜单中选择"设置数据系列格式…"选项，如图 4.10 所示。

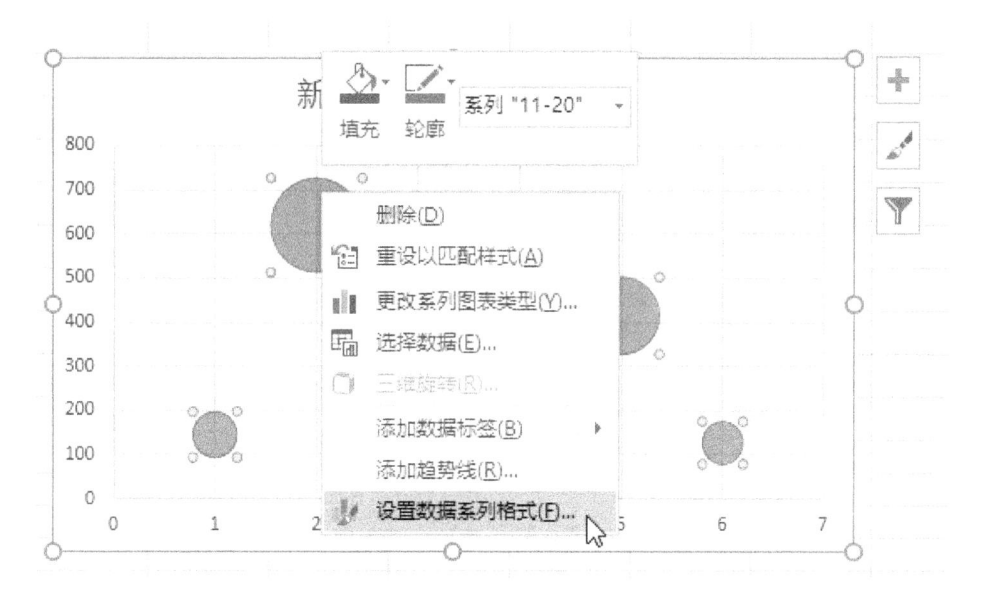

图 4.10　选择"设置数据系列格式…"选项

Step 6：在弹出的"设置数据系列格式"窗格中，在"系列选项"中的"填充"选项里勾选"依数据点着色"复选框，如图 4.11 所示。

Step 7：在"设置数据系列格式"窗格中，在"系列选项"选项区中选择"三维格式"选项，单击"顶部棱台"下拉按钮，选择"圆"样式，然后设置格式的"宽度"为 14 磅，"高度"为 12 磅，单击"关闭"按钮，如图 4.12 所示。

Step 8：选中数据系列单击鼠标右键，在弹出菜单中选择"添加数据标签"下的"添加数据标签"命令，如图 4.13 所示。

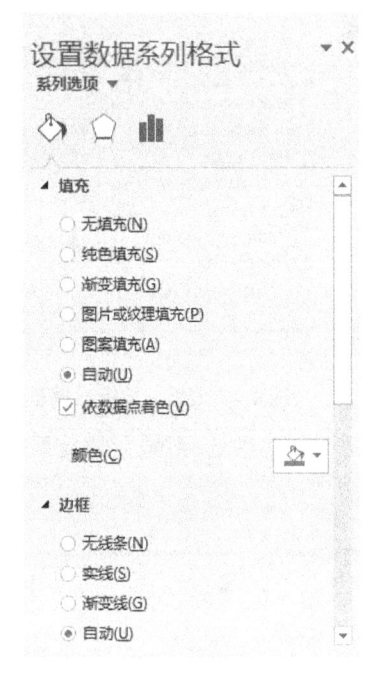

图 4.11 勾选"依数据点着色"复选框 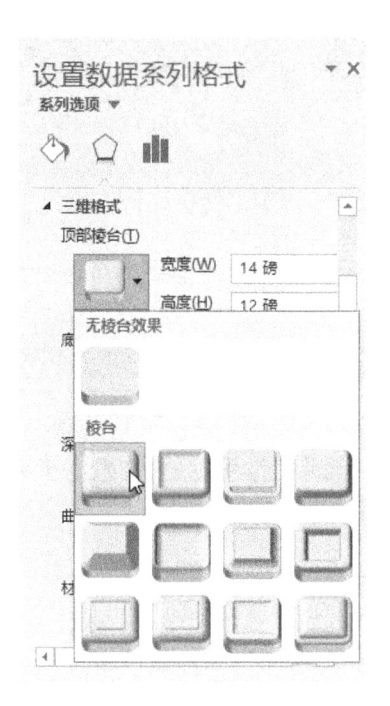　　图 4.12 选择三维格式样式并设置参数

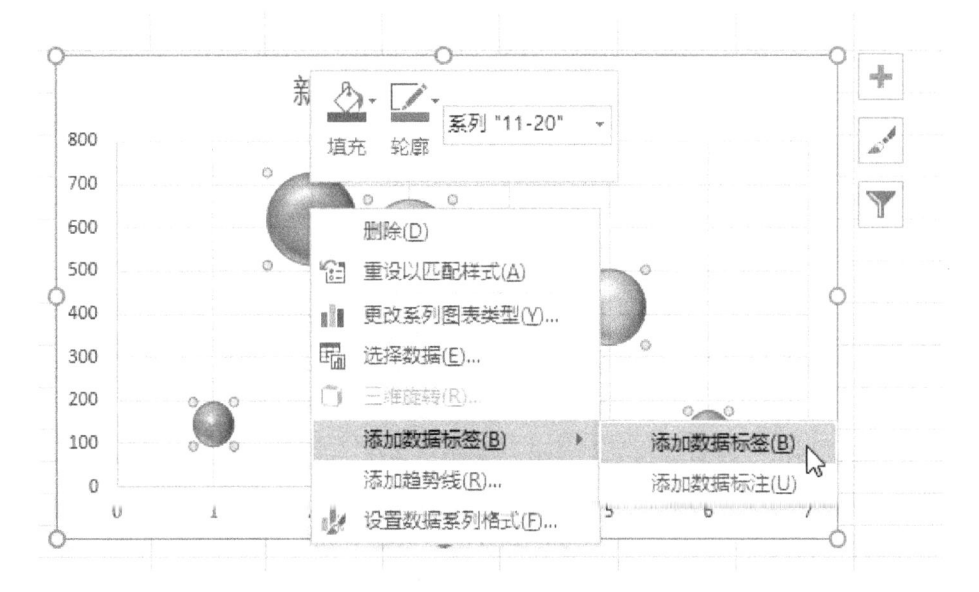

图 4.13 添加数据标签

Step 9：单击鼠标右键选中数据标签，打开"设置数据标签格式"窗格，在"标签选项"选项区中取消勾选"Y 值"复选框，勾选"X 值"和"气泡大小"复选框，在"分隔符"下拉按钮中选择"（分行符）"选项，在"标签位置"选项区中选中"靠上"单选按钮，单击"关闭"按钮，在如图 4.14 所示。

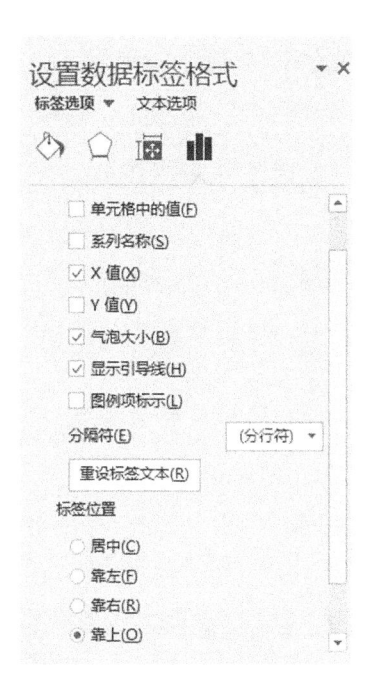

图 4.14 设置数据标签格式

Step 10：在图表中删除网格线，即可获得用户年龄段分布分析结果。图表显示了 21～30 岁和 31～40 岁年龄段用户使用产品最为活跃，如图 4.15 所示。

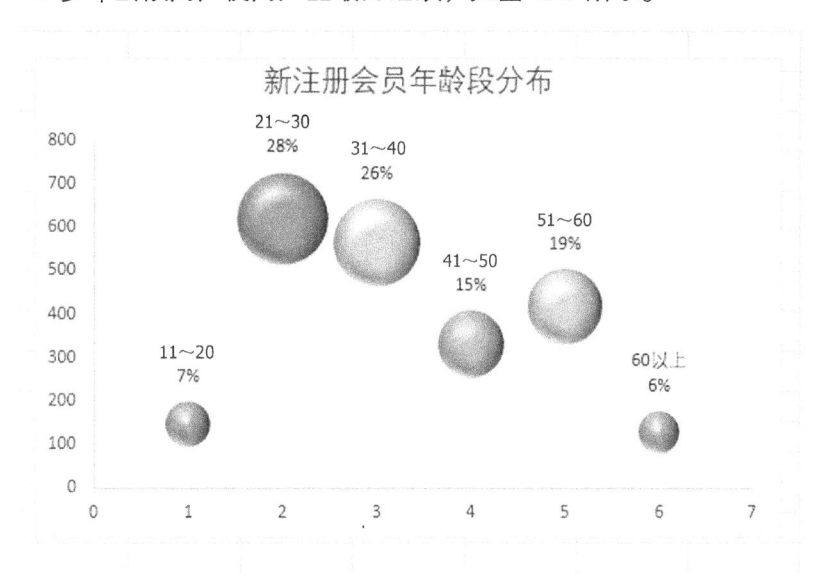

图 4.15 用户年龄段分布分析结果

4.2.3 属地分析

通过分析产品访问用户的来源属地，可以掌握不同地区用户对产品的认可度与使用情况。打开"属地"工作表，并按照以下操作步骤进行用户的来源属地统计分析。

Step 1：选择 B3:B12 单元格区域，如图 4.16 所示。

图 4.16　选择数据

Step 2：在"开始"选项卡的"样式"组中单击"条件格式"下拉按钮，选择"数据条"选项，并在"实心填充"选项区中选择"橙色数据条"选项，如图 4.17 所示。

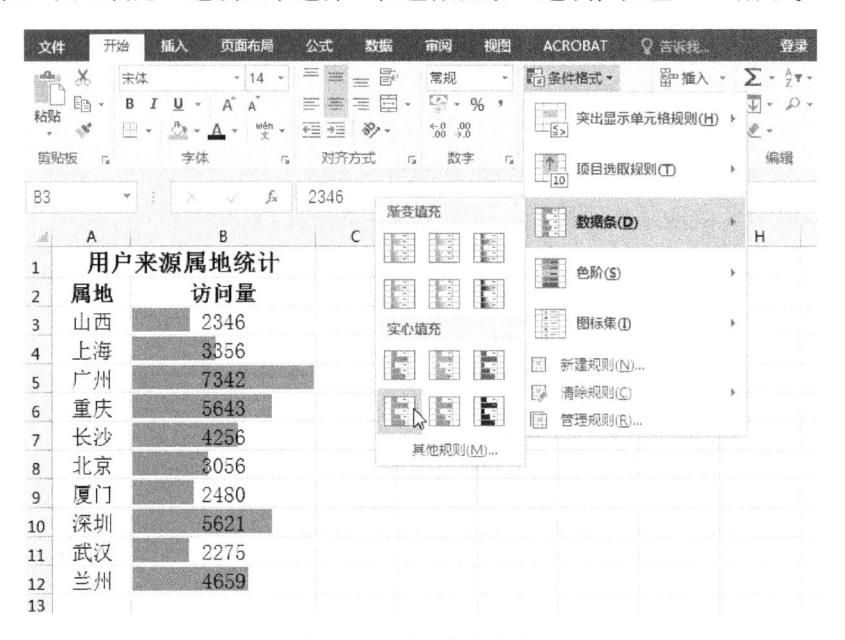

图 4.17　设置条件格式

至此，通过比较分析图中的用户属地，可以发现广州用户较其他中西部城市用户访问产品更多，未来营销策略可以更多面向广州用户的吸引点进行设计。

4.2.4　消费金额分析

通过计算用户一段时间内的消费金额，可以了解用户的消费规律。打开"消费金额"工作表，并按照以下操作步骤进行用户的消费情况分析统计。

Step 1：在工作表中选中 C3 单元格区域并输入公式"=B3+N(C2)"，按回车键可计算出第一天消费金额，如图 4.18 所示。

Step 2：选中 C3 单元格的右下角，下拉单元格，可以计算出每天的累计消费金额，如图 4.19 所示。

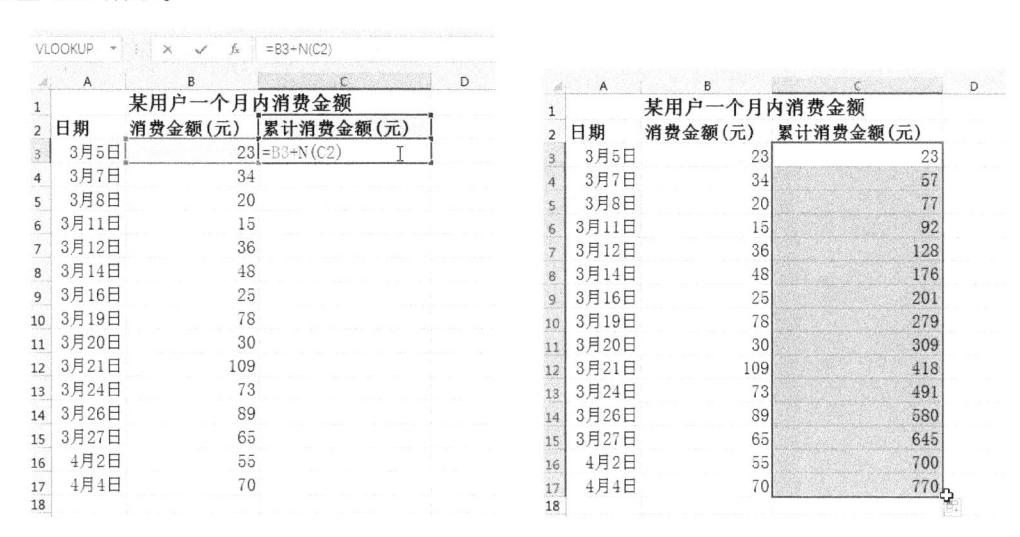

图 4.18　计算第一天消费金额　　　图 4.19　计算每天的累计消费金额

Step 3：选中 A2:A17 单元格区域，按住 Ctrl 键，选择 C2:C17 单元格，选择"插入"选项卡，在"图表"组中选择"插入折线图或面积图"，选择"二维折线图"中的"带数据的折线图"选项，如图 4.20 所示。

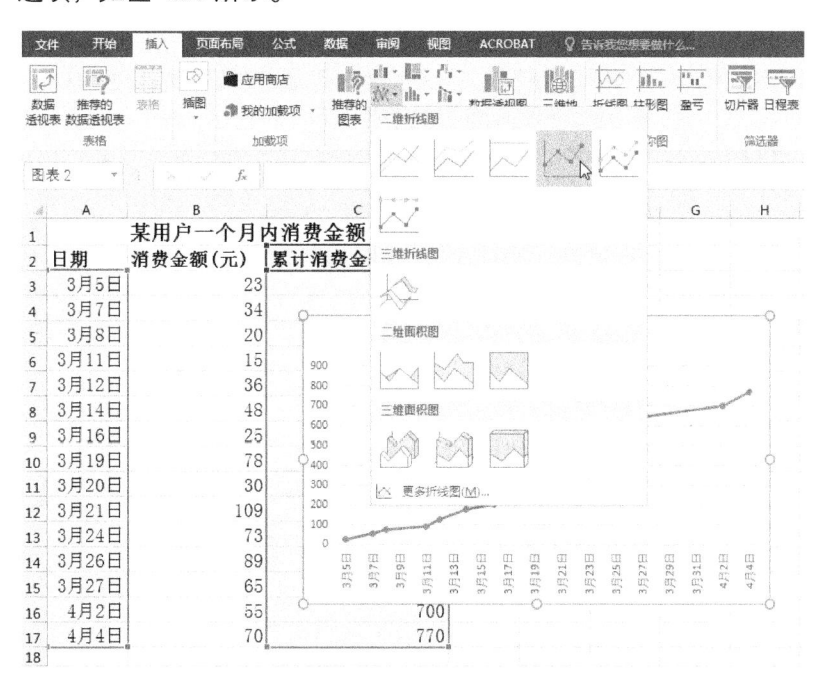

图 4.20　累计用户月消费金额

Step 4：图表显示该用户在一个月消费金额累计中前半个月消费增速较低，后半个月消费行为与意愿更加强烈，如图 4.21 所示。

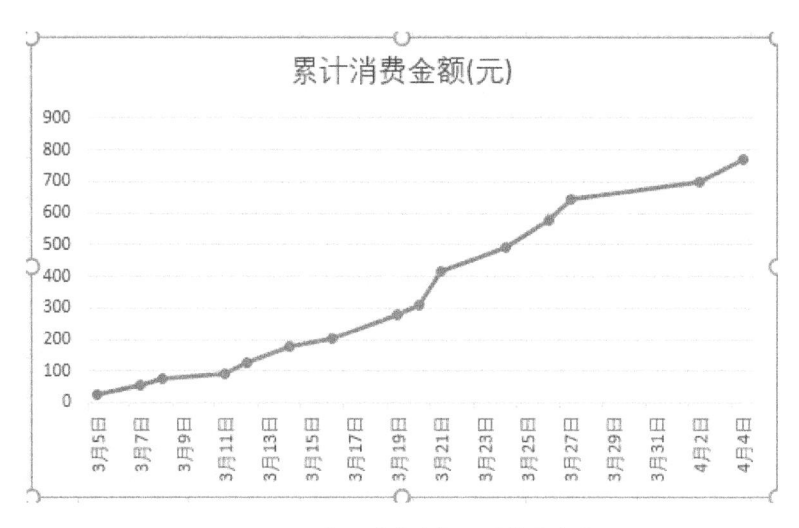

图 4.21 用户月消费金额累计趋势变化

4.2.5 购买能力分析

通过对用户的购买能力进行统计分类与分析，可以了解产品对用户购买能力的定价匹配度。打开"购买能力"工作表，并按照以下操作步骤进行用户消费购买能力统计。

Step 1：选中 A2:B7 单元格区域，再选择"插入"选项卡，在"图表"组中单击"柱形图"下拉按钮，选择"簇状柱形图"选项，如图 4.22 所示。

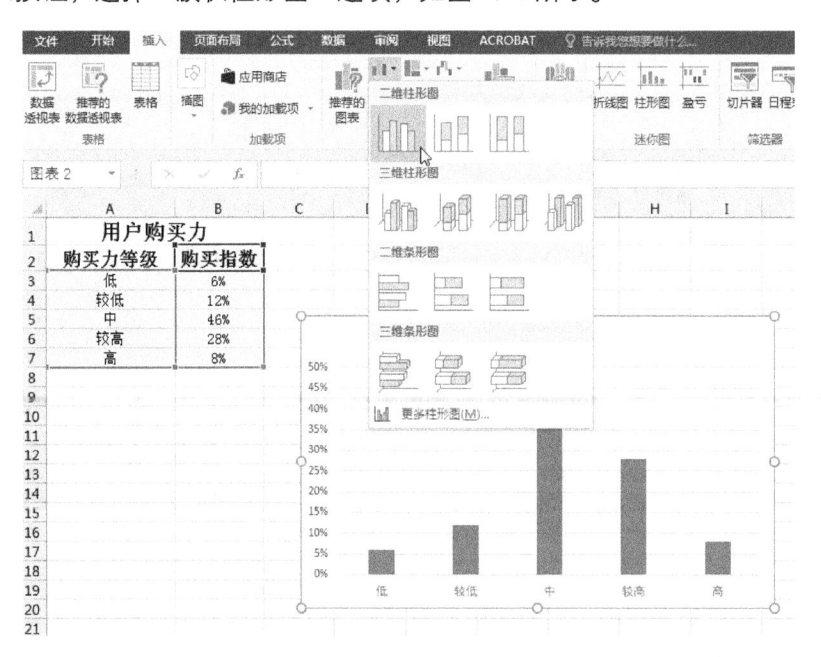

图 4.22 用户购买能力

Step 2：在图表中单击选中并去掉数据标签网格线，最终获得用户购买能力的指数对比图，如图 4.23 所示。

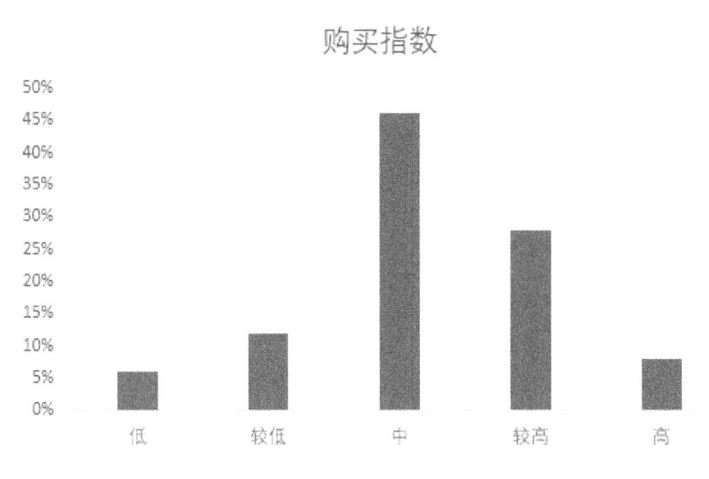

图 4.23 用户购买能力柱形图

4.3 潜在客户数据

在商业数据的分析中，如何从平台现有流量数据中分析潜在用户，改变营销策略以吸引潜在用户转变为正式注册用户，是非常有必要且重要的工作。本节将通过利用现有产品受到外部用户的关注数据，分析产品市场的规模及如何扩大产品忠实用户群体。

4.3.1 关注用户分析

本小节基于某教育产品公司用户新旧关注度数据，用户在一个月内的凌晨处于低关注度状态，随着时间的推移，当天用户活跃度逐渐回升，不断有增加的关注度数据产生。因此，需要对用户如何在某些时间段内对产品特别关注的情况进行分析，挖掘潜在用户信息，如表 4.6 所示。

表 4.6 用户新旧关注度数据

日期	旧关注	新关注
2021-3-5	10	50
2021-3-6	11	48
2021-3-7	13	65
2021-3-8	11	65
2021-3-9	9	45
2021-3-10	4	56
2021-3-11	17	49
2021-3-12	13	39
2021-3-13	12	56
2021-3-14	6	58
2021-3-15	17	34

续表

日期	旧关注	新关注
2021-3-16	2	49
2021-3-17	15	56
2021-3-18	17	65
2021-3-19	18	63
2021-3-20	10	69
2021-3-21	9	75
2021-3-22	10	78
2021-3-23	15	69
2021-3-24	17	78
2021-3-25	11	56
2021-3-26	20	79
2021-3-27	19	89
2021-3-28	17	78
2021-3-29	15	89
2021-3-30	20	80
2021-3-31	21	76
2021-4-1	26	85
2021-4-2	20	79
2021-4-3	16	82

打开"用户关注度"Excel 工作表，按照下列操作方法可以获得折线图。折线图可以显示用户关注度变化的折线。

Step 1：选中 A3:C32 单元格区域，选择"插入"选项卡，在"图表"组中单击"折线图"下拉按钮，选择"二维折线图"，如图 4.24 所示。

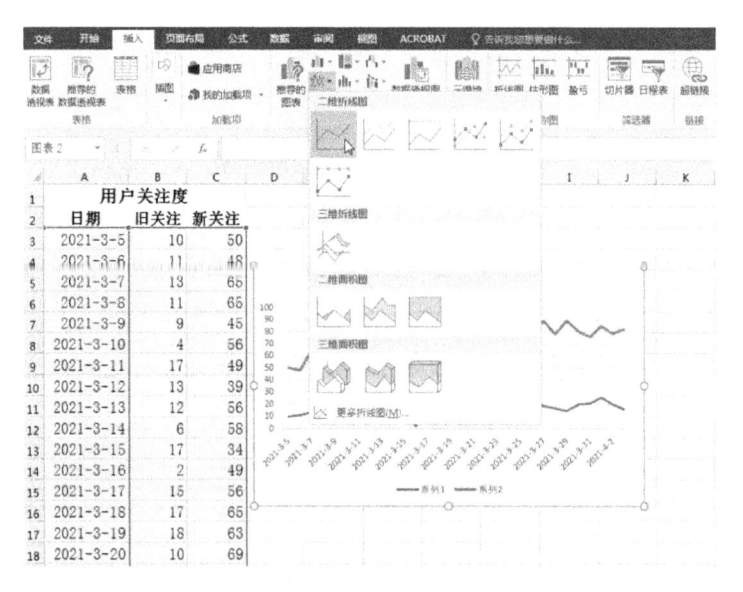

图 4.24　插入用户关注度折线图

Step 2：将上述用户关注度折线图调整移动到合适的位置，调整图表的宽度，显示日期数据并选中网格线以准备删除，如图 4.25 所示。

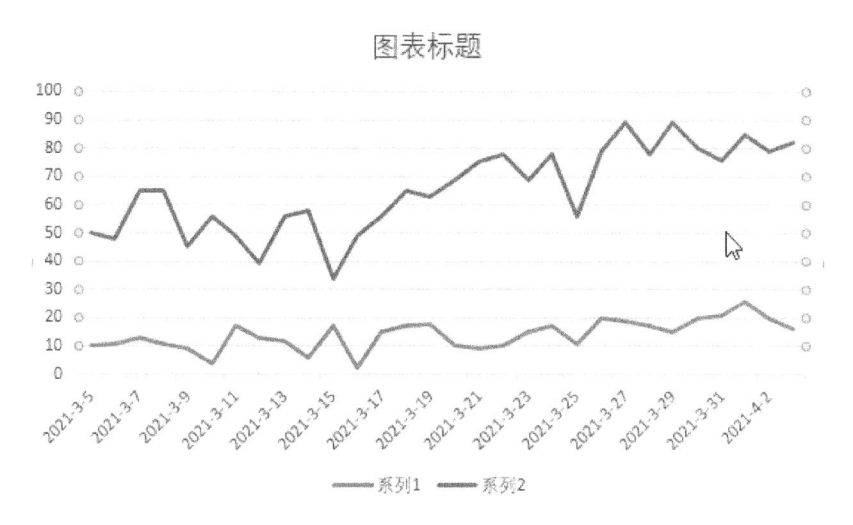

图 4.25　调整折线图

Step 3：选中"旧关注"数据系列并双击鼠标左键打开"设置数据系列格式"窗格，选中"次坐标轴"单选按钮，如图 4.26 所示。

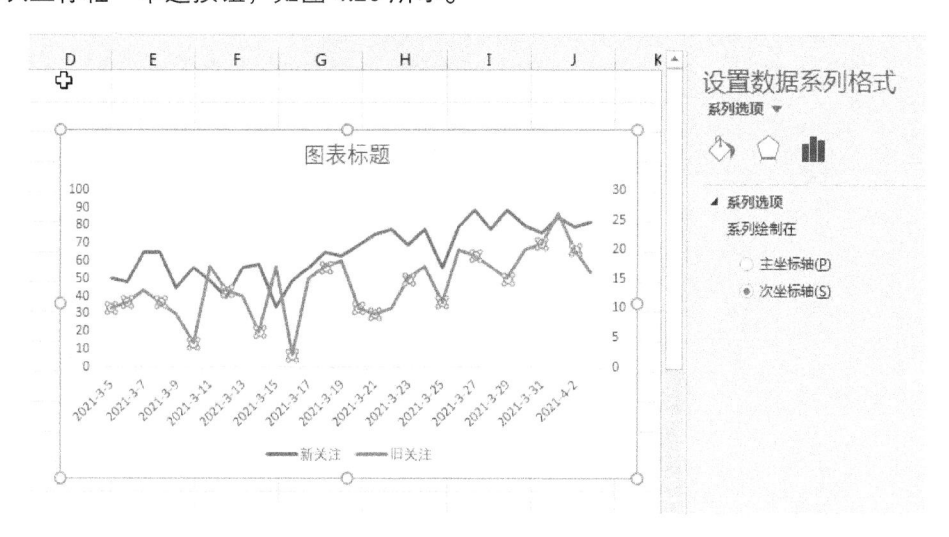

图 4.26　设置"旧关注"图表

Step 4：在"设置数据系列格式"窗格中设置"宽度"为 3 磅，选中"平滑线"复选框，如图 4.27 所示。

Step 5：使用同样的方法，选中图表中的"新关注"数据系列，双击鼠标左键打开"设置数据系列格式"窗格进行设置，如图 4.28 所示。

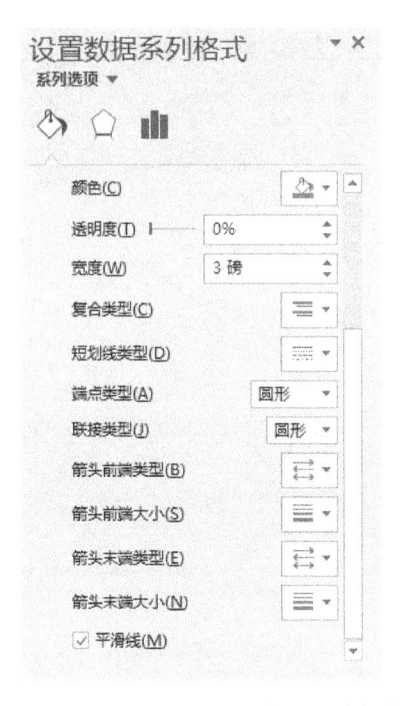

图 4.27 设置"旧关注"数据系列格式

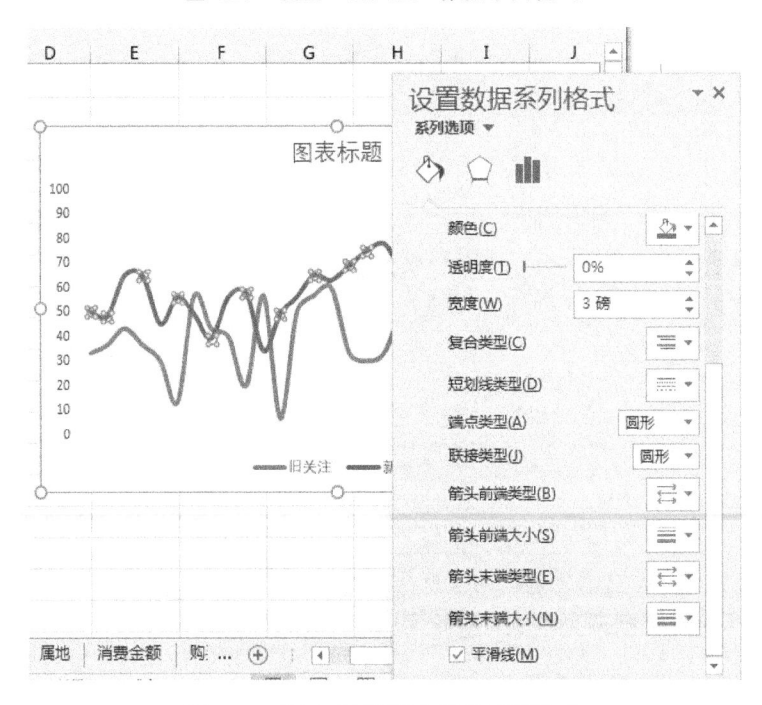

图 4.28 设置"新关注"数据系列格式

Step 6：修改图表标题，调整图表的大小和位置，完成图表制作，如图 4.29 所示。

新旧关注度走势图

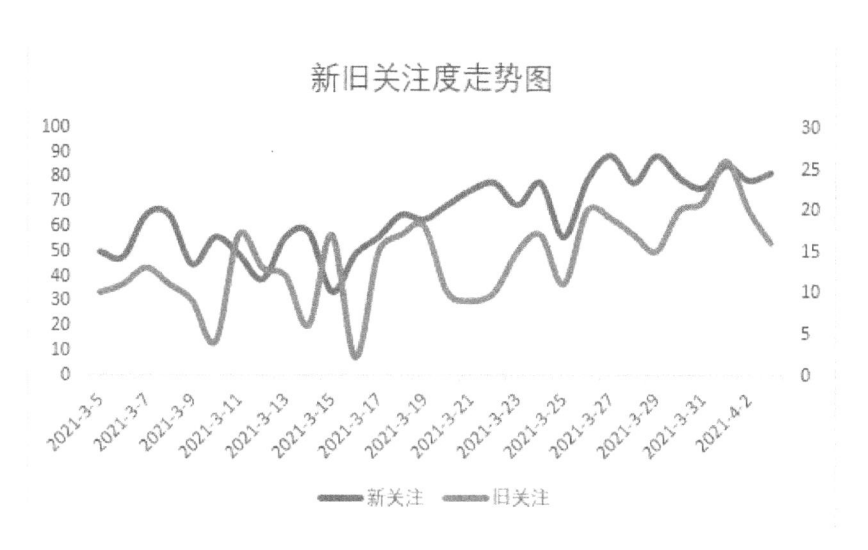

图 4.29 完成图表制作

从图中可得知，用户新关注度走势比旧关注度走势在后期上升明显，即时间段内偏后期用户的产品黏度较高。

4.3.2 活跃用户分析

下面以用户七日内留存数据"用户留存"工作表进行活跃用户分析。其中，次日留存率采用"（当日用户数-前日用户数）/前日用户数"公式进行统计。计算"次日留存率"工作表数据详情如表 4.7 所示，打开"用户留存"工作表，按照以下操作进行数据分析。

表 4.7 用户七日内留存数据

日期	用户数	次日留存率%
2021-3-5	98	
2021-3-6	110	
2021-3-7	130	
2021-3-8	156	
2021-3-9	230	
2021-3-10	421	
2021-3-11	578	

Step 1：选中 C4 单元格，输入公式"=(B4-B3)/B3"，如图 4.30 所示。

Step 2：选中 C4 单元格右下角，下拉单元格，可以计算出次日留存率，如图 4.31 所示。

在最后获得的用户次日留存率图表中可得知，七日内接近周末时刻，用户的留存比例最高，意味着产品在此时间段更受欢迎。

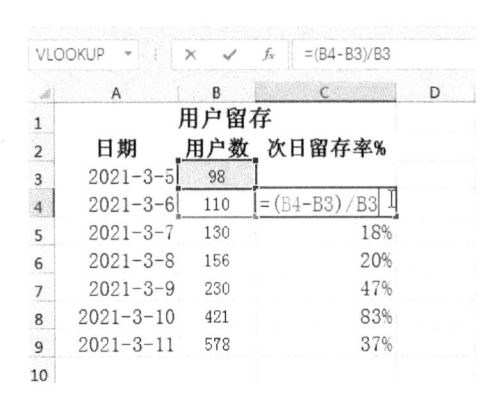

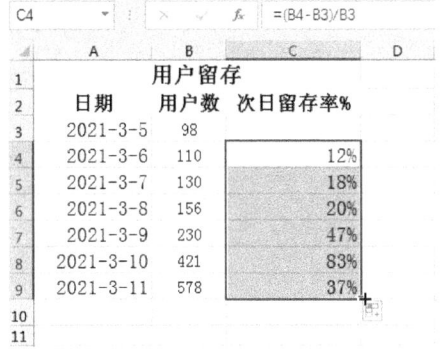

图 4.30　输入公式

图 4.31　计算次日留存率

4.3.3　消费意向分析

用户消费行为产生的数据可以从侧面反映并描绘用户的行为特征，下面以"用户消费意向"数据为例，如表 4.8 所示，对用户消费意向调查问卷结果进行用户消费行为分析与预测。

表 4.8　用户消费意向数据

月份	用户数	简单消费	轻奢
2	110	85	25
3	130	110	20
4	156	126	30
5	245	200	45

Step 1：选中 C7:D7 单元格，选择"公式"选项卡，单击"自动求和"按钮，如图 4.32 所示。

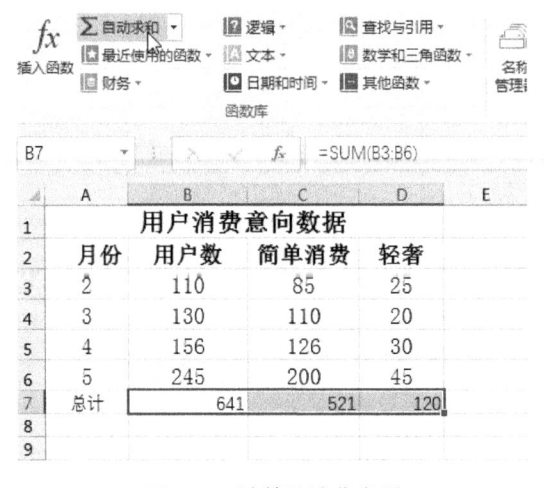

图 4.32　计算总消费类型

Step 2：选中 C2:D2 单元格区域，选择"插入"选项卡，再选择"圆环图"，如图 4.33 所示。

图 4.33　图表插入图形选项

Step 3：选择"快速布局"下拉按钮，再选择"布局 6"，如图 4.34 所示。

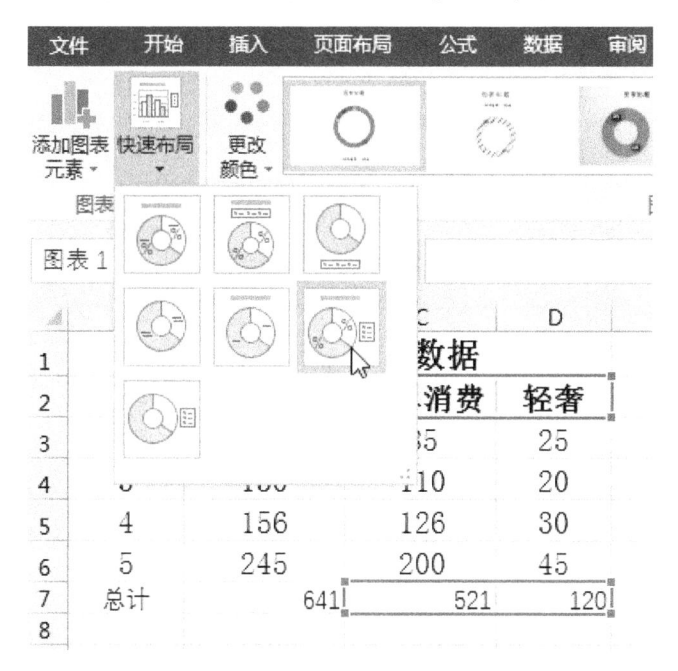

图 4.34　图表样式布局

从图表可得知，用户消费更加偏向理性，对奢侈品的购买需求仅占 19%，对高消费需求意愿不高。

4.3.4　消费导购效果分析

通过对产品有针对性地设计导购策略，可以使用户更喜欢和接受有效的导购方式，激发潜在的消费欲望。本小节通过使用"导购方式"数据工作表，操作演示如何分析用户喜欢的导购方式，达到增加用户购买产品的目的。导购数据参考如表 4.9 所示。

表 4.9　用户十分欢迎的导购方式

会员折扣优惠	300
买一赠一	1550
满减优惠	1100
赠品	480
第二本八折	560
旧款打折	1200
其他	360

Step 1：打开"导购方式"工作表，选择 A2:B8 数据单元，在"插入"选项卡中选择"图表"组中的"条形图"选项，选择"簇状条形图"，如图 4.35 所示。

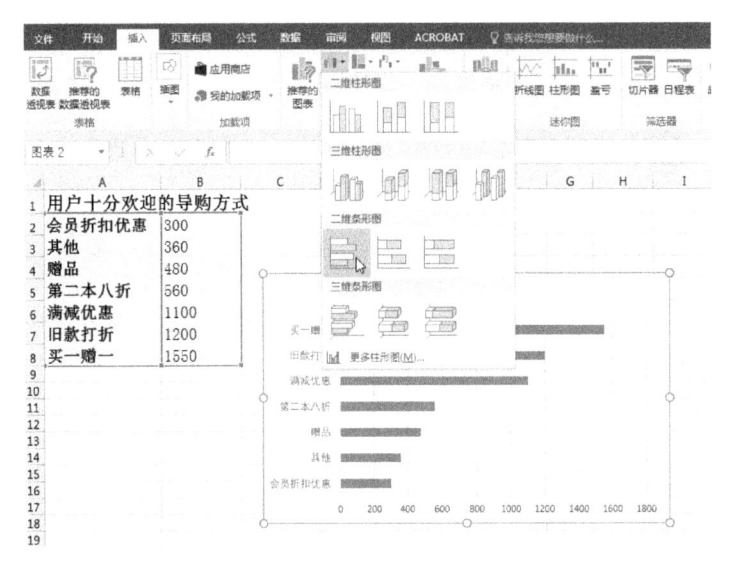

图 4.35　插入簇状条形图

Step 2：调整图表位置，删除图例和网格线，添加图表标题，如图 4.36 所示。

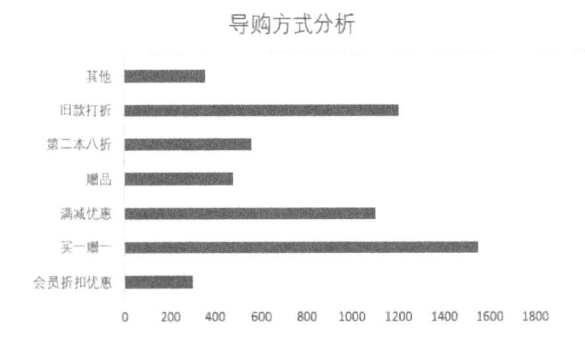

图 4.36　设置导购方式图表

Step 3：选择 A2:B8 数据单元区域，选择"数据"选项卡，在"排序和筛选"组中单击"排序"按钮,如图 4.37 所示。

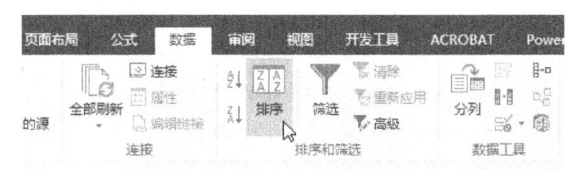

图 4.37 排序数据

Step 4:在弹出的"排序"对话框中单击"选项"按钮,如图 4.38 所示。

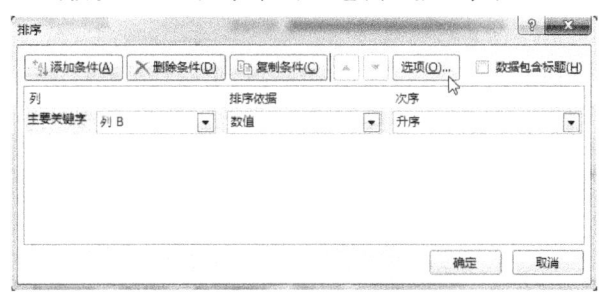

图 4.38 设置排序数据

Step 5:在弹出的"排序选项"对话框中选中"按列排序"单选按钮,然后单击"确定"按钮,如图 4.39 所示。

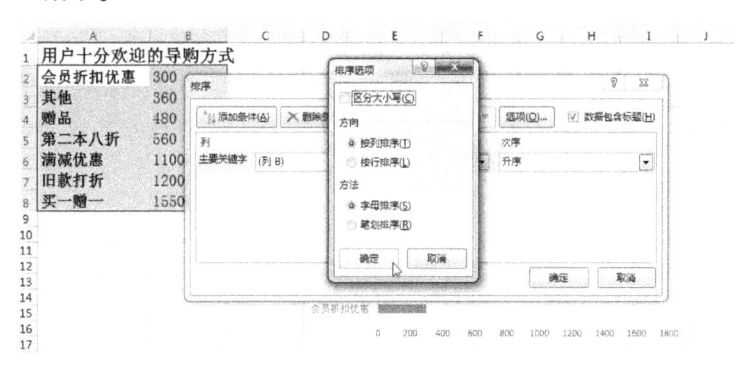

图 4.39 设置排序选项

Step 6:在"排序"对话框中单击"主要关键字"下拉按钮,选择"列 B",然后单击"确定"按钮,如图 4.40 所示。

图 4.40 设置主要关键字

Step 7:最后获得用户对导购方式的认可与接受度最高的排序结果,如图 4.41 所示。

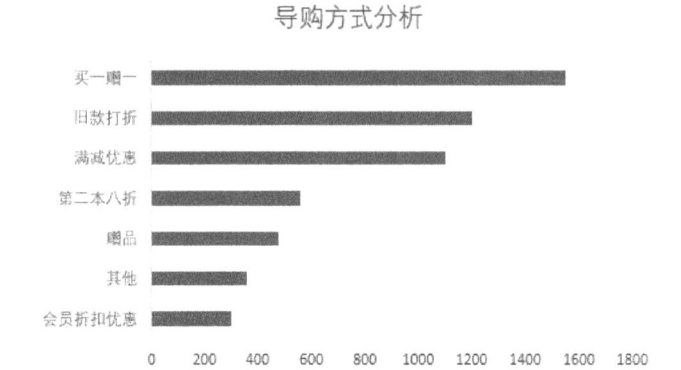

图 4.41　显示导购优惠方式吸引用户排序结果

本章小结

　　针对商品销售与购买用户的数据采集及后续分析工作，可以通过对客户的基本信息和需求的了解，在客户性别特征、年龄阶段、登录次数和购买能力等方面进行相应的数据分析。在获得了精确的数据分析结果后，商家可以进行相应的产品营销策略调整，使商品的销售可以最大化吸引潜在用户，发现用户的关注点，优化产品的销售情况。

　　本章通过介绍如何使用 Excel 输入显示多种数据类型与输入数据的方法，使读者了解如何正确合理地操纵数据。在此基础上，进一步介绍了如何掌握表格数据的修改与格式的设置显示、数据的查找与替换。重点介绍并要求掌握填充表格数据的快速填充法与填充柄的使用，等差等比与自定义式填充序列数据，数据清洗中常见的缺失数据、重复数据、错误数据及相关处理方法等。

练习与实践

　　综合使用本章"注册会员数据"与"年龄段分布"Excel 工作表数据，分别在男女用户比例基础上，分析不同年龄段的注册用户登录产品活跃程度。

第5章 运营数据分析

学习目标

商品交易平台运营数据的来源与应用场景;
商品使用过程中的数据分析方法;
服务应用过程中的数据分析方法。

重点与难点

掌握商品使用过程中的满意度和使用频率分析方法;
掌握服务应用过程中的数据沉淀与挖掘方法。

> **思维导图**

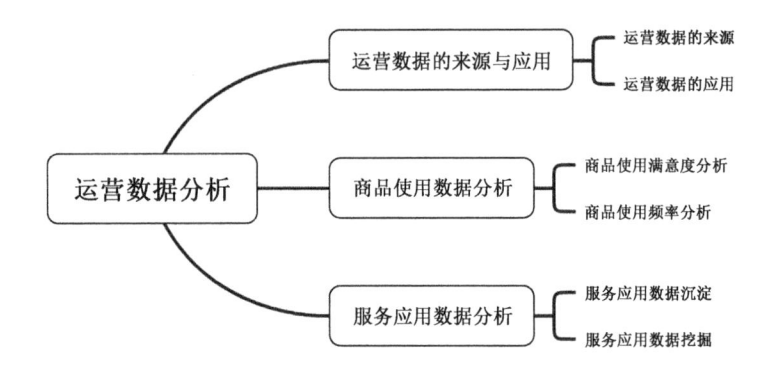

```
                    ┌─ 运营数据的来源与应用 ─┬─ 运营数据的来源
                    │                      └─ 运营数据的应用
                    │
       运营数据分析 ─┼─ 商品使用数据分析 ─┬─ 商品使用满意度分析
                    │                    └─ 商品使用频率分析
                    │
                    └─ 服务应用数据分析 ─┬─ 服务应用数据沉淀
                                         └─ 服务应用数据挖掘
```

5.1 运营数据的来源与应用

5.1.1 运营数据的来源

在商品交易与平台产品运营的整个生命周期中,需要通过对商品运营服务数据的分析,挖掘内在规律,提出解决问题的方案,提高商品交易率并促进商品销售业务增长,获取更高的利润。

在当前互联网时代与行业大数据背景下,商品交易双方都会在线上产生大量的数据,包含客户端的使用者在购物平台上留下日常使用行为数据,例如用户在淘宝上搜索、浏览、购买商品,在拼多多上收藏、点赞、评论、下单购买商品等,而每个商品交易的后台不仅记录了用户行为实时动态数据,还记录了用户的其他一些诸如个人信息或用户属性的静态数据。因此,商品交易平台运营数据源可以来自普通购物 App、小程序、网页和第三方平台。

5.1.2 运营数据的应用

各种来源的运营数据整合到一起后,接下来的是处理、分析数据,使数据的分析结果能够驱动商品升级换代、扩大销售、提升利润。在分析商务数据前,必须有明确的数据分析目的,即明确为什么要做数据分析及想要获得什么分析结论。

例如,为了评估商品升级后的销售量与利润是否比升级之前有所提升;或者通过数据分析,获取商品升级换代的改良方向等。在明确目的之后,可以注重应用 Excel 全面且强大的功能实施收集数据的方法运用(如数据沉淀)、数据的内涵信息获取(如数据挖掘);挖掘出商品交易与平台服务关联规则、内在联系知识,并修改和制定商品销售策略及拓展商品交易市场。

5.2 商品使用数据分析

商品在交易过程中，客户的满意度高低涉及销售平台与商品自身的品质等多方面指标因素，需要通过多方面的指标客观衡量商品交易、平台服务、商品使用过程的数据。

5.2.1 商品使用满意度分析

一般客户满意度分析，可以使用一种分析诊断模型：四分图模型，也称为"四象图"。四象图主要根据各指标的权重得分及满意度得分构建二维坐标，通过划分四象限来分析目前哪些指标需要重点改善。四象图的优点是理论简单，容易理解。因此，四象图操作起来非常方便，不会涉及很多理论和统计工具，但四象图也存在一定的缺点。例如，只参考顾客满意度，没有考虑其他影响因素指标；没有对顾客购买行为的相关研究；可能存在某些重要的绩效指标没有被列出并分析研究。

四象图使用了不同的象限，对归类到不同象限的指标进行解释，并提出相应的针对性优化建议方案，如图 5.1 所示。

在上述四象图中，第一象限被视为优势区，在这个象限内，客户的指标 1 与指标 2 数值都比较高，说明客户对该象限的指标重视，并且对商品的交易满意，这些指标是优势项，可以重点突出或保持。而第二象限则为有待改进区，在这个象限内，顾客较重视指标 1，但对指标 2 的满意度不高，说明需要重点加强改善。对于第三象限，可以列为低优先级区，在此象限内，客户对两个指标都不满意，即在商品销售过程中，如果卖家即使投入精力与物力来提升该指标涉及的销售因素，商品交易效果与质量也不会有太大变化，所以这部分指标应该减少投入并重点改进。最后的第四象限列为供给过渡区，即在此象限中，指标 2 的满意度大于指标 1，可以通过调整销售的策略与商品的设计制造工艺，适当减少关注这些指标所涉及的销售因素。

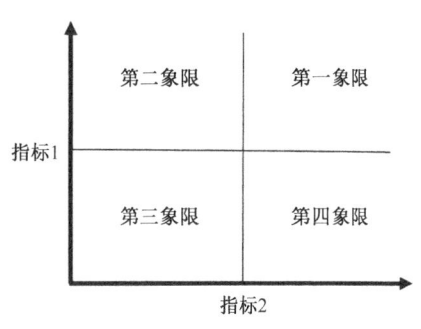

图 5.1 四象图各个象限的解释作用

下面将介绍如何利用 Excel 绘制商品销售与平台服务的满意度四分图，具体操作如下。

Step 1：打开"商品销售重要度与满意度"工作表，选中 B1:C19 单元格区域，选择"插入"选项卡，在"图表"组中单击"散点图"下拉按钮，选择"散点图"选项，如图 5.2 所示。

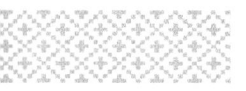

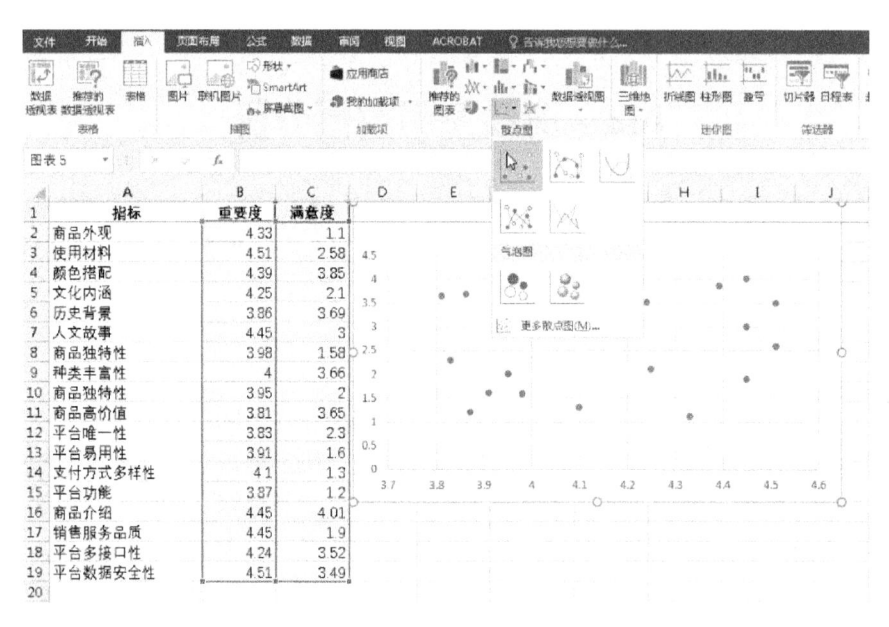

图 5.2　插入散点图

Step 2：在图表中右击横坐标轴，在弹出菜单中选择"设置坐标轴格式…"选项，如图 5.3 所示。

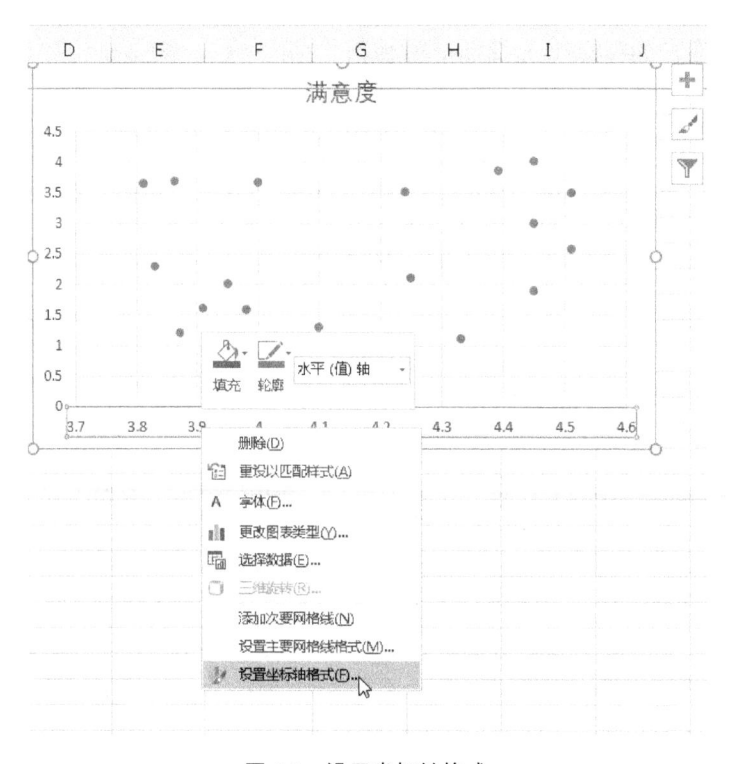

图 5.3　设置坐标轴格式

Step 3：在弹出的"设置坐标轴格式"窗格的"刻度线"选项里，设置"主要类型"和"次要类型"均为"无"，并设置"标签"选项的"标签位置"为"低"，如图 5.4 所示。

Step 4：在"坐标轴选项"中将"纵坐标轴交叉"里的"坐标轴值"设置为 4.2，保持其他参数为默认设置，关闭"设置坐标轴格式"窗格，如图 5.5 所示。

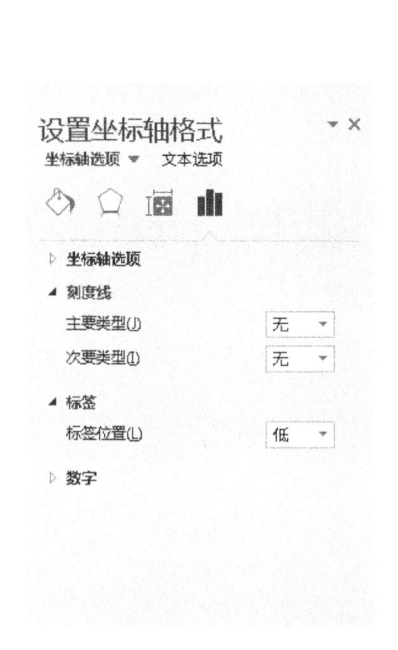

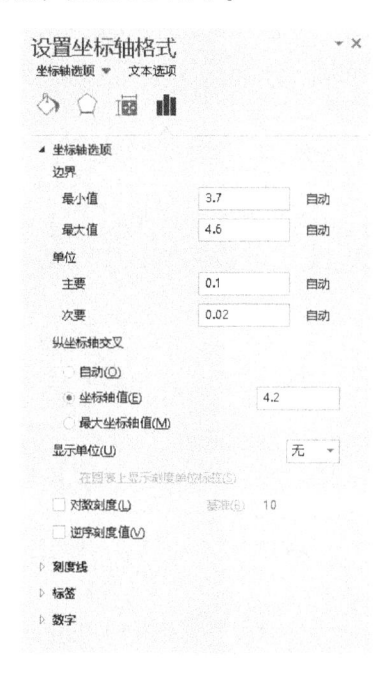

图 5.4　设置横坐标轴标签与刻度线　　图 5.5　设置纵坐标轴交叉值

Step 5：回到图表，选中纵坐标轴单击鼠标右键，在弹出的菜单栏中选择"设置坐标轴格式…"选项，如图 5.6 所示。

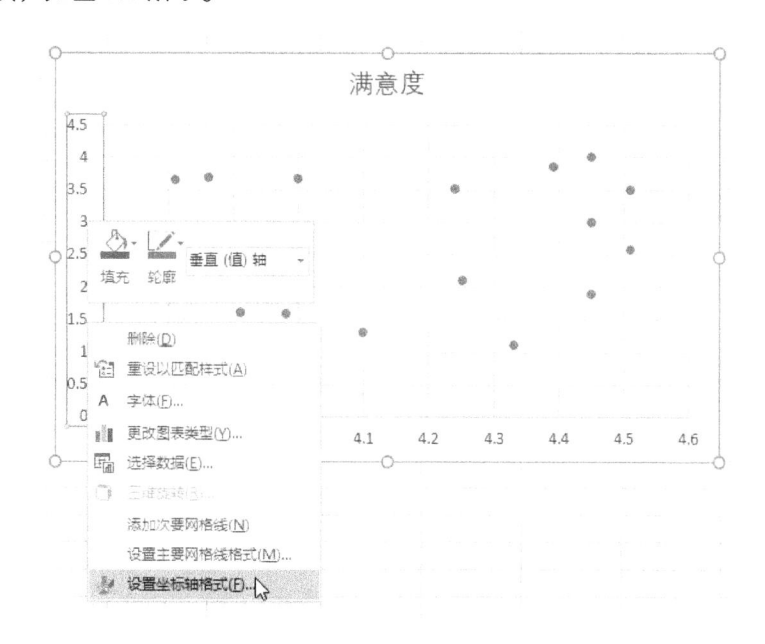

图 5.6　设置纵坐标轴格式

Step 6：在打开的"设置坐标轴格式"窗格的"刻度线"选项里，设置"主要类型"和

"次要类型"均为"无",并设置"标签"选项的"标签位置"为"低"。在"坐标轴选项"将"横坐标轴交叉"中的"坐标轴值"设置为2.5,保持其他参数为默认设置,关闭"设置坐标轴格式"对话框,如图5.7所示。

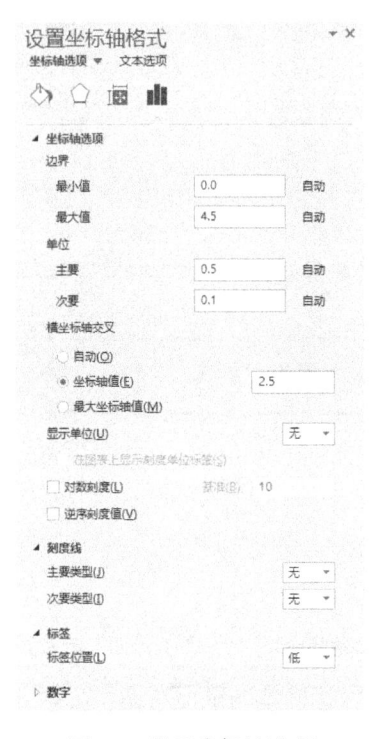

图5.7 设置坐标轴选项

Step 7:选中图表的网格线单击鼠标右键,在弹出菜单中选择"设置网格线格式…"选项,如图5.8所示。

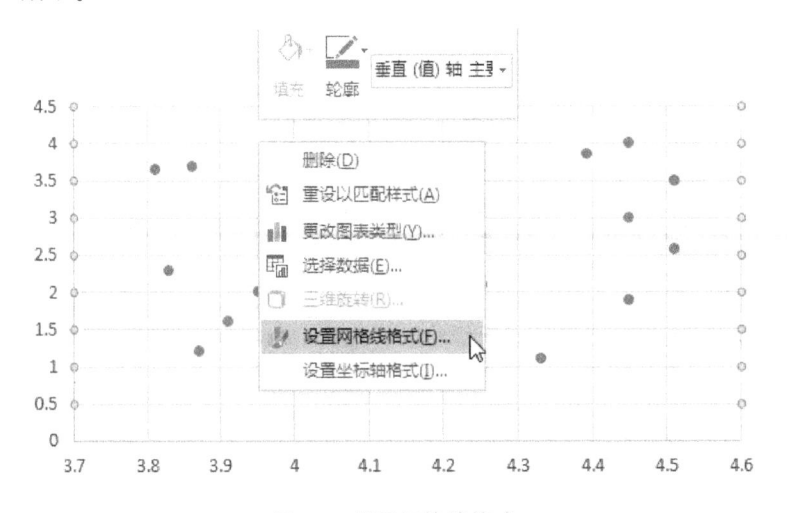

图5.8 设置网格线格式

Step 8:在打开的"设置网格线格式…"窗格中,选择"线条"选项中的"无线条"单选按钮,如图5.9所示。

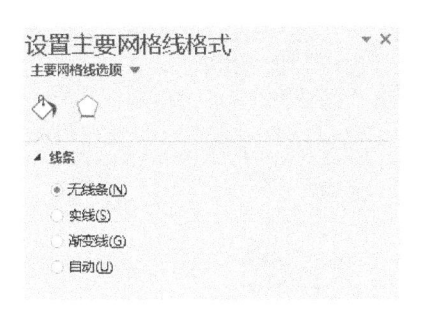

图 5.9 设置图表网格线格式

Step 9：此时，在图表中已将网格线取消显示，效果如图 5.10 所示。

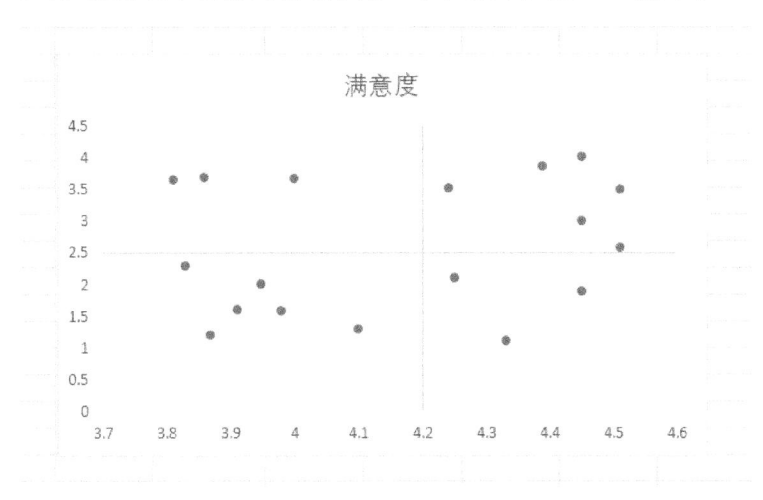

图 5.10 取消显示网格线效果图

Step 10：选中图表单击鼠标右键，在弹出菜单中选择"设置绘图区格式…"选项，如图 5.11 所示。

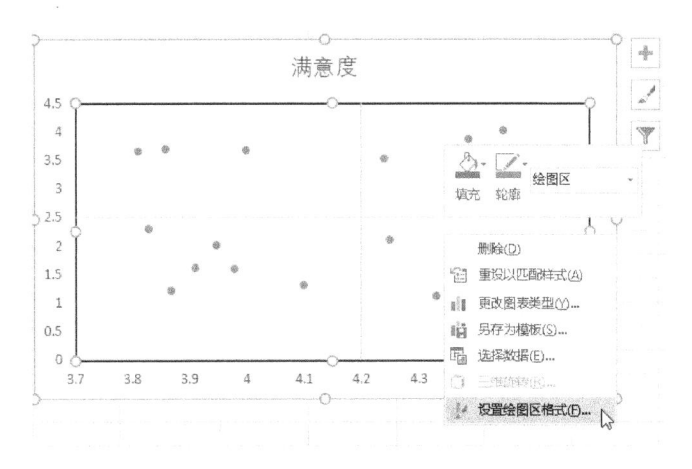

图 5.11 选择"设置绘图区格式…"选项

Step 11：此时，打开"设置绘图区格式…"窗格，在"边框"选区选中"实线"复选框，并设置"颜色"为黑色，"宽度"为 1.5 磅，如图 5.12 所示。

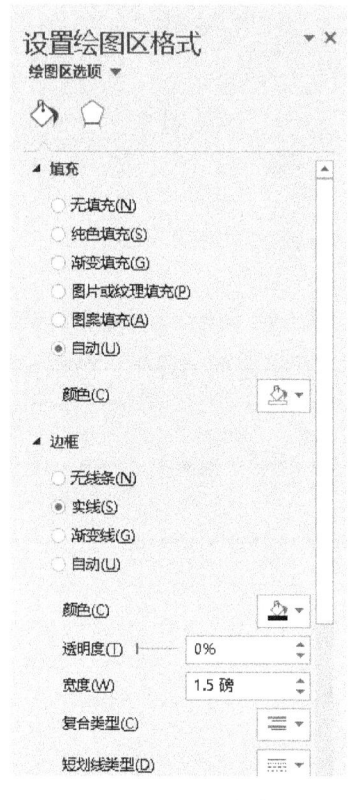

图 5.12 设置图表边框

Step 12：回到图表，选中数据序列单击鼠标右键，在弹出菜单中选择"添加数据标签"中的"添加数据标签"选项，如图 5.13 所示。

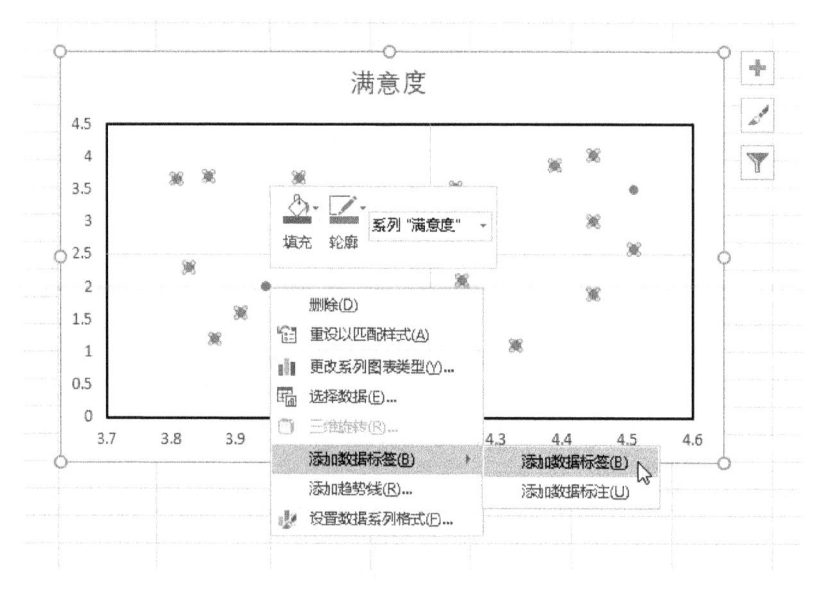

图 5.13 添加数据标签

Step 13：对图表中的散点添加标签。此时，四象图制作完成，如图 5.14 所示。

满意度

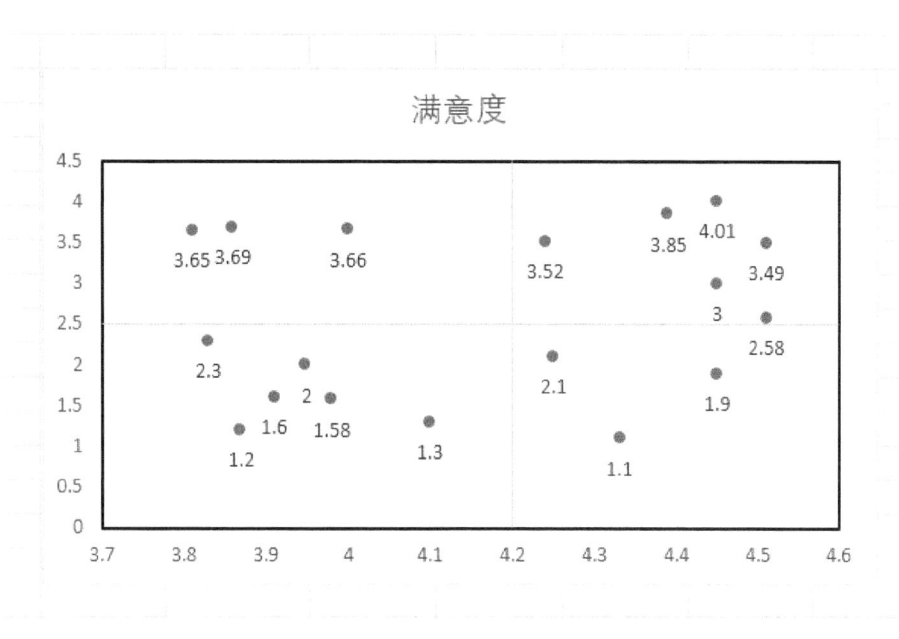

图 5.14　四象图效果图

通过上述四象图可以得知，卖家应该重点关注第一象限的"商品介绍""平台数据安全性"等指标涉及的销售关联因素；对于"平台功能""商品独特性"等方面则不用投入过多资源进行调整，因为这些指标属于第三象限。

5.2.2　商品使用频率分析

客户在商品购买平台进行比较与筛选商品的过程中，会产生很多反映客户对商品兴趣程度的数据。一般而言，商品被浏览和比较的频率可以反映出客户对此类商品的关注度与购买可能性。因此，客观分析销售平台针对某商品的平台搜索和使用频率，可以得到潜在消费群体对平台使用和商品购买的规律信息，从而指导商家如何调整销售策略并扩大商品的展示机会，以提高交易成功率。

在 Excel 中，可以使用图表中的直方图（又称频率分布图）来反映数据的特征。直方图是一种显示数据分布情况（不同数据出现的频率）的柱形图，使用者通过分析与展示直方图中高度不同的柱形形状，可以直观、快速地观察数据的分散程度和中心趋势，从而分析所研究目标对象在指标方面的满足程度。下面通过直方图来分析商品在平台使用频率的销售状态。

Step 1：打开"商品销售平台使用频率"工作表，在 I1:K1 单元格区域分别输入"最大值""最小值"和"平均值"文本，然后在 I2:K2 单元格区域，分别通过编辑栏插入最大值函数"=MAX(B2:G21)"，最小值函数"=MIN(B2:G21)"和平均值函数"=AVERAGE(B2:G21)"，分别单击公式编辑栏的 ✓（"输入"）按钮确认，由此可得到数据的最大值、最小值和平均值，如图 5.15 所示。

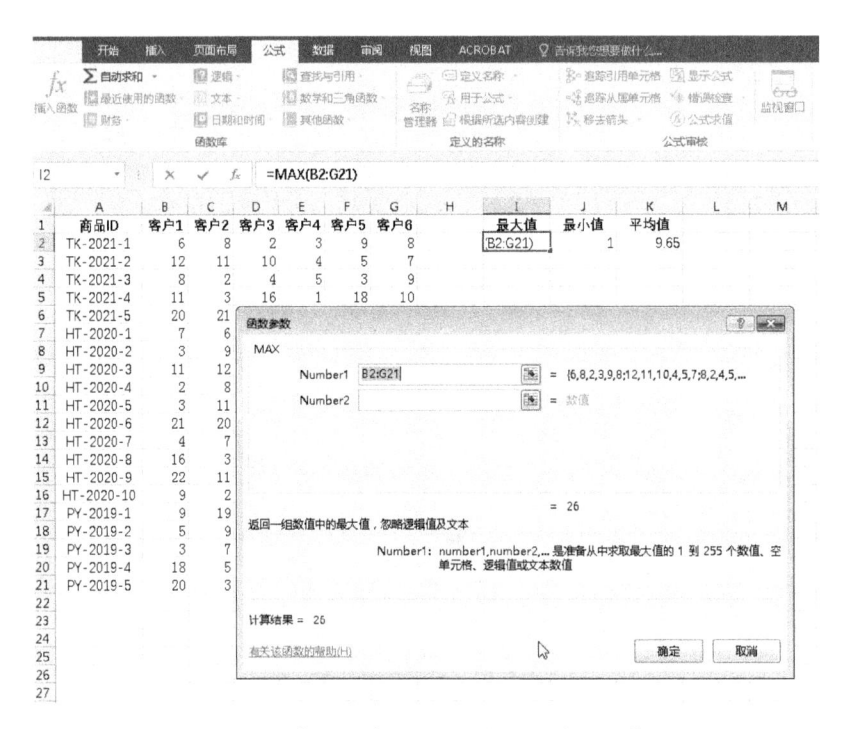

图 5.15　插入最大值、最小值、平均值函数

Step 2：在使用函数获得上述数据范围之后，可以确定 5 个分组的组数分别为[1～5]、[6～10]、[11～15]、[16～20]和[21～26]。在 I4：K4 单元格区域分别输入"区间分割点""分组"和"频率"文本，并在 I5：I9 单元格区域输入区间分割点数值 5、10、15、20、26，以及在 J5：J9 单元格区域输入上述 5 个分组，如图 5.16 所示。

图 5.16　输入确定数据分组

Step 3：选择 K5 单元格，输入公式"=COUNTIF(B2:G21,"<=5")"，单击 ✓（"输入"）按钮或按下 Ctrl+Shift+Enter 组合键，即可看到[1～5]组中数据的出现次数，如图 5.17 所示。

Step 4：使用同样的方法，分别在 K6 单元格输入公式"=(COUNTIF(B2:G21,">5")-COUNTIF(B2:G21,">10"))"，在 K7 单元格输入公式"=(COUNTIF(B2:G21,">10")-COUNTIF(B2:G21,">15"))"，在 K8 单元格输入公式"=(COUNTIF(B2:G21,">15")-COUNTIF(B2:G21,">20"))"，在 K9 单元格输入公式"=(COUNTIF(B2:G21,">20")-COUNTIF(B2:G21,">26"))"，依次单击 ✓（"输入"）按钮或按下 Ctrl+Shift+Enter 组合键，即可看到各组中数据的出现次数，最后分组统计次数结果如图 5.18 所示。

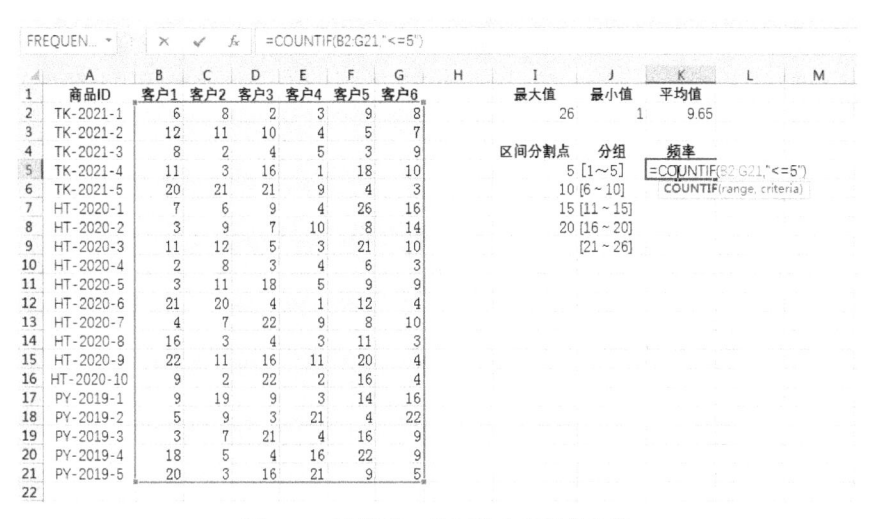

图 5.17 计算第一分组数字出现的次数

图 5.18 分组统计结果图

Step 5：选中 K5:J9 单元格区域，在"插入"选项卡中的"图表"组中单击"柱形图"下拉按钮，选择"簇状柱形图"按钮，可以得到直方图，如图 5.19 所示。

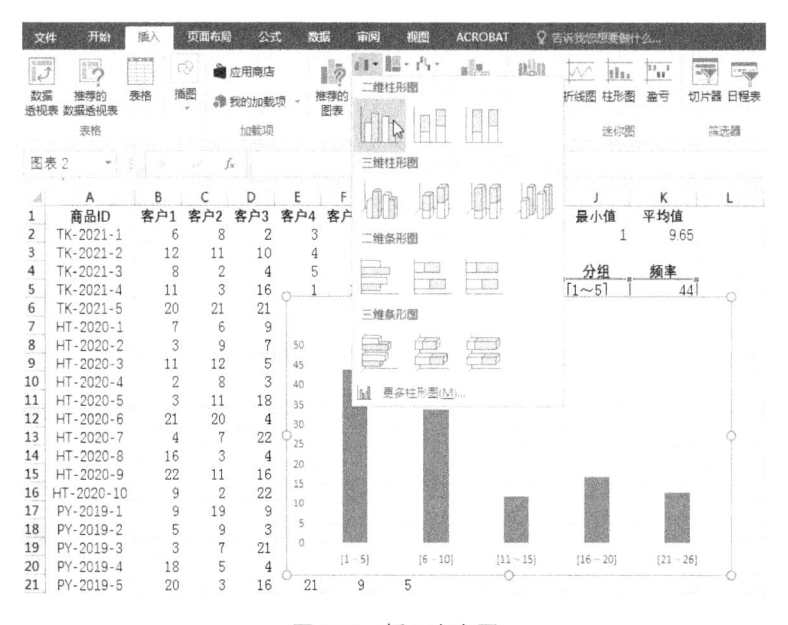

图 5.19 插入直方图

Step 6：对直方图图表进行美化，去除图例栏，修改图表的标题为"客户平台商品使用频率区间分布图"，根据图表显示，在[1～5]分布区中，客户对商品使用平台频率是最高的，如图 5.20 所示。

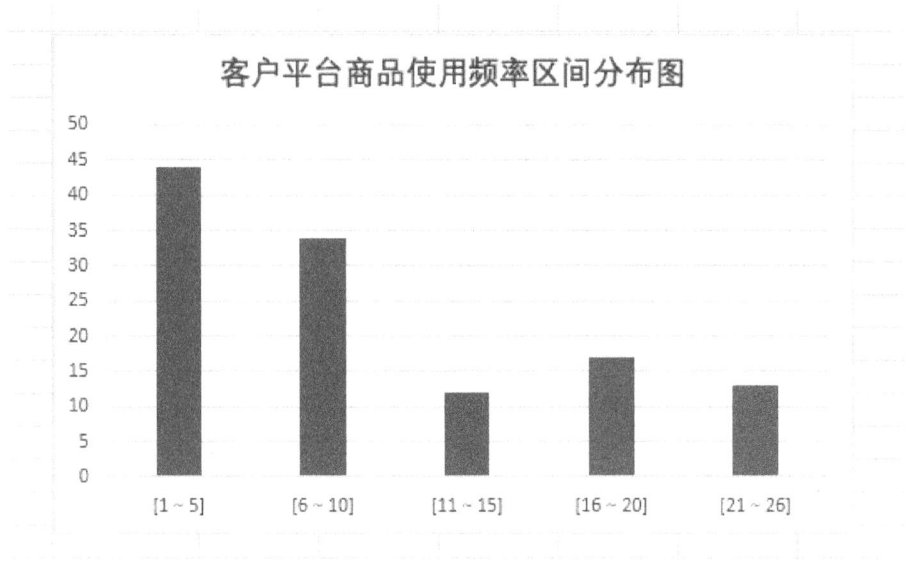

图 5.20　直方图效果图

5.3　服务应用数据分析

商品交易会产生大量的数据，如何快捷、准确地获取交易服务数据，并及时对其展开分析，是卖家提高商品销量与利润最大化的店铺管理关键环节。电子商务数据往往是重点数据采集与分析的目标对象，此类数据的采集与分析主要用于卖家做市场调研、分析指导业务及总结评估市场竞争状况。因此，对于商务数据的业务分析可以分为两方面：一是服务应用数据沉淀，二是服务应用数据挖掘。

5.3.1　服务应用数据沉淀

商务数据分析的服务应用数据沉淀是针对商品交易服务应用过程的数据爬取，即爬虫。Excel 支持获取商品销售电子平台的数据，下面以访问网页数据并使用 Excel 爬取数据分析为例，介绍具体操作。

Step 1：打开浏览器，前往需要爬取数据的网站，选中并复制网址，如图 5.21 所示。
Step 2：新建一个 Excel 工作表，并命名为"网页数据爬取"。选择"数据"选项卡，单击"获取外部数据"下拉按钮，选择"自网站"选项，如图 5.22 所示。

图 5.21 复制爬取数据目标网址

图 5.22 设置获取外部爬取数据

Step 3：在弹出的"新建 Web 查询"对话框中，在地址栏粘贴需要爬取的网址，单击"转到"按钮，如图 5.23 所示。

图 5.23 "新建 Web 查询"对话框

Step 4：在"新建 Web 查询"对话框中单击黄色导入箭头，并在当前网页选择需要抓取的数据部分，单击"导入"按钮，如图 5.24 所示。

Step 5：在弹出的"导入数据"对话框中，在"数据的放置位置"内容区域选中"现有工作表"单选按钮并输入"=$A$1"，即选择 A1 单元格作为存放数据的位置，单击"确定"按钮，如图 5.25 所示。

图 5.24　导入需爬取数据

图 5.25　选择存放数据的工作表位置

Step 6：此时，工作表显示正在获取数据，依据不同网页数据大小及网页自身可能存在的反数据爬取设置因素，获取数据过程需要一定的时间，如图 5.26 所示。

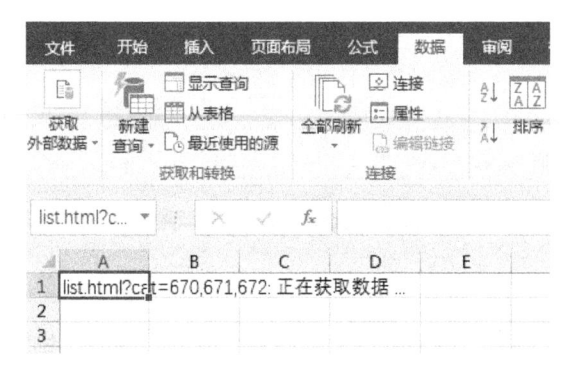

图 5.26　Excel 获取数据

Step 7：完成数据爬取后，获取的数据存放在"网页数据爬取"工作表中，如图 5.27 所示。

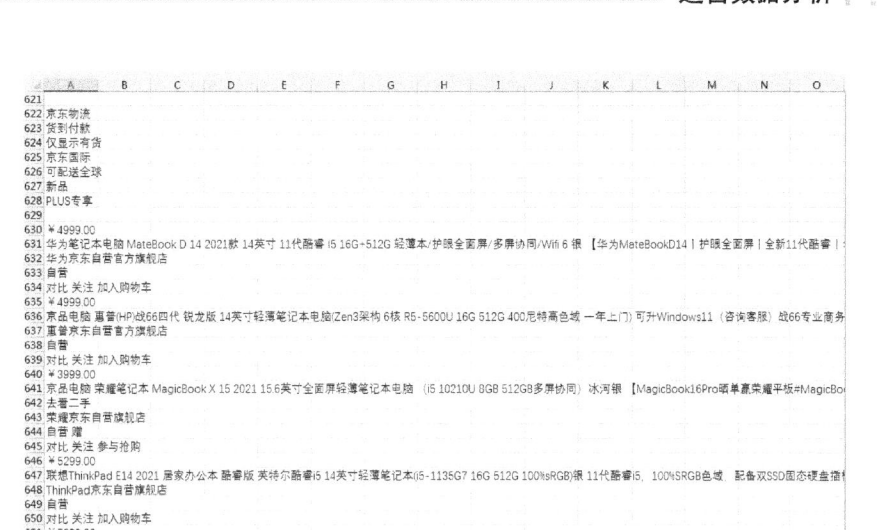

图 5.27 网页爬取所获得的数据

Step 8：Excel 工作表获取的数据可以自动根据网站的数据实时更新。选择"数据"选项卡，在"连接"组中单击"属性"按钮，如图 5.28 所示。

Step 9：在弹出的"外部数据区域属性"对话框中勾选"允许后台刷新""刷新频率""打开文件时刷新数据"复选框，并设置刷新频率为"60"分钟，单击"确定"按钮，如图 5.29 所示。

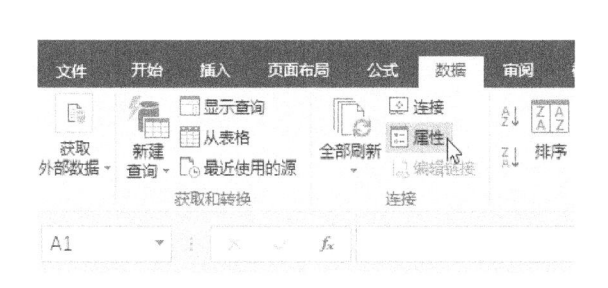

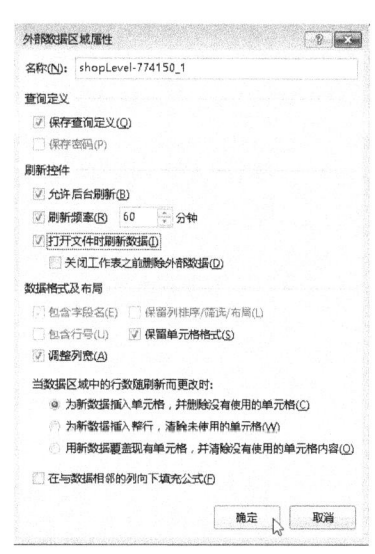

图 5.28　设置数据爬取属性　　　　图 5.29　设置外部数据区域属性

5.3.2 服务应用数据挖掘

商品交易服务应用数据产生并获取之后，可以对此类数据进行数据挖掘，即通过数据分析，产生对研究对象更深层次、更有价值的理解。因此，在通过数据沉淀等方式获取数据的基础上，可以通过 Excel 做简单的统计分析、用户及品牌理解、用户画像，以及各品牌或各产品型号之间的关系分析等操作，进一步提供给卖家或平台对过去商品销售状况的分析、现在销售状况的理解和未来情况的预测。Excel 具备强大的数据挖掘功能，例如，可以通过使用函数、图表、数据分析、数据透视表和规划求解完成对数据的分析和研究。

本节使用 Excel 数据分析工具库中的回归分析进行商品交易数据集合中的关于多个自变量与一个因变量的销售因素多元回归分析，其他数据挖掘方法已在相应章节中介绍。回归分析工具是通过对一组观察值使用"最小二乘法"直线拟合的方法来执行线性回归分析操作。在商品销售的过程中，销售结果（利润）作为因变量，往往受到多个销售因素（商品进价、商品品质、商品折扣等）的制约与影响。回归分析可用来分析在商品销售与服务过程中，单个因变量因素是如何受到一个或多个自变量因素影响的。例如，分析某种商品的销售量与一系列统计因素的关系，如成本、地区和定价等。根据一组销售服务数据，可以客观分析并确定这三个因素分别在商品销售量中所占的比重，然后使用该结果对尚未销售的商品销量做出预测。

Step 1：打开一个 Excel 工作簿，选择"文件"选项卡，单击"选项"按钮，弹出"Excel 选项"对话框，然后单击"加载项"并在右侧内容显示区中的"非活动应用程序加载项"中选中"分析工具库"，再单击下方的"转到..."按钮，如图 5.30 所示。

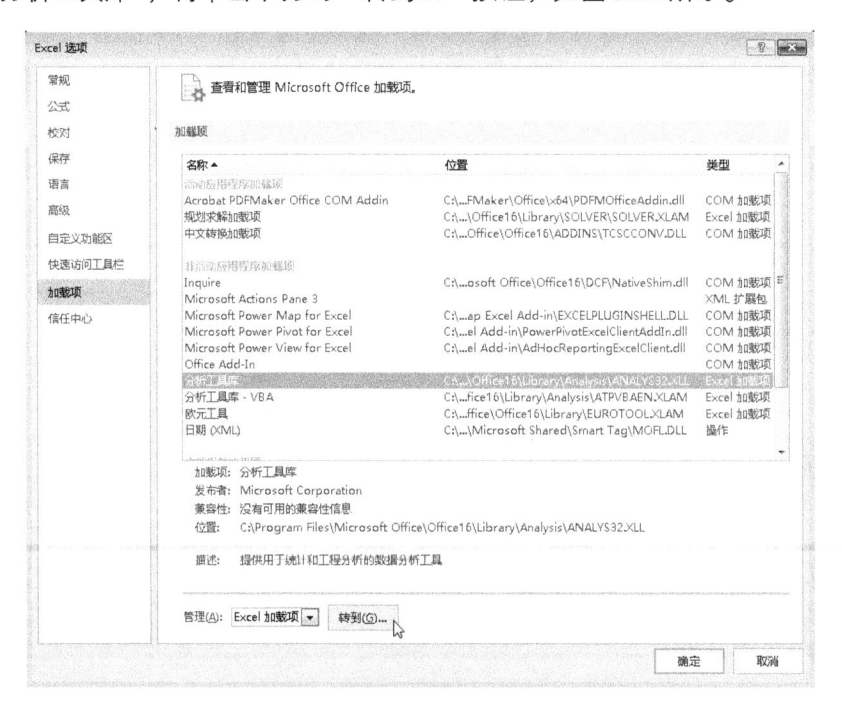

图 5.30 查找"分析工具库"

Step 2：弹出"加载宏"对话框，在"可用加载宏"内容区域选中"分析工具库"复选框，单击"确定"按钮，即可在"数据"选项的"分析"组中添加"数据分析"，如图 5.31 所示。

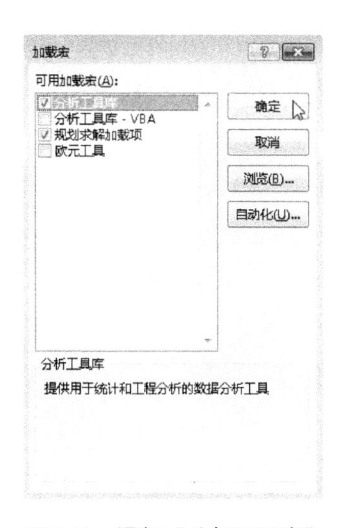

图 5.31 添加"分析工具库"

Step 3：打开"数据分析"工作表，选择"数据"选项卡，在"分析"组中单击"数据分析"按钮，如图 5.32 所示。

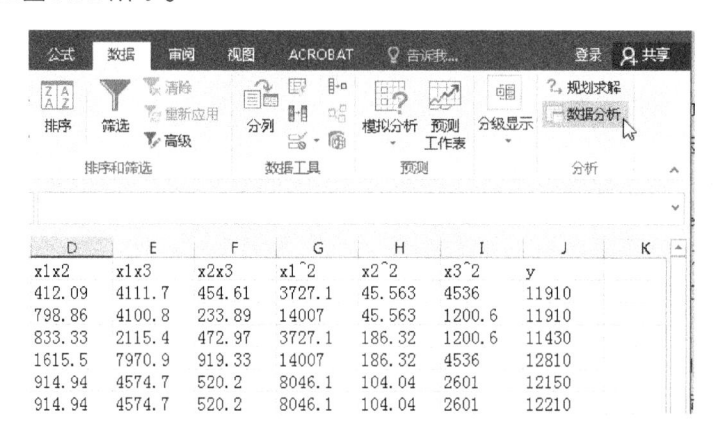

图 5.32 选择数据分析功能

Step 4：在弹出的"数据分析"对话框中的"分析工具"列表框选择"回归"选项，并单击"确定"按钮，如图 5.33 所示。

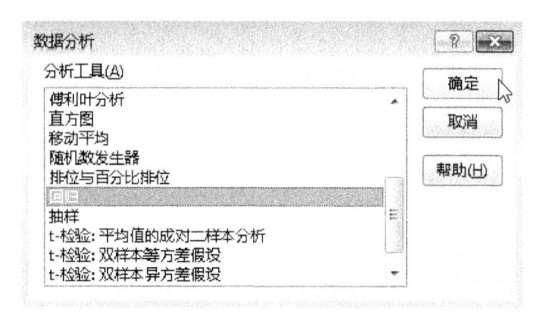

图 5.33 数据分析"回归"工具

Step 5：在弹出的"回归"对话框中进行参数设置。具体设置如下：在"Y 值输入区域"

单击右侧折叠按钮，选取函数 Y 数据所在单元格区域 J2:J21，然后单击折叠按钮返回。在"X 值输入区域"单击右侧折叠按钮，选取自变量数据所在单元格区域 A2:I21，然后单击折叠按钮返回。"置信度"可选默认的 95%。在"输出选项"内容区选中"输出区域"单选按钮，单击右侧折叠按钮，选择 L5 单元格，单击"确定"按钮，如图 5.34 所示。

图 5.34　设置回归分析参数

Step 6：此时，获得数据回归分析结果表，如图 5.35 所示。

图 5.35　回归分析结果

由数据回归分析结果可以得知，在第一张表"回归统计表"中，复相关系数（Multiple R）又称相关系数，用来衡量自变量 x 与 y 之间的相关程度大小，本例说明两者之间的关系为高度正相关。复测定系数（R Square）用来说明自变量解释因变量 y 变差的程度，以测定因变量 y 的拟合效果，本例说明用自变量可解释因变量变差的 83.43%。调整后的复测定系数（Adjusted R Square）说明自变量能解释因变量 y 的 68.52%，而因变量 y 的 31.48% 要由其他因素来解释。标准误差用来衡量拟合程度的大小，也用于计算与回归相关的其他统计量。如果标准误差数值越小，则说明拟合程度越好。观察值用于估计回归方程数据的观察值个数。

第二张表是"方差分析表"，其主要作用是通过 F 检验来判定回归模型的回归效果。本例中的 F 显著性统计量（Significance F）的 P 值为 0.00636，小于显著性水平 0.05，所以该回归方程回归效果显著，回归方程中至少有一个回归系数显著不为 0。

第三张表是"回归参数表"，分别通过各个项的回归系数显著性，解释自变量与因变量之间是否存在相关性。

通过回归分析，商家或销售平台可以分析商品销售多个因素是否与最终的销售利润获取结果相关，从而进一步调整商品销售策略。

本章小结

商品销售交易平台可以记录商品搜索、购买与平台使用的具体数据信息。如何方便快捷地收集获取此类数据，并使用数据分析方法来进行诸如商品使用频率和满意度调查，数据内在关联性因素分析与描述是商务数据分析十分重要的内容之一。在买卖双方进行商品交易的过程中，商品与服务提供过程产生的数据十分繁杂且重要，因此，使用高效便捷的工具，例如 Excel 的数据分析功能，可以初步挖掘出服务运营数据简单的规律和商业价值。

本章使用柱形图图表的方式分析了商品交易过程中使用频率和满意度的数据信息，并采用统计的方式对服务运营过程中的数据进行处理，然后介绍如何使用 Excel 强大的数据爬取与挖掘功能进行数据操作，采用 Excel 数据分析工具库中的回归分析方法，演示操作与商品销售关联的客观因素分析方法与关联挖掘。

练习与实践

创建一个工作簿并命名为"人民币汇率中间价"，练习使用本章节所介绍的 Excel 获取外部数据功能，对国家外汇管理局人民币汇率中间价的网页数据进行汇率数据沉淀和挖掘。

第6章 市场数据分析

学习目标

了解商品销售数据的分析与统计；
理解相同类型与不同类型商品的销售数据分析与统计；
了解商品退货与退款数据的分析；
了解商品关键词分析方法；
了解商品销售定价因素分析；
了解商品销售市场分析。

重点与难点

理解商品退货与退款数据的分析；
掌握商品关键词分析方法；
掌握商品销售定价因素分析；
掌握商品销售市场分析。

思维导图

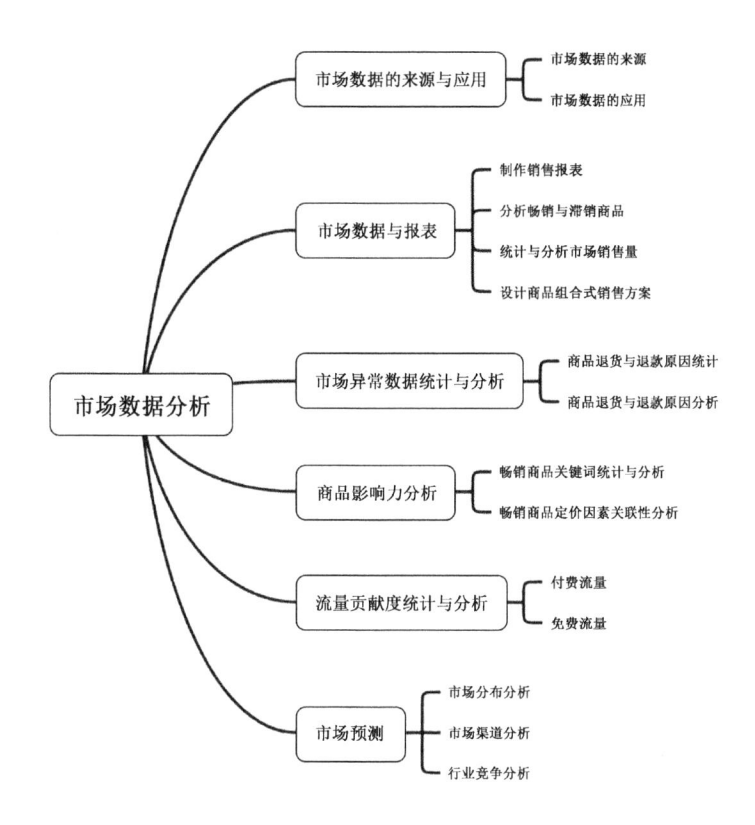

- 市场数据分析
  - 市场数据的来源与应用
    - 市场数据的来源
    - 市场数据的应用
  - 市场数据与报表
    - 制作销售报表
    - 分析畅销与滞销商品
    - 统计与分析市场销售量
    - 设计商品组合式销售方案
  - 市场异常数据统计与分析
    - 商品退货与退款原因统计
    - 商品退货与退款原因分析
  - 商品影响力分析
    - 畅销商品关键词统计与分析
    - 畅销商品定价因素关联性分析
  - 流量贡献度统计与分析
    - 付费流量
    - 免费流量
  - 市场预测
    - 市场分布分析
    - 市场渠道分析
    - 行业竞争分析

6.1 市场数据的来源与应用

6.1.1 市场数据的来源

　　以某电子商务商品交易平台的店铺销售数据为例，对商品销售全过程中的商业数据进行处理、统计与分析，可以获得示例中市场交易行为的本质信息，并在采集和整理若干组织机构或消费者个人的一组信息基础上，预测并管理控制市场销售行为，从而使商品销售利润最大化。

6.1.2 市场数据的应用

　　商品销售与市场数据信息一般都是基于真实的交易场景推断或收集得到的，对此类数据的分析与应用可以进一步帮助卖家完成商品交易，满足消费者的需求从而获利，并让良好的商品销售得以持续发展。商品销售与市场数据分析与应用更深层次的意义是保证商品交易中每一个过程的执行更具备可预测性、高精确性、可拓展性、可调控性与低错误性。

6.2 市场数据与报表

店铺在商品销售过程中存在着各种各样的交易问题，通过对商品销售商务数据的分析，可以进一步对问题的发生原因深入理解，并找到问题的解决办法，增加商品销售的可能性。

6.2.1 制作销售报表

使用 Excel 整理商品销售数据，制作销售报表，可以分析商品销售的状况与潜在问题，进一步制定和修改销售策略，具体操作如下。

Step 1：打开"商品销售月报表"工作表，该工作表的 A1:H1 单元格区域分别为报表标题"日期、编号、名称、单价、销售价格、折扣率、数量、销售总额"。选择 A1:H1 单元格区域，再选择"视图"选项卡，在"窗口"组中单击"冻结窗格"下拉按钮，选择"冻结首行"选项，如图 6.1 所示。

图 6.1 选择"冻结首行"选项

Step 2：在工作表的 A2:E104 单元格区域使用原始商品销售记录数据，选中 D2:E104 单元格区域，再选择"开始"选项卡，在"数字"组中选择"数字格式"下拉按钮，选择"其他数字格式..."选项，单击"确认"按钮，如图 6.2 所示。

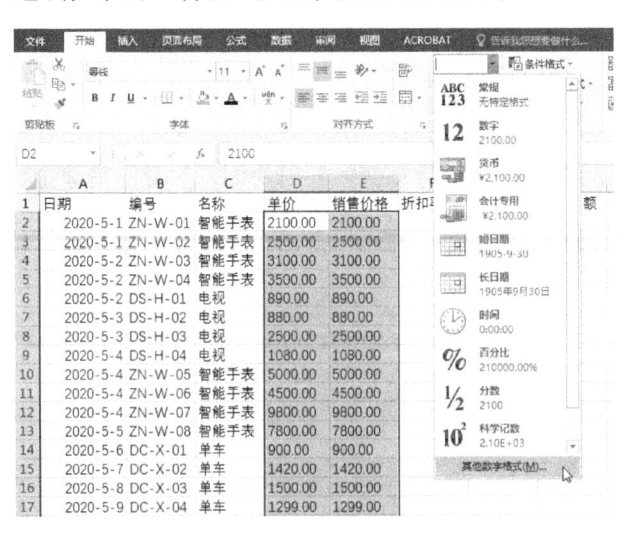

图 6.2 输入商品销售数据

Step 3：在弹出的"设置单元格格式"对话框的"数字"选项卡中选择"分类"列表框

的"数值"并设置"小数位数"值为2,单击"确定"按钮,如图6.3所示。

图6.3 设置商品销售数据格式与精度

Step 4:选择F2单元格,在编辑栏中输入公式"=1-(D2-E2)/D2",单击编辑栏前面的 ✓("输入")按钮,确认公式,如图6.4所示。

图6.4 计算销售折扣率数值

Step 5:选中F2单元格,在"开始"选项卡的"数字"组中选择"数字格式"下拉按钮,在弹出的"设置单元格格式"对话框的"数字"选项卡中选择"分类"列表框的"百分比",并设置小数位数为1,单击"确定"按钮,如图6.5所示。

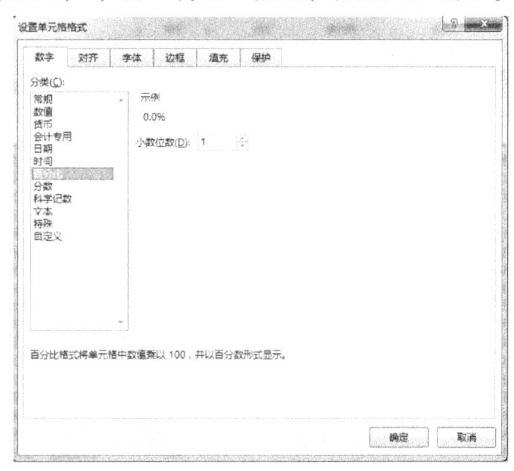

图6.5 设置折扣率数值精度

Step 6:选中F2单元格右下角,使用填充柄,拖动复制选中单元格格式到F3:F104单元格区域,如图6.6所示。

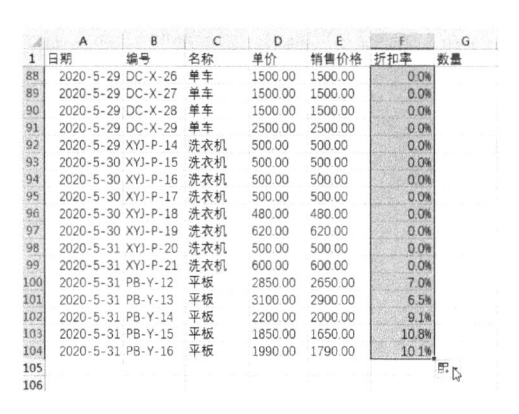

图 6.6 填充折扣率数值

Step 7：使用在工作表的 G2:G104 单元格区域的商品销售数量数据，选择 H2 单元格区域，在编辑栏中输入公式"=E2*G2"，单击编辑栏前面的 ✓ ("输入") 按钮，确认公式。在"开始"选项卡的"数字"组中选择"数字格式"下拉按钮，然后选择"数值"，如图 6.7 所示。

图 6.7 设置商品销售总额值精度

Step 8：选择 H2 单元格右下角，使用填充柄，拖动复制选中单元格到 H3:H104 单元格区域，如图 6.8 所示。

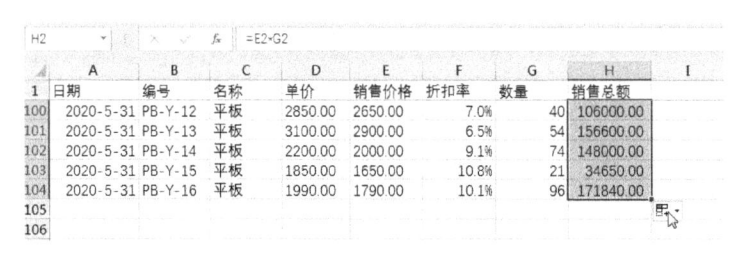

图 6.8 填充商品销售额度

Step 9：最后，调整表格的字体大小、标题文字位置、数据记录对齐方式等其他设置，美化数据表格，最终效果如图 6.9 所示。

图 6.9　商品销售情况记录表

6.2.2　分析畅销与滞销商品

商品销售记录数据可以直接显示商品销售的畅销与滞销状况，在对比商品的销售情况之后，卖家可以针对不同的滞销商品制定相应的入货与销售策略。下面通过分析商品销售记录数据，具体操作分析商品畅销与滞销状态。

Step 1：在同一个工作簿中新建一个工作表并命名为"畅销与滞销商品分析"，在 A1:E1 和 G1:H1 单元格区域中输入标题文本"编码、销售数量、销售总额、畅销与滞销比例、销售状态、排名、编码"，选中工作表"商品销售月报表"的 B2:B104 单元格区域，复制内容。此时，打开"畅销与滞销商品分析"工作表，选中 A2 单元格，单击鼠标右键，在弹出的"粘贴选项"菜单中选择"值"选项，完成数据内容复制粘贴操作，如图 6.10 所示。

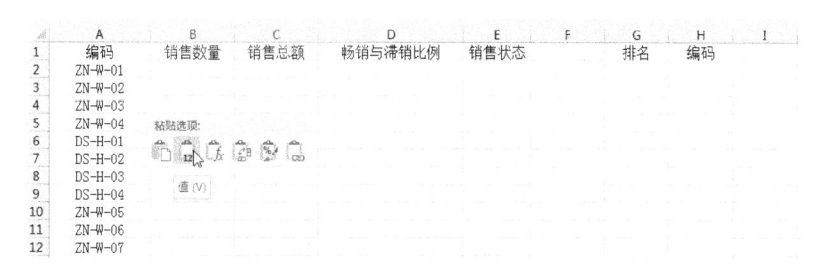

图 6.10　选择"值"选项

Step 2：选中"商品销售月报表"工作表的 A2:A104 单元格区域，选择"数据"选项卡，在"数据工具"组中单击　（"删除重复项"）按钮，如图 6.11 所示。

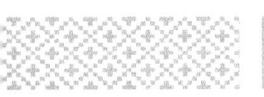

图 6.11 删除重复项

Step 3：在弹出的"删除重复项警告"对话框中单击"删除重复项…"按钮，如图 6.12 所示。

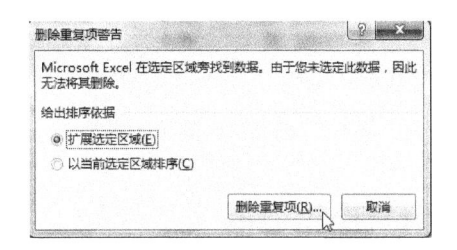

图 6.12 删除重复项

Step 4：在弹出的"删除重复项…"对话框中保持默认设置，单击"确认"按钮，如图 6.13 所示。

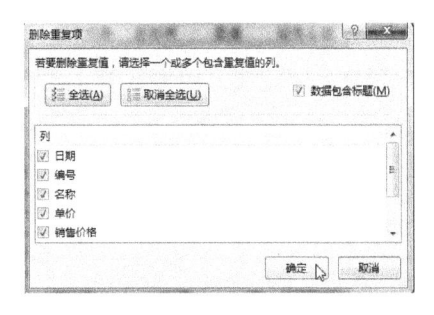

图 6.13 设置删除重复项

Step 5：此时，数据记录中的重复项删除完毕之后，会弹出提示信息框，单击"确定"按钮，如图 6.14 所示。

图 6.14 完成删除重复项提示信息

Step 6：选择 A2:A83 单元格区域，选择"数据"选项卡，在"排序和筛选"组中单击

"排序"按钮,弹出"排序提醒"对话框,选中"以当前选定区域排序"单选按钮,单击"排序…"按钮,如图 6.15 所示。

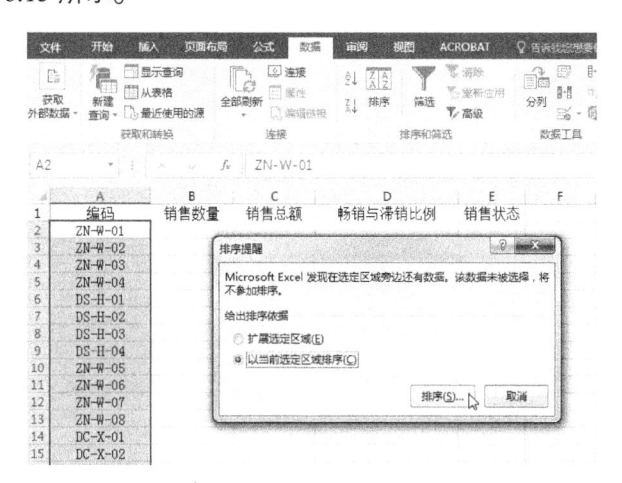

图 6.15 对已删除重复数据记录进行排序

Step 7:在弹出的"排序"对话框中保持默认排序设置,单击"确定"按钮,如图 6.16 所示。

图 6.16 设置排序参数

Step 8:选择 B2 单元格,在编辑栏中输入公式"=SUMIF(商品销售月报表!$B$2:$B$104, $A2,商品销售月报表!$G$2:$G$104)",单击 ✓ ("确认")按钮,获得相应商品的销售总数计算结果,如图 6.17 所示。

图 6.17 计算商品销售总数

Step 9:选择表 C2 单元格,在编辑栏中输入公式"=SUMIF(商品销售月报表!$B$2:$B$104,$A2,商品销售月报表!$H$2:$H$104)",单击 ✓ ("确认")按钮,获得相应商品的总销售额结果，如图 6.18 所示。

图 6.18 计算商品销售总额

Step 10：选择 B2:C2 单元格区域，使用填充柄，拖动单元格区域右下角至 C83 单元格，获得填充的公式，如图 6.19 所示。

图 6.19 填充商品销售总数和总额公式

Step 11：在 A84 单元格输入文本"总计"，选择 B84:C84 单元格区域，在"开始"选项卡下的"编辑"组中单击"自动求和"按钮，如图 6.20 所示。

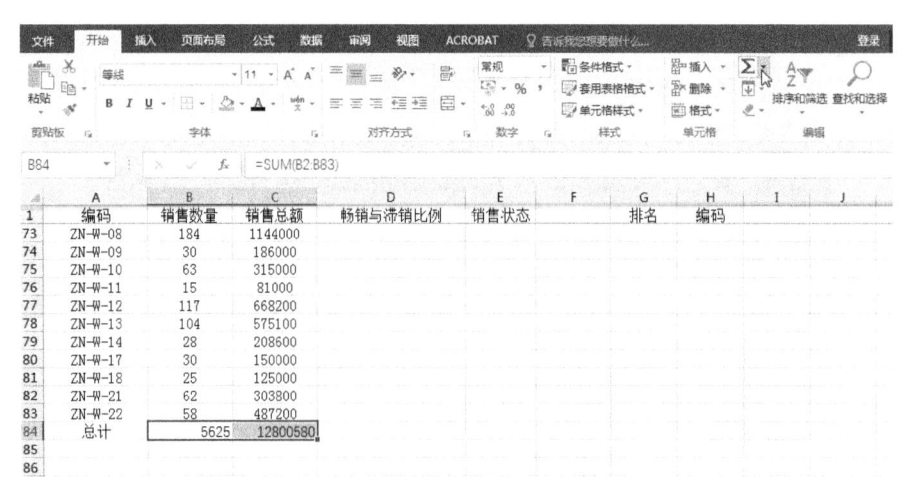

图 6.20 自动求和计算所有商品销售总数和总额

Step 12：选择 C2:C84 单元格区域，选择"开始"选项卡的"数字"组单击"数字格式"下拉按钮，在弹出的下拉列表中选择"其他数字格式…"选项，如图 6.21 所示。

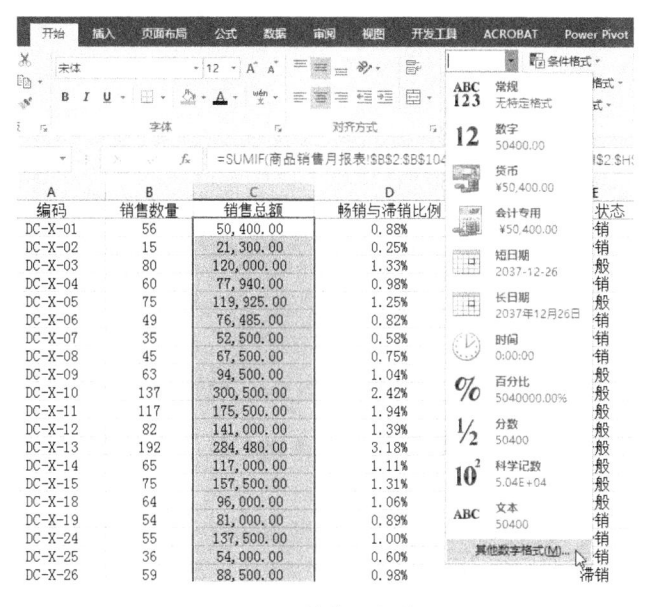

图 6.21　设置销售总额数值格式

Step 13：在弹出的"设置单元格格式"对话框里的"分类"列表框中选择"数值"选项，并设置"小数位数"为"2"，同时选中"使用千位分隔符"复选框，单击"确认"按钮，如图 6.22 所示。

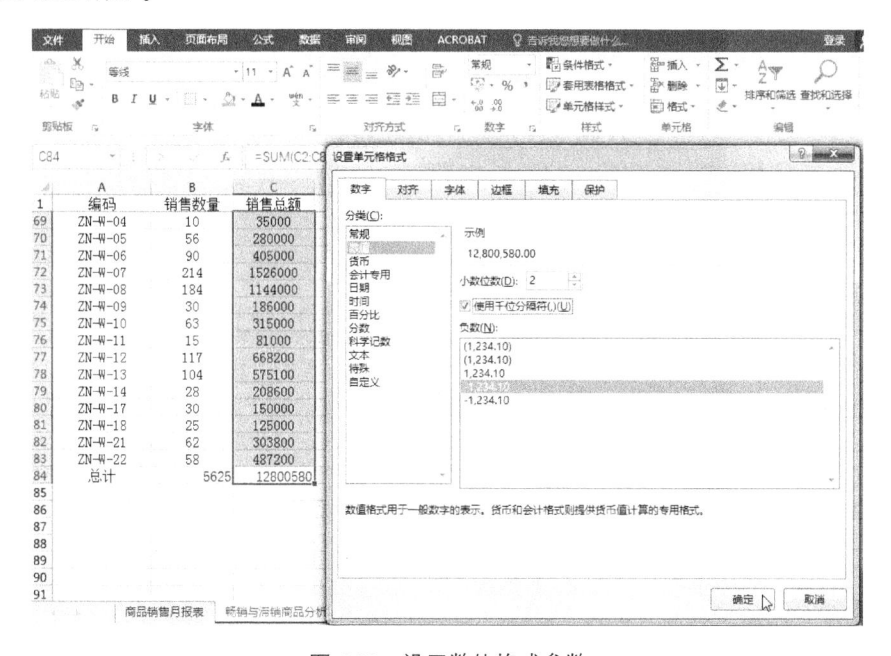

图 6.22　设置数值格式参数

Step 14:选择 D2 单元格,在编辑栏中输入公式"=B2/$B$84*0.8+C2/$C$84*0.2",单击"确认"按钮,获得相应商品的畅滞销比率数据,如图 6.23 所示。

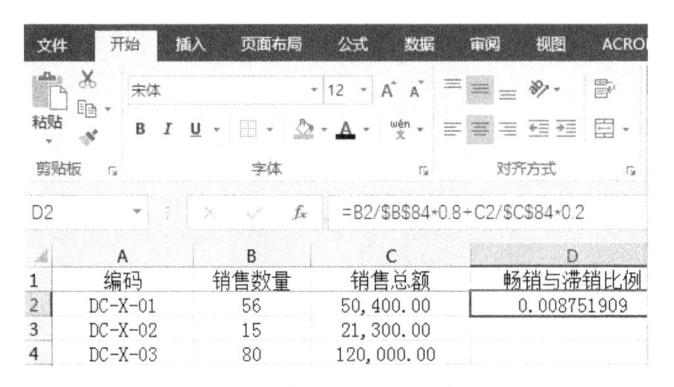

图 6.23 计算商品畅滞销比率数据

Step 15:在"开始"选项卡"数字"组中单击"数字格式"下拉按钮,在弹出的下拉列表中选择"其他数字格式…"选项,如图 6.24 所示。

Step 16:在弹出的"设置单元格格式"对话框的"分类"列表框中选择"百分比"选项,并设置"小数位数"为"2",单击"确认"按钮,如图 6.25 所示。

图 6.24 计算商品畅滞销比率数据   图 6.25 设置数值小数位数

Step 17:拖动 D2 单元格区域右下角至 D83 单元格,该列的其他单元格使用填充柄获得填充的公式,如图 6.26 所示。

	A	B	C	D	E
1	编码	销售数量	销售总额	畅销与滞销比例	销售状态
69	ZN-W-04	10	35,000.00	0.20%	
70	ZN-W-05	56	280,000.00	1.23%	
71	ZN-W-06	90	405,000.00	1.91%	
72	ZN-W-07	214	1,526,000.00	5.43%	
73	ZN-W-08	184	1,144,000.00	4.40%	
74	ZN-W-09	30	186,000.00	0.72%	
75	ZN-W-10	63	315,000.00	1.39%	
76	ZN-W-11	15	81,000.00	0.34%	
77	ZN-W-12	117	668,200.00	2.71%	
78	ZN-W-13	104	575,100.00	2.38%	
79	ZN-W-14	28	208,600.00	0.72%	
80	ZN-W-17	30	150,000.00	0.66%	
81	ZN-W-18	25	125,000.00	0.55%	
82	ZN-W-21	62	303,800.00	1.36%	
83	ZN-W-22	58	487,200.00	1.59%	
84	总计	5625	12,800,580.00		
85					

图 6.26　填充商品畅滞销比率计算公式

Step 18：选择 E2 单元格，在编辑栏中输入公式“=IF(D2>4%,"畅销",IF(D2>1%, "一般","滞销"))”，单击“确认”按钮，获得相应商品的销售状态。此时，利用填充柄功能拖动 E2 单元格区域右下角至 E83，该列的其他单元格使用填充柄获得填充的公式。最后通过调整字体大小、背景填充颜色等美化视觉效果，如图 6.27 所示。

E2　fx　=IF(D2>4%,"畅销",IF(D2>1%, "一般","滞销"))

	A	B	C	D	E	F
1	编码	销售数量	销售总额	畅销与滞销比例	销售状态	
65	XYJ-P-21	56	33,600.00	0.85%	滞销	
66	ZN-W-01	110	231,000.00	1.93%	一般	
67	ZN-W-02	78	195,000.00	1.41%	一般	
68	ZN-W-03	98	303,800.00	1.87%	一般	
69	ZN-W-04	10	35,000.00	0.20%	滞销	
70	ZN-W-05	56	280,000.00	1.23%	一般	
71	ZN-W-06	90	405,000.00	1.91%	一般	
72	ZN-W-07	214	1,526,000.00	5.43%	畅销	
73	ZN-W-08	184	1,144,000.00	4.40%	畅销	
74	ZN-W-09	30	186,000.00	0.72%	滞销	
75	ZN-W-10	63	315,000.00	1.39%	一般	
76	ZN-W-11	15	81,000.00	0.34%	滞销	
77	ZN-W-12	117	668,200.00	2.71%	一般	
78	ZN-W-13	104	575,100.00	2.38%	一般	
79	ZN-W-14	28	208,600.00	0.72%	滞销	
80	ZN-W-17	30	150,000.00	0.66%	滞销	
81	ZN-W-18	25	125,000.00	0.55%	滞销	
82	ZN-W-21	62	303,800.00	1.36%	一般	
83	ZN-W-22	58	487,200.00	1.59%	一般	
84	总计	5625	12,800,580.00			
85						

图 6.27　计算填充商品销售的状态数据

6.2.3　统计与分析市场销售量

使用 Excel 的分类汇总功能，可以对不同商品的销售记录数据进行分类统计与分析，在销售统计结果中可以直观地判断何种类型商品较受欢迎，何种类型商品不受欢迎。商家可以依据统计与分析的结果调整商品采购计划，改善经营策略和商品促销方式，提高商品交易量。

Step 1：打开“商品销售记录”工作表，在 A1:G1 单元格区域中是与商品销售数据记录相关的标题文本“订单 ID、买家 ID、买家账号、联系电话、商品名称、销售总额、联系地址"。选择 E2 单元格,在"数据"选项卡的"排序和筛选"组中单击 ("升序")按钮,如图 6.28 所示。

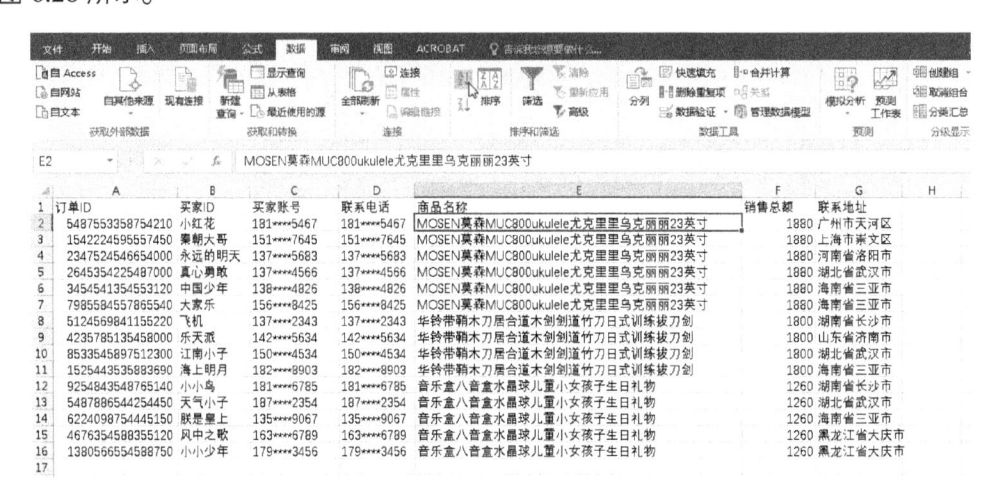

图 6.28 升序排列商品标题

Step 2:在"数据"选项卡的"分级显示"组中单击"分类汇总"按钮,如图 6.29 所示。

图 6.29 升序排列商品标题

Step 3:在弹出的"分类汇总"对话框的"分类字段"下拉列表框中选择"商品名称"选项,在"汇总方式"下拉列表中选择"计数"选项,在"选定汇总项"列表框中勾选"商品名称"复选框,单击"确定"按钮,如图 6.30 所示。

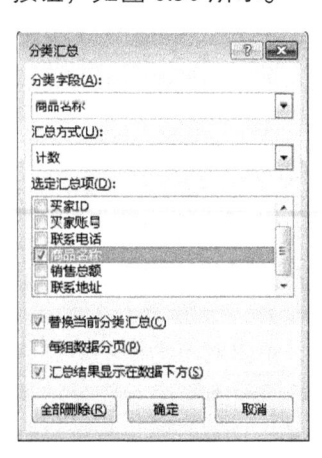

图 6.30 设置商品销售分类汇总选项

Step 4:由此,可以获得商品按照同类进行计数汇总的结果,在"商品销售记录分类汇总"工作表中存储了分类汇总结果,如图 6.31 所示。

	A	B	C	D	E	F	G	H
1	订单ID	买家ID	买家账号	联系电话	商品名称		销售总额	联系地址
2	5487553358754210	小红花	181****5467	181****5467	MOSEN莫森MUC800ukulele尤克里里乌克丽丽23英寸		1880	广州市天河区
3	1542224595557450	秦朝大哥	151****7645	151****7645	MOSEN莫森MUC800ukulele尤克里里乌克丽丽23英寸		1880	上海市崇文区
4	2347524546654000	永远的明天	137****5683	137****5683	MOSEN莫森MUC800ukulele尤克里里乌克丽丽23英寸		1880	河南省洛阳市
5	2645354225487000	真心勇敢	137****4566	137****4566	MOSEN莫森MUC800ukulele尤克里里乌克丽丽23英寸		1880	湖北省武汉市
6	3454541354553120	中国少年	138****4826	138****4826	MOSEN莫森MUC800ukulele尤克里里乌克丽丽23英寸		1880	海南省三亚市
7	7985584557865540	大家乐	156****8425	156****8425	MOSEN莫森MUC800ukulele尤克里里乌克丽丽23英寸		1880	海南省三亚市
8					MOSEN莫森M		6	
9	5124569841155220	飞机	137****2343	137****2343	华铃带鞘木刀居合道木剑剑道竹刀日式训练披刀剑		1800	湖南省长沙市
10	4235785135458000	乐天派	142****5634	142****5634	华铃带鞘木刀居合道木剑剑道竹刀日式训练披刀剑		1800	山东省济南市
11	8533545897512300	江南小子	150****4534	150****4534	华铃带鞘木刀居合道木剑剑道竹刀日式训练披刀剑		1800	湖北省武汉市
12	1525443535883690	海上明月	182****8903	182****8903	华铃带鞘木刀居合道木剑剑道竹刀日式训练披刀剑		1800	海南省三亚市
13					华铃带鞘木刀		4	
14	9254843548765140	小小鸟	181****6785	181****6785	音乐盒八音盒水晶球儿童小女孩子生日礼物		1260	湖南省长沙市
15	5487886544254450	天气小子	187****2354	187****2354	音乐盒八音盒水晶球儿童小女孩子生日礼物		1260	湖北省武汉市
16	6224098754445150	朕是星上	135****9067	135****9067	音乐盒八音盒水晶球儿童小女孩子生日礼物		1260	
17	4676354588355120	风中之歌	163****6789	163****6789	音乐盒八音盒水晶球儿童小女孩子生日礼物		1260	黑龙江省大庆市
18	1380566554588750	小小少年	179****3456	179****3456	音乐盒八音盒水晶球儿童小女孩子生日礼物		1260	黑龙江省大庆市
19					音乐盒八音盒		5	
20					总计数		15	

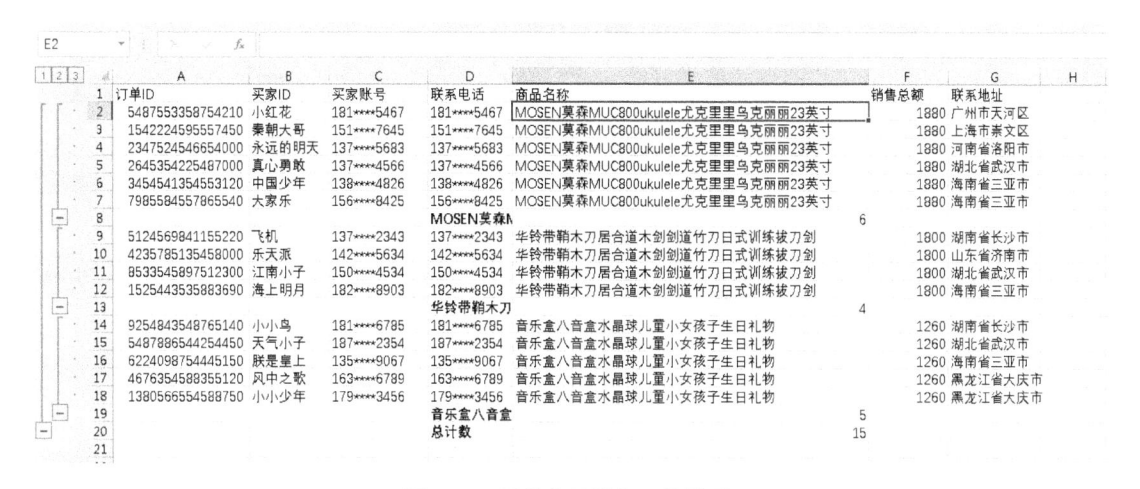

图 6.31 同类商品销售汇总结果

Step 5：同时，可以单击左上方的分级显示按钮"1""2""3"，显示 2 级分类数据，获得不同商品的销量统计汇总结果，如图 6.32 所示。

	A	B	C	D	E	F	G
1	订单ID	买家ID	买家账号	联系电话	商品名称	销售总额	联系地址
8				MOSEN莫森MUC800ukulele尤克里里乌克丽丽23英寸 计数		6	
13				华铃带鞘木刀居合道木剑剑道竹刀日式训练披刀剑 计数		4	
19				音乐盒八音盒水晶球儿童小女孩子生日礼物 计数		5	
20				总计数		15	

图 6.32 查看不同商品销量汇总结果

6.2.4 设计商品组合式销售方案

商家在进行商品销售时，可以通过设计分配各类上架商品的销售方案，以组合式的途径销售商品，获取更大的利润。下面将介绍如何分析不同商品的分配方案，具体操作如下。

Step 1：打开"商品分配方案分析"工作表，选择 F3 单元格，在编辑栏中输入公式"=D3*E3"，单击"确认"按钮，计算商品利润总额，并使用填充柄将此公式填充到 F4 单元格中，如图 6.33 所示。

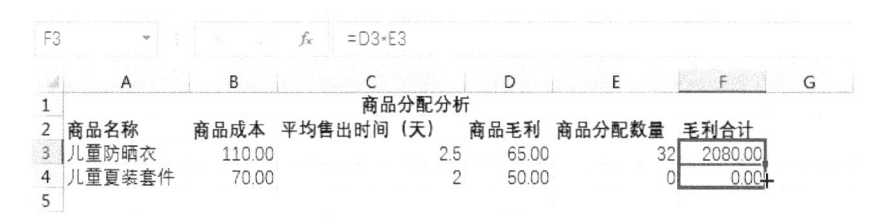

	A	B	C	D	E	F
1	商品分配分析					
2	商品名称	商品成本	平均售出时间（天）	商品毛利	商品分配数量	毛利合计
3	儿童防晒衣	110.00	2.5	65.00	32	2080.00
4	儿童夏装套件	70.00	2	50.00	0	0.00

图 6.33 计算商品毛利合计

Step 2：选中 F3:F4 单元格区域，在"开始"选项卡的"数字"组中单击"数字格式"下拉按钮，在弹出的下拉列表框中选择"其他数字格式..."选项，如图 6.34 所示。

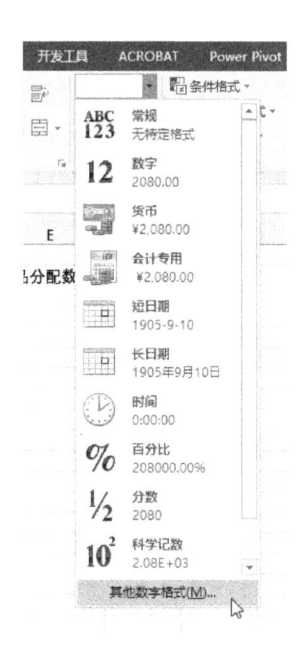

图 6.34 设置数字格式

Step 3：在弹出的"设置单元格格式"对话框的"分类"列表框中选择"数值"选项，并设置"小数位数"为"2"，单击"确认"按钮，如图 6.35 所示。

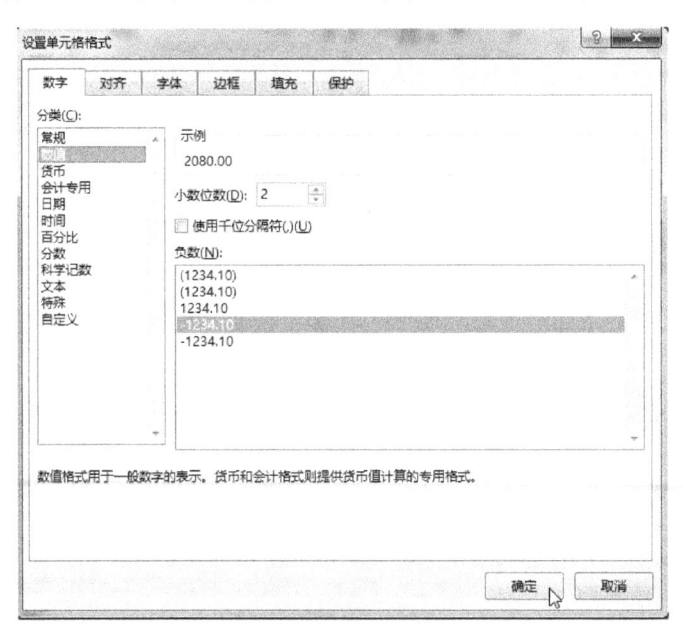

图 6.35 设置两位小数位数

Step 4：在工作表中选择 D6 单元格，在编辑栏中输入公式"=B3*E3+B4*E4"，单击 ☑ （"确认"）按钮，计算实际投入成本，如图 6.36 所示。

图 6.36　计算毛利合计与实际投入成本

Step 5：在工作表中选择 D7 单元格，在编辑栏中输入公式"=C3*E3+C4*E4"，单击✓（"确认"）按钮，计算实际销售时间，如图 6.37 所示。

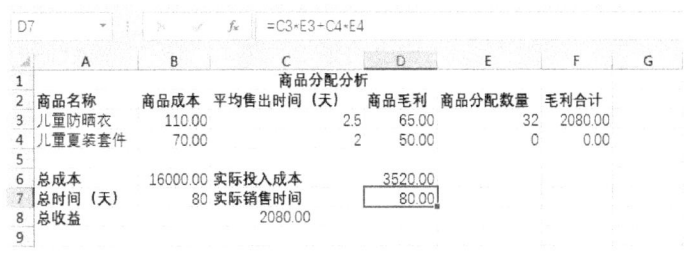

图 6.37　计算销售时间

Step 6：选择 B8:D8 单元格区域，在"开始"选项卡的"对齐方式"组中单击"合并后居中"下拉按钮，选择"合并后居中"选项，如图 6.38 所示。

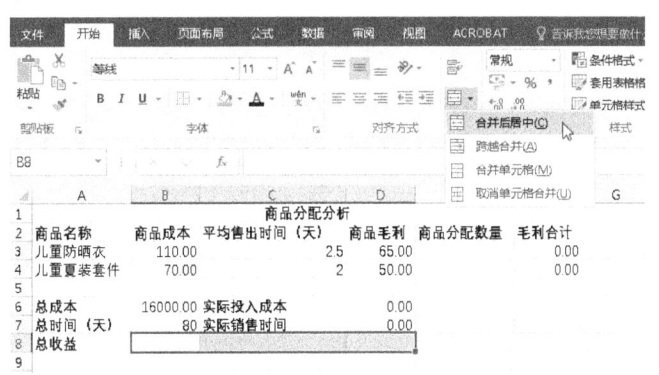

图 6.38　合并单元格区域

Step 7：选中合并后居中的 B8:D8 单元格区域，在编辑栏中输入公式"=F3+F4"，单击✓（"确认"）按钮，计算总收益，如图 6.39 所示。

图 6.39　计算总收益

Step 8：选择"文件"选项卡，单击"选项"按钮，弹出"Excel 选项"对话框，在左侧选择"加载项",单击"转到"按钮,如图 6.40 所示。

图 6.40 设置"加载项"

Step 9:在弹出的"加载宏"对话框中勾选"规划求解加载项"复选框,单击"确定"按钮,如图 6.41 所示。

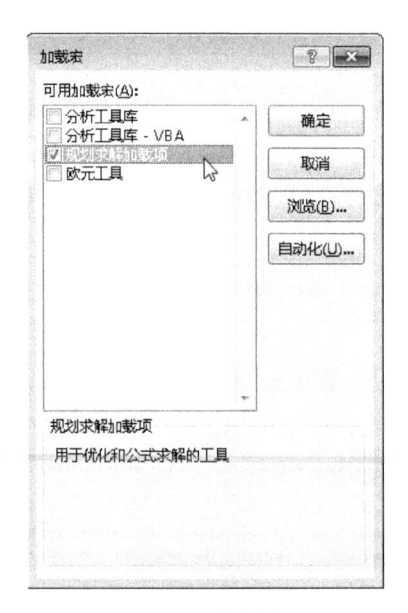

图 6.41 加载宏

Step 10:在"数据"选项卡的"分析"组中单击"规划求解"按钮,弹出"规划求解参数"对话框,设置"设置目标"参数为 B8 单元格,选中"最大值"单选按钮,单击"通过更改可变单元格"选项右侧的折叠按钮,如图 6.42 所示。

图 6.42　设置"规划求解参数"

Step 11：在工作表中选择 E3:E4 单元格区域，单击"展开"按钮，返回"规划求解参数"对话框，单击"添加"按钮，如图 6.43 所示。

图 6.43　添加遵守约束

Step 12：在弹出的"添加约束"对话框中设置"单元格引用"为 E3 单元格，"运算符号"为">=","约束"为 0，然后单击"添加"按钮，如图 6.44 所示。

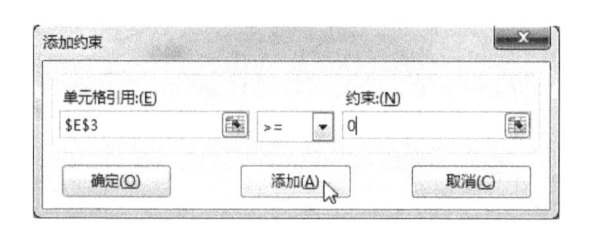

图 6.44　设置 E3 约束条件

Step 13：使用同样的方法，分别添加其他的约束条件：设置"单元格引用"为 E4 单元格，"运算符号"为">="，"约束"为 0，然后单击"添加"按钮，如图 6.45 所示。

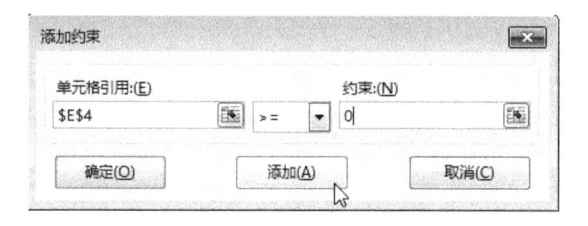

图 6.45　设置 E4 约束条件

Step 14：在"添加约束"对话框中设置"单元格引用"为 D6 单元格，"运算符号"为"<="，"约束"为"=$B$6"，然后单击"添加"按钮，如图 6.46 所示。

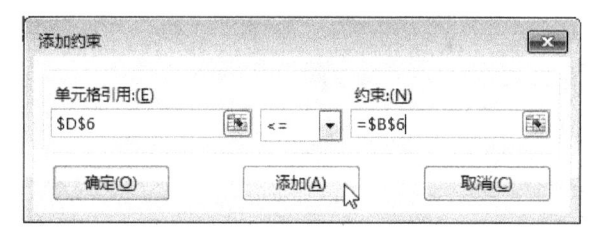

图 6.46　设置 D6 约束条件

Step 15：设置"单元格引用"为 D7 单元格，"运算符号"为"<="，"约束"为"=$B$7"，然后单击"确定"按钮，如图 6.47 所示。

图 6.47　设置 D7 约束条件

Step 16：在返回的"规划求解参数"对话框中单击"求解"按钮，如图 6.48 所示。

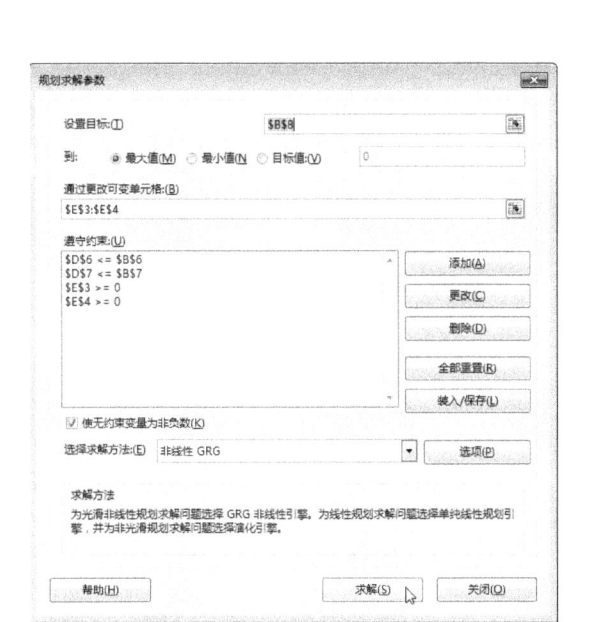

图 6.48 求解约束规划

Step 17：在弹出的"规划求解结果"对话框中，选中"保留规划求解的解"单选按钮，单击"确定"按钮，如图 6.49 所示。

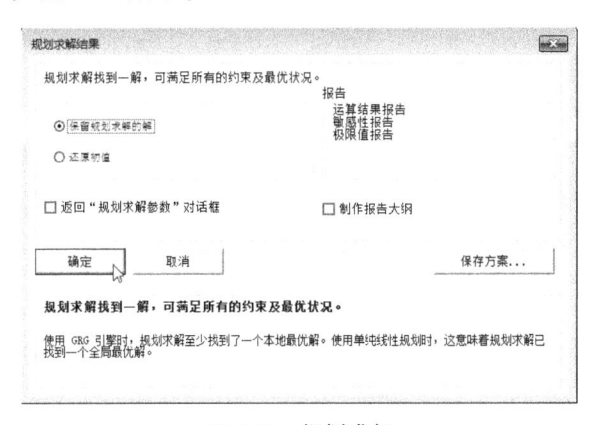

图 6.49 规划求解

Step 18：此时，可以获得按照设定的规划求解参数得出的结果，商家可以调整不同的参数设定约束条件，获得其他的分配方案分析结果，如图 6.50 所示。

图 6.50 查看规划求解结果

6.3 市场异常数据统计与分析

在商品交易过程中，容易因商品质量、数量、订单错误等造成商品退货或退款。商家可以对商品交易数据进行统计与分析，进一步明确商品退货和退款的原因，不断提高和改善销售服务的质量与口碑。

6.3.1 商品退货与退款原因统计

Step 1：打开"商品退货退款"工作表，选中 E2:E15 单元格区域，复制粘贴到 J2:J15 单元格区域中。选择"数据"选项卡，在"数据工具"组中单击 ("删除重复项")按钮，如图 6.51 所示。

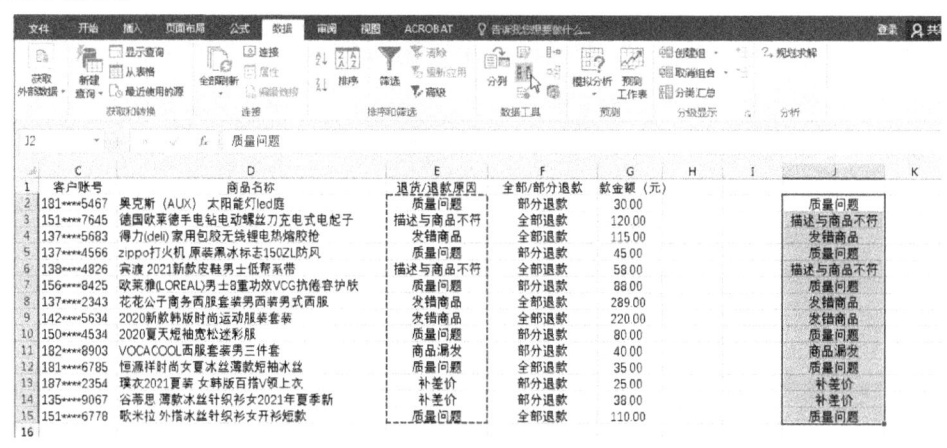

图 6.51 单击"删除重复项"按钮

Step 2：在弹出的"删除重复项"对话框中保持默认设置，单击"确定"按钮，如图 6.52 所示。

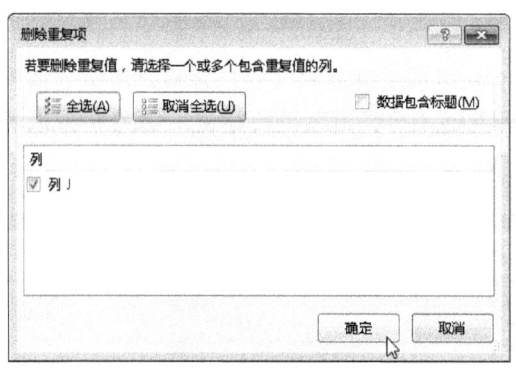

图 6.52 设置删除重复项

Step 3：弹出的提示信息框显示重复项被删除，只保留了唯一值，单击"确定"按钮，如图 6.53 所示。

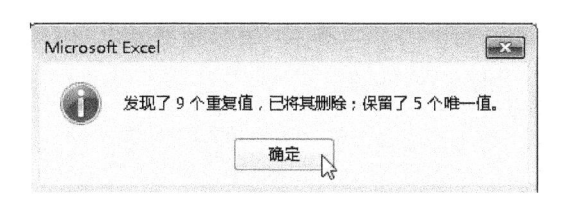

图 6.53 完成删除重复项

Step 4：选择 J2:J6 单元格区域，复制数据，选中 L2 单元格，在"开始"选项卡中的"剪贴板"组中单击"粘贴"下拉按钮，选择 （"转置"）按钮，如图 6.54 所示。

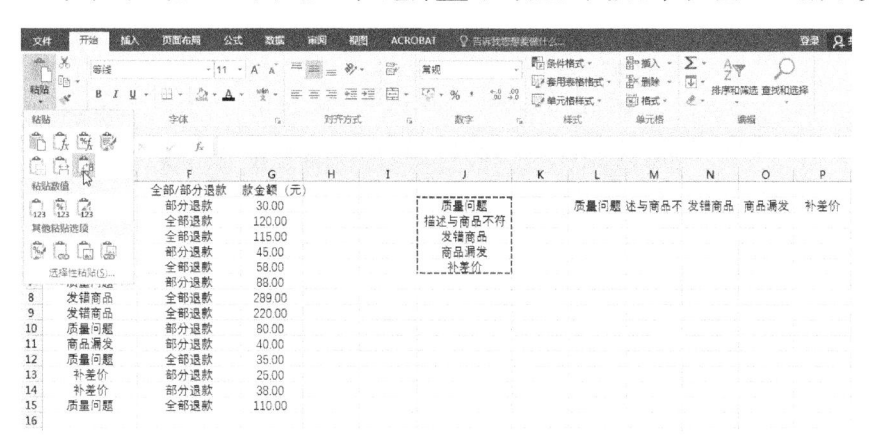

图 6.54 转置粘贴数据

Step 5：选择 E2:E6 单元格区域单击鼠标右键，在弹出菜单中选择"清除内容"选项，如图 6.55 所示。

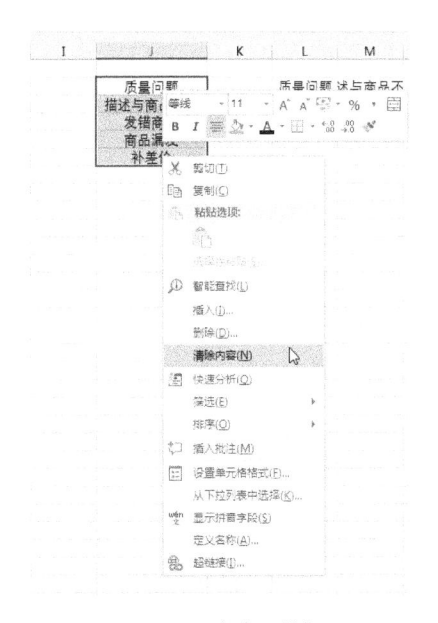

图 6.55 清除旧数据

Step 6：选择 L3 单元格，在编辑栏输入公式"=COUNTIF($E$2:$E$15,L2)"，单击

("确认")按钮，对退货和退款原因进行统计，并使用填充柄将 L3 单元格中的公式填充到右侧 M3:P3 单元格区域，如图 6.56 所示。

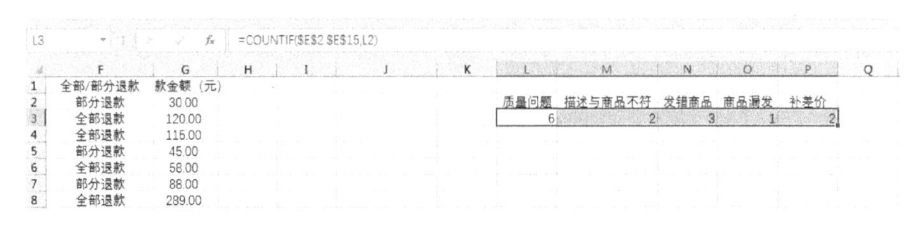

图 6.56 填充退货退款原因统计公式

Step 7：选择 L2:P3 单元格区域，在"插入"选项卡的"图表"组中"插入柱形图或条形图"的下拉按钮中选择"三维柱形图"，再选择"三维簇状柱形图"，如图 6.57 所示。

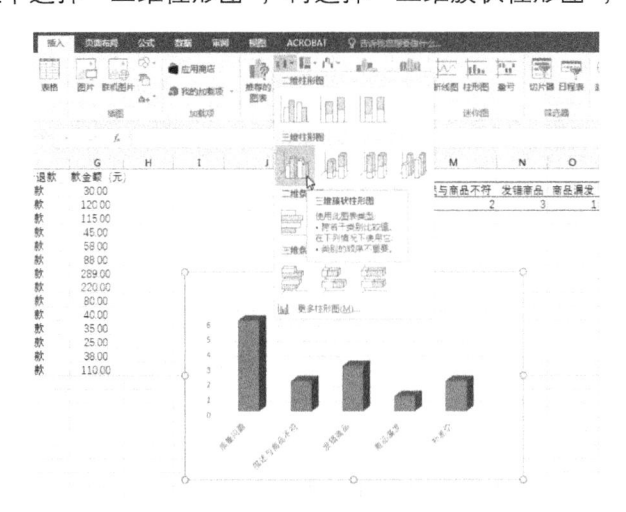

图 6.57 插入统计柱状图

Step 8：由此得到插入的柱形图，可以进一步对图表进行美化，商家可以查看到导致退货退款的主要原因为质量问题，如图 6.58 所示。

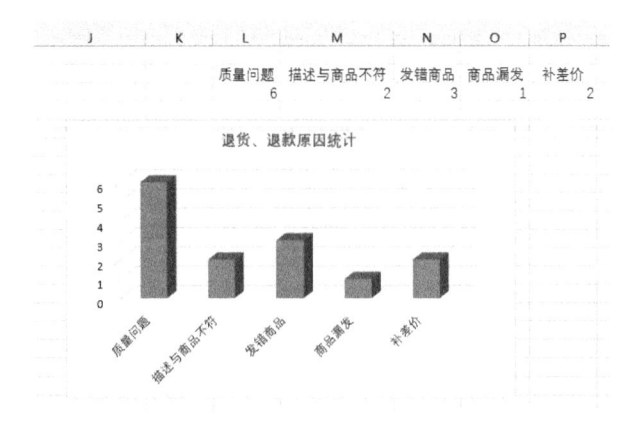

图 6.58 调整设置美化图表

6.3.2 商品退货与退款原因分析

商家统计商品交易售后的退货与退款事项后,可以进一步对统计数据进行分析,找出发生此类事项的根本原因,不断改善和提高商品销售的服务质量,调整商品销售策略。下面通过 Excel 的数据透视表演示具体分析步骤。

Step 1:打开"商品退货退款"工作表,选中 E1:G15 单元格区域,选择"插入"选项卡,在"表格"组中单击"数据透视表"下拉按钮,选择"数据透视表"选项,如图 6.59 所示。

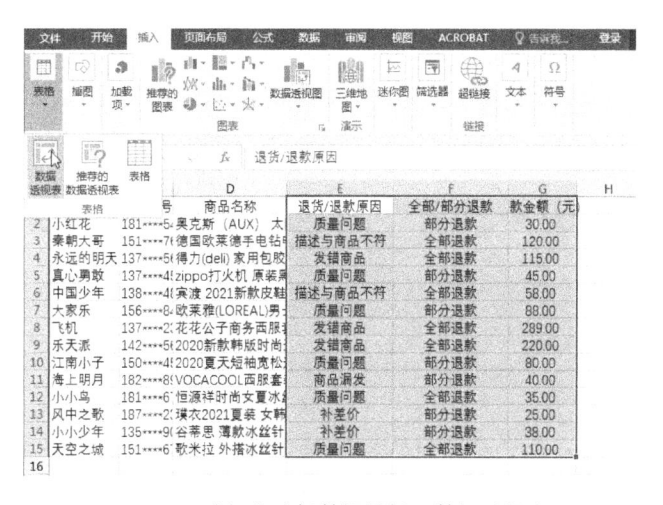

图 6.59 选择拟分析数据并插入数据透视表

Step 2:在弹出的"创建数据透视表"对话框中使用默认设置,单击"确定"按钮,如图 6.60 所示。

图 6.60 创建数据透视表

Step 3:在打开的"数据透视表字段列表"窗口中,用鼠标左键分别选中并拖动"全部/

部分退款"和"退货/退款原因"字段至"行"区域,将"退款金额"选中并拖动至"值"区域,如图 6.61 所示。

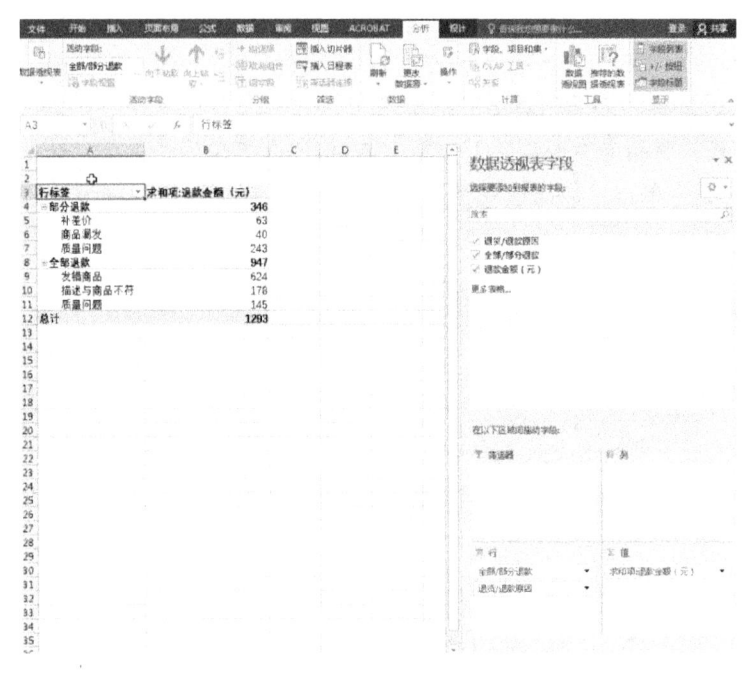

图 6.61 设置数据透视表数据

Step 4:在"退款金额"列的任一单元格上单击鼠标右键,在弹出菜单中选择"值显示方式"中的"总计的百分比"命令,则数据以"总计的百分比"方式显示,如图 6.62 所示。

图 6.62 设置数据显示方式为"总计的百分比"

Step 5:在"退款金额"列的任一单元格上单击鼠标右键,在弹出菜单中选择"值显示方式"中的"父行汇总的百分比"命令，如图 6.63 所示。

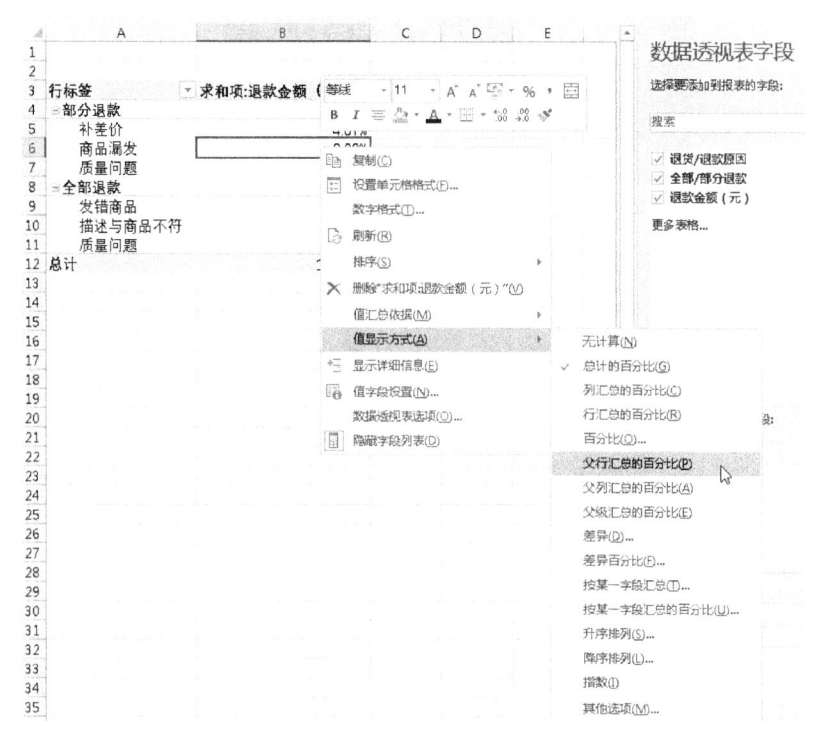

图 6.63 设置数据"值显示方式"

Step 6：完成上述数据的显示方式设置后，工作表数据透视图中的数据会按照退款类别显示百分比值，如图 6.64 所示。

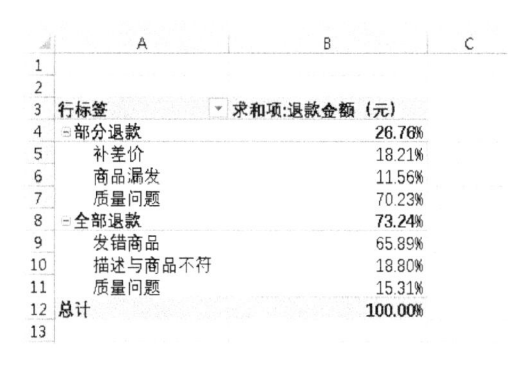

图 6.64 分析查看退款原因

至此，商家可以通过对数据的百分比显示分析，发现在部分退款原因中，质量问题是最主要的原因；而在全部退款中，错误地发送商品是退款的主要原因。那么在调整商铺管理的过程中，卖家可以在把控商品质量上更多地投入检查力度，并在包装发送前期加大核对商品交易客户的地址与联系方式的力度，把握好商品一进一出两个环节，提高商品的销售质量与效益。

6.4 商品影响力分析

商品交易的过程涉及买家和卖家,买家的购买目的明确,往往在购买之前搜索查询感兴趣的商品,以了解目标商品的品质特征、价格区间等信息,而商家则可以通过对市场畅销商品的关键词搜索进行分析,及时了解当前市场上的畅销商品,以便调整商品的进货、上架、下架与退回厂商仓库。

6.4.1 畅销商品关键词统计与分析

商家在进行商品销售标题的设置时,如果能准确了解市场畅销的商品名称或分类,可以进行有针对性地修改、编辑所销售商品的标题,匹配买家在目标商品购买过程中,对商品关键字的输入搜索,最终实现进入买家商品浏览名单,扩大商品被浏览的机会与商品成交率。

在"关键词搜索"工作表中可以获得商品关键词的搜索记录信息,按照以下操作方法进行数据统计与分析。

Step 1:打开"关键词搜索"工作表,选择"插入"选项卡,在"表格"组中单击"数据透视表"按钮,如图 6.65 所示。

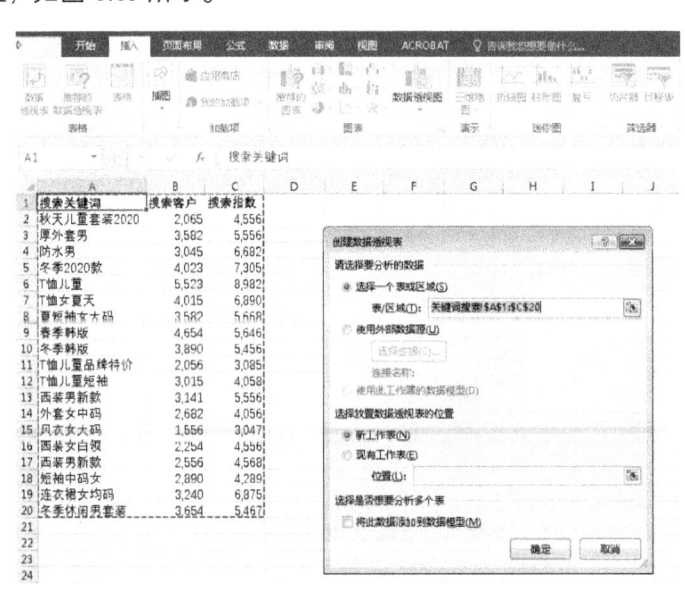

图 6.65 插入数据透视表

Step 2:在弹出的"创建数据透视表"对话框中,选中"现有工作表"单选按钮,然后单击"位置"文本框右侧的"折叠"按钮,如图 6.66 所示。

图 6.66 选择数据透视表位置

Step 3：回到当前工作表，选择 E1 单元格，此时"创建数据透视表"区域显示"关键词搜索!$E$1"，单击右侧的"展开"按钮，如图 6.67 所示。

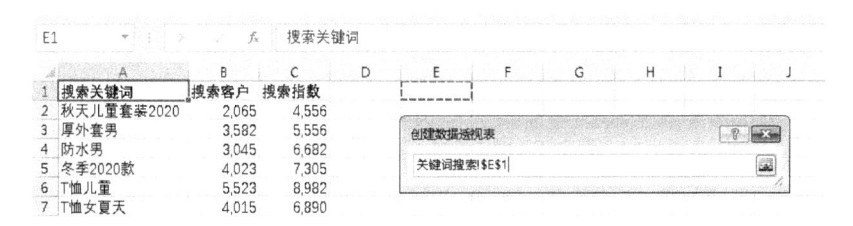

图 6.67 设置数据透视表位置

Step 4：返回"创建数据透视表"对话框，单击"确定"按钮，如图 6.68 所示。

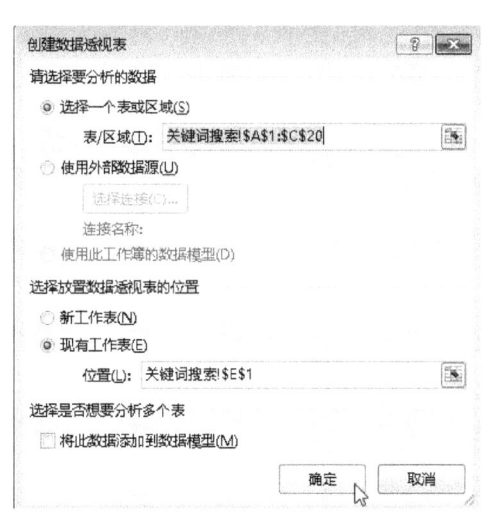

图 6.68 确认数据透视表位置

Step 5：打开"数据透视表字段列表"对话框，单击鼠标左键选中并拖动"搜索关键词"字段和"搜索指数"字段到行和值区域，如图 6.69 所示。

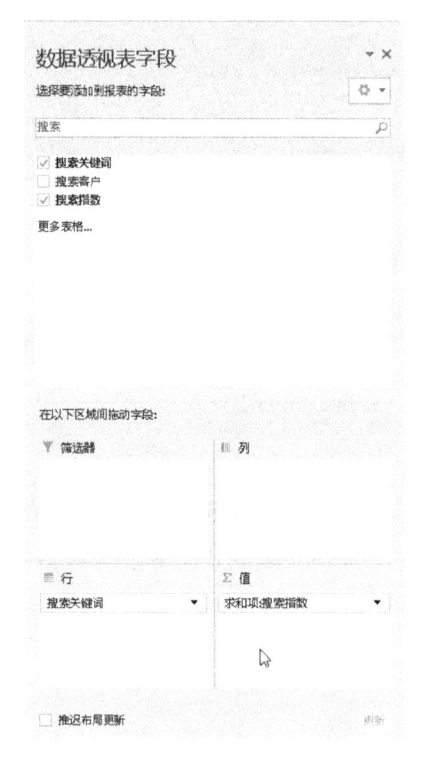

图 6.69 添加数据透视图报表字段

Step 6：选择 E2:E5 单元格区域，选择"分析"选项卡，在"分组"组中选择"组选择"选项，如图 6.70 所示。

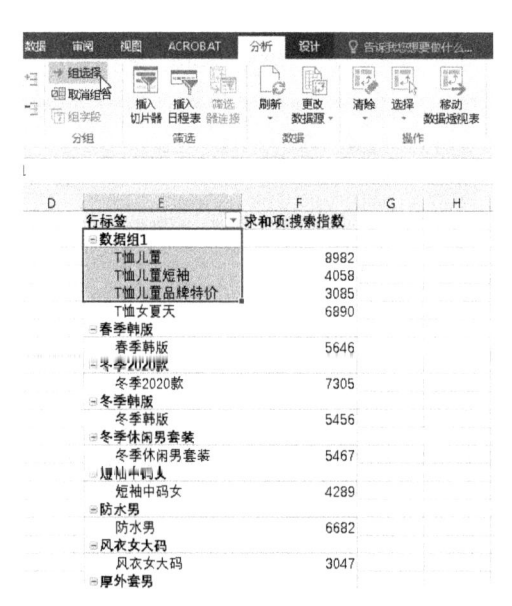

图 6.70 选择报表内容分组

Step 7：分别使用同样的方法，寻找数据记录中相同或相近的关键词进行分组，并更改分组名称为关键词，如图 6.71 所示。

行标签	求和项:搜索指数
⊟关键词1	
T恤儿童	8982
T恤儿童短袖	4058
T恤儿童品牌特价	3085
T恤女夏天	6890
⊟关键词2	
春季韩版	5646
冬季2020款	7305
冬季韩版	5456
冬季休闲男套装	5467
⊟关键词3	
短袖中码女	4289
防水男	6682
风衣女大码	3047
厚外套男	5556
连衣裙女均码	6875
秋天儿童套装2020	4556
外套女中码	4056
夏短袖女大码	5668
⊟关键词4	
西装男新款	10124
西装女白领	4556
总计	102298

图 6.71　更改分组名称为关键词

Step 8：选择数据透视表中的任一单元格，再选择"设计"选项卡，在"数据透视表样式"列表中选择某一样式，如图 6.72 所示。

图 6.72　选择数据透视表样式

Step 9：在"布局"组中单击"分类汇总"下拉按钮，选择"在组的底部显示所有分类汇总"选项，如图 6.73 所示。

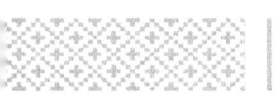

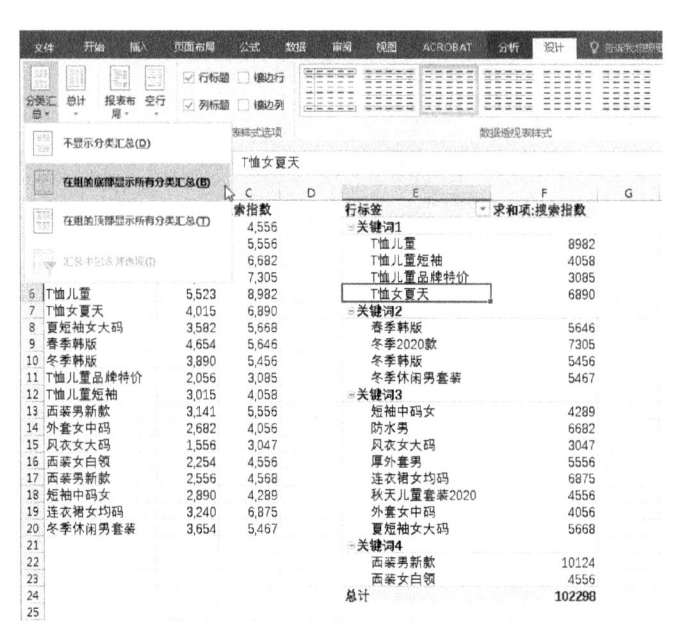

图 6.73 设置分类汇总选项

Step 10：选择 E1 单元格，修改行标签名称为"关键词汇总"并美化数据透视表，如图 6.74 所示。

图 6.74 修改行标签名称为"关键词汇总"并美化数据透视表

Step 11：在"分析"选项卡中选中"计算"组中的"字段、项目和集"下拉按钮，选择"计算字段…"选项，如图 6.75 所示。

Step 12：在弹出的"插入计算字段"对话框中的"名称"文本框输入"同类商品名称比重"，在"字段"列表框中选择"搜索指数"选项，单击"插入字段"按钮，然后单击"确定"按钮，如图 6.76 所示。

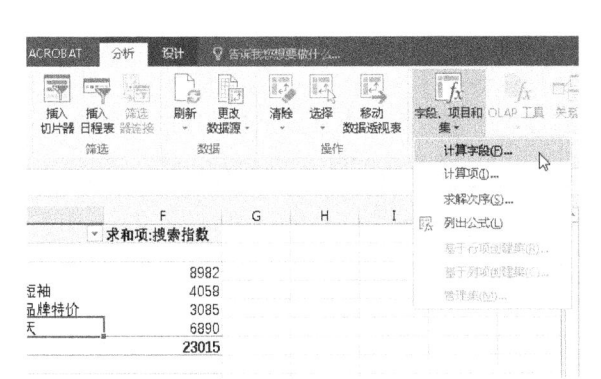

图 6.75　计算字段

图 6.76　插入计算字段

Step 13：在数据透视表中插入"同类商品名称比重"字段，在该字段单击鼠标右键，在弹出菜单中选择"值显示方式"中的"父级汇总的百分比"命令，如图 6.77 所示。

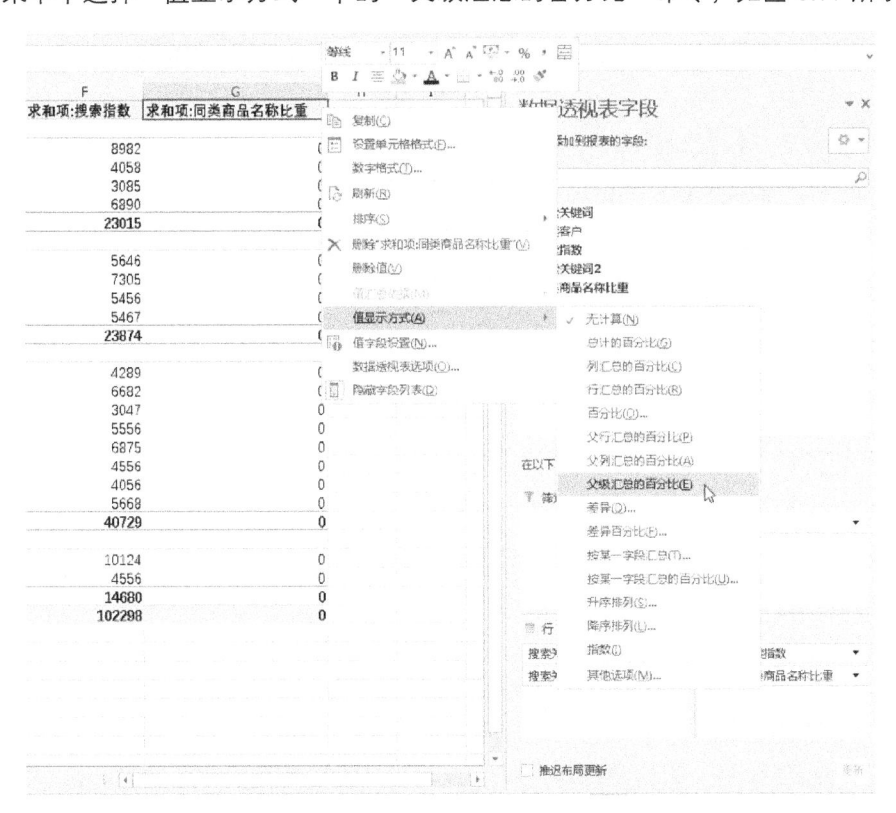

图 6.77　设置父级汇总的百分比显示

Step 14：在弹出的"值显示方式"对话框中，在"基本字段"下拉列表框中选择"搜索关键词"选项，单击"确定"按钮，如图 6.78 所示。

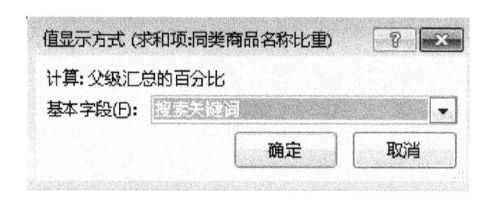

图 6.78 设置基本字段

Step 15：在"搜索指数"字段单击鼠标右键，在弹出菜单中选择"值显示方式"的"总计的百分比"选项，获得搜索指数数据以百分比方式显示，如图 6.79 所示。

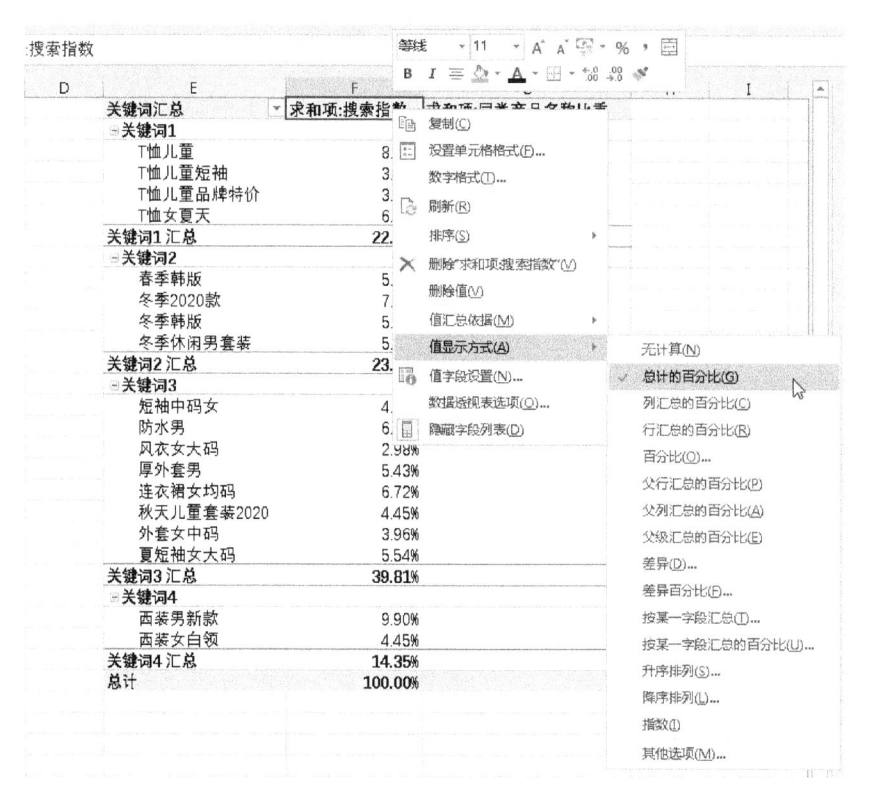

图 6.79 设置搜索指数字段总计的百分比显示

6.4.2 畅销商品定价因素关联性分析

商品价格是商品交易成功的关键点，商家如何对在售商品进行营销、组合销售，基本参考了商品面向市场化的定价。买家在购买商品的过程中通常会货比三家，这一购买原则是商家必须全面考虑的。商家必须依据所售商品市场畅销度、成本补偿、客户接受度等因素来制定商品销售价格，吸引潜在客户。而且，商品价格是市场化运营的结果，对市场的变化敏感度较高，因此，商家需要对商品进行全面分析、合理定价、获取最大化的利润。本小节以分析与商品定价相关的普遍因素，演示如何在 Excel 中对商品定价进行分析，具体操作方法如下。

1. 成交量因素

商品的价格与成交量有非常密切的关系，客观量化分析商品销量与商品价格的内在关联，是做好商品价格调整与销售成功的先决条件。使用"商品定价"工作表，按照以下操作方法进行分析。

Step 1：在"商品定价"工作表中选中 E2 单元格，再选择"公式"选项卡，在"函数库"组中单击"数学和三角函数"下拉按钮，选择 SUMIF 函数，如图 6.80 所示。

图 6.80　选择 SUMIF 函数

Step 2：弹出"函数参数"对话框，将光标定位到 Range 文本框中，在工作表中选择 B2:B31 单元格区域；然后将光标定位到 Criteria 文本框中，输入"<=30"；再将光标定位到 Sum_range 文本框中，在工作表中选择 C2:C31 单元格区域，单击"确定"按钮，如图 6.81 所示。

图 6.81　设置 SUMIF 函数参数

Step 3：选中 G2 单元格，选择"公式"选项卡，在"函数库"组中单击"数学和三角函数"下拉按钮，选择 SUMIFS 函数，如图 6.82 所示。

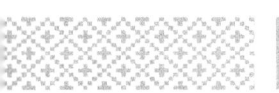

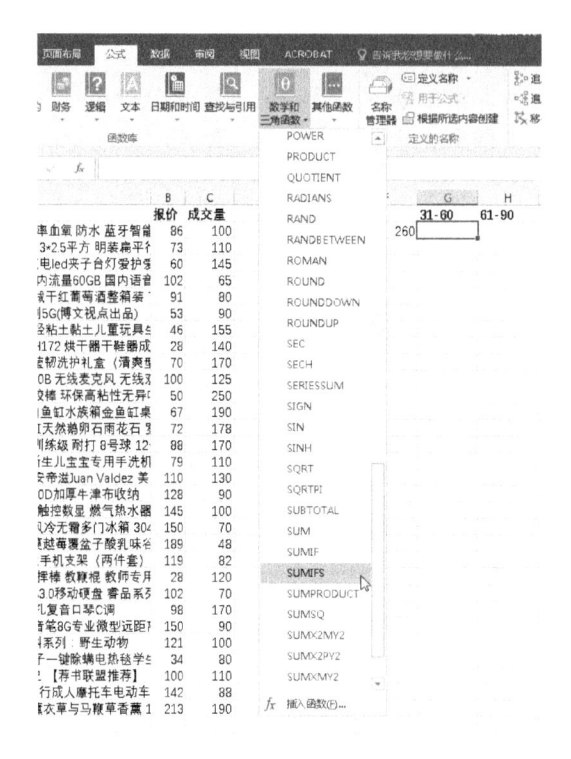

图 6.82 选择 SUMIFS 函数

Step 4：在弹出的"函数参数"对话框中将光标定位到 Sum_range 文本框中，在工作表中选择 C2:C31 单元格区域；然后将光标定位到 Criteria_range1 文本框中，输入"B2:B31"；再将光标定位到 Criteria1 文本框中，输入">=31"；再将光标定位到 Criteria_range2 文本框中，输入 B2:B31；最后将光标定位到 Criteria2 文本框中，输入"<=60"，单击"确定"按钮，如图 6.83 所示。

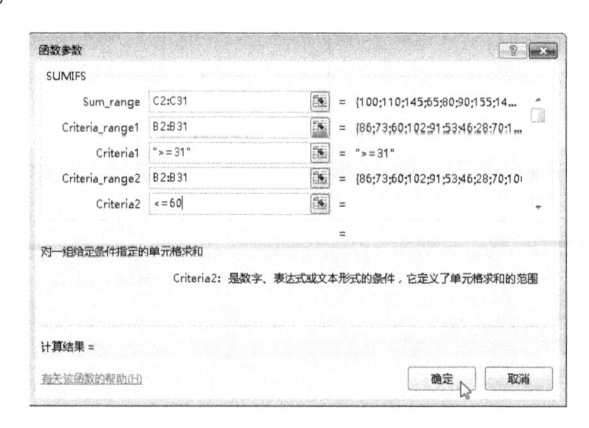

图 6.83 设置 SUMIFS 函数参数

Step 5：选中 G2 单元格，使用填充柄拖动 G2 至 K2 单元格，分别修改 H2 单元格公式为"=SUMIFS(C2:C31,B2:B31,">=61",B2:B31,"<=90")"；I2 单元格公式为"=SUMIFS(C2:C31,B2:B31,">=91",B2:B31,"<=120")"；J2 单元格公式为"=SUMIFS(C2:C31,B2:B31,">=121",B2:B31,"<=150")"；K2 单元格公式为"=SUMIFS(C2:C31,B2:B31,">=151",B2:B31,

"<=180")"；复制 F2 单元格公式至 L2 单元格，并修改公式为"=SUMIF(B2:B31,">=181", C2:C31)"，确认公式修改，如图 6.84 所示。

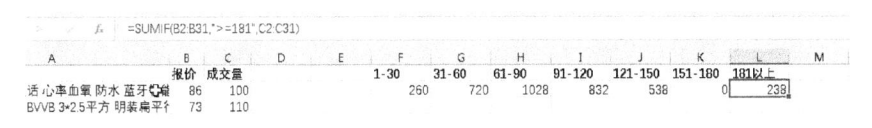

图 6.84　编辑 SUMIFS 和 SUMIF 公式

Step 6：选中 F1:L2 单元格区域，在"插入"选项卡中选择"图表"组，单击"推荐的图表"按钮，在弹出的"插入图表"对话框的"所有图表"选项卡中选择"面积图"选项，单击"确定"按钮，如图 6.85 所示。

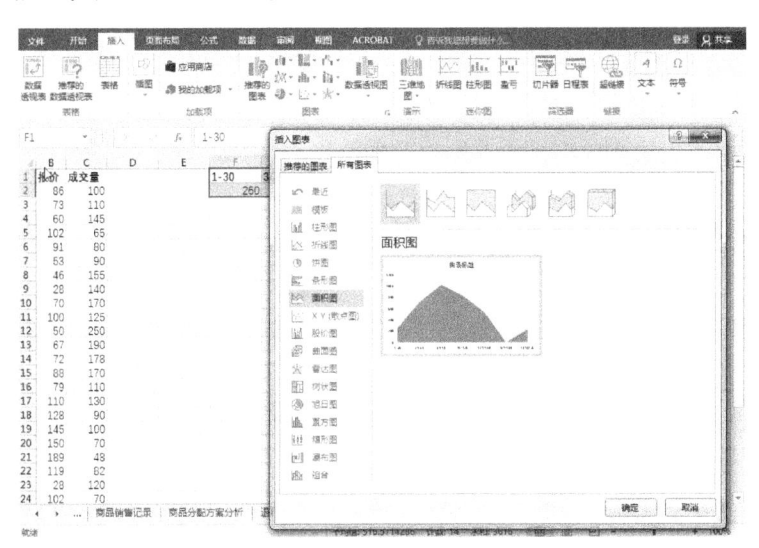

图 6.85　插入面积图图表

Step 7：调整面积图图表大小与位置，删除网格线，添加图表标题，如图 6.86 所示。

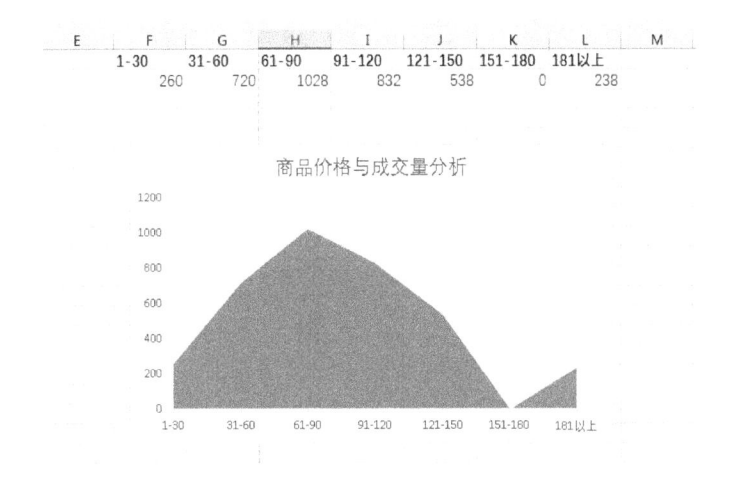

图 6.86　设置面积图图表格式

Step 8：双击面积图表中的数据系列，弹出"设置数据系列格式"窗格，在"填充"选区选中"纯色填充"单选按钮，在"颜色"下拉列表中选择需要的颜色，并设置透明度为50%，如图6.87所示。

Step 9：在"设置数据系列格式"窗格的"三维格式"选项中，设置"顶端棱台"参数，即"高度"为3磅，"宽度"为2.5磅，其他的参数设置默认，如图6.88所示。

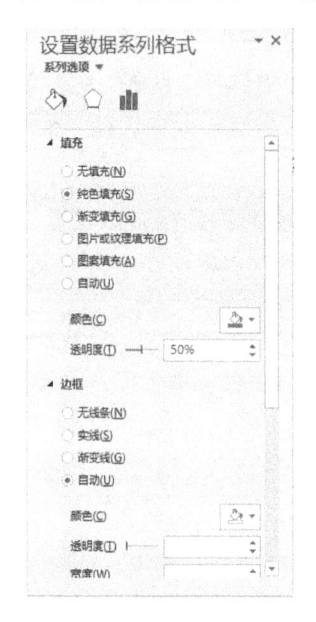

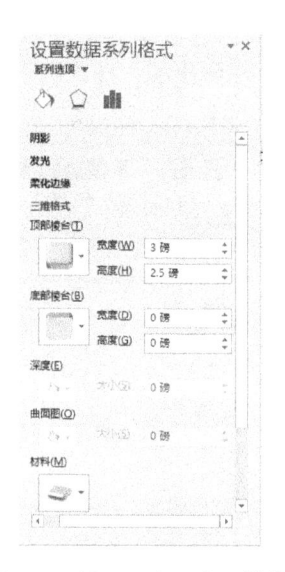

图6.87 设置面积图表填充颜色　　　　图6.88 设置面积图表三维格式

Step 10：选中图表数据序列单击鼠标右键，选择"添加数据标签"中的"添加数据标签"选项，如图6.89所示。

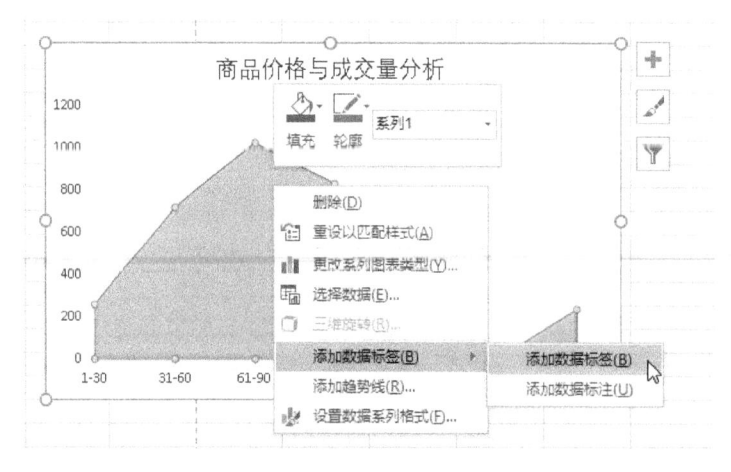

图6.89 添加图表数据标签

Step 11：此时，商品价格区间与成交量数据标签显示在面积图表上，如图6.90所示。

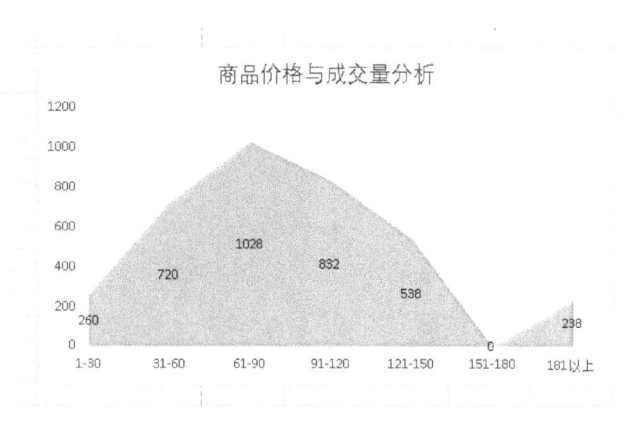

图 6.90 显示商品价格区间与成交量数据

Step 12：选中 B2 单元格，在"数据"选项卡的"排序和筛选"组中单击 ↑↓（"升序"）按钮，如图 6.91 所示。

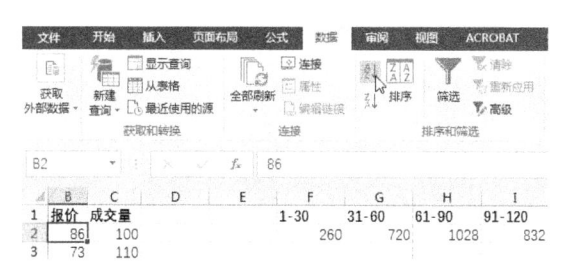

图 6.91 升序排序商品报价

Step 13：选择 B1:C31 单元格区域，再选择"插入"选项卡，在"图表"组中单击"推荐的图表"下拉按钮，选择"其他图表类型"，打开"插入图表"对话框，插入"面积图表"，单击"确定"按钮，如图 6.92 所示。

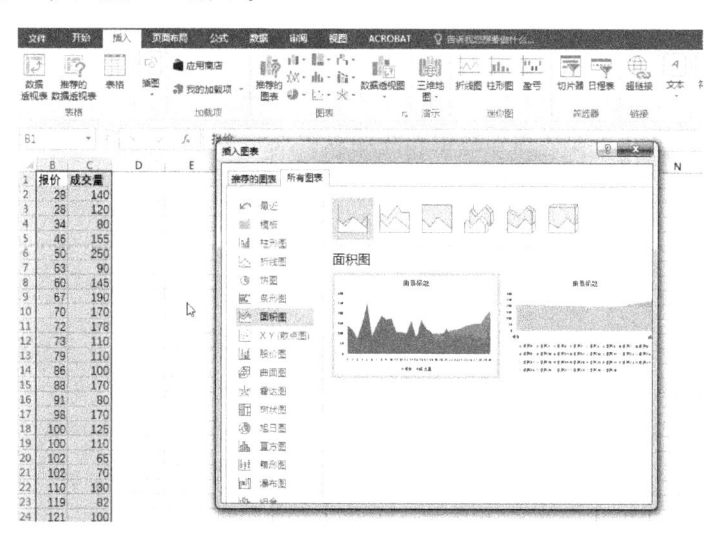

图 6.92 插入面积图表

Step 14：调整插入的面积图表的大小和位置，删除图表网格线，修改图表标题为"价格区间分析"。在图表上单击鼠标右键,在弹出菜单中选择"选择数据"选项,如图 6.93 所示。

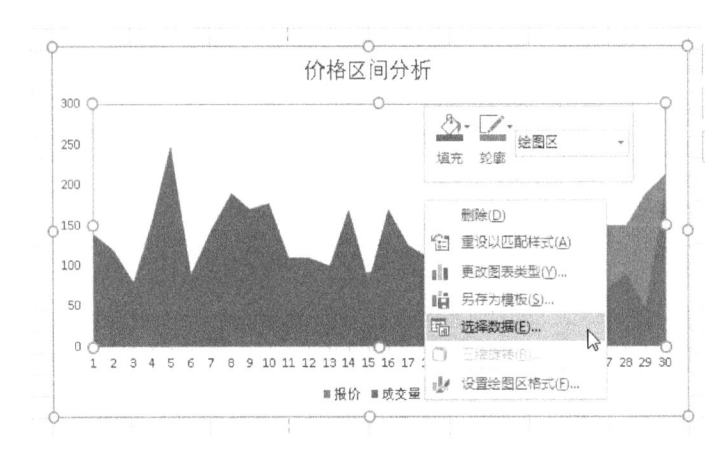

图 6.93 选择数据

Step 15:此时,弹出"选择数据源"对话框,在"水平(分类)轴标签"选项区域中单击"编辑"按钮,如图 6.94 所示。

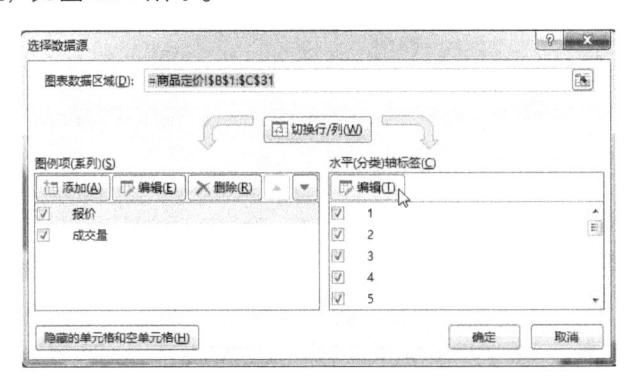

图 6.94 编辑水平轴标签

Step 16:在弹出的"轴标签"对话框中将光标定位到"轴标签区域"文本框中,在工作表中选择 B2:B8 单元格区域,单击"确定"按钮,如图 6.95 所示。

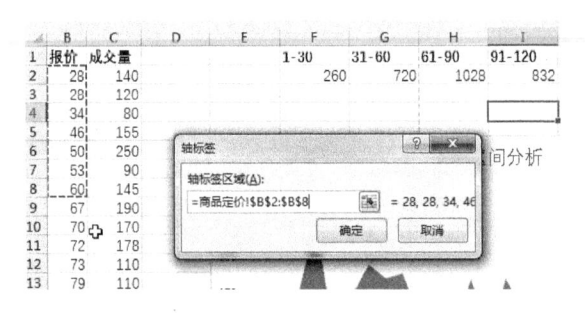

图 6.95 设置轴标签区域

Step 17:在"选择数据源"对话框的"图例项(系列)"列表中选择"报价"选项,单击"删除"按钮,再单击"确定"按钮,如图 6.96 所示。

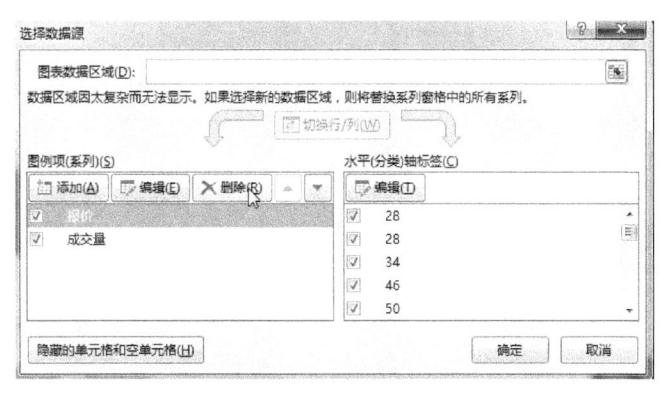

图 6.96　删除报价图例项

Step 18：根据商品报价区间为 1~60 的面积图显示，在报价 50 元时销量最高，如图 6.97 所示。

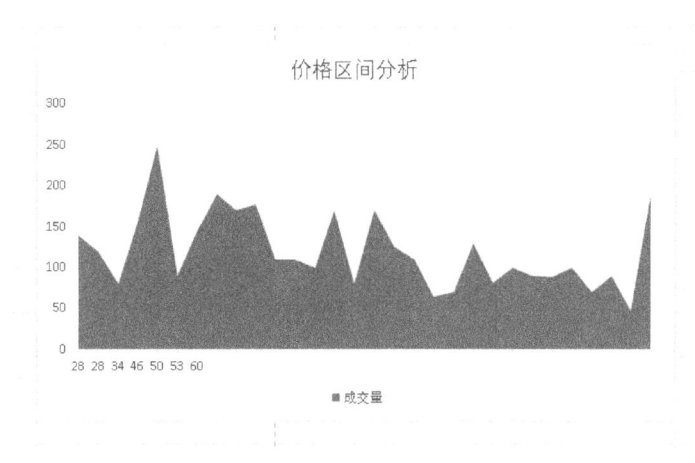

图 6.97　报价区间为 1~60 的面积图

Step 19：使用相同的方法，为其他报价区域创建面积图，如图 6.98、图 6.99、图 6.100 所示。

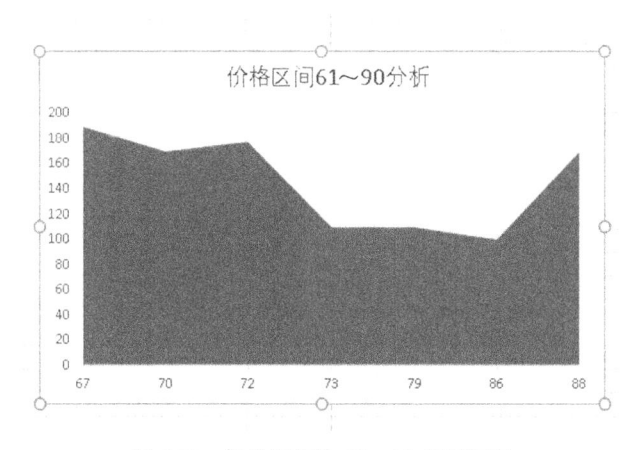

图 6.98　报价区间为 61~90 的面积图

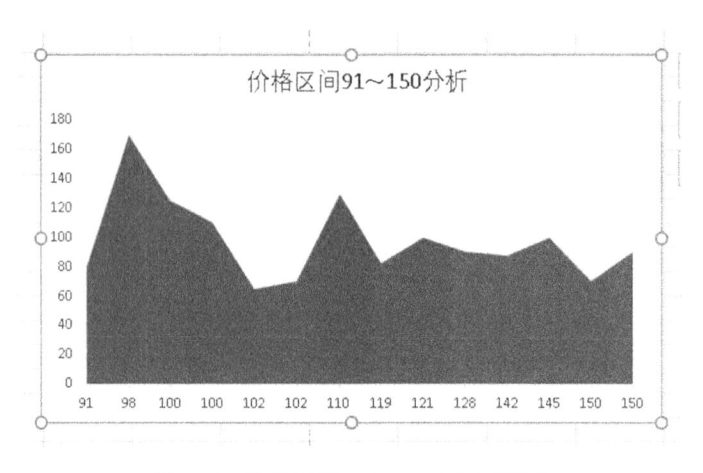

图 6.99　报价区间为 91～150 的面积图

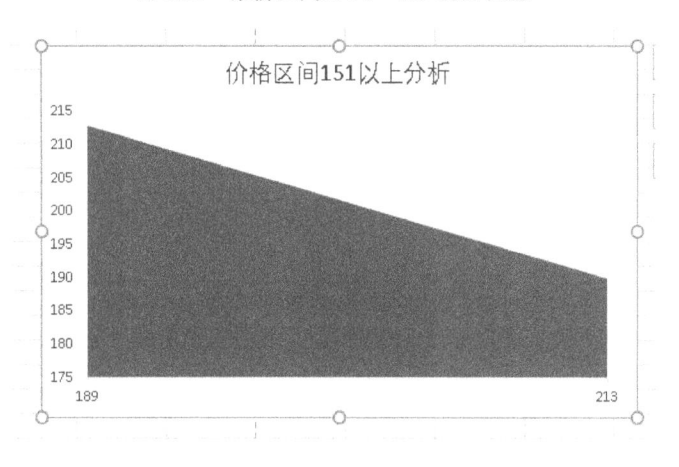

图 6.100　报价为 151 以上区间的面积图

2. 销售额因素

商品的价格与销售额也存在非常密切的关系，通过销售额的变化分析，可以使商家更直观地了解商品销售的状况与未来交易发展趋势。使用"商品销售额"工作表数据，可以按照以下方法进行分析。

Step 1：打开"商品销售额"工作表，选中 D2 单元格，在编辑栏中输入公式"=B2*C2"，单击 ✓ （"输入"）按钮，计算销售总额，如图 6.101 所示。

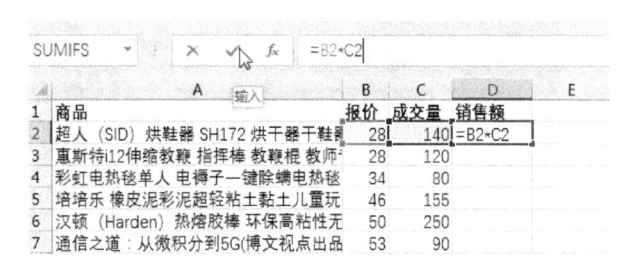

图 6.101　计算销售总额

Step 2：选中 D2 单元格，使用填充柄，按鼠标左键将其拖动至 D31 单元格，然后选中 D2:D31 单元格区域单击鼠标右键，在弹出菜单中选择"复制"命令，再单击鼠标右键，在弹出菜单中选择"粘贴选项"里的"值"选项。此时，粘贴之后的 D2:D31 单元格区域为数值内容，如图 6.102 所示。

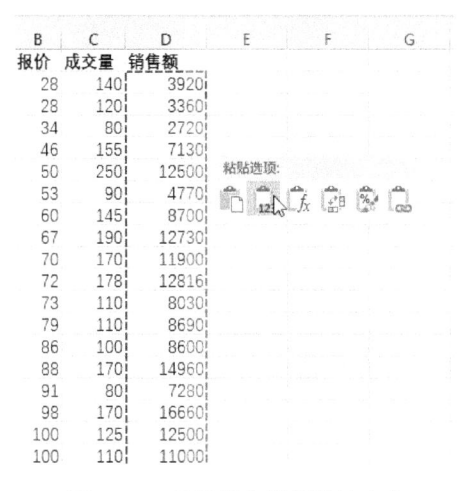

图 6.102 粘贴销售总额数值内容

Step 3：按住 Ctrl 键，同时选择 B1:B31 和 D1:D31 单元格区域，按住 Ctrl+C 组合键复制数据，然后选中 F1 单元格单击鼠标右键，在弹出菜单中选择"选择性粘贴"的"转置"选项，如图 6.103 所示。

图 6.103 选择性粘贴转置数据

Step 4：选中 F1:AJ2 单元格区域，选择"插入"选项卡，在"图表"组中单击"折线图"下拉按钮，选择"带数据标记的折线图"选项，如图 6.104 所示。

Step 5：调整插入的图表位置和大小，删除网格线，修改图表标题。在图表中选中"报价"数据系列单击鼠标右键，在弹出菜单中选择"设置数据系列格式..."选项，如图 6.105 所示。

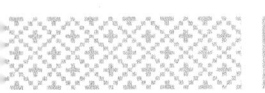

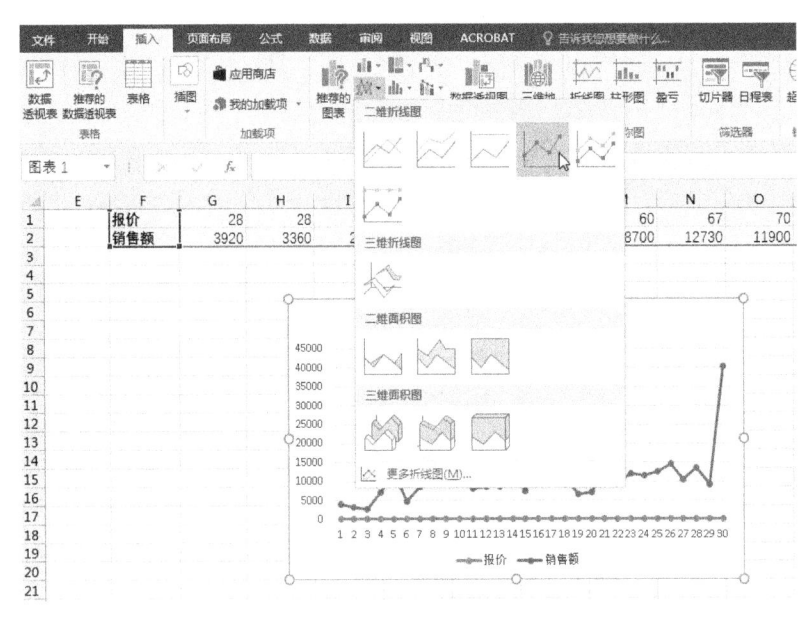

图 6.104 插入折线图

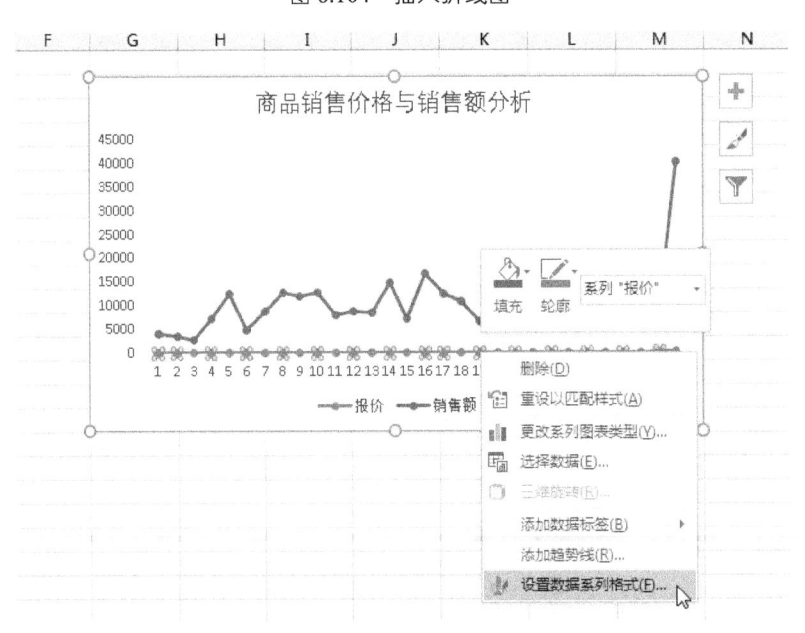

图 6.105 设置"报价"数据系列格式

Step 6：在弹出的"设置数据系列格式"窗格中选中"次坐标轴"单选按钮，然后关闭对话框，如图 6.106 所示。

第 6 章 市场数据分析

图 6.106 选中"次坐标轴"

Step 7：在"设计"选项卡中单击"图表布局"中的"添加图表元素"下拉按钮，选择"轴标题"的"主要纵坐标轴"选项，修改标题文字，如图 6.107 所示。

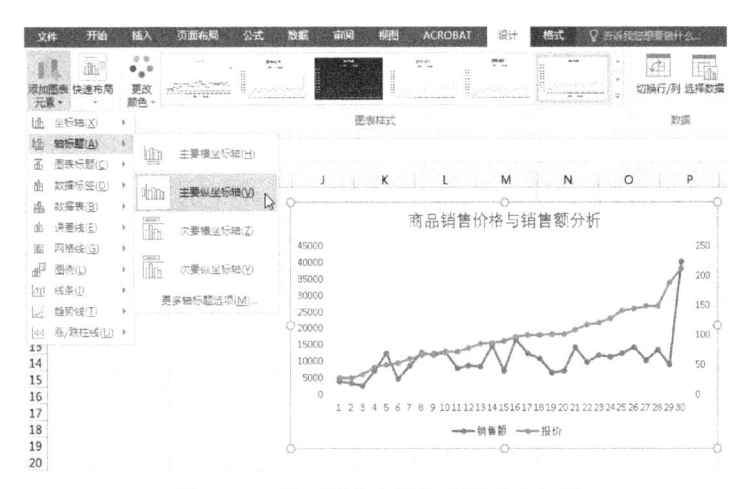

图 6.107 设置图表布局与主要纵坐标轴

Step 8：选择"轴标题"的"次要纵坐标轴"选项，修改标题文字，如图 6.108 所示。

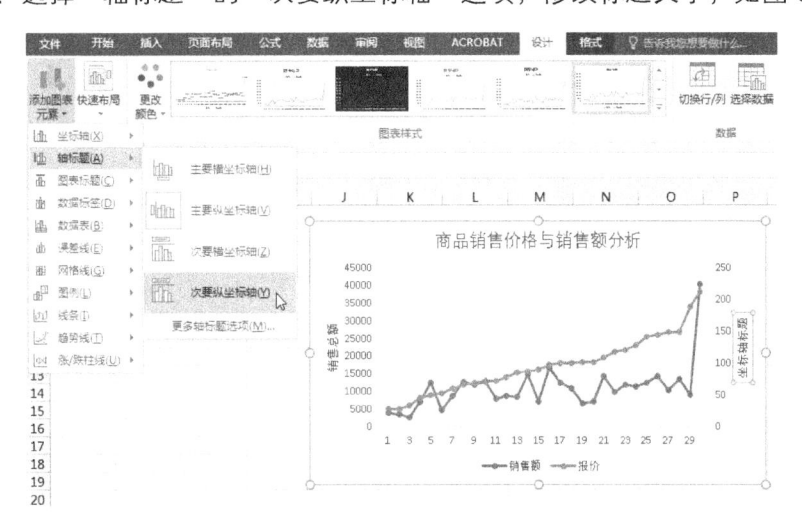

图 6.108 设置次要纵坐标轴

Step 9：此时已完成图表制作，从图表可得知，商品的销售价格和销售总额没有绝对关系。特别地，商品定价高，销售总额不一定高，而商品定价低，销售总额也可以较高，如图 6.109 所示。

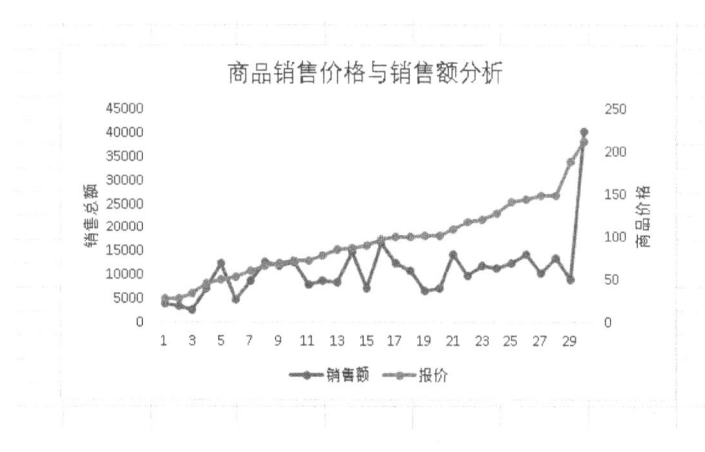

图 6.109　商品定价与销售总额关联分析图表

3. 利润与成本因素

商家在制定商品价格时必须考虑成本补偿和销售之后获得的合理利润。通过平衡利润与成本补偿两个因素，在商品价格的定价过程中，往往能起到客观有效的销售策略指导作用。使用工作表"商品利润与成本"的数据，要按照以下方法进行分析。

Step 1：打开"商品利润与成本"工作表，选中 A1:C31 单元格区域，选择"插入"选项卡，在"图表"组中单击"柱形图"下拉按钮，选择"百分比堆积柱形图"选项，如图 6.110 所示。

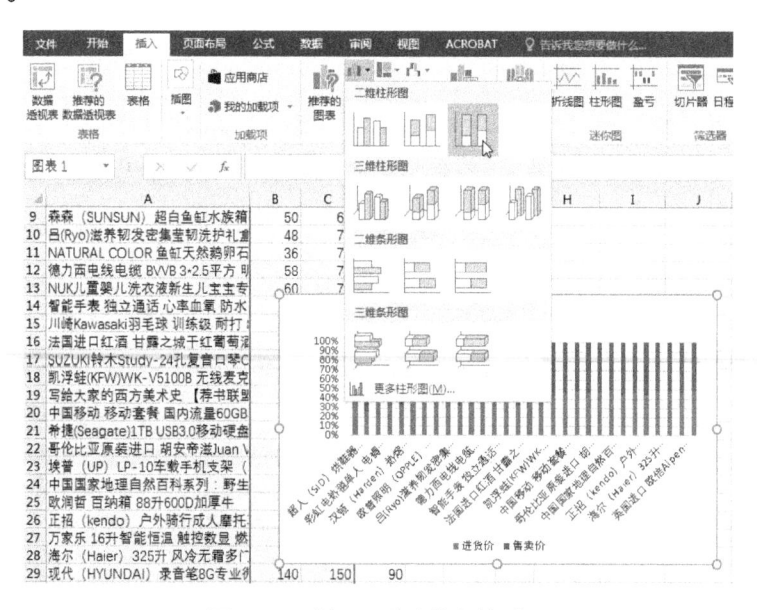

图 6.110　插入百分比堆积柱形图

Step 2：调整图表的大小和位置，删除网格线，添加图表标题。在工作表中选择 E2 单元格，在编辑栏输入公式"=B2*D2"，按回车键确认，计算成本，然后使用鼠标左键选中

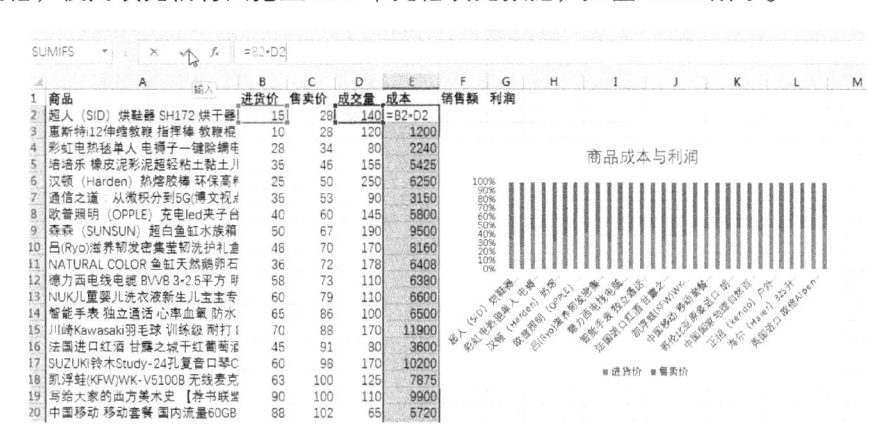

E2 单元格，使用填充柄将其拖至 E31 单元格填充数据，如图 6.111 所示。

图 6.111　设置图表格式并计算成本

Step 3：在工作表中选择 F2 单元格，在编辑栏输入公式 "=C2*D2"，按回车键确认，计算销售额，然后使用鼠标左键选中 F2 单元格，使用填充柄将其拖至 F31 单元格填充数据，如图 6.112 所示。

图 6.112　计算销售额

Step 4：在工作表中选择 G2 单元格，在编辑栏输入公式 "=F2-E2"，按回车键确认，计算利润，然后使用鼠标左键选中 G2 单元格，使用填充柄将其拖至 G31 单元格，填充数据，如图 6.113 所示。

图 6.113　计算利润

Step 5：按住 Ctrl 键，在工作表中选择 A1:A31、E1:E31、G1:G31 单元格区域，选择"插入"选项卡，在"图表"组中单击"柱形图"下拉按钮，选择"百分比堆积柱形图"选项，如图 6.114 所示。

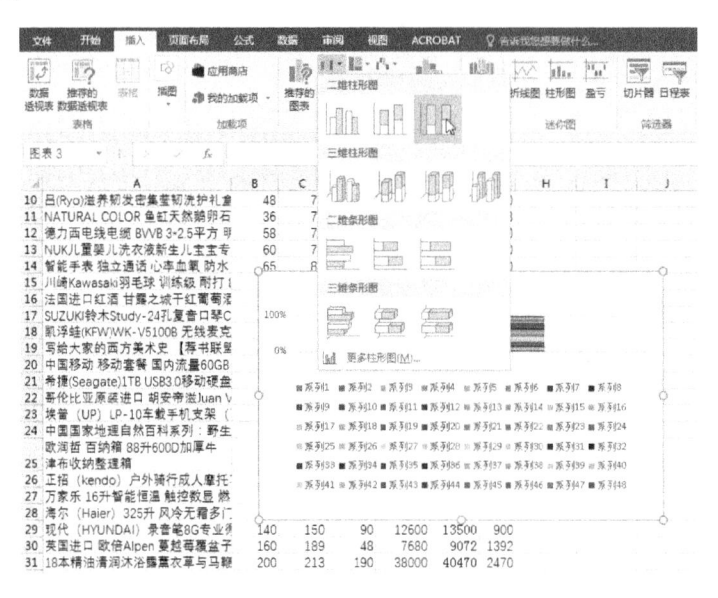

图 6.114　插入百分比堆积柱形图

Step 6：调整图表的位置和大小，添加图表标题，在工作表中选择 D1:D31 单元格区域，按 Ctrl+C 组合键复制数据。选中图表，单击"粘贴"按钮，添加"成交量"系列，如图 6.115 所示。

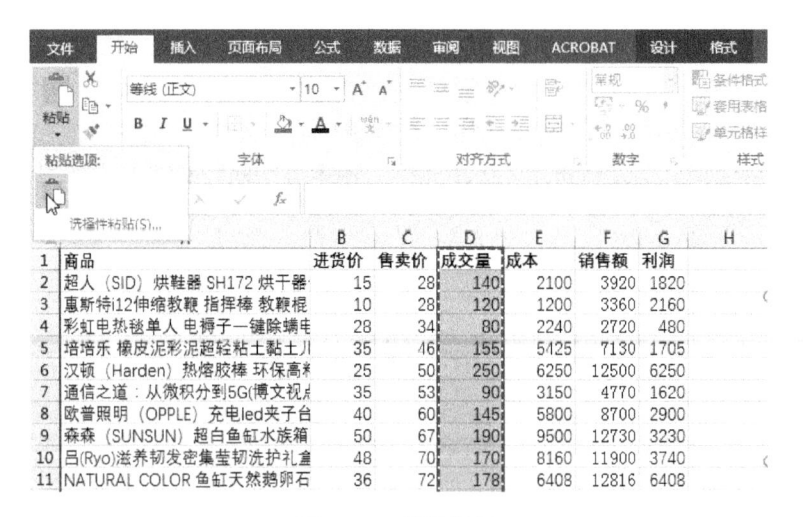

图 6.105　粘贴数据

Step 7：在图表中选中"成交量"数据系列单击鼠标右键，在弹出菜单中选择"更改系列图表类型…"选项，如图 6.116 所示。

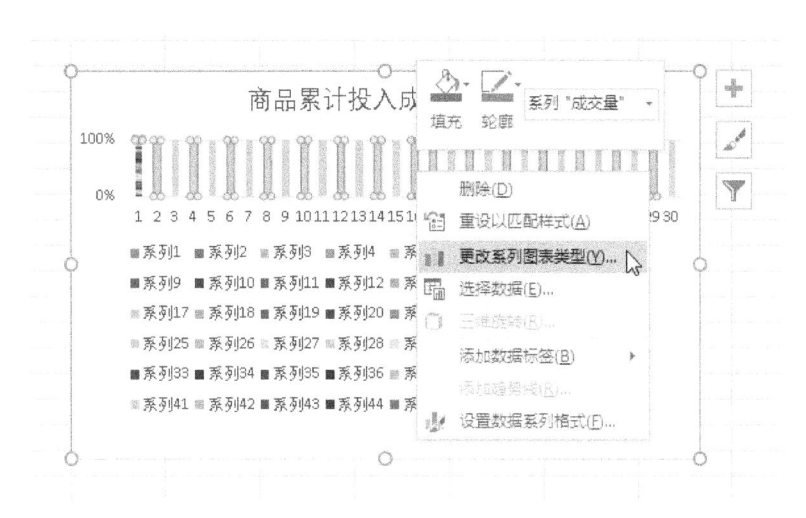

图 6.116 设置更改系列图表类型

Step 8：在弹出的"更改图表类型"对话框中，在左侧选择"面积图"选项，在右侧选择图表类型，单击"确定"按钮，并在图表中双击"成交量"数据系列，单击鼠标右键，在弹出菜单中选择"设置数据系列格式..."选项，选中"次坐标轴"单选按钮，关闭对话框，可以得到商品的成本与利润比例面积图，如图 6.117 所示。

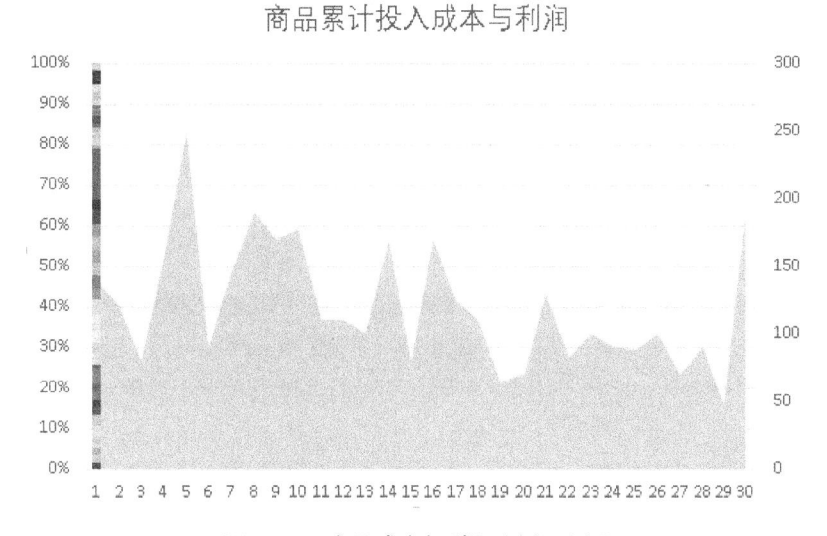

图 6.117 商品成本与利润比例面积图

6.5 流量贡献度统计与分析

线上商城的商家需要对在售商品进行推广，推广的方式有两种：付费和免费。付费方式是商家通过投入一定的资金购买所得的店铺访问流量，即付费流量；其他通过社交平台等散发性访问店铺的流量，可以归类为免费流量。商家需要对投入资金所获得的付费流量和商品销售获得的利润之间进行比较分析，客观了解付费投入是否与收获利润成正比，判断是否能继续投入购买付费流量。

6.5.1 付费流量

使用"商品投放方案"工作表中的数据，可以了解商品访问的流量分类与成交量记录，分析付费流量是否与成交量成正比，操作方法如下。

Step 1：打开"商品投放方案"工作表，选中 B2:C5 单元格区域，选择"插入"选项卡，在"图表"组中单击"饼图"下拉按钮，选择"复合饼图"选项，如图 6.118 所示。

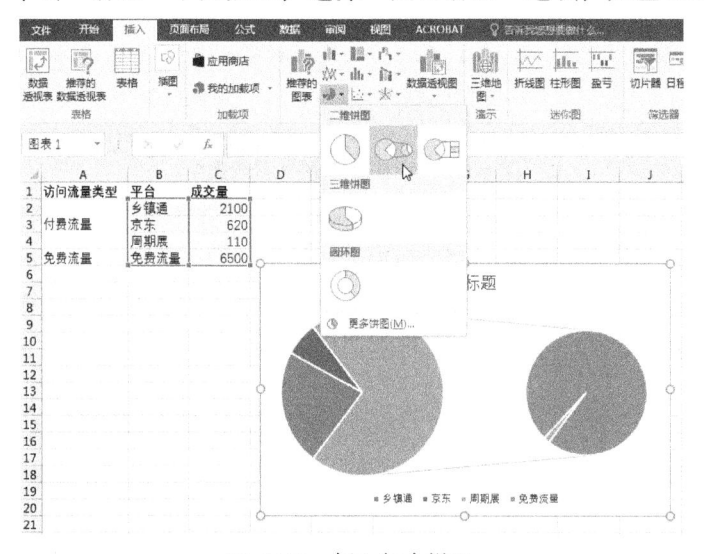

图 6.118　插入复合饼图

Step 2：调整图表的大小和位置，选择"设计"选项卡，在"快速布局"下拉按钮中选择"布局 6"样式，如图 6.119 所示。

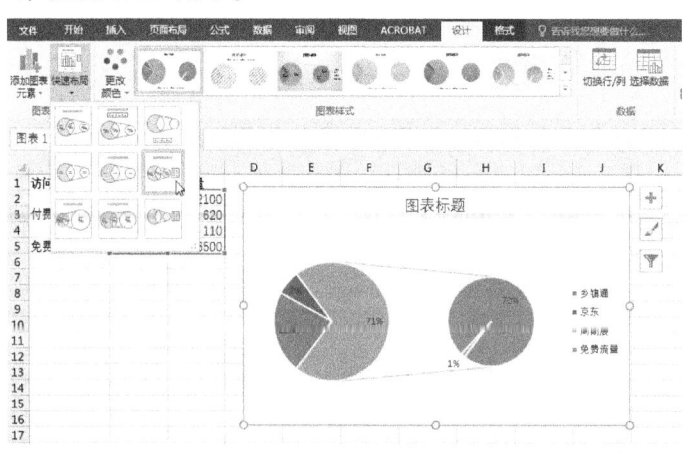

图 6.119　选择饼图布局样式

Step 3：选中饼图扇区单击鼠标右键，在弹出菜单中选择"设置数据系列格式…"选项，在弹出的"设置数据系列格式"窗格中的"系列分割依据"下拉列表框中选择"百分比值"

选项，设置"值小于"为 25%，如图 6.120 所示。

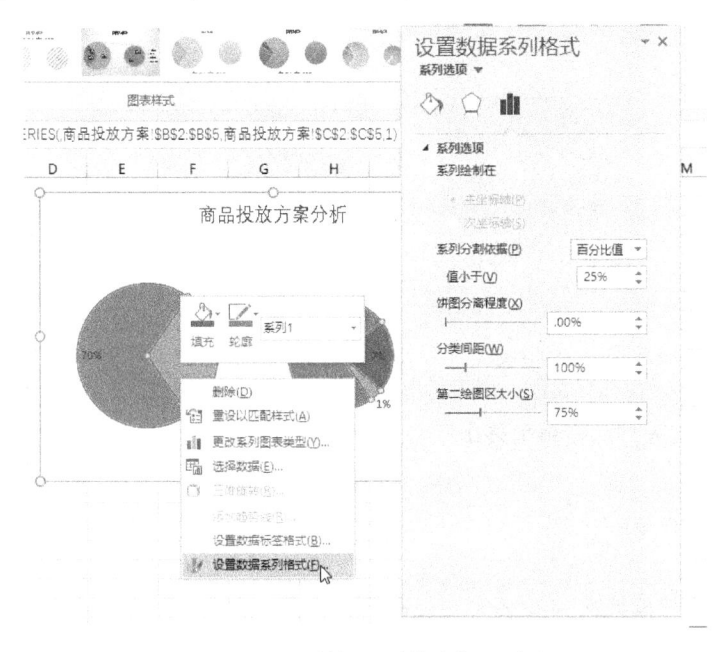

图 6.120　设置数据系列格式与系列选项

Step 4：此时，不关闭"设置数据系列格式"窗格，回到图表中选中数据标签，在窗格的"标签包括"选项区中选中"类别名称"复选框，在"分隔符"下拉列表框中选择"(分行符)"选项，关闭对话框，如图 6.121 所示。

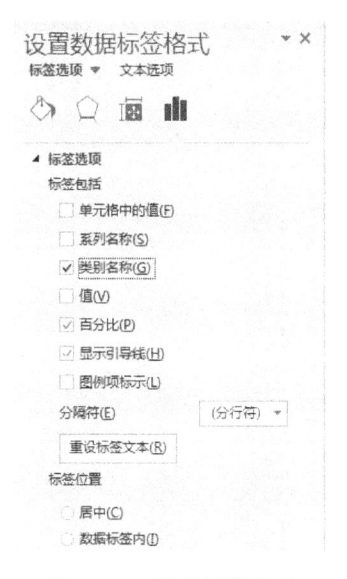

图 6.121　设置标签选项

Step 5：调整图表中的数据标签位置，将数据标签名称"其他 30%"修改为"付费流量 30%"，如图 6.122 所示。

商品投放方案分析

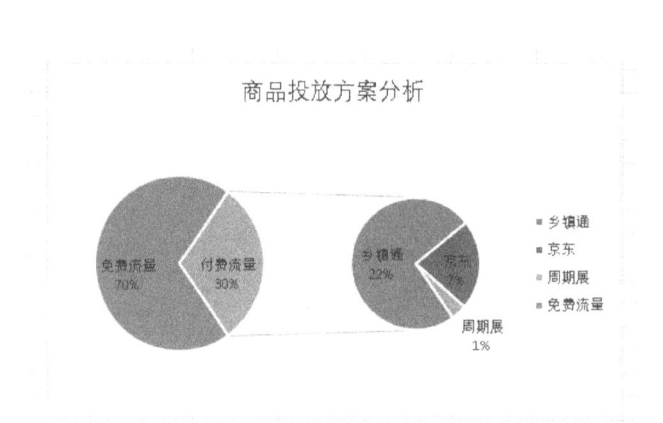

图 6.122　更改数据标签和图表显示最终效果

此时，商家可以发现在付费流量中，来自乡镇通的成交量最大，可以加大商品推广投放。

6.5.2　免费流量

店铺线上购买商品的客户有很大一部分来自各网络平台入口，例如社交媒体的商品推荐，此类免费流量来源的客户，也是商家值得分析的对象。打开工作表"商品销售免费流量渠道"，可以分析免费流量成交量情况，操作方法如下。

Step 1：打开"商品销售免费流量渠道"工作表，选中 A40:C5 单元格区域单击鼠标右键，在弹出菜单中选择"插入…"命令，如图 6.123 所示。

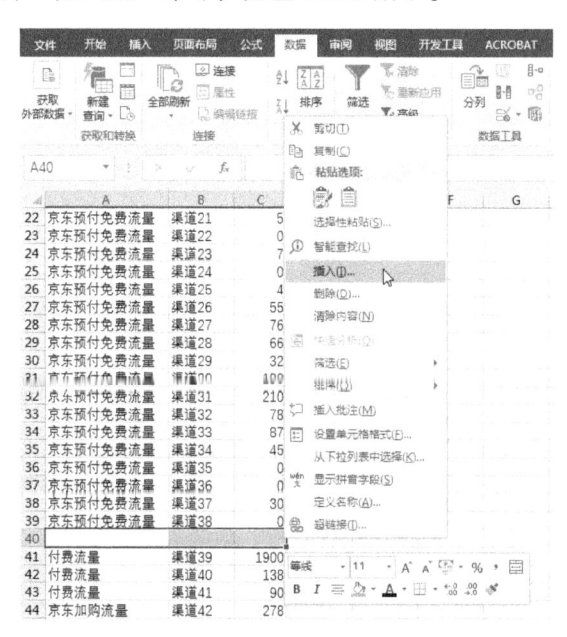

图 6.123　插入单元格

Step 2：在弹出的"插入"对话框中选择"活动单元格下移"单选按钮，单击"确定"按钮，如图 6.124 所示。

图 6.124　插入单元格并设置插入选项

Step 3：选择 A2 单元格，再选择"数据"选项卡，在"排序和筛选"组中单击"筛选"按钮，如图 6.125 所示。

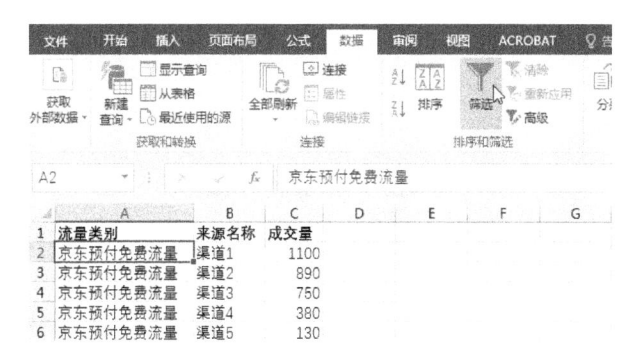

图 6.125　筛选数据

Step 4：单击"成交量"筛选按钮，选择"数字筛选"中的"前 10 项…"命令，如图 6.126 所示。

图 6.126　设置数字筛选

Step 5：此时，弹出"自动筛选前 10 个"对话框，设置显示"最大 15 项"。选择 B2:C35

177

单元格区域，再选择"插入"选项卡，在"图表"组中单击"饼图"下拉按钮，选择"复合条饼图"选项，如图 6.127 所示。

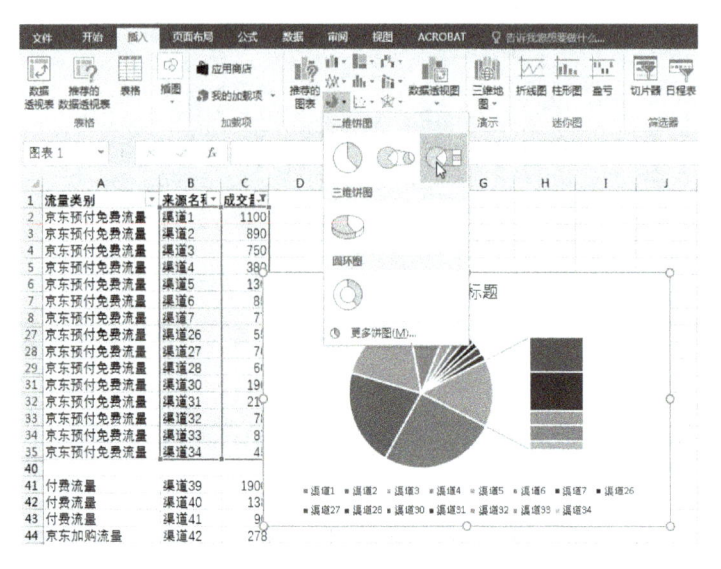

图 6.127　插入复合条饼图

Step 6：调整图表的大小和位置，添加图表标题，设置在底部显示图例。选中图表单击鼠标右键，在弹出菜单中选择"添加数据标签"中的"添加数据标签"选项，如图 6.128 所示。

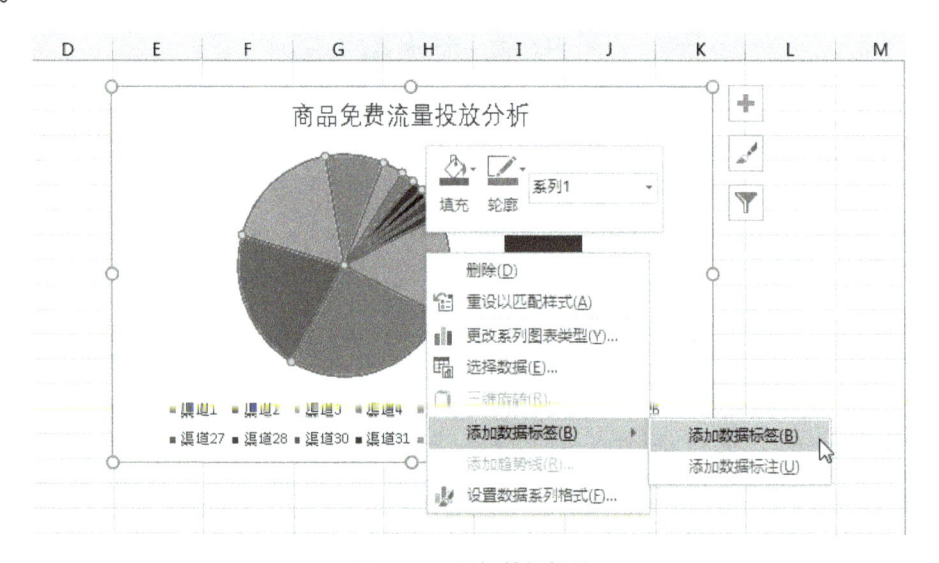

图 6.128　添加数据标签

Step 7：双击图表上的数据标签，在弹出的"设置数据标签格式"窗格中，在"标签包括"选区勾选"百分比"和"显示引导线"复选框，在"标签位置"选区选中"最佳匹配"单选按钮，如图 6.129 所示。

Step 8：双击图表上的数据序列，在弹出的"设置数据系列格式"窗格中的"系列分割依据"下拉列表中选择"百分比值"选项,设置"值小于"为3%,关闭对话框,如图6.130所示。

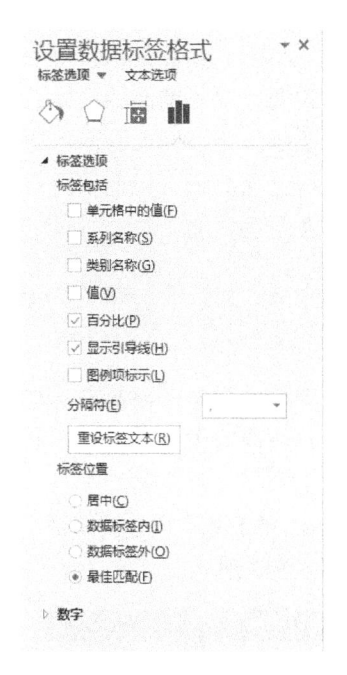

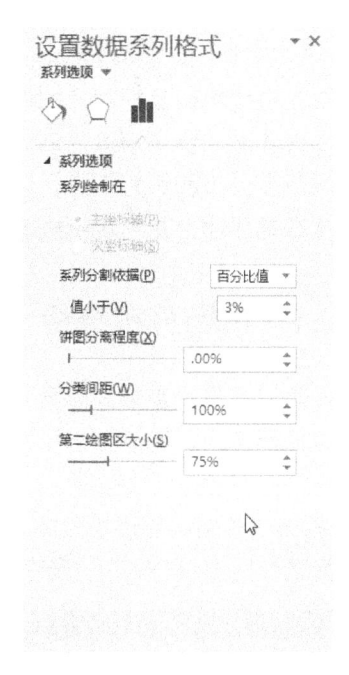

图 6.129　设置标签选项　　　　　图 6.130　设置系列选项

Step 9:此时,可以获得商品免费流量投放分析图。商家可以在此图中发现,来自免费流量的商品成交量占比最多的有 3 个渠道,可以对这些渠道进行市场营销挖掘与投放,如图 6.131 所示。

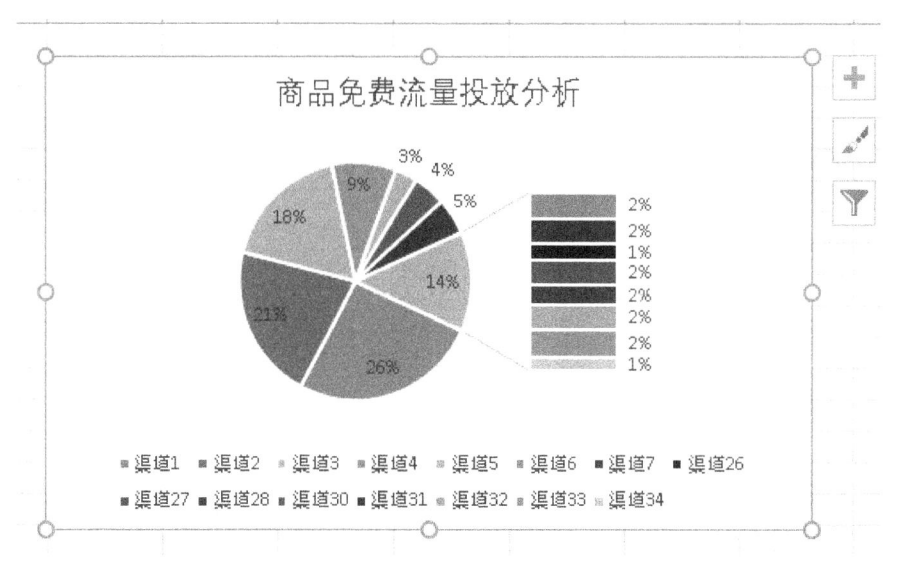

图 6.131　完成商品免费流量投放分析图表制作

6.6 市场预测

在商品推广过程中，目标客户的刻画与分类十分重要，这对商品的成本控制、利润最大化、店铺口碑和进一步销售策略制定都具有十分重要的作用。因此，商家需要对销售商品的潜在市场商品分布和销售渠道，以及行业竞争进行全面分析，以此获得市场对相关商品容量的整体准确估计，并判断所执行的销售策略是否合适。

6.6.1 市场分布分析

使用工作表"商品销售市场分类"数据，可以直观地看到电子商品市场中的鼠标销售有不同的高中低端市场，可以分析鼠标商品成交情况，获得对市场的分布判断，具体操作方法如下。

Step 1：打开"商品销售市场分类"工作表，选中 B1 单元格，再选择"数据"选项卡，在"排序和筛选"组中单击 ↓（"升序"）按钮，如图 6.132 所示。

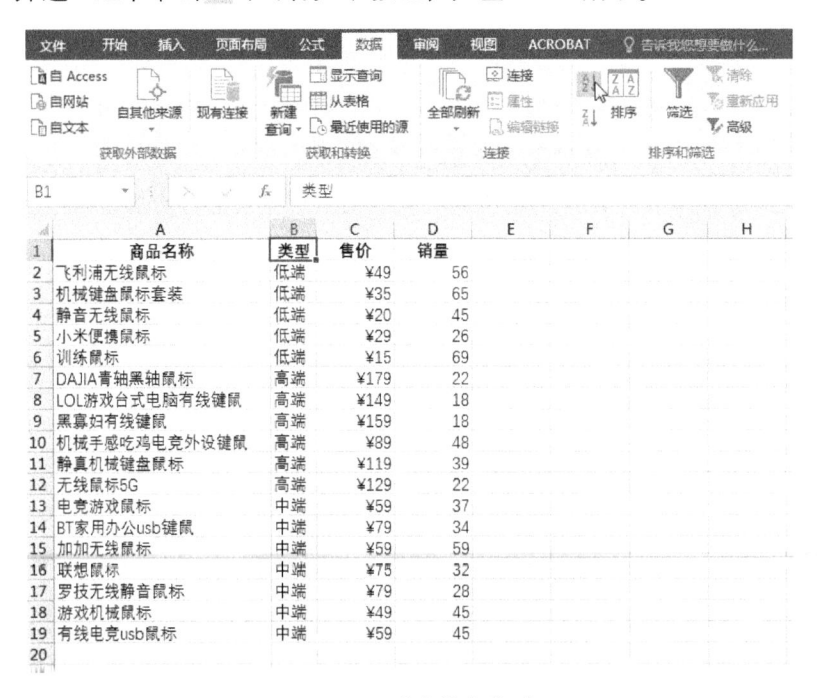

图 6.132 升序排序类型

Step 2：选择 B1:D19 单元格区域，再选择"插入"选项卡，在"图表"组中单击"插入折线图或者面积图"下拉按钮，选择"带标记的折线图"选项，如图 6.133 所示。

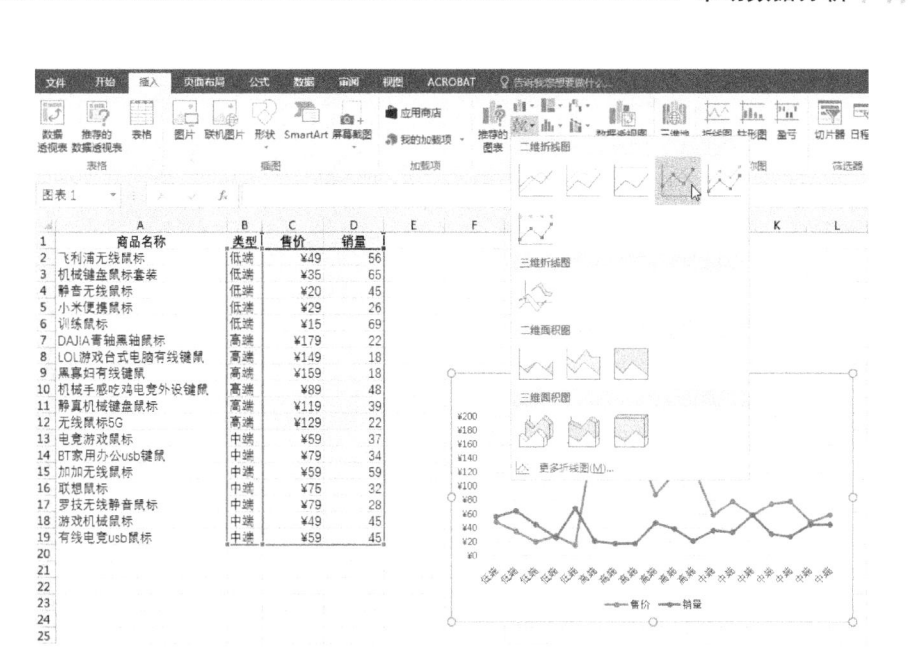

图 6.133　插入带标记的折线图

Step 3：调整图表的大小和位置，删除网格线，修改图表标题为"商品销售分布统计与分析"。鼠标右键单击"销量"数据系列，在弹出菜单中单击"添加数据标签"中的"添加数据标签"选项，如图 6.134 所示。

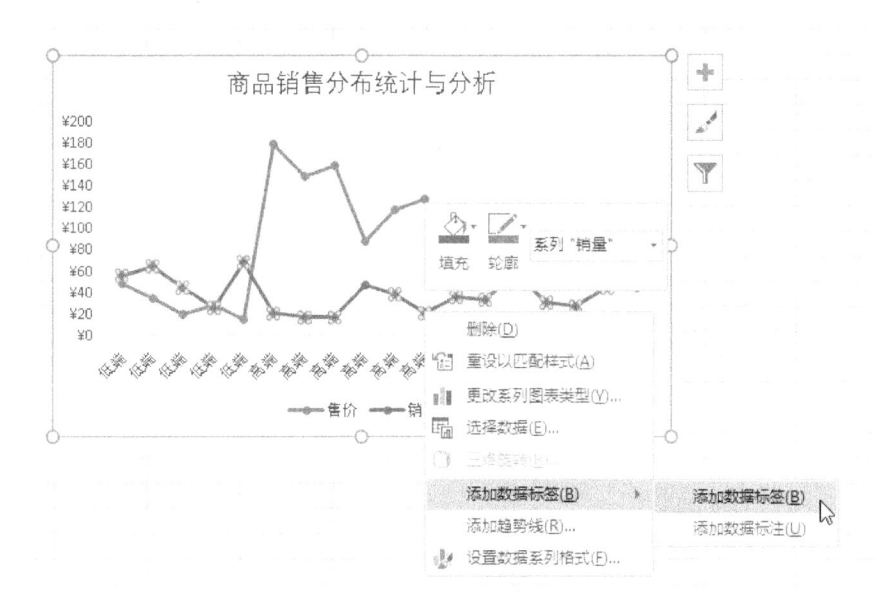

图 6.134　添加销量数据标签

Step 4：使用同样的方法，鼠标右键单击"售价"数据系列，在弹出菜单中单击"添加数据标签"中的"添加数据标签"选项，如图 6.135 所示。

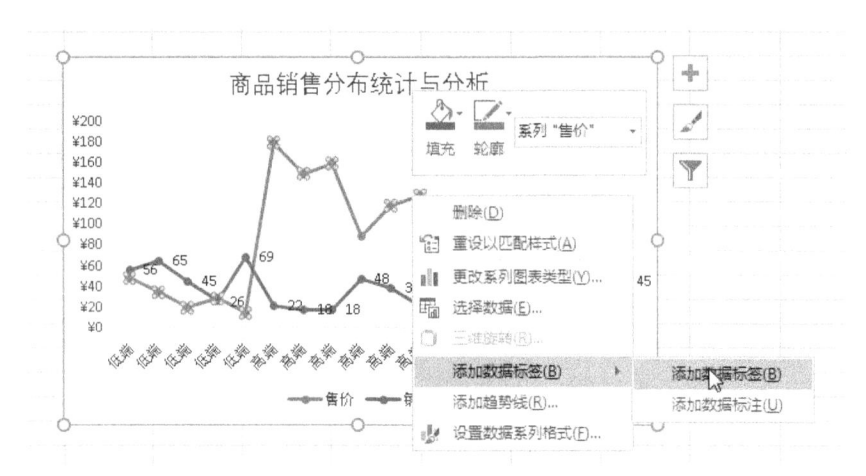

图 6.135　添加售价数据标签

Step 5：选中数据图表，选择"插入"选项卡，在"图表"组中单击"推荐的图表"下拉按钮，弹出"更改图表类型"对话框，在"所有图表"选项卡中单击"折线图"并选中"堆积折线图"按钮，单击"确定"按钮，如图 6.136 所示。

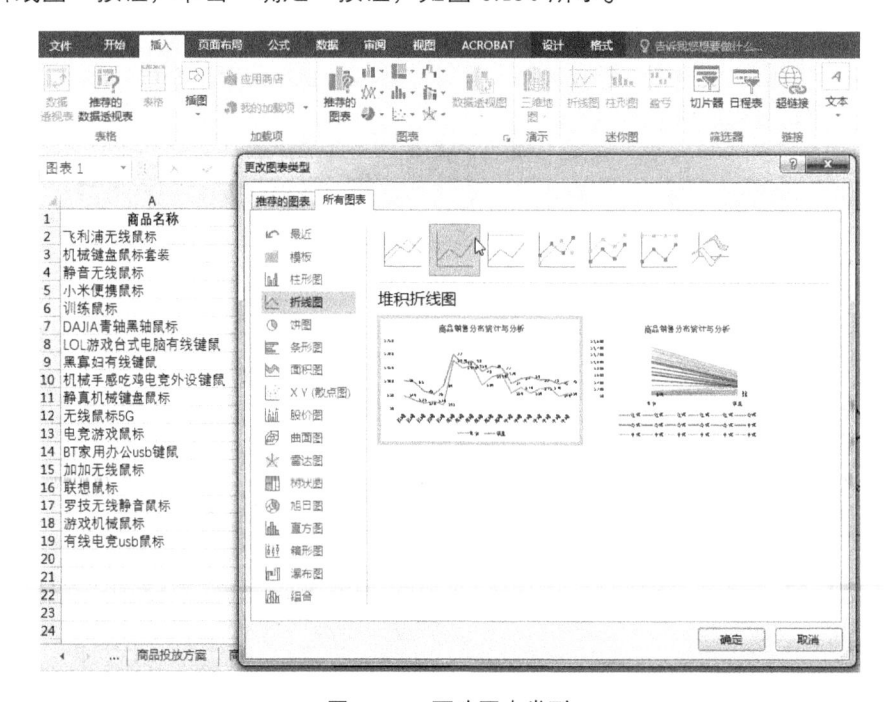

图 6.136　更改图表类型

Step 6：由此可得到更改过的折线图表，调整图表的大小和位置，如图 6.137 所示。

商家可以通过分析图表，得知在低端商品市场的销售并不一定是薄利多销，以量取胜；往往在中高端商品的销售过程中，商品定价较高并不会导致失去商品交易的市场份额。

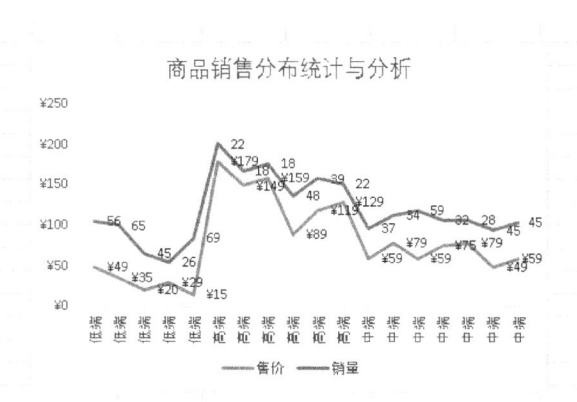

图 6.137 更改堆积折线图表

6.6.2 市场渠道分析

打开工作表"商品销售渠道",可以获取商品的交易平台类型与交易数量。商家从数据的关联分析可以进一步了解如何比较店铺不同销售渠道的商品流通交易状况,调整销售策略。下面将介绍如何分析商品销售市场渠道,具体操作方法如下。

Step 1:打开"商品销售渠道"工作表,选择 B8 单元格,在"编辑"组中单击"自动求和"按钮,计算总计数据,如图 6.138 所示。

图 6.138 计算总计数据

Step 2:选择 C3 单元格,在编辑栏中输入公式"=B3/$B$8",并按 ✓ ("输入")按钮确认,计算渠道"国内线上平台 A"所占比例,如图 6.139 所示。

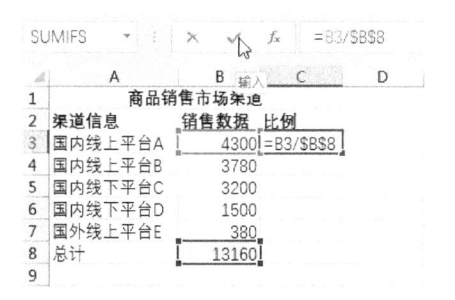

图 6.139 计算所占比例

Step 3:选中 C3 单元格,利用填充柄将公式填充到本列其他单元格中,如图 6.140 所示。

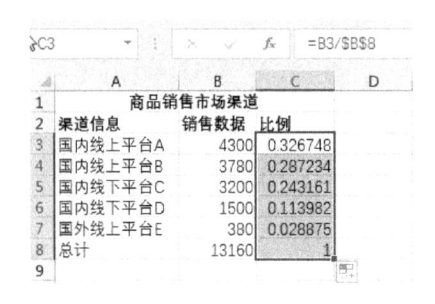

图 6.140　填充计算比例公式

Step 4：选择 C3:C8 单元格区域，在"数字"组中单击"百分比样式"按钮，如图 6.141 所示。

图 6.141　设置比例显示百分比样式

Step 5：选择 A3:A7 单元格区域，按 Ctrl+C 组合键复制数据，右键单击 D2 单元格，在弹出菜单中单击"选择性粘贴"下拉按钮，选择"转置"选项，如图 6.142 所示。

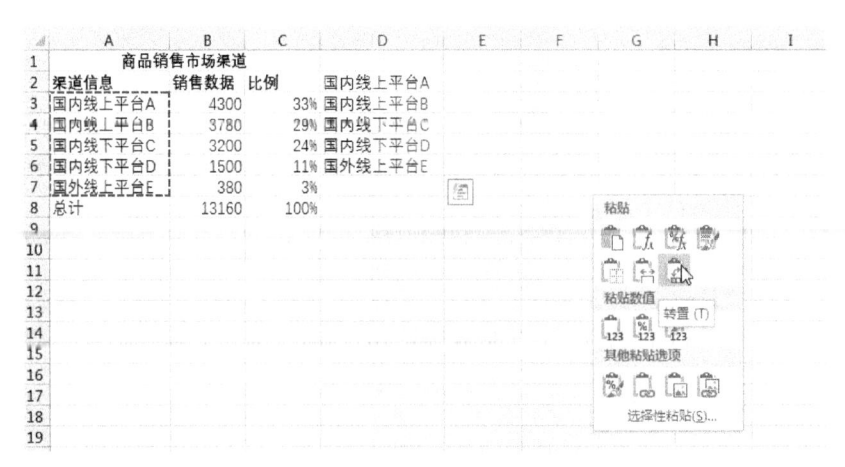

图 6.142　设置数字格式

Step 6：选择 D3 单元格，再选择"公式"选项卡，在"函数库"组中单击"逻辑"下拉按钮，选择 IF 函数，如图 6.143 所示。

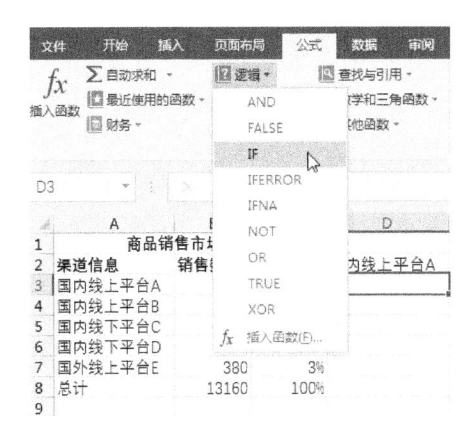

图 6.143　选择 IF 函数

Step 7：在弹出的"函数参数"对话框中设置 Logical_test 参数值为$A3=D$2，Value if true 参数值为 0.5，Value if false 参数值为 NA()，然后单击"确定"按钮，如图 6.144 所示。

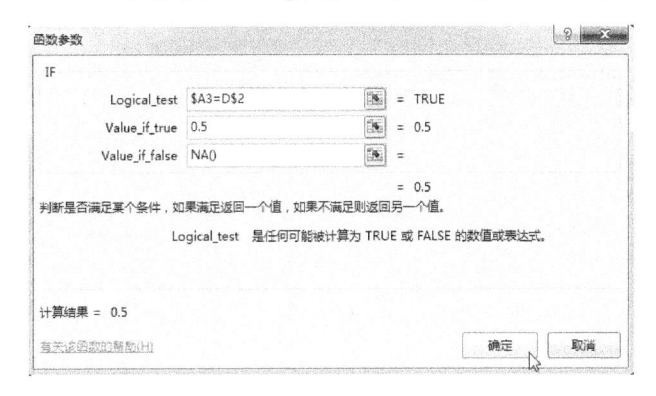

图 6.144　设置函数参数

Step 8：选中 D3 单元格，使用填充柄，拖动 D3 至 H7，填充数据，如图 6.145 所示。

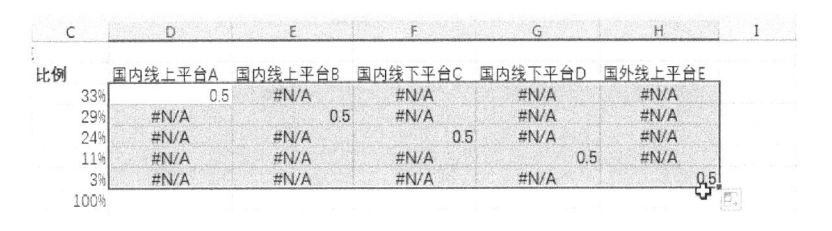

图 6.145　填充数据

Step 9：选中表格中任一空白单元格，再选择"插入"选项卡，在"图表"组中单击"散点图"下拉按钮，选择"散点图",如图 6.146 所示。

Step 10：选择插入的图表单击鼠标右键，在弹出的菜单中选择"选择数据…"选项，如图 6.147 所示。

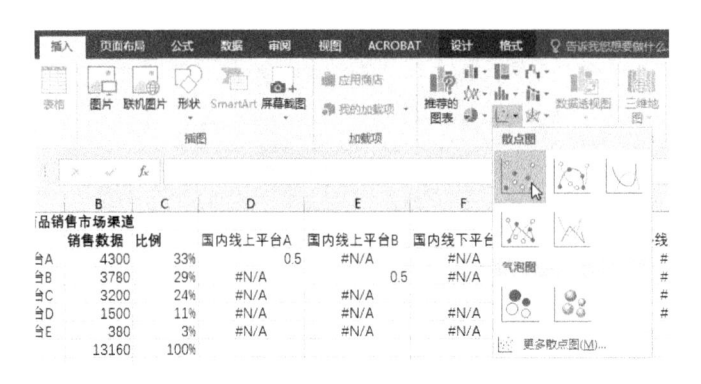

图 6.146 插入散点图

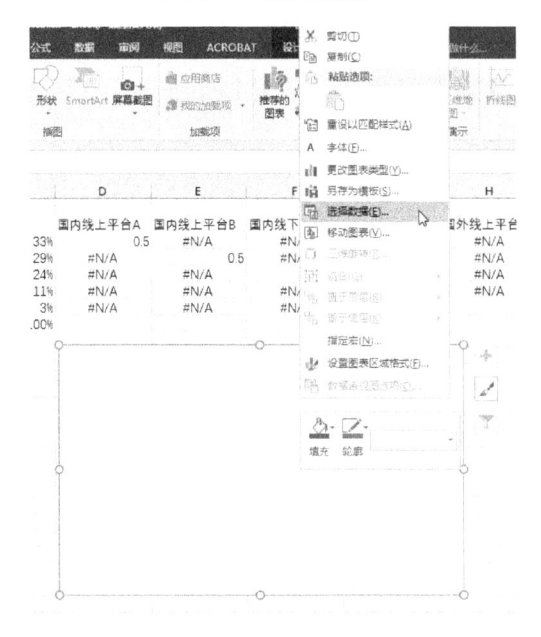

图 6.147 选择"选择数据…"命令

Step 11：在弹出的"选择数据源"对话框中的"图例项（系列）"选区中单击"添加"按钮，如图 6.148 所示。

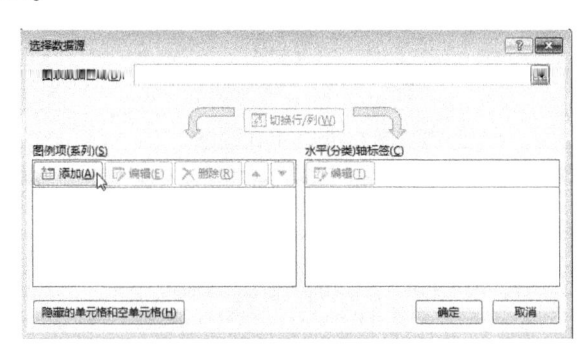

图 6.148 添加数据系列

Step 12：在弹出的"编辑数据系列"对话框中设置各项参数，并依次单击"确定"按

钮，如图 6.149 所示。

图 6.149　编辑数据系列

Step 13：此时可以获得图表中的添加数据系列，双击纵坐标轴，如图 6.150 所示。

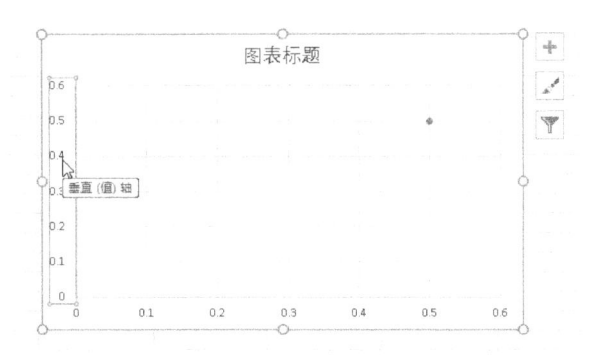

图 6.150　数据序列添加完成

Step 14：在弹出的"设置坐标轴格式"窗格中将"最大值"参数值设置为 2.0，并设置"单位"选项区的"主要"值为 0.5，如图 6.151 所示。

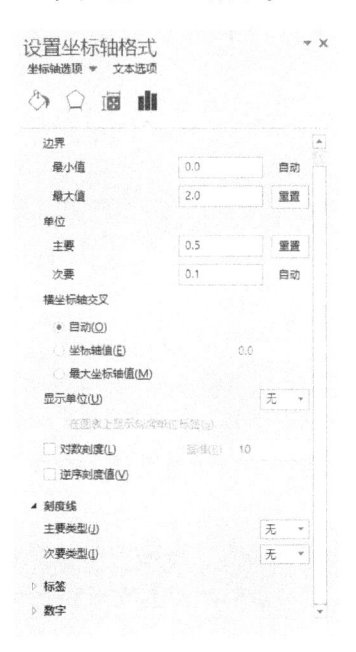

图 6.151　设置坐标轴选项

Step 15：在图表中选中横坐标轴单击鼠标右键，在弹出的菜单中选择"设置坐标轴格式…"选项，如图 6.152 所示。

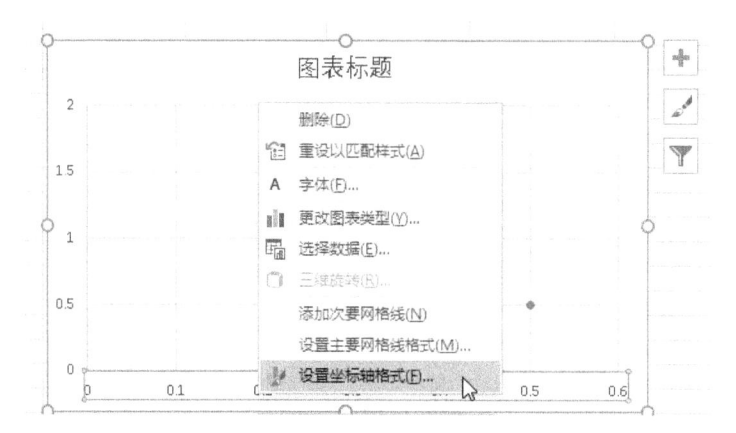

图 6.152　选中横坐标轴设置坐标轴格式

Step 16：在"设置坐标轴格式"窗格中单击"刻度线"的"主要类型"下拉列表，选择"无"选项，如图 6.153 所示。

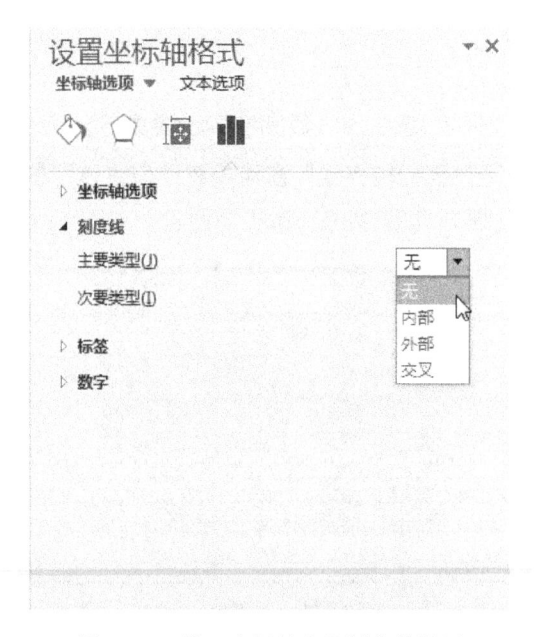

图 6.153　设置坐标轴主要刻度线类型

Step 17：在图表中单击鼠标右键，在弹出菜单中选中"设置绘图区格式…"选项，如图 6.154 所示。

Step 18：在弹出的"设置绘图区格式"窗格中的"填充"选区内，选中"纯色填充"单选按钮，并设置颜色，然后关闭对话框，如图 6.155 所示。

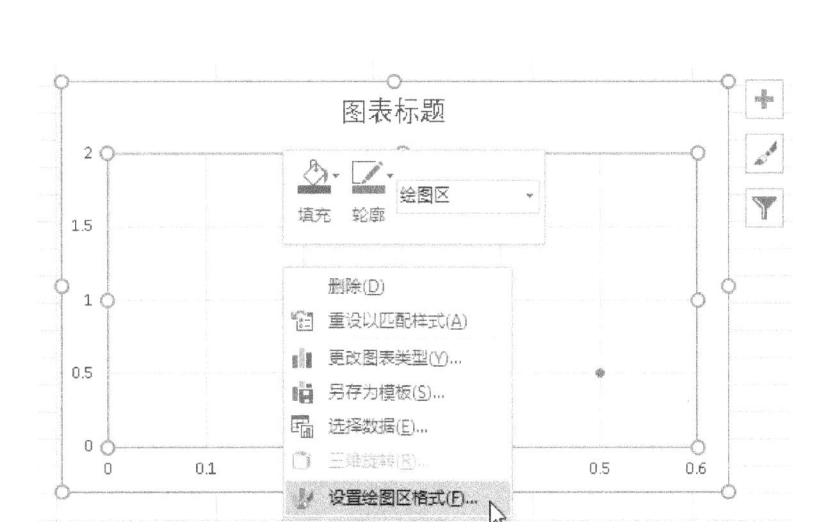

图 6.154　选中设置绘图区格式

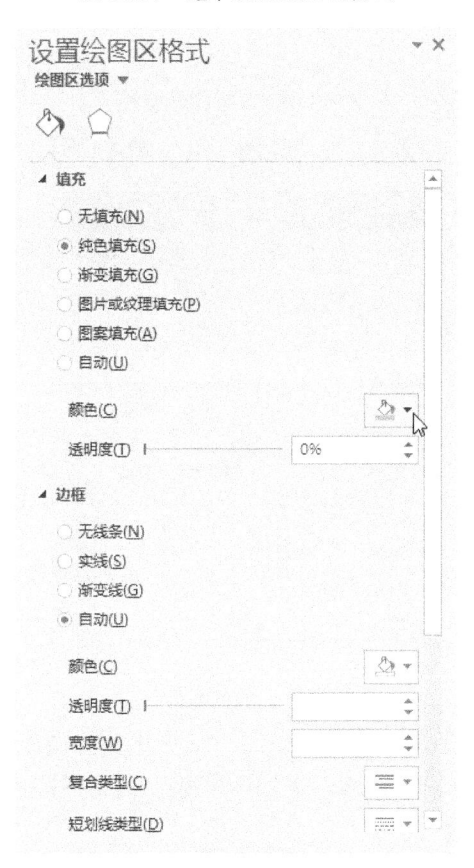

图 6.155　设置纯色填充绘图区格式

Step 19：调整图表的大小和位置，删除网格线、图例和纵坐标轴。选中图表标题，在编辑栏中输入"=商品销售渠道!$D$2"，为图表标题创建单元格链接，如图 6.156 所示。

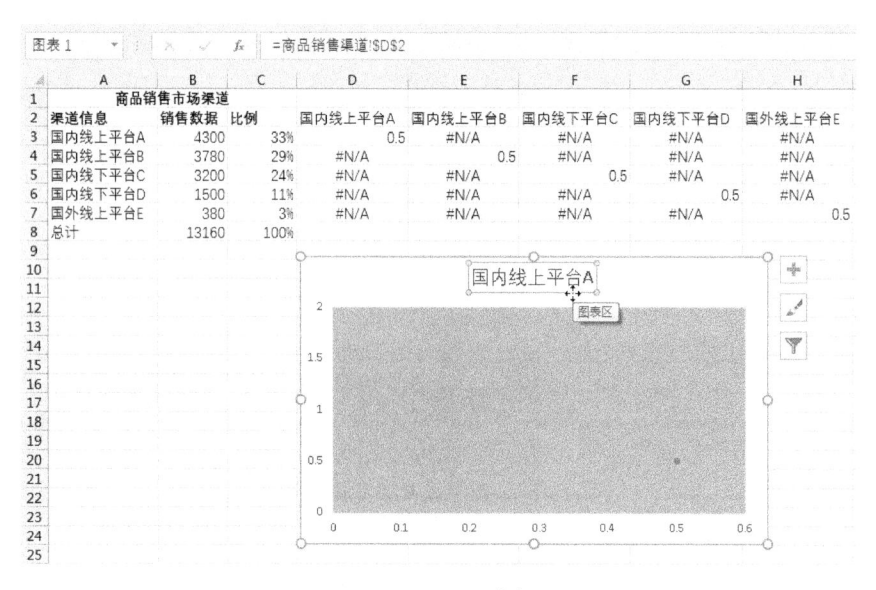

图 6.156 设置图表标题

Step 20：选择"插入"选项卡，在"插图"组中单击"图片"按钮，如图 6.157 所示。

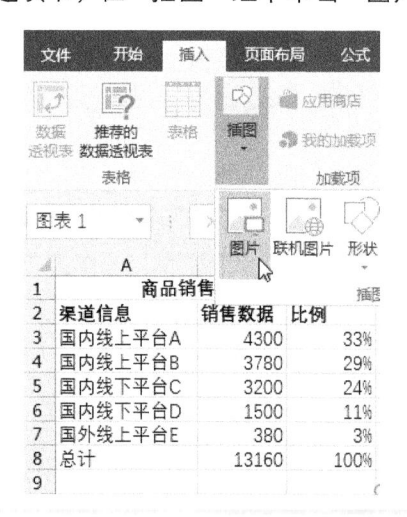

图 6.157 插入图表图片

Step 21：插入"向下箭头.jpg"图片之后，选中图片并调整其大小，按 Ctrl+C 组合键复制图片，然后选中图表中的数据点，按 Ctrl+V 组合键粘贴图片，此时数据系列格式以图片形式显示，如图 6.158 所示。

Step 22：复制一份上一步骤中的图表，调整其位置与大小，然后鼠标右键单击复制的图表，在弹出菜单中选择"选择数据…"选项，如图 6.159 所示。

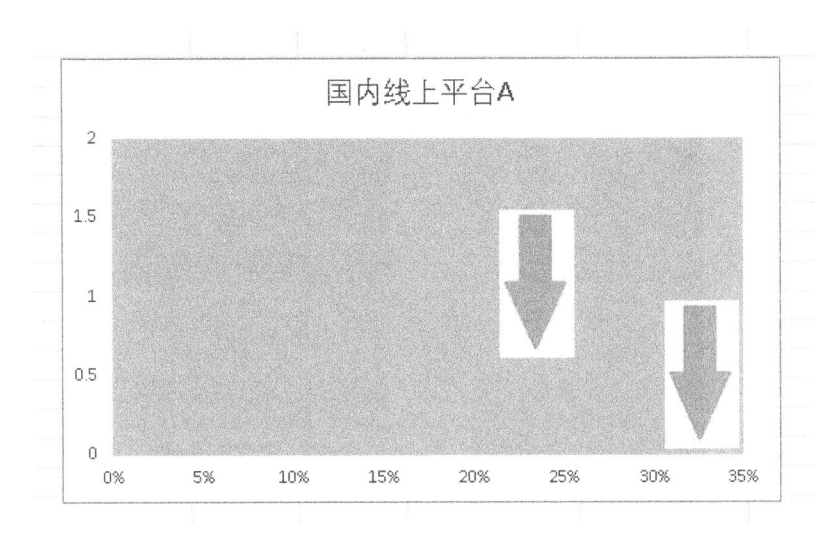

图6.158 复制图片并更改数据系列显示形式

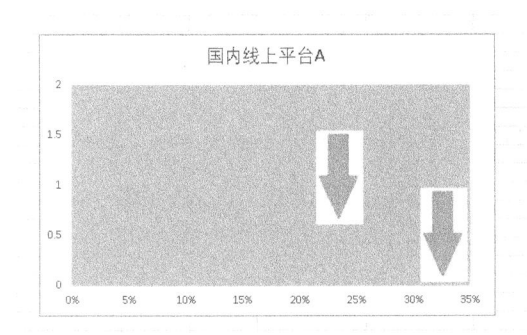

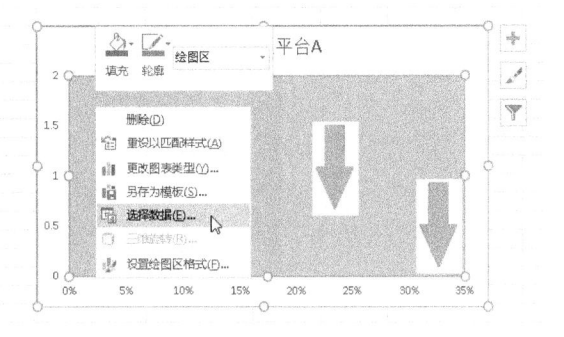

图6.159 选择"选择数据"命令

Step 23：删除复制图表中的原素材箭头图片，在弹出的"选择数据源"对话框中选中数据系列，然后单击"编辑"按钮，在弹出的"编辑数据系列"对话框中设置"系列名称"参数为 D3 单元格，设置"Y 轴系列值"参数为 E3:E7 单元格区域，依次单击"确定"按钮，如图 6.160 所示。

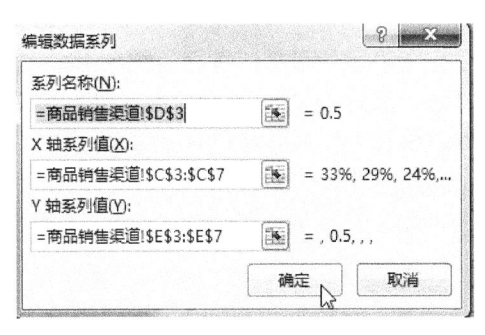

图6.160 设置参数

Step 24：修改图表标题名称，并使用此方法分别设置其他销售平台的销售图表，如图 6.161 所示。

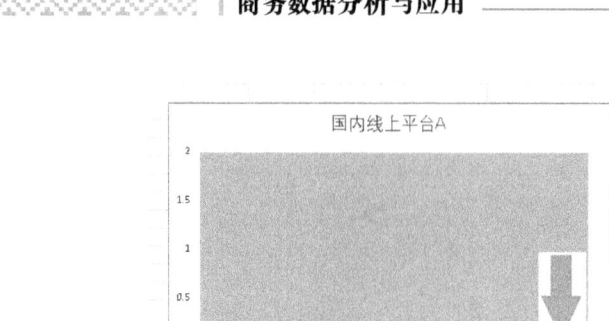

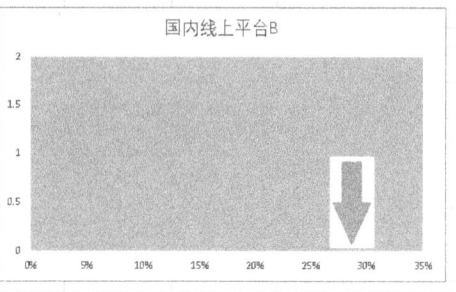

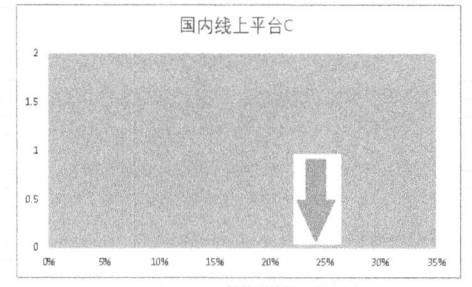

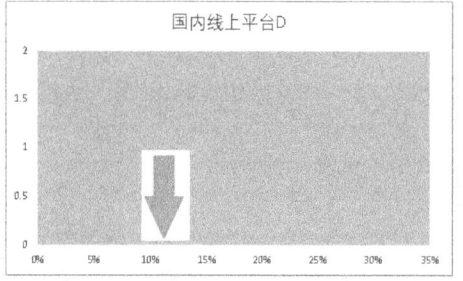

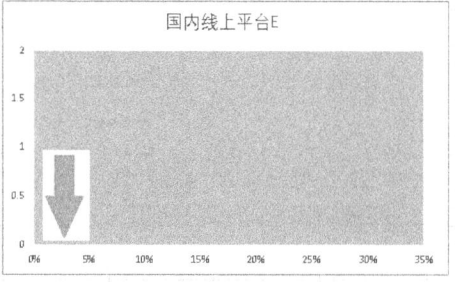

图 6.161　其他销售平台的图表

通过图表比较可得知，市场上商品销售渠道的统计与分析情况直接反映了国内线上销售平台 A 的主要业绩，也就是商铺调整销售平台供货侧重的方向。

6.6.3　行业竞争分析

线上商品销售的各个行业竞争十分激烈，能否争取新客户成为老客户，使他们不断下单购买，是直接反映商铺运营管理的衡量指标之一。通过分析客户的复购数据，可得到本行业商铺相互之间吸引客户的有效性，客观描述行业竞争状况。使用"买家数据分析"工作表数据，按照以下方法进行操作。

Step 1：打开"买家数据分析"工作表，选中 D2 单元格，选择"公式"选项卡，在"函数库"组中单击"插入函数"按钮，如图 6.162 所示。

Step 2：在弹出的"插入函数"对话框中单击"或选择其他类别"下拉按钮，选择"统计"选项，并在下方选择函数区域内选择 COUNTA 函数，单击"确定"按钮，如图 6.163 所示。

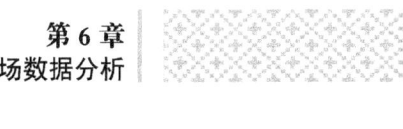

图 6.162　插入函数

图 6.163　选择 COUNTA 函数

Step 3：在弹出的"函数参数"对话框中设置 Value1 为 B2:B21，单击"确定"按钮，如图 6.164 所示。

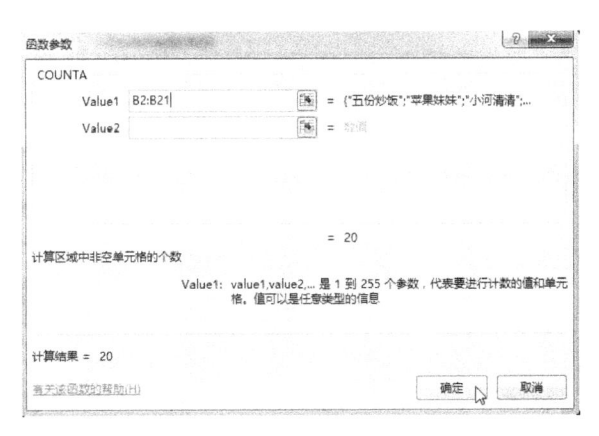

图 6.164　设置函数参数

Step 4：在 D2 单元格可以得到"购买人数"数量。选择 E2 单元格，在编辑栏中输入公式"=COUNTIF(B2:B21,B2:B21)",单击 ✓ ("输入") 按钮确认公式输入, 此时可以获得老客户人数, 如图 6.165 所示。

图 6.165　计算老客户人数

Step 5: 选择 D1:E2 单元格区域, 再选择"插入"选项卡, 在"图表"组中单击"饼图"下拉按钮, 选择"二维饼图"中的第一个饼图, 如图 6.166 所示。

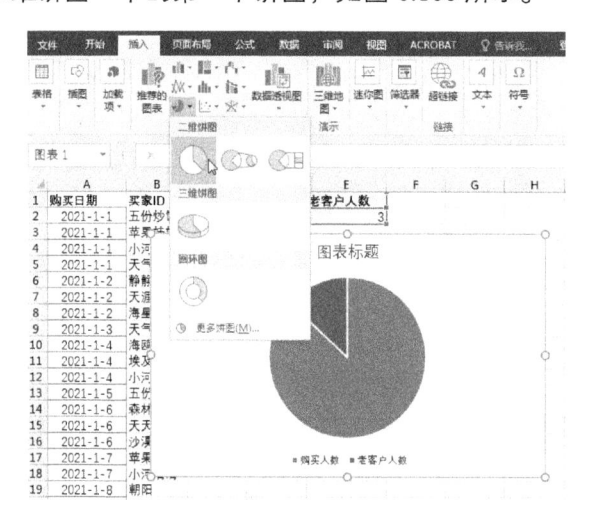

图 6.166　插入饼图图表

Step 6: 调整图表的位置、大小, 添加图表标题, 然后选择"设计"选项卡, 在"图表布局"组中单击"快速布局"下拉按钮, 选择"布局 6", 如图 6.167 所示。

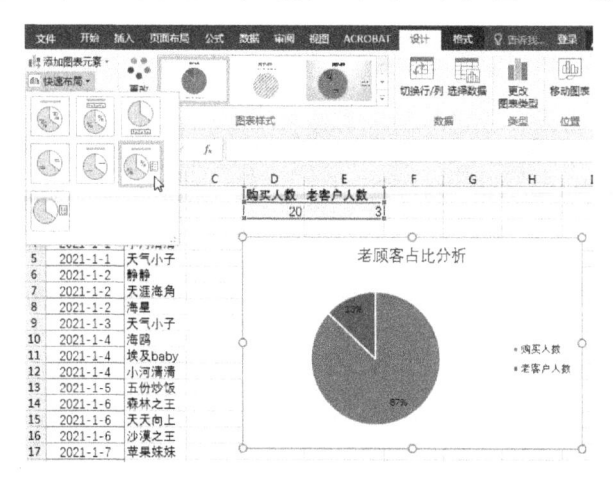

图 6.167　选择布局样式

Step 7: 选中图表中的图例单击鼠标右键, 在弹出菜单中选择"设置图例格式…"选项,

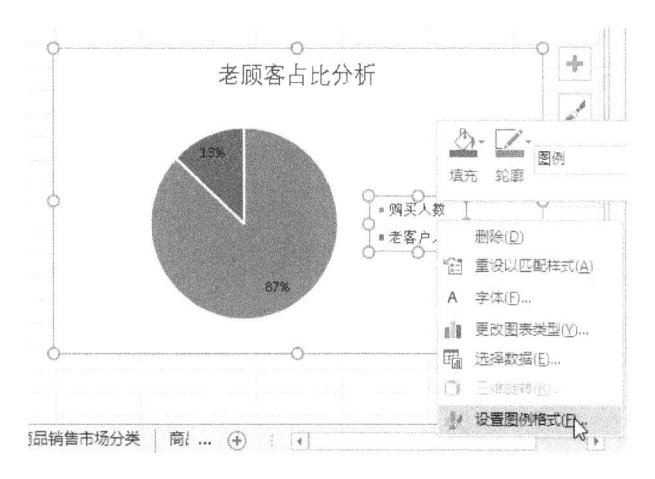

如图 6.168 所示。

图 6.168　设置图例格式

Step 8：在弹出的"设置图例格式"窗格中的图例位置内容区域选中"靠下"单选按钮，最终图表效果如图 6.169 所示。

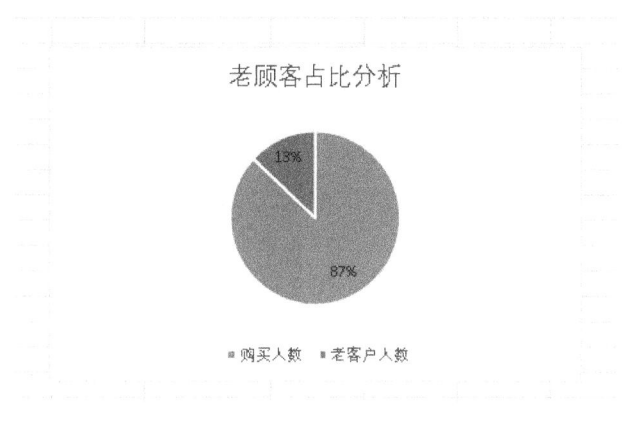

图 6.169　完成图表格式设置

本章小结

商品无论在线上还是线下销售交易，均会产生一系列销售数据。定期地对销售数据进行分析、统计与整理，可以增强对各类商品销售情况的了解与掌握。由于单纯的商品销售原始数据仅仅是一张相应的销售数据表格，其商品销售的内在联系与问题并不十分直观明显。因此，需要使用 Excel 等工具对商品的销售数据进行分析与统计，发现销售过程中的问题与影响，支持商品销售的策略调整与具体方案的实施。

本章介绍如何使用 Excel 对线上和线下商品销售交易产生的一系列市场销售数据进行统计与分析。对销售数据的记录报表化分析、统计与整理，增强了商家对各类商品的销售情况了解与掌握。商家在充分统计与分析销售数据之后，可以发现销售过程中的问题与影响，进一步调整销售策略与具体实施方案。

在本章中，对商品销售数据的分析方法及各类型的商品交易平台数据（如商品退货与退款数据的分析、商品关键词分析方法、商品销售定价因素分析和商品销售市场分析）均做了实际操作方法的演示与讲解。由此，读者可以学习如何理解商品退货与退款数据的分析，掌握商品关键词分析方法、商品销售定价因素分析，以及掌握商品销售市场竞争性状况分析。

练习与实践

综合使用本章"商品销售月报表"工作簿中的"畅销与滞销商品分析"工作表信息，分析商品销售总额在 10 万元以上的一类产品相应销量在总交易商品中的比重，并以升序排序显示结果。

第7章 经营管理数据分析

学习目标

学习人事管理工具与方法；
学习商品采购分析方法；
学习商品库存管理分析方法。

重点与难点

理解电子商务交易平台人事管理的内容与分析方法；
理解商品交易前期采购管理的内容与分析方法；
掌握商品销售库存的管理分析方法。

思维导图

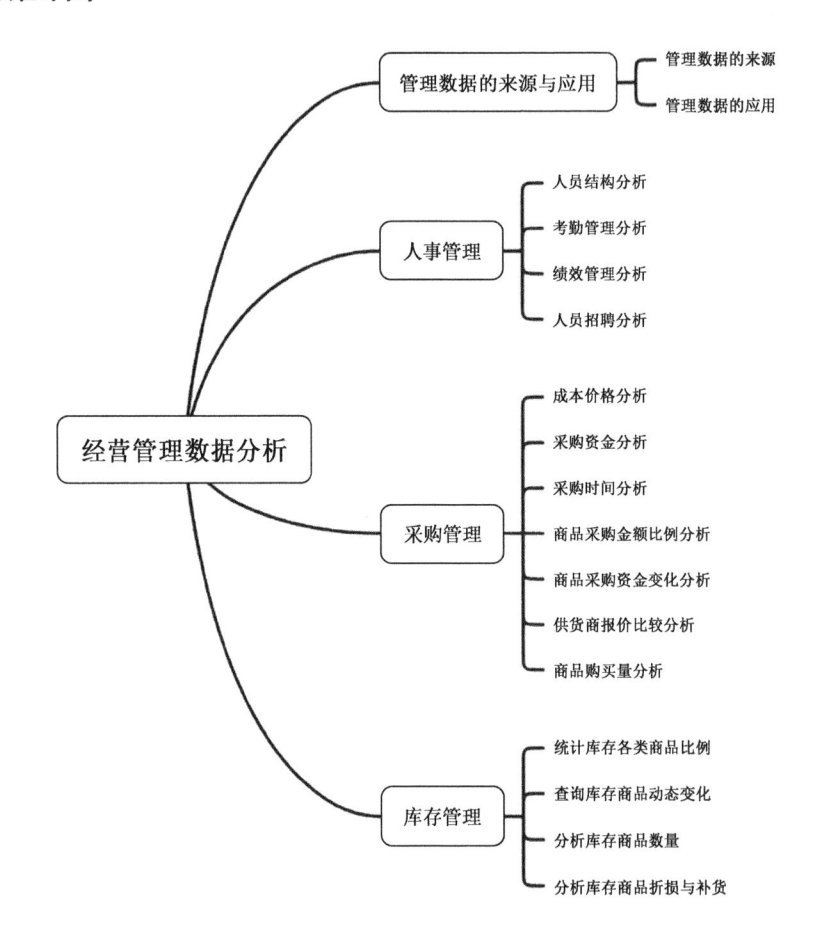

```
经营管理数据分析
├── 管理数据的来源与应用
│   ├── 管理数据的来源
│   └── 管理数据的应用
├── 人事管理
│   ├── 人员结构分析
│   ├── 考勤管理分析
│   ├── 绩效管理分析
│   └── 人员招聘分析
├── 采购管理
│   ├── 成本价格分析
│   ├── 采购资金分析
│   ├── 采购时间分析
│   ├── 商品采购金额比例分析
│   ├── 商品采购资金变化分析
│   ├── 供货商报价比较分析
│   └── 商品购买量分析
└── 库存管理
    ├── 统计库存各类商品比例
    ├── 查询库存商品动态变化
    ├── 分析库存商品数量
    └── 分析库存商品折损与补货
```

7.1 管理数据的来源与应用

7.1.1 管理数据的来源

　　企业经营管理是对企业生产经营活动进行计划、组织、协调控制的一系列活动总称，也是社会化大生产背景下对企业的客观要求。从企业的角度出发，企业的经营管理目标是尽可能利用自身的人力、物力、财力、信息等资源，实现"多快好省"的目标，在经营活动中取得最大的投入产出效率。伴随着互联网发展而诞生的电子商务促使各类商品交易数据在平台上迅速产生，无数的数据被制造并收集存放在各个子系统中。通过一定的数据收集方法，相关企业日常经营管理数据可以被筛选、分析与应用。因此，参与传统商业交易活动的企业与个人都面临着如何从粗放式、手工式的各项数据管理方式，转变到适合现代社会高速运转的生产经营过程的数据分析管理与应用。如何对企业日常经营管理数据进行分析与应用，挖掘其中的价值，并把对业务的实施产生有效指导作用的数据分析结果应用到整个企业日常经营的全过程，是帮助企业更好地进行决策、执行交易的关键问题之一。

企业经营管理数据来源涉及商品采购平台、商品运输及销售物流系统、供货商供应链系统、线上交易客户访问端等平台。从企业经营管理的内容出发，相关的管理数据来源主要有以下几个方面。

1. 商品生产管理

企业通过组织商品生产、制订生产计划、控制商品生产等手段，对商品生产系统进行设置和运行管理。

2. 物资成本管理

对企业所需的各种商品资料进行有计划的组织采购、供应、保管，并在各个环节开展节约使用和综合利用管理。企业进行商品成本预测、成本计划、成本控制、成本核算、成本分析及成本考核等。

3. 商品质量管理

企业对生产或销售的商品进行质量监督、考察和检验，以保证在商务交易活动中以可控的质量水平向用户提供服务和商品。

4. 企业财务管理

对企业的商务交易财务内容，例如固定与流动资金、销售盈利等方面涉及的数据进行分析管理。

5. 企业人事管理

企业针对自身参与经济活动中的各个环节、各个方面的劳动和人事，进行全面计划、统一组织及系统控制。

7.1.2 管理数据的应用

经营管理数据的分析与挖掘，可以应用在人力资源管理、财务分析、营销策略制定、销售活动实施、商品生产与制造、运输物流与供应链优化等方面，进一步改善上述领域中的现状，解决现存的各种问题。本节从企业经营管理主要涉及的人事管理、商品采购管理、商品库存管理三方面开展企业经营管理数据的分析与应用介绍。

企业的人事管理数据分析应用，主要是服务于企业基于实现一定的商务活动目标，对所属工作人员进行选拔、使用、培养、考核、奖惩等一系列的管理活动。通过对企业人事管理数据的分析与应用，可以使用科学的方法，基于正确的用人原则及合理的管理制度，调整人与人、人与事、人与组织的关系，充分利用好企业的人力资源。

企业的采购管理数据分析应用主要为企业提供及时准确的商品采购计划和执行路线政策支持。通过对商品采购按照周、月度、季度、年度等周期性的或非周期性的商品采购情况进行数据分析，可以进一步对企业商务采购活动计划进行编制，支持企业的商品采购活动。

企业的库存管理数据分析应用，主要用于支持商品生产、计划采购和销售控制。通过对商品库存类别比例、入/出库动态变化、库存商品质量控制的数据分析管理，企业可以及时获得各种商品物资的仓储、流向情况,为商品生产、采购管理和成本核算提供科学依据。

本章基于 Excel 提供的功能齐全的函数计算和分析工具进行企业日常经营数据分析。通过企业经营活动涉及的管理数据分析,获取相关的商务交易活动数据内涵与分析结论,提出具有指导性的数据分析结论以增加企业的市场竞争力。

7.2 人事管理

在电子商务交易过程中,企业的人力资源管理是重要的工作内容之一。在销售企业的正常运营过程中,人力资源管理发挥着重要的作用,有效地对人力资源进行管理,不仅能够提高企业的工作效率,更好地促进平台的发展,还可以对商品销售交易的全过程进行管理,从商品的采购、入库、出库、销售等各个环节进行人力资源的配置和使用,最大化商品销售的利润。Excel 在人力资源管理的招聘录用、考勤绩效等数据统计方面都有着广泛的运用,能够完成不同数据的处理、图表绘制、统计分析和辅助决策等工作。

7.2.1 人员结构分析

商品交易运营平台的管理对象之一是人员。平台的人员分析首先要集中于人员信息统计分析,例如,对员工的学历使用数据透视表及数据透视图方式进行数据的分类统计分析。

下面将介绍如何利用 Excel 在多维复杂的数据中提取所需的数据,制作符合人事分析需求的图表,具体操作如下。

Step 1:打开"人事数据"工作表,选择"插入"选项卡,在"表格"组中单击"数据透视表"按钮,弹出"创建数据透视表"对话框,如图 7.1 所示。

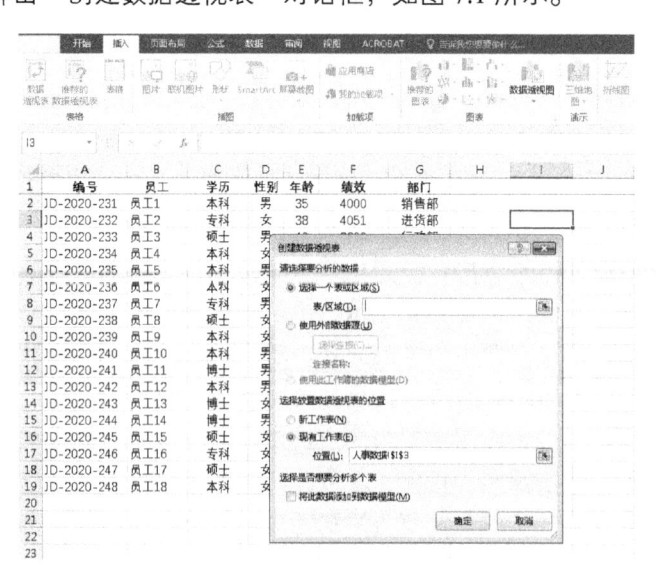

图 7.1 插入数据透视表

Step 2:在弹出的"创建数据透视表"对话框中勾选"选择一个表或区域"复选框,并单击其内容区域右边的折叠按钮，选中 A1:G19 单元格区域，如图 7.2 所示。

Step 3：再单击右边的折叠按钮，回到"创建数据透视表"对话框。选中"选择放置数据透视表的位置"中的"现有工作表"单选按钮，并单击其"位置"内容区域右边的折叠按钮，选中 I3 单元格，再单击右边的折叠按钮，回到"创建数据透视表"对话框，如图 7.3 所示。

图 7.2　选择数据透视表分析单元格区域 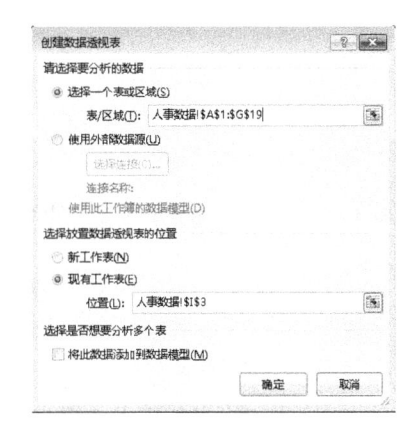　　　　图 7.3　选择放置数据透视表位置

Step 4：在弹出的"数据透视表字段"窗格中单击鼠标左键选中"部门"选项不放，将其拖动至下方的"行"区域，然后用同样的操作方法，分别拖动"学历"至"列"区域，再拖动"学历"至"值"区域，如图 7.4 所示。

图 7.4　设置数据透视表字段参数

Step 5：关闭"数据透视表字段"窗格，可以获得数据透视表效果图，如图 7.5 所示。

图 7.5 数据透视表效果图

在此图表中，可以得知平台的人员学历分类和个数统计，为准确了解人员结构情况提供了清晰明了、简洁直观的数据呈现。

7.2.2 考勤管理分析

通过商品销售平台管理员工考勤记录，一方面可以督促员工遵守企业的规章制度，另一方面可以作为发放薪酬和奖励的依据。下面，使用 Excel 的 COUNTIF 函数统计功能，统计分析企业一周之内员工每天请假的人数情况。

Step 1：打开"考勤表"工作表，该表记录了销售平台员工在一周之内上班打卡和请事假或病假的信息。请假的两种类别分别如表中备注所示，A 是上班、S 是事假、B 是病假。选中 C20 单元格，在编辑栏输入公式 "=(COUNTIF(C2:C19,"="&"S")+COUNTIF(C2:C19,"="&"B"))"，单击 ☑（"输入"）按钮或按下 Ctrl+Shift+Enter 组合键，即可看到日期 2020-6-1 这一天企业员工请事假与病假的统计次数，如图 7.6 所示。

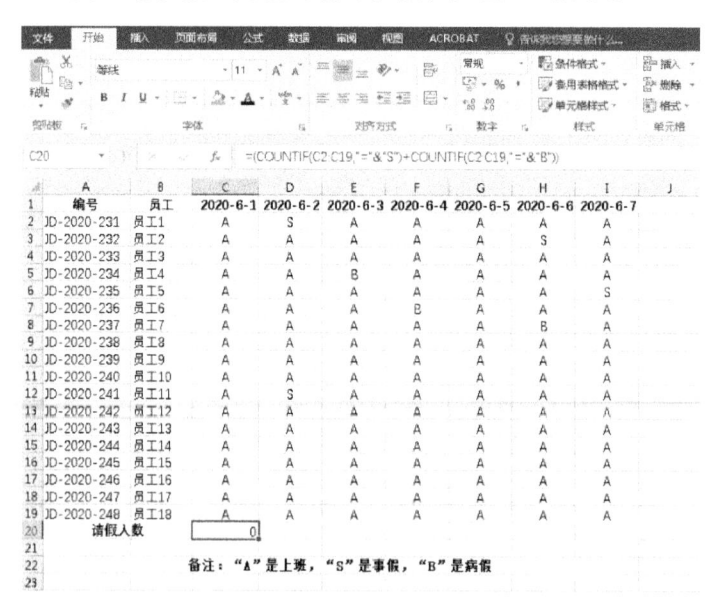

图 7.6 使用 COUNTIF 函数进行统计

Step 2：选中 C20 单元格，使用填充柄，拖动该单元格公式至 I20 单元格，此时，C20:I20 单元格区域覆盖使用 COUNTIF 函数，分别进行每天请假员工的统计，如图 7.7 所示。

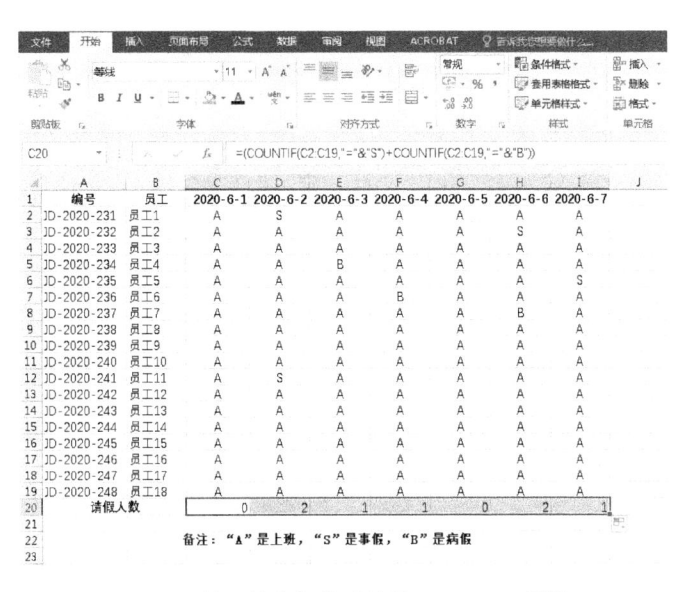

图7.7 使用填充柄拖动使用 COUNTIF 函数

Step 3：最终完成使用 COUNTIF 函数进行员工考勤数据的统计分析，图表效果如图 7.8 所示。

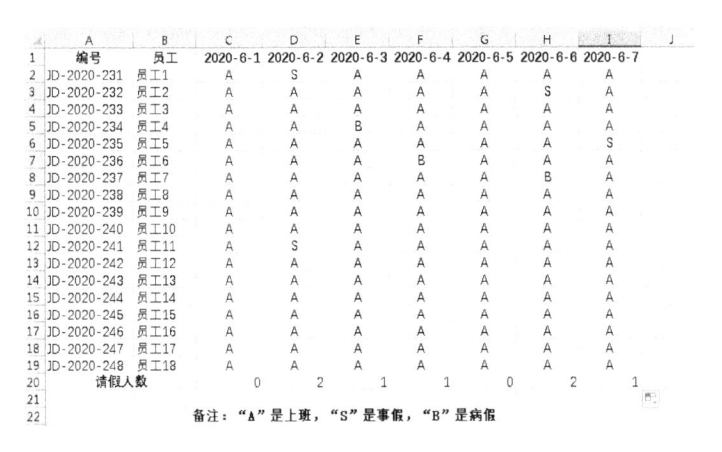

图7.8 考勤统计分析效果图

7.2.3 绩效管理分析

平台企业在进行人事绩效考核管理的过程中，需要对员工的工作情况有客观的了解，并根据个人工作量完成率核算奖金的发放额度，下面以绩效核算为例，说明如何使用 Excel 进行考核业绩的完成比率自动进行绩效奖金的计算。

Step 1：打开"绩效考核"工作表，在 E2 单元格输入公式"=D2/C2-1"，单击 ✓（"输入"）按钮或按下 Ctrl+Shift+Enter 组合键，获取第一个销售完成率计算结果，然后选中 E2 单元格，使用填充柄，下拉单元格右下角至 E19 单元格，获取所有员工的销售完成率，如图 7.9 所示。

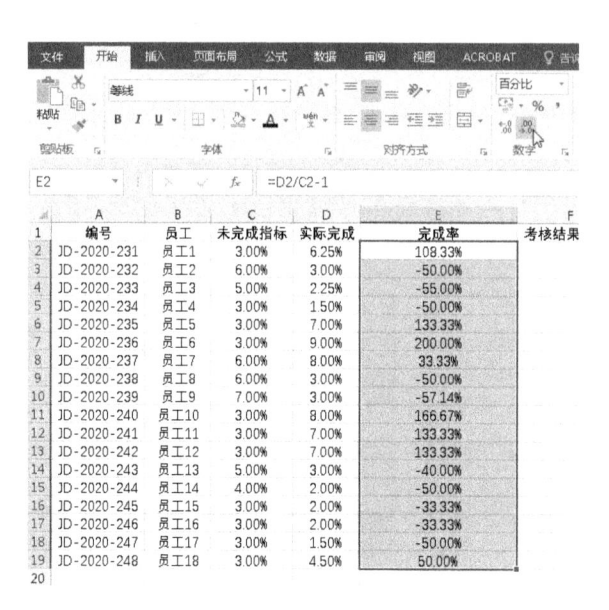

图 7.9 计算销售完成率

Step 2：在 F2 单元格输入公式 "=TEXT(MEDIAN(1,-1,D2/C2-1)*$B$21,"罚 0.0 元;奖 0.0 元")"，单击 ✓（"输入"）按钮或按下 Ctrl+Shift+Enter 组合键，获取按照第一种 "考核结果方法 1" 获得的绩效金额计算结果，然后选中 F2 单元格，使用填充柄下拉单元格右下角至 F19 单元格，获取所有员工的 "考核结果方法 1" 下的绩效金额，如图 7.10 所示。

图 7.10 计算绩效金额考核结果方法 1

Step 3：在 G2 单元格输入公式 "=TEXT(MIN(MAX((D2/C2-1),-1),1)*$B$21,"罚 0.00 元;奖 0.00 元")"，单击 ✓（"输入"）按钮或按下 Ctrl+Shift+Enter 组合键，获取按照第二种 "考核结果方法 2" 获得的绩效金额计算结果，然后选中 G2 单元格，使用填充柄下拉单元格右下角至 G19 单元格，获取所有员工的绩效 "考核结果方法 2" 下的绩效金额，如图 7.11 所示。

第 7 章 经营管理数据分析

	A	B	C	D	E	F	G	H
	G2		fx	=TEXT(MIN(MAX((D2/C2-1),-1),1)*$B$21,"罚0.00元;奖0.00元")				
1	编号	员工	未完成指标	实际完成	完成率	考核结果方法1	考核结果方法2	考核结果方法3
2	JD-2020-231	员工1	3.00%	6.25%	108.33%	罚1000.0元	罚1000.00元	
3	JD-2020-232	员工2	6.00%	3.00%	-50.00%	奖500.0元	奖500.00元	
4	JD-2020-233	员工3	5.00%	2.25%	-55.00%	奖550.0元	奖550.00元	
5	JD-2020-234	员工4	3.00%	1.50%	-50.00%	奖500.0元	奖500.00元	
6	JD-2020-235	员工5	3.00%	7.00%	133.33%	罚1000.0元	罚1000.00元	
7	JD-2020-236	员工6	3.00%	9.00%	200.00%	罚1000.0元	罚1000.00元	
8	JD-2020-237	员工7	6.00%	8.00%	33.33%	罚333.3元	罚333.33元	
9	JD-2020-238	员工8	6.00%	3.00%	-50.00%	奖500.0元	奖500.00元	
10	JD-2020-239	员工9	7.00%	3.00%	-57.14%	奖571.4元	奖571.43元	
11	JD-2020-240	员工10	3.00%	8.00%	166.67%	罚1000.0元	罚1000.00元	
12	JD-2020-241	员工11	3.00%	7.00%	133.33%	罚1000.0元	罚1000.00元	
13	JD-2020-242	员工12	3.00%	7.00%	133.33%	罚1000.0元	罚1000.00元	
14	JD-2020-243	员工13	5.00%	3.00%	-40.00%	奖400.0元	奖400.00元	
15	JD-2020-244	员工14	4.00%	2.00%	-50.00%	奖500.0元	奖500.00元	
16	JD-2020-245	员工15	3.00%	2.00%	-33.33%	奖333.3元	奖333.33元	
17	JD-2020-246	员工16	3.00%	2.00%	-33.33%	奖333.3元	奖333.33元	
18	JD-2020-247	员工17	3.00%	1.50%	-50.00%	奖500.0元	奖500.00元	
19	JD-2020-248	员工18	3.00%	4.50%	50.00%	罚500.0元	罚500.00元	
20								
21	奖罚封顶		1000					
22								

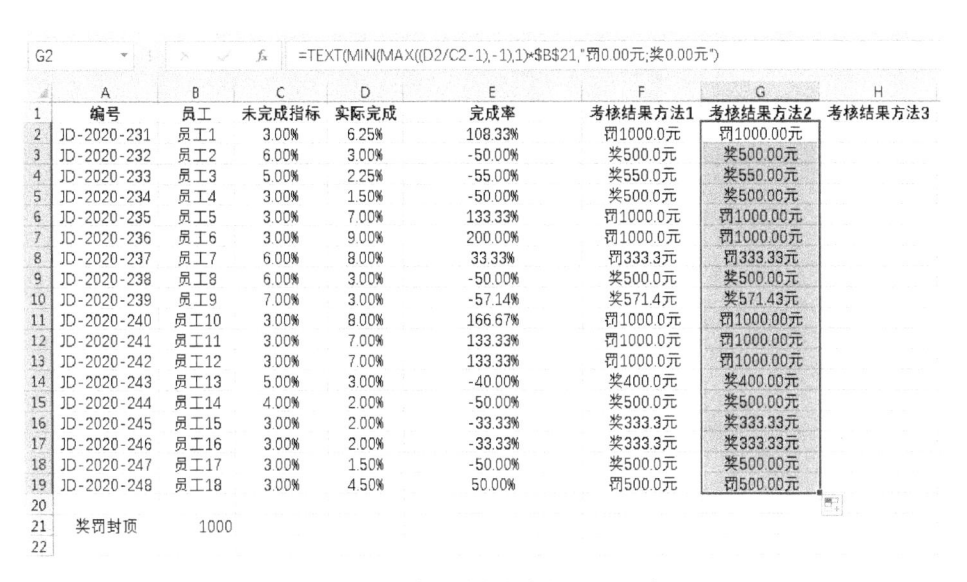

图 7.11　计算绩效金额考核结果方法 2

Step 4：在 H2 单元格输入公式 "=TEXT(MIN((D2/C2-1)*$B$21,$B$21),"罚 0.0 元;奖 0.0 元")"，单击 ✓（"输入"）按钮或按下 Ctrl+Shift+Enter 组合键，获取按照第二种"考核结果方法 2"获得的绩效金额计算结果，然后选中 H2 单元格，使用填充柄下拉单元格右下角至 H19 单元格，获取所有员工的绩效"考核结果方法 3"下的绩效金额，如图 7.12 所示。

	A	B	C	D	E	F	G	H	I
	H2		fx	=TEXT(MIN((D2/C2-1)*$B$21,$B$21),"罚0.0元;奖0.0元")					
1	编号	员工	未完成指标	实际完成	完成率	考核结果方法1	考核结果方法2	考核结果方法3	排名
2	JD-2020-231	员工1	3.00%	6.25%	108.33%	罚1000.0元	罚1000.00元	罚1000.0元	
3	JD-2020-232	员工2	6.00%	3.00%	-50.00%	奖500.0元	奖500.00元	奖500.0元	
4	JD-2020-233	员工3	5.00%	2.25%	-55.00%	奖550.0元	奖550.00元	奖550.0元	
5	JD-2020-234	员工4	3.00%	1.50%	-50.00%	奖500.0元	奖500.00元	奖500.0元	
6	JD-2020-235	员工5	3.00%	7.00%	133.33%	罚1000.0元	罚1000.00元	罚1000.0元	
7	JD-2020-236	员工6	3.00%	9.00%	200.00%	罚1000.0元	罚1000.00元	罚1000.0元	
8	JD-2020-237	员工7	6.00%	8.00%	33.33%	罚333.3元	罚333.33元	罚333.3元	
9	JD-2020-238	员工8	6.00%	3.00%	-50.00%	奖500.0元	奖500.00元	奖500.0元	
10	JD-2020-239	员工9	7.00%	3.00%	-57.14%	奖571.4元	奖571.43元	奖571.4元	
11	JD-2020-240	员工10	3.00%	8.00%	166.67%	罚1000.0元	罚1000.00元	罚1000.0元	
12	JD-2020-241	员工11	3.00%	7.00%	133.33%	罚1000.0元	罚1000.00元	罚1000.0元	
13	JD-2020-242	员工12	3.00%	7.00%	133.33%	罚1000.0元	罚1000.00元	罚1000.0元	
14	JD-2020-243	员工13	5.00%	3.00%	-40.00%	奖400.0元	奖400.00元	奖500.0元	
15	JD-2020-244	员工14	4.00%	2.00%	-50.00%	奖500.0元	奖500.00元	奖500.0元	
16	JD-2020-245	员工15	3.00%	2.00%	-33.33%	奖333.3元	奖333.33元	奖333.3元	
17	JD-2020-246	员工16	3.00%	2.00%	-33.33%	奖333.3元	奖333.33元	奖333.3元	
18	JD-2020-247	员工17	3.00%	1.50%	-50.00%	奖500.0元	奖500.00元	奖500.0元	
19	JD-2020-248	员工18	3.00%	4.50%	50.00%	罚500.0元	罚500.00元	罚500.0元	
20									
21	奖罚封顶		1000						
22									

图 7.12　计算绩效金额考核结果方法 3

Step 5：在 I2 单元格输入公式 "=RANK(E2,E$2:E$19,-1)"，单击 ✓（"输入"）按钮或按下 Ctrl+Shift+Enter 组合键，获取当前员工销售业绩排名。然后，选中 I2 单元格，使用填充柄下拉单元格右下角至 I19 单元格，获取所有员工的销售业绩排名，如图 7.13 所示。

图 7.13　计算员工销售业绩排名

7.2.4　人员招聘分析

商品销售企业在管理过程中十分重要的一个环节是招聘人员。企业的人力资源部门在收到各个部门提交的计划用工申请后，按照商品订购销售等用工量和岗位需求，进一步选择合适的方式进行人员招聘，制订人员招聘宣传计划，并编制好人员招聘费用的预算。因此，在日常经营数据分析中，人员招聘预算表的处理十分有必要。一般招聘预算表包括的内容有招聘广告宣传费用、海报制作费用、场地租用费用、表格资料的打印复印费用、招聘人员的午餐和交通费用等。本节通过 Excel 的 SUM 函数和序号填充法，完成人员招聘预算表的制作与分析。

Step 1：打开工作簿，新建一个工作表并命名为"人员招聘"，在 A1：A6 单元格区域分别输入"招聘费用预算表""招聘时间""招聘地点""负责部门""具体负责人"及"招聘费用预算"；在 A7:C7 单元格区域分别输入"序号""项目""预算金额（元）"；在 B8:B13 单元格区域分别输入"宣传广告制作费""招聘场地租用费""会议室租用费""交通费""食宿费"及"资料复印打印费"；在 A14 单元格输入"合计"，在 A15 输入"预算审核人（签字）："，在 D15 输入"主管人审批（签字）："，在 A17 输入"制表人："，在 D17 输入"制表日期：　年　月　日"，如图 7.14 所示。

Step 2：接下来使用填充柄在工作表中自动填充序号。选择 A8 单元格，输入数字 1，然后将光标放置在 A8 单元格右下角并按住鼠标左键，同时按住 Ctrl 键，拖动鼠标至 A13 单元格。此时，A8:A13 单元格区域自动填充了序号，如图 7.15 所示。

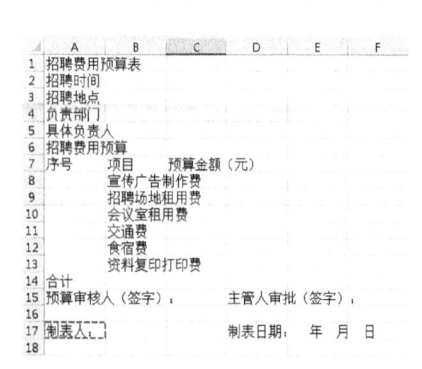

图 7.14　准备制作人员招聘预算表

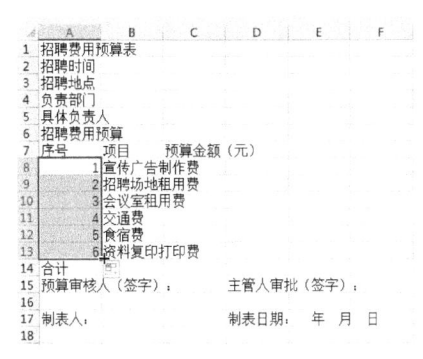

图 7.15 使用填充柄自动填充序号

Step 3：在 C8：C13 单元格区域分别输入数字 1300、2200、900、200、300 和 50，选中 C8:C13 单元格区域，然后选择"开始"选项卡中的"数字"组，单击 （"小数位数"）按钮，将预算数字的精度增加两位小数，如图 7.16 所示。

图 7.16 输入预算金额

Step 4：选中 C14 单元格，在编辑栏里输入公式"=SUM(C8:C13)"，单击 ✓ （"输入"）按钮或按回车键，获得计算结果为 4950.00，如图 7.17 所示。

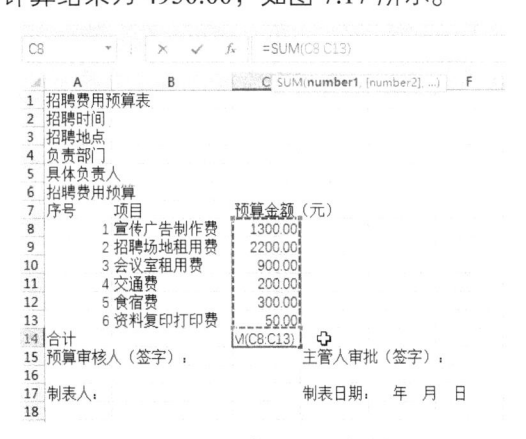

图 7.17 计算求和预算金额

Step 5：此时，可以调整图表位置、设置字体大小、合并单元格、设置文本居中格式，获得最终人员招聘费用预算表效果图，如图 7.18 所示。

图 7.18　人员招聘费用预算表效果图

7.3　采购管理

商品销售管理过程中最重要的是商品采购。如何对商品采购进行良好的成本分析与控制，是销售企业或平台能持续良性发展和增加销售利润的重要保障。据研究发现，商品采购环节每节约 1%的成本，将使商品销售利润增加 5%，对商家而言，商品销售平台的投入、盈利与采购来源极易受到商品采购成本的影响。有效的采购计划可以充分利用企业资金，减少资金的无效投入和流出。卖家需要对商品采购相关成本进行分析，并通过商品采购的管理手段，科学地制定商品销售与店铺平台经营活动策略。

7.3.1　成本价格分析

商品销售的价格制定受到许多可控和不可控因素的影响，例如市场的供求关系、当地的气候条件、商品交易的运输等。因此，卖家在进行商品采购的过程中，需要时刻关注采购的最佳时机，节省采购成本。本节以使用 Excel 的 OFFSET 函数为例，介绍如何分析商品的成本价格，具体操作方法如下。

Step 1：打开"商品成本"工作表，选择"公式"选项卡，在"定义的名称"组中选择"定义名称"选项，如图 7.19 所示。

图 7.19　定义名称

Step 2：弹出"新建名称"对话框，在"名称"文本框中输入"商品成本价格"，在"引用位置"文本框中输入公式"=OFFSET(商品成本!$C$2,COUNT(商品成本!$C:$C)-10,,10)",然后单击"确定"按钮,如图 7.20 所示。

图 7.20 编辑"商品成本价格"的名称与引用位置

Step 3:使用同样的方法,再次打开"新建名称"对话框,在"名称"文本框中输入"日期",在"引用位置"文本框中输入公式"=OFFSET(商品成本价格,,-1)",然后单击"确定"按钮,如图 7.21 所示。

图 7.21 编辑"日期"的名称与引用位置

Step 4:选择 B2:C11 单元格区域,选择"插入"选项卡,在"图表"组中单击"折线图"下拉按钮,选择"折线图"选项,如图 7.22 所示。

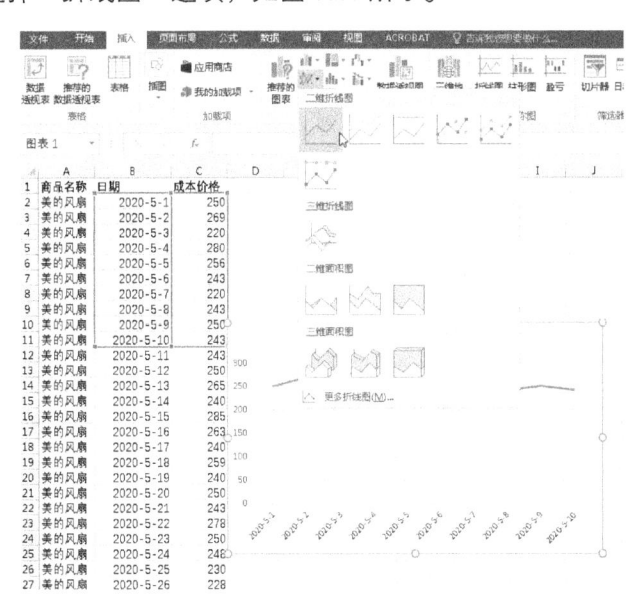

图 7.22 插入折线图

Step 5:调整图表位置,修改图表标题为"最近十天内商品成本价格走势",删除网格线，然后选中图表右击鼠标，在弹出菜单中选择"选择数据…"选项，如图 7.23 所示。

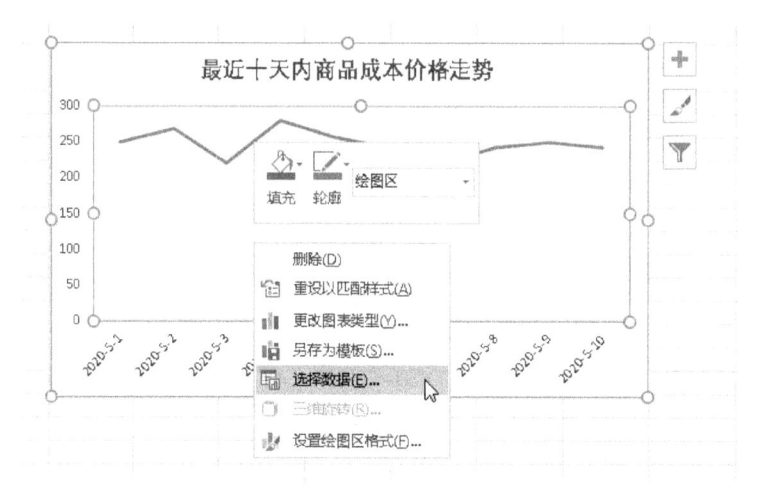

图 7.23 调整美化图表并选择"选择数据…"选项

Step 6：在弹出的"选择数据源"对话框中选择"系列 1"选项，单击"编辑"按钮，如图 7.24 所示。

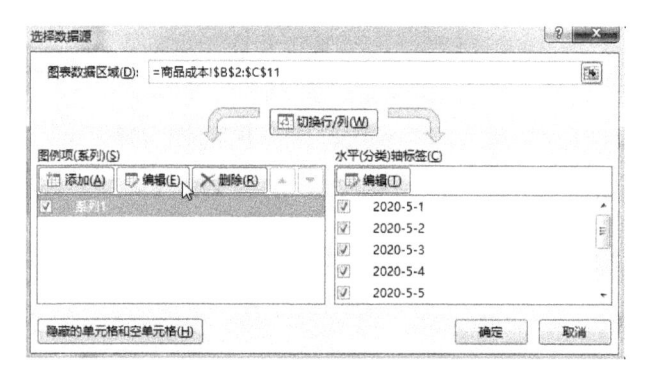

图 7.24 选择"系列 1"进行编辑

Step 7：在弹出的"编辑数据系列"对话框中选择"系列名称"文本框，并选中 C2 单元格。在"系列值"文本框的单元格区域输入"=商品成本!$C$2:$C$11"内容并单击"确定"按钮，如图 7.25 所示。

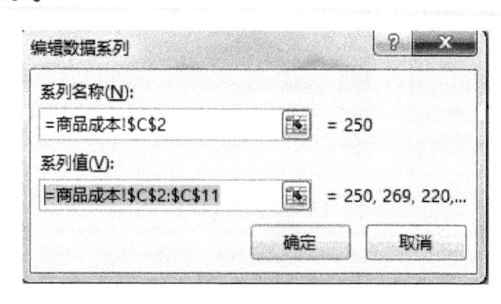

图 7.25 编辑数据系列

Step 8：在返回的"选择数据源"对话框中单击"水平（分类）轴标签"选项区的"编

辑"按钮,如图 7.26 所示。

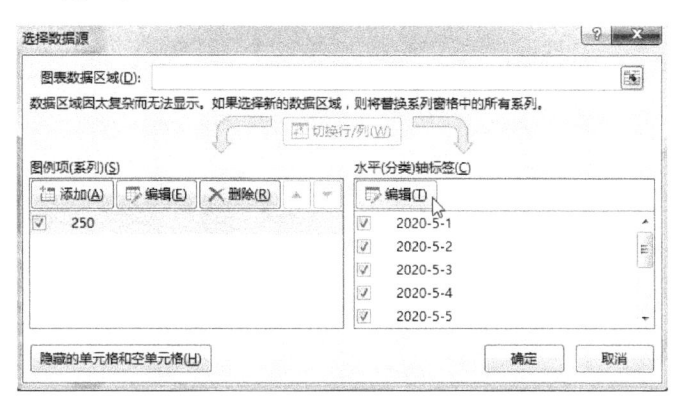

图 7.26 编辑"水平(分类)轴标签"

Step 9:在弹出的"轴标签"对话框中,在"轴标签区域"文本框中选中引用 B2:B11 单元格区域,依次单击"确定"按钮,如图 7.27 所示。

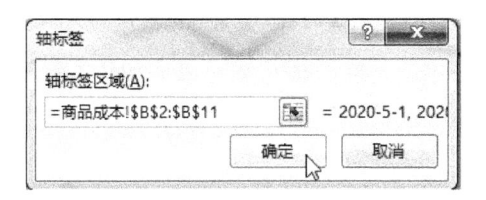

图 7.27 编辑"轴标签"

Step 10:在图表的横坐标轴上右击鼠标,在弹出菜单中选择"设置坐标轴格式…"选项,如图 7.28 所示。

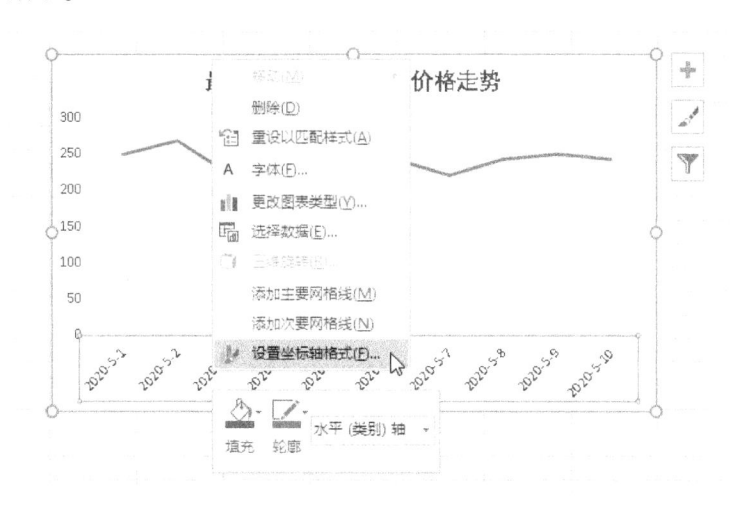

图 7.28 设置横坐标

Step 11:在弹出的"设置坐标轴格式"窗格中选择"数字"选项,在"类别"下拉列表中选择"日期",在"类型"下拉列表中选择短日期类型,单击"关闭"按钮,如图 7.29 所示。

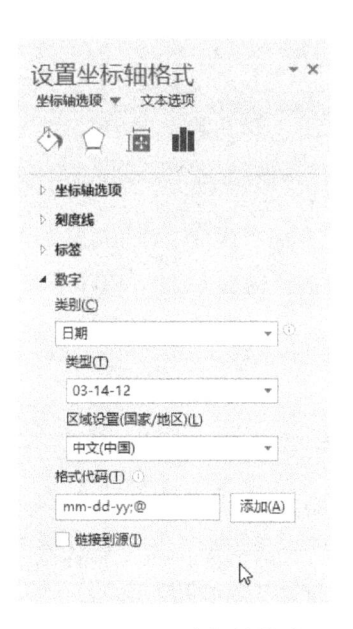

图 7.29 设置坐标轴格式

Step 12：在折线图图表中，选中数据折线可以添加数据标签，进一步美化图表效果。最后，查看最近十天内商品成本价格走势，其中，横坐标以短日期显示，如图 7.30 所示。

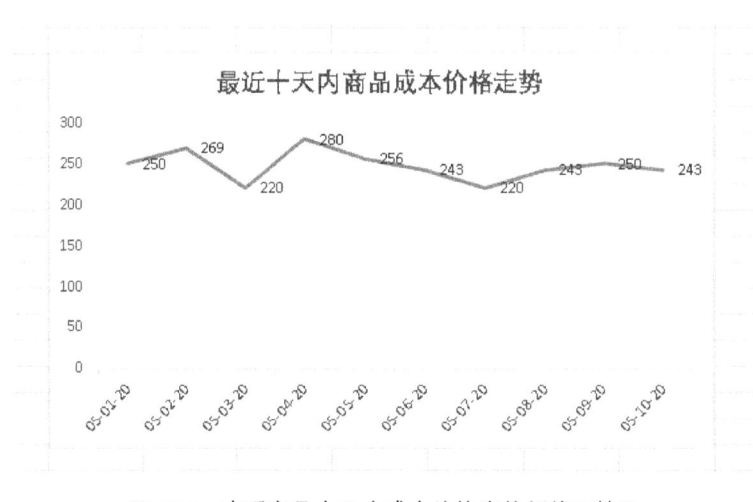

图 7.30 查看商品十天内成本价格走势折线图效果

7.3.2 采购资金分析

商品在采购过程中涉及不同的商品大类，商品归属于不同的类型，这时使用 Excel 的分类汇总方法，可以对同类商品的采购金额进行统计，具体操作如下。

Step 1：打开"商品采购明细"工作表，选择任意一个单元格，选择"数据"选项卡，在"排序和筛选"组中单击"排序"按钮，如图 7.31 所示。

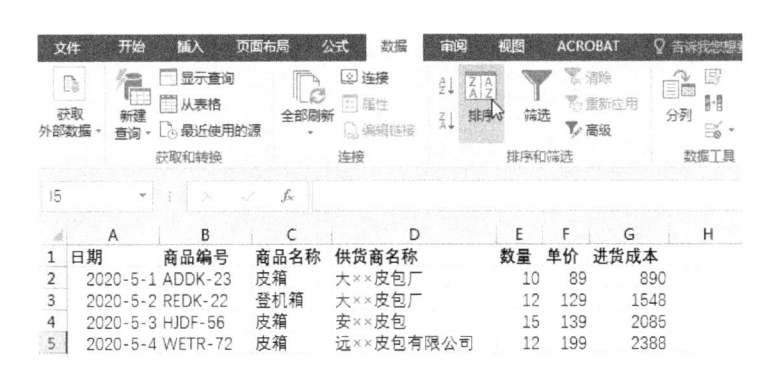

图 7.31 单击"排序"按钮

Step 2：在弹出的"排序"对话框中，在"主要关键字"下拉列表中选择"商品名称"选项，然后单击"添加条件"按钮，如图 7.32 所示。

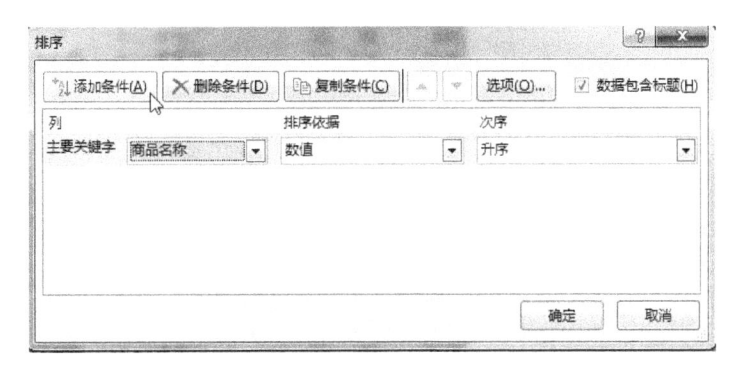

图 7.32 添加排序条件

Step 3：在"次要关键字"下拉列表中选择"进货成本"选项，然后单击"确定"按钮，如图 7.33 所示。

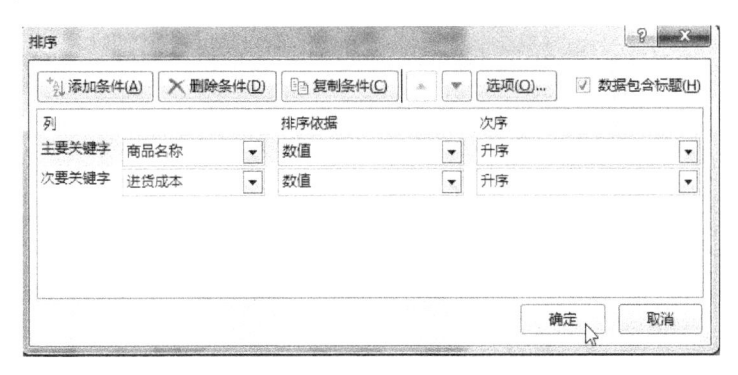

图 7.33 设置"次要关键字"

Step 4：此时，排序结果显示在工作表中。选择"数据"选项卡，在"分级显示"组中单击"分类汇总"按钮，如图 7.34 所示。

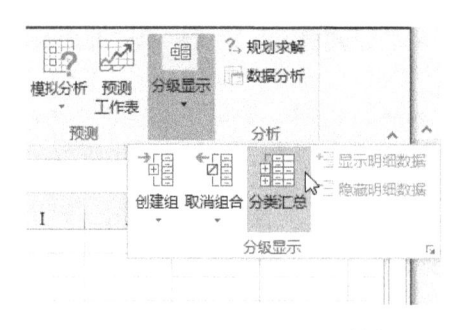

图 7.34 单击"分类汇总"按钮

Step 5：弹出"分类汇总"对话框，在"分类字段"下拉列表中选择"商品名称"选项，在"选定汇总项"列表框中勾选"进货成本"复选框，然后单击"确定"按钮，如图 7.35 所示。

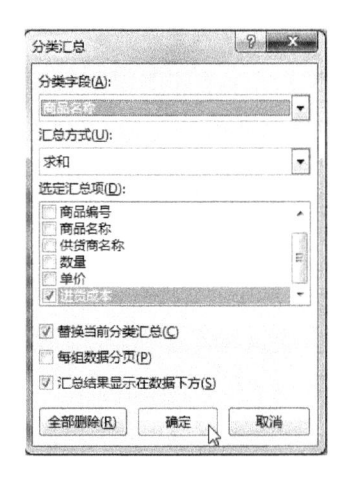

图 7.35 设置"分类汇总"选项

Step 6：此时已创建分类汇总，按"商品名称"对"进货成本"进行求和汇总，再次单击"分类汇总"按钮，如图 7.36 所示。

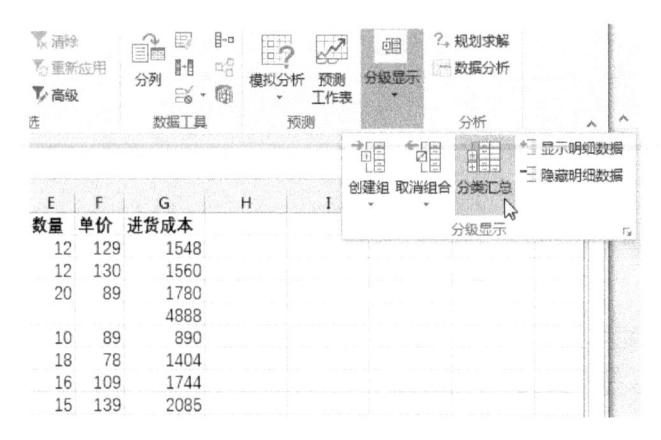

图 7.36 创建分类汇总

Step 7：在弹出的"分类汇总"对话框中，在"汇总方式"下拉列表中选择"平均值"

选项，在"选定汇总项"列表框中选中"单价"复选框，取消勾选"替换当前分类汇总"复选框，然后单击"确定"按钮，如图 7.37 所示。

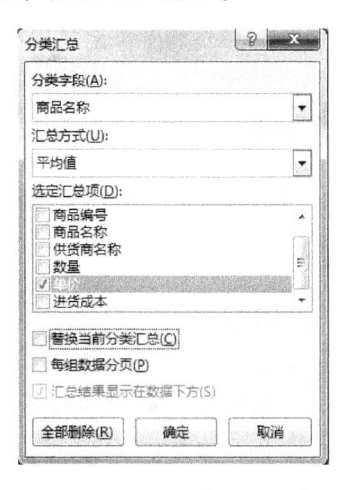

图 7.37 设置"分类汇总"选项

Step 8：商品的采购成本汇总情况可嵌套在分类显示中，各种商品的平均值、汇总情况都可以直观获得，如图 7.38 所示。

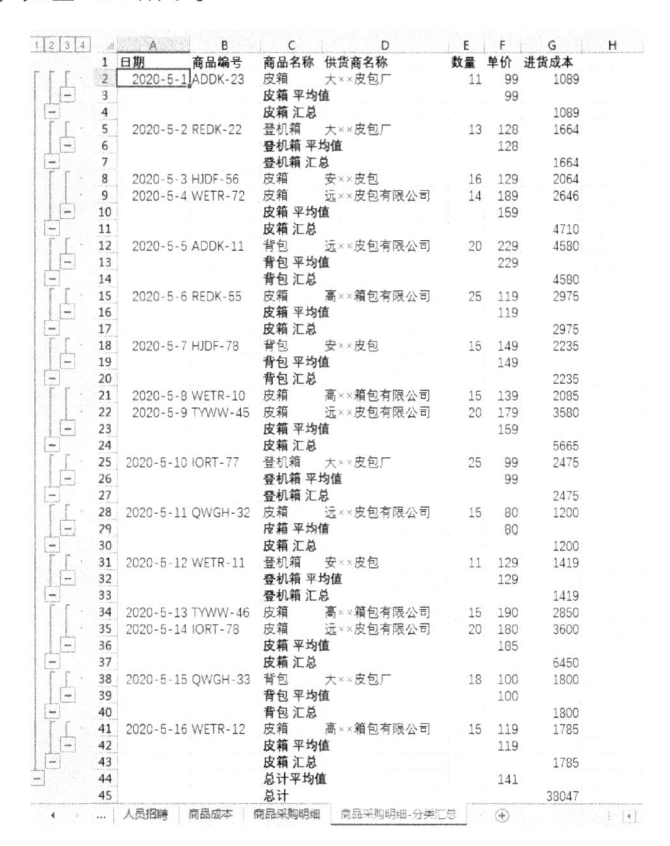

图 7.38 最终汇总结果

7.3.3 采购时间分析

获取商品销售更大利润的前提是控制采购成本。在商品采购环节中，由于市场上下游因素，商品进货价格极易受到影响。商品在旺季与淡季的采购价格会非常不一样。如何把握采购时机、最大限度地降低采购成本、提高商铺的销售利润，是非常重要的运营管理内容。下面将介绍如何分析商品采购时间，具体操作如下。

Step 1：打开"商品采购时间价格"工作表，选择 E2 单元格，再选择"公式"选项卡，在"函数库"组中单击"自动求和"下拉按钮，选择"平均值"选项，如图 7.39 所示。

图 7.39 选择"平均值"选项

Step 2：在 E2 的编辑栏中修改函数 AVERAGE 的参数为 D2:D17 单元格区域，如图 7.40 所示。

图 7.40 修改平均值函数参数

Step 3：在 E2 的编辑栏中，选中 AVERAGE 函数的参数并按 F4 键将其修改为绝对引用，即"$D$2:$D$17"，单击 ✓（"输入"）按钮或按回车键确认，如图 7.41 所示。

Step 4：将鼠标指针指向 E2 单元格右下角，使用填充柄拖动至 E17 单元格，系统自动将公式填充到 E2:E17 单元格区域，然后选择"开始"选项卡，在"数字"组中单击（"减少小数"）按钮，调整 E2:E17 单元格区域数值为整数，如图 7.42 所示。

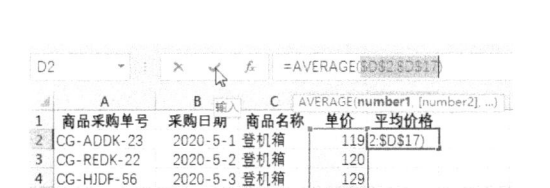

图 7.41　计算平均价格

图 7.42　使用填充柄填充平均值计算数据

Step 5：按住 Ctrl 键的同时使用鼠标选中 B1:B17，D1:D17 和 E1:E17 单元格区域，选择"插入"选项卡，在"图表"组中单击"折线图"下拉按钮，选择"带数据标记的折线图"选项，如图 7.43 所示。

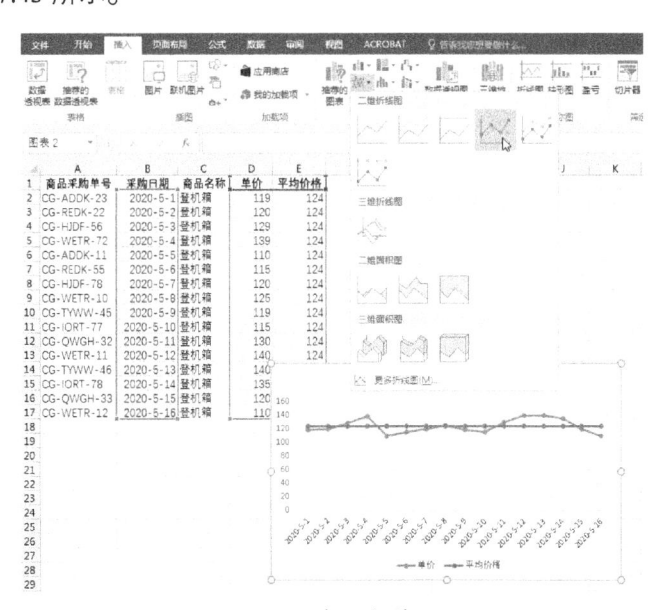

图 7.43　插入折线图

Step 6：调整图表位置，设置图表标题为"商品采购时间价格分析"，去掉网格线。选中纵坐标轴单击鼠标右键,在弹出菜单中选择"设置坐标轴格式…"选项,如图 7.44 所示。

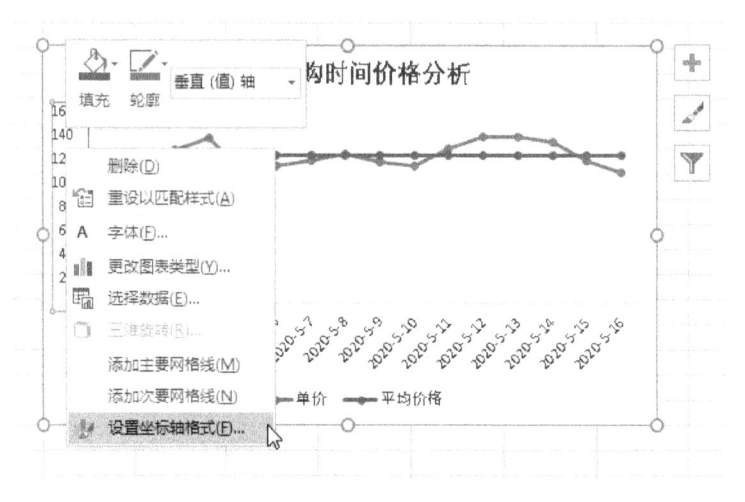

图 7.44 设置图表的纵坐标轴格式

Step 7:在弹出的"设置坐标轴格式"窗格中,在"坐标轴选项"里设置"边界"的"最小值"为 100,"最大值"为 150;在"单位"的"主要"设置值为 20,然后关闭对话框,如图 7.45 所示。

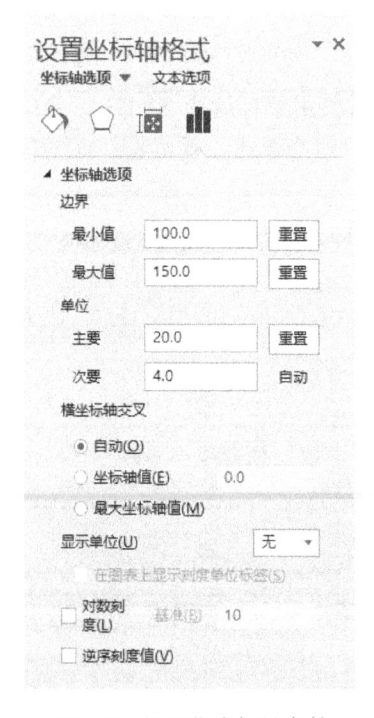

图 7.45 设置纵坐标轴参数

Step 8:此时,可以获得设置好纵坐标轴参数的图表效果。选中"平均价格"数据系列并单击鼠标右键,在弹出菜单中选择"更改系列图表类型…"选项,如图 7.46 所示。

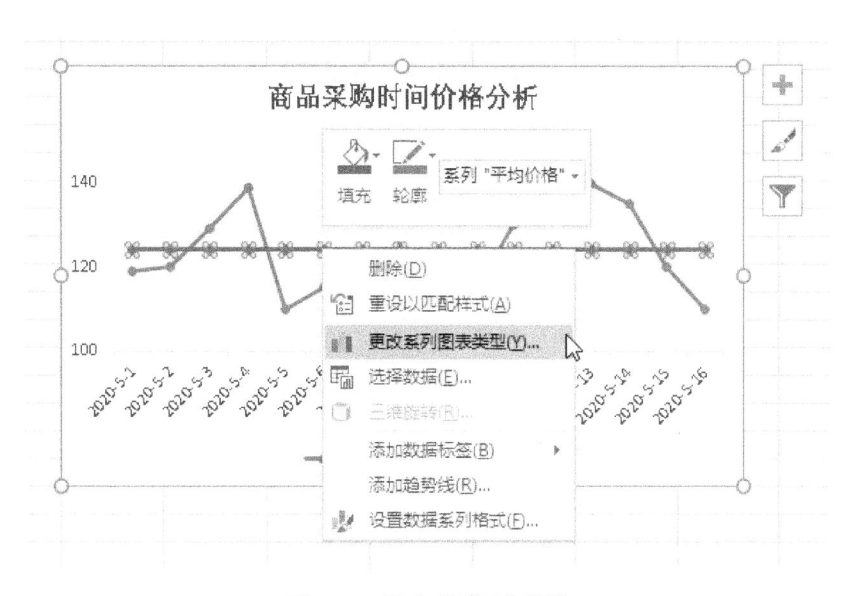

图 7.46　更改系列图表类型

Step 9：在弹出的"更改图表类型"对话框中选择"所有图表"选项卡并选择"折线图"选项，选择一种折线图类型然后单击"确定"按钮，如图 7.47 所示。

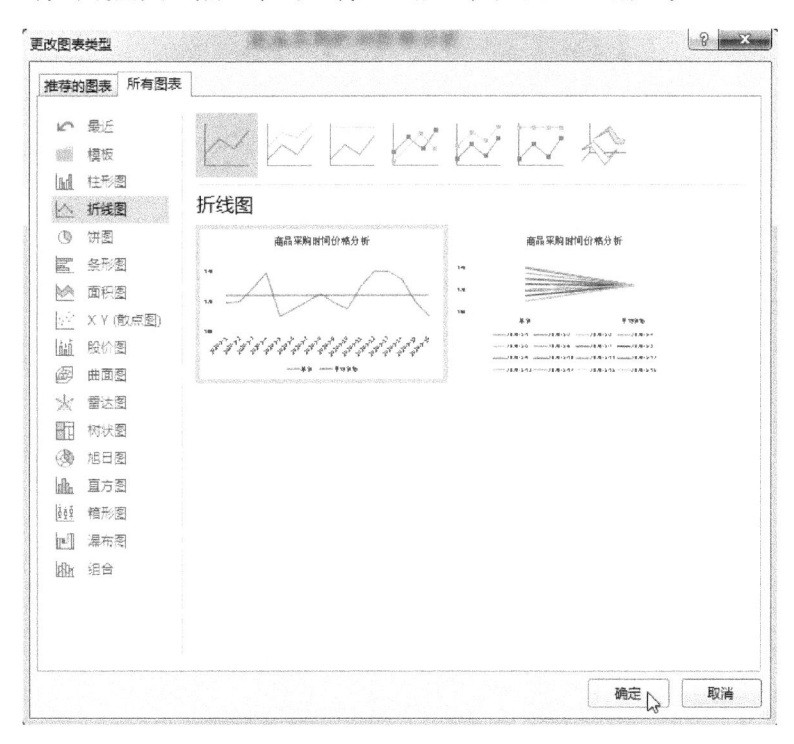

图 7.47　选择"折线图"类型

Step 10：选中"平均价格"数据系列并单击鼠标右键，在弹出的菜单中选择"设置数据系列格式…"选项，如图 7.48 所示。

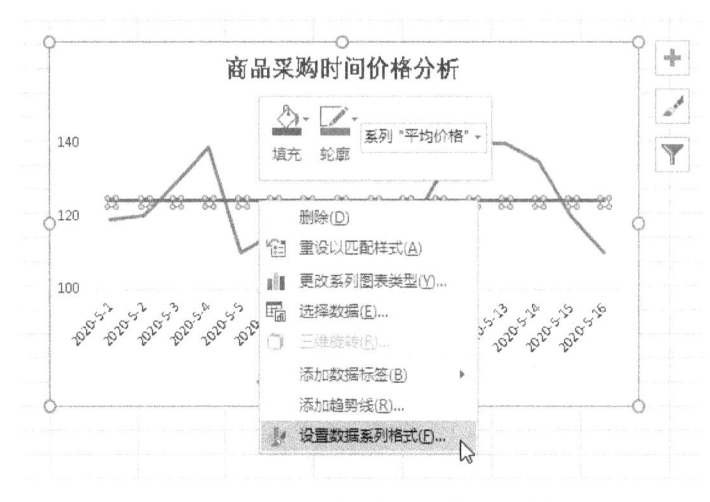

图 7.48 设置"平均价格"的数据系列格式

Step 11：在弹出的"设置数据系列格式"窗格中，在"线条"选区中的"短划线类型"下拉列表中选择相应的线条类型，单击"关闭"按钮关闭对话框，如图 7.49 所示。

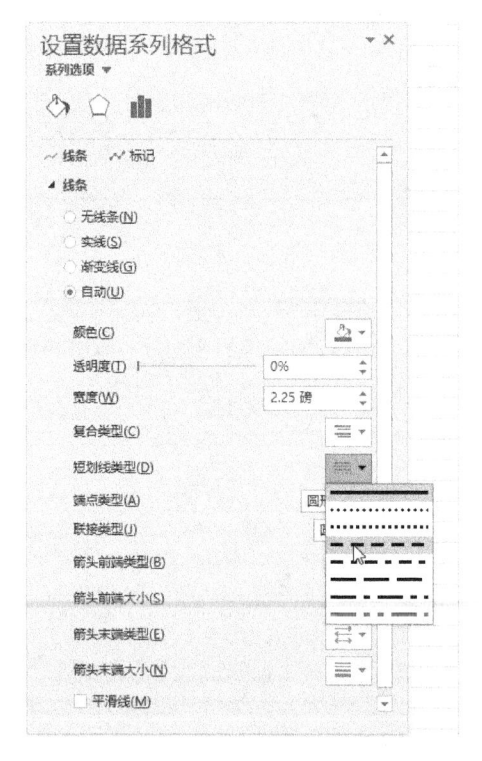

图 7.49 设置"平均价格"的数据线型

Step 12：调整图表位置，添加单价数据系列标签，美化图表。最终获得商品采购时间价格分析图表，由图可得知，目前商品价格的走势偏低，较适合开始采购商品，如图 7.50 所示。

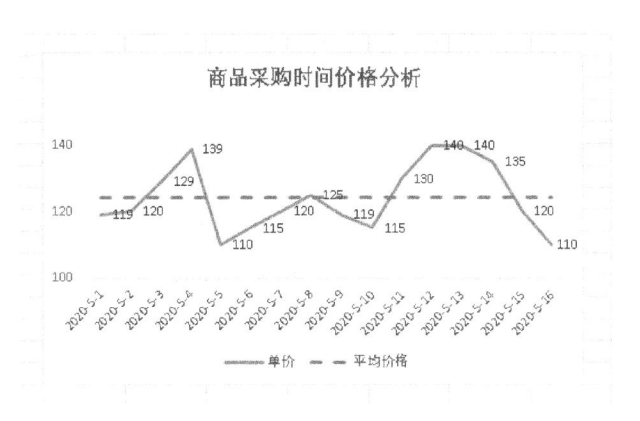

图 7.50　商品采购时间价格分析效果图

7.3.4　商品采购金额比例分析

在商品销售过程中，由于不同商品市场受欢迎热度不同，不同的商品分类有着不同的销售数据。卖家可以通过分析不同商品的销售情况，及时调整采购商品中的比例，分配好商品进货结构比例，最大化获取利润。下面通过分析不同商品的采购金额占比，达到优化调整销售平台的商品结构目的，具体操作如下。

Step 1：打开"商品采购分类明细"工作表，选择 B21 单元格，选择"公式"选项卡，在"函数库"组中单击"数学和三角函数"下拉按钮，选择 SUMIFS 函数，如图 7.51 所示。

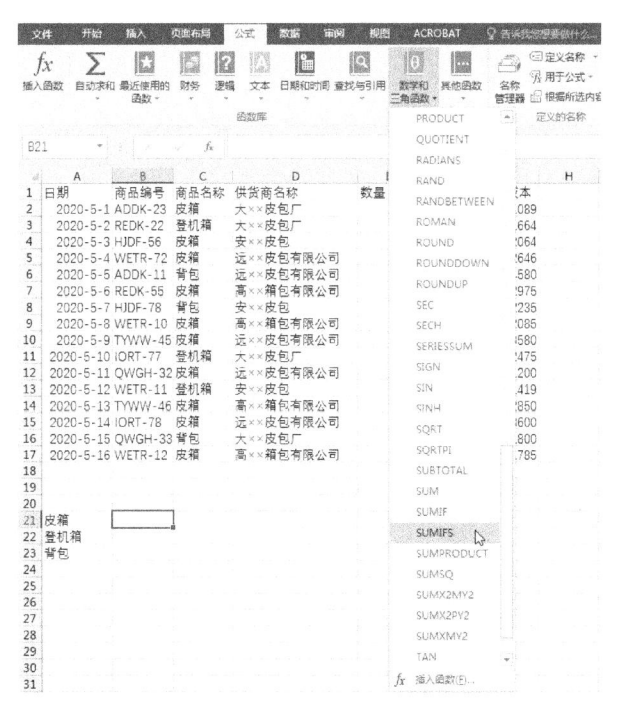

图 7.51　插入 SUMIFS 函数

Step 2：在弹出的"函数参数"对话框中设置 Sum_range 的值为 G2:G17，设置

Criteria_range1 的值为 C2:C17，设置 Criteria1 为"皮箱"，然后单击"确定"按钮，如图 7.52 所示。

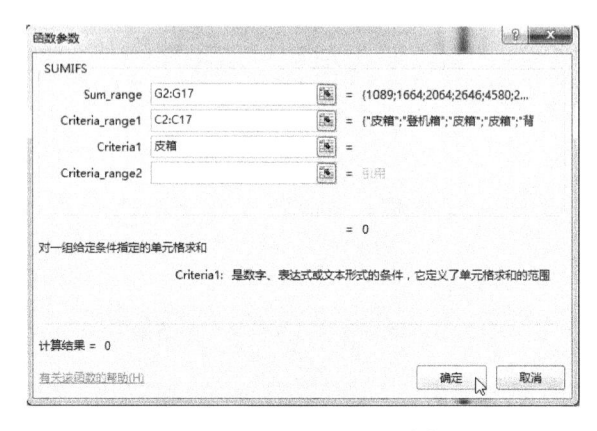

图 7.52　设置 SUMIFS 函数参数

Step 3：此时，可以对"皮箱"的成本进行求和，然后选择 B21 单元格，在编辑栏中复制其函数公式"=SUMIFS(G2:G17,C2:C17,"皮箱")"，接着选中 B22 单元格，并在编辑栏中粘贴函数公式，修改函数公式为"=SUMIFS(G2:G17,C2:C17,"登机箱")"，单击 ✓（"输入"）按钮或者按回车键确认，如图 7.53 所示。

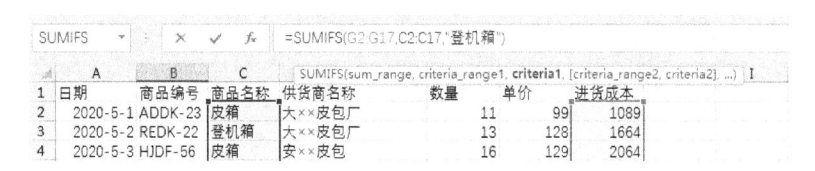

图 7.53　使用函数公式计算"登机箱"成本

Step 4：使用同样的方法，对"背包"的成本进行求和，如图 7.54 所示。

图 7.54　计算"背包"成本

Step 5：选择 A21:B23 单元格区域，再选择"插入"选项卡，在"图表"组中单击"饼图"下拉按钮并选择"三维饼图"选项，如图 7.55 所示。

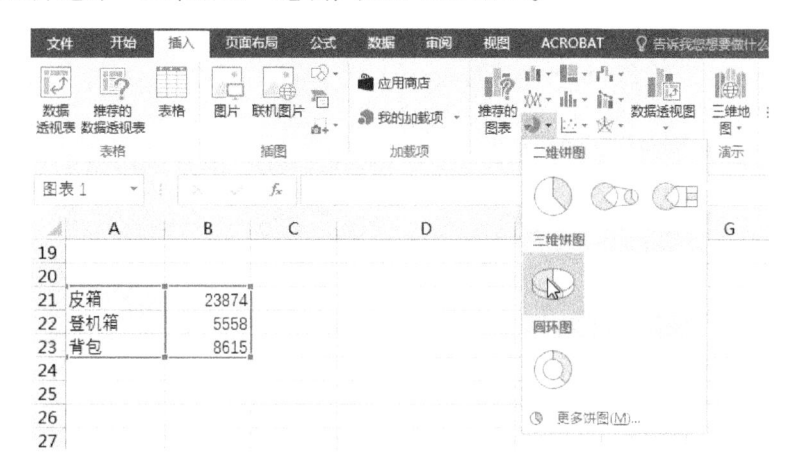

图 7.55 插入饼图

Step 6：调整图表的位置，设置图表标题为"各类商品采购成本占比分析"。选中饼图扇区单击鼠标右键，在弹出菜单中选择"添加数据标签"的"添加数据标签"选项，如图 7.56 所示。

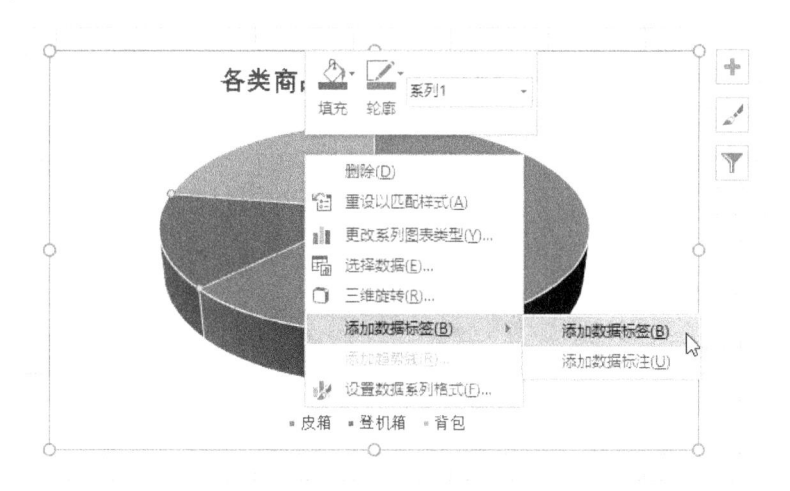

图 7.56 添加数据标签

Step 7：选中图表的数据标签单击鼠标右键，选择"设置数据系列格式…"选项，在弹出的"设置数据标签格式"对话框中选中"百分比"复选框，在"分隔符"下拉列表中选择"(分行符)"选项，关闭对话框，如图 7.57 所示。

Step 8：此时，调整图表的位置并美化数据标签字体格式，可以获得商品采购成本占比分析效果图。由图可知，皮箱对于卖家而言采购成本占比最大，而登机箱占比最小，如图 7.58 所示。

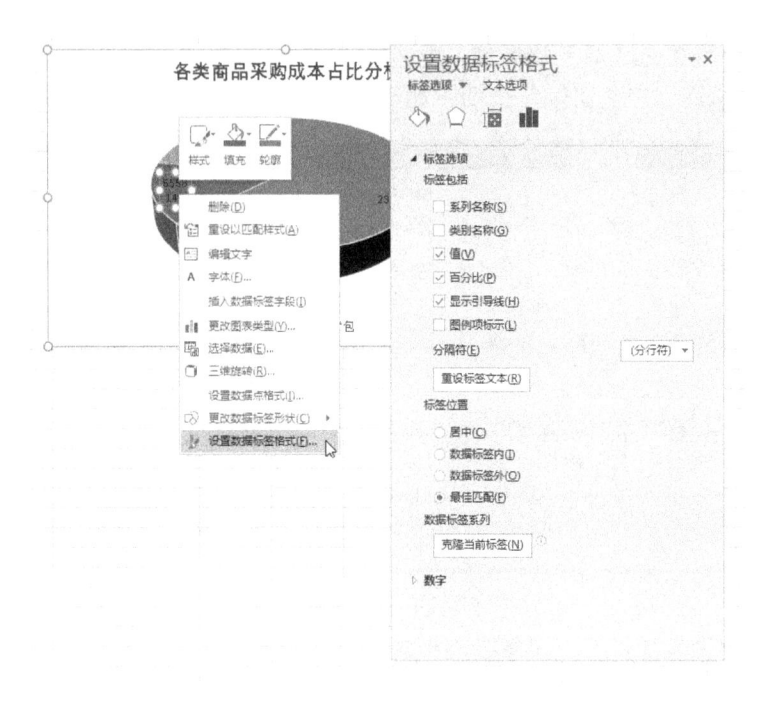

图 7.57　设置标签选项

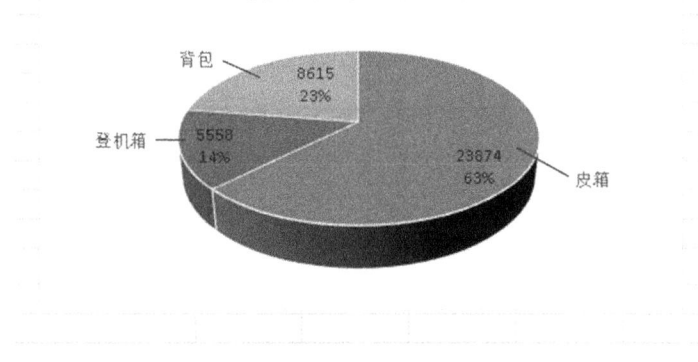

图 7.58　各类商品采购成本占比分析效果图

7.3.5　商品采购资金变化分析

商品采购资金在不同时期内会有适当调整，可以使用移动平移法针对某个月、下一年商品采购金额的变化进行预测分析推算，更好地制定商品销售策略。移动平移法是通过简单的平滑预测技术，根据时间序列历史资料数据逐项推移，依次计算包含一定项的时序平均值，从而反映长期趋势的方法。下面通过移动平移法对商品采购资金变化进行分析，具体操作如下。

Step 1：打开"商品采购金额分析"工作表，选择 C3 单元格，在编辑栏中输入公式

"=(B3-B2)/B2",按回车键确认,计算成本增减率,如图 7.59 所示。

图 7.59　计算成本增减率

Step 2:选中 C3 单元格,使用填充柄将公式拖动至 C7,填充公式可计算其他单元格区域的成本增减率,如图 7.60 所示。

图 7.60　填充公式

Step 3:选择 C2:C7 单元格,再选择"开始"选项卡,在"数字"组中单击 %("百分比")按钮,调整单元格格式为百分比,保留两位小数,如图 7.61 所示。

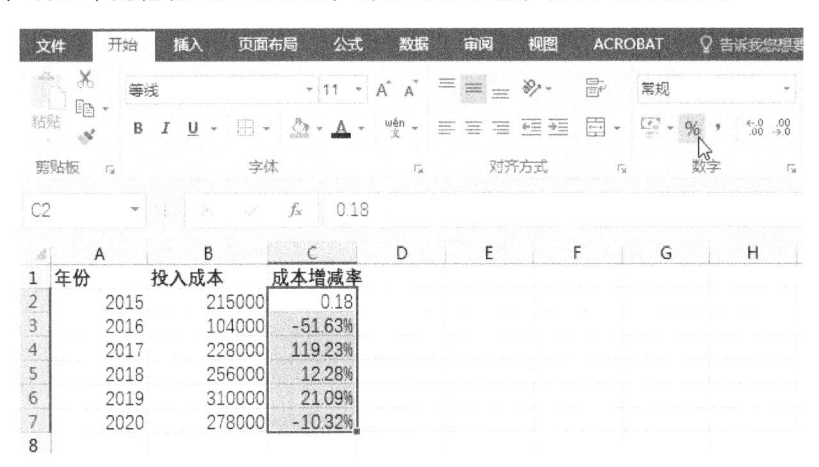

图 7.61　设置成本增减率百分比格式

Step 4:选择"数据"选项卡,在"分析"组中单击"数据分析"按钮。在弹出的"数据分析"对话框中选择"移动平均"选项,单击"确定"按钮,如图 7.62 所示。

图 7.62 选择分析工具

Step 5：在弹出的"移动平均"对话框中分别设置"输入区域"为"$C$2:$C$7"，"输出区域"为"$D$2:$D$7"，勾选"图表输出"复选框，单击"确定"按钮，如图 7.63 所示。

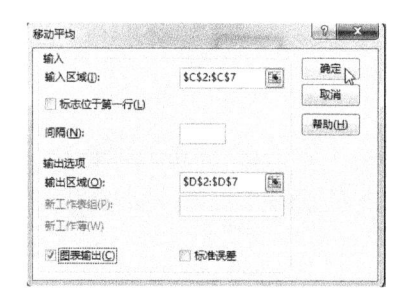

图 7.63 设置"移动平均"参数

Step 6：此时，可以获得移动平均的图表，调整图表位置。分别选中"系列'实际值'"与"系列'预测值'"，单击鼠标右键选择"添加数据标签"命令，在数据系列上添加数据标签，如图 7.64 所示。

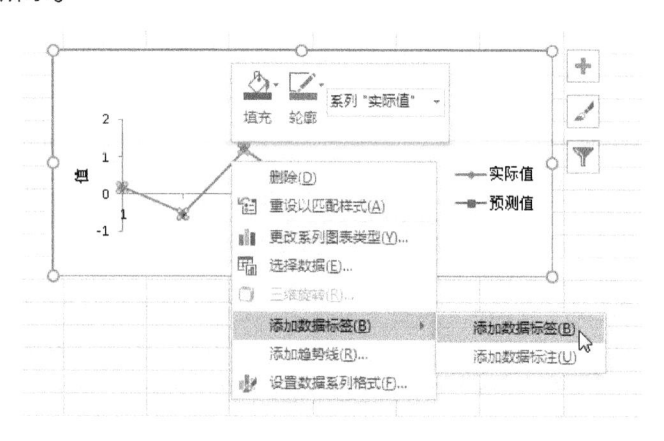

图 7.64 设置图表格式

Step 7：选中图表的纵坐标轴单击鼠标右键，在弹出菜单中选择"设置坐标轴格式…"

选项，如图 7.65 所示。

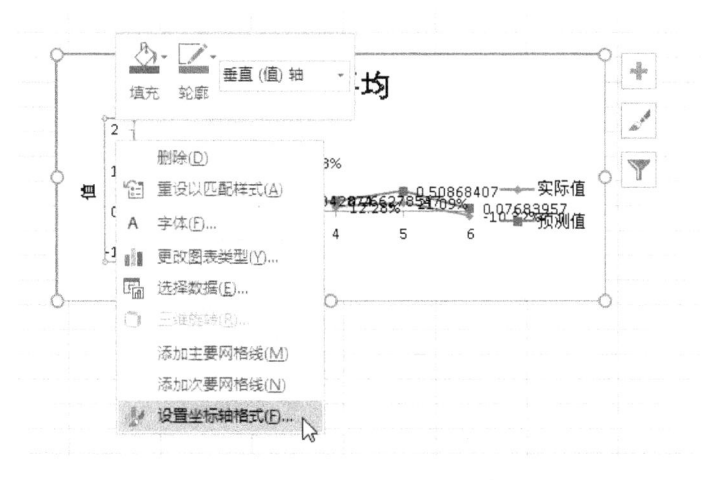

图 7.65　设置纵坐标轴格式

Step 8：在弹出的"设置坐标轴格式"窗格中，在"坐标轴选项"的"单位"内容区域设置"主要"值为 0.5，关闭对话框，如图 7.66 所示。

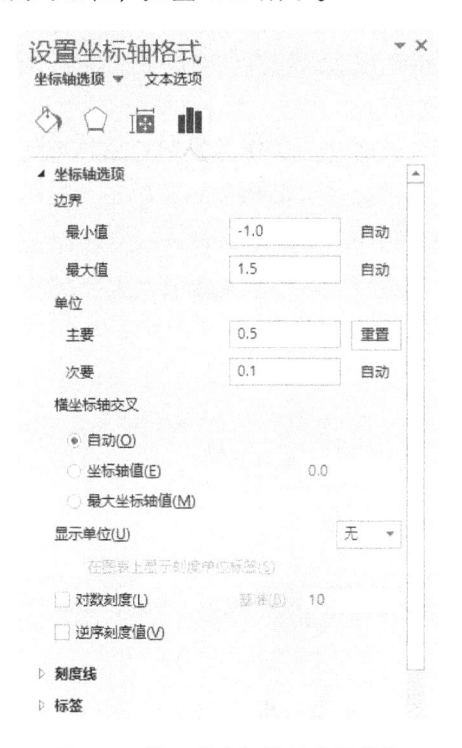

图 7.66　设置纵坐标轴的主要单位

Step 9：此时，可以通过图表显示获得商品未来采购金额的平均走势及相应的数据。选择 C10 单元格，在编辑栏输入公式"=B7*D7"，单击 ✓（"输入"）按钮或按回车键确认，计算出预测结果，如图 7.67 所示。

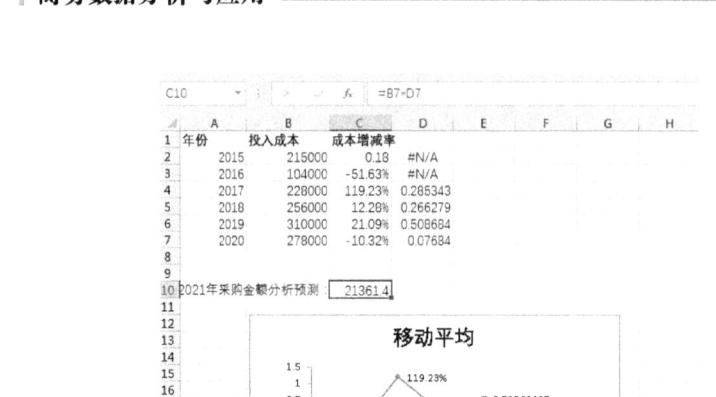

图 7.67 预测图表与计算预测结果

7.3.6 供货商报价比较分析

卖家在进行商品采购时，一般会比较多个供货商的货源、商品成本价格和供货渠道的稳定性。因此，卖家在对多家供货商进行比较后，会选择最具优势的供货商开展商品供货销售合作，进一步降低商品采购成本，提高销售利润。下面介绍如何横向分析比较供货商之间的商品报价，具体操作如下。

Step 1：打开"商品报价"工作表，选择并复制 C2:C7 单元格区域内容，然后选中 B23 单元格，选择"开始"选项卡中的"剪贴板"组，单击"粘贴"下拉按钮，选择 （"转置"）选项，如图 7.68 所示。

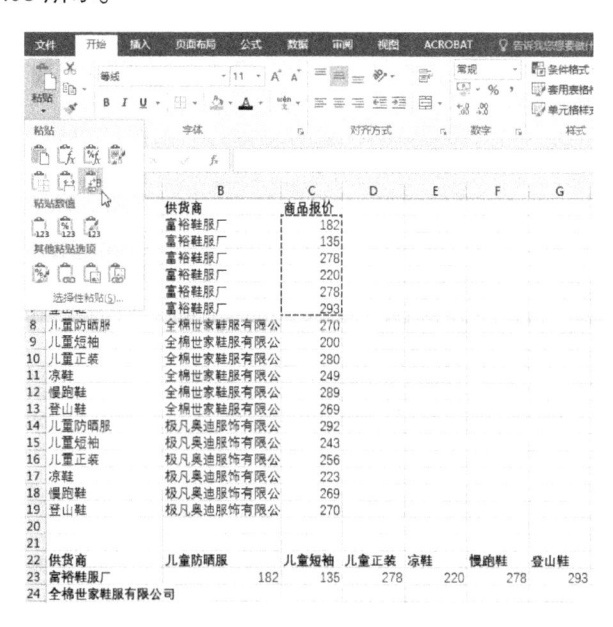

图 7.68 复制并转置粘贴数据

Step 2：使用同样的方法，复制并转置粘贴"全棉世家鞋服有限公司"和"极凡奥迪服饰有限公司"供货商相应的商品报价数据，如图 7.69 所示。

图 7.69　填充其他供货商数据

Step 3：选择 A22:G25 单元格区域，再选择"插入"选项卡，在"图表"组中单击"折线图"下拉按钮，选择"折线图"选项，如图 7.70 所示。

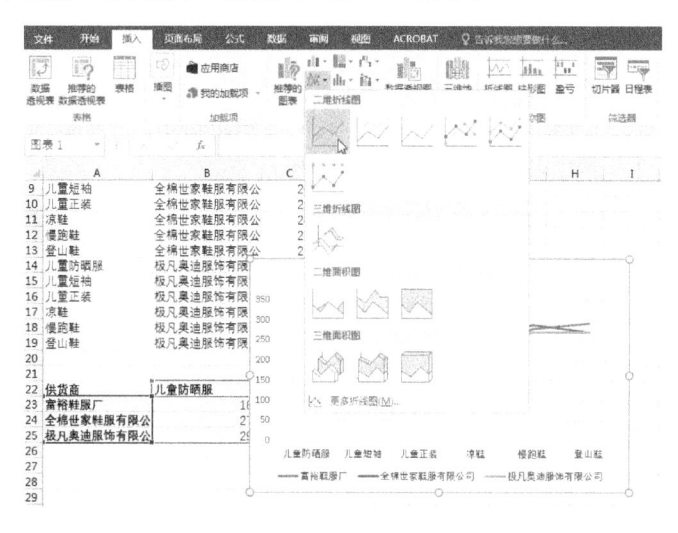

图 7.70　插入折线图

Step 4：选中图表的纵坐标轴单击鼠标右键，在弹出菜单中选择"设置坐标轴格式…"选项，如图 7.71 所示。

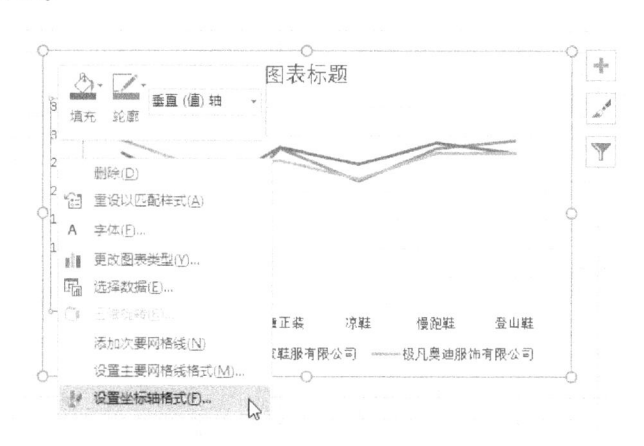

图 7.71　设置坐标轴格式

Step 5：在弹出的"设置坐标轴格式"窗格中，将"坐标轴选项"的"边界"内容区域的"最小值"设置为 120，"最大值"设置为 300，将"单位"内容区域的"主要"设置为 20，关闭对话框，如图 7.72 所示。

图 7.72 设置纵坐标轴参数

Step 6：选中图表，调整图表位置。在"设计"选项卡的"图表布局"组中单击"快速布局"下拉按钮，选择"布局 7"选项，如图 7.73 所示。

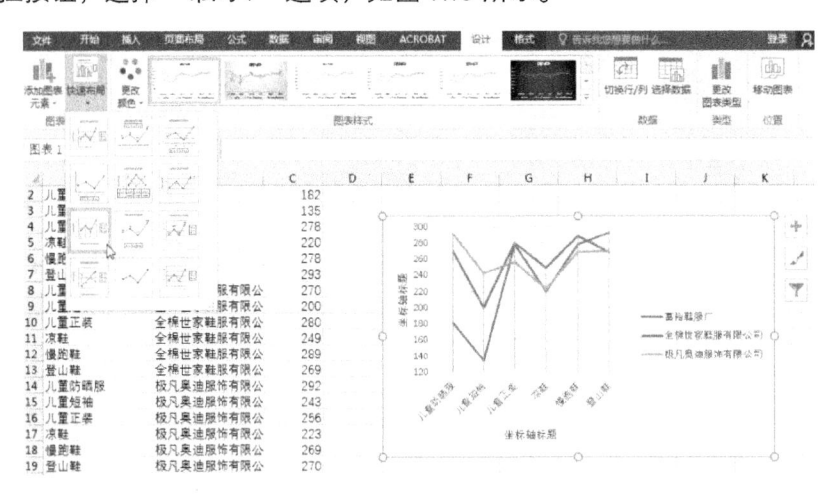

图 7.73 选择图表布局

Step 7：选中图表垂直线单击鼠标右键，在弹出菜单中选择"设置垂直线格式…"选项，如图 7.74 所示。

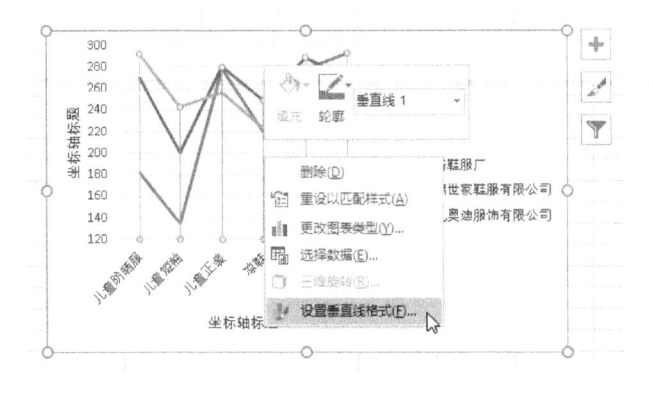

图 7.74 设置垂直线格式

Step 8：在弹出的"设置垂直线格式"窗格中，在"颜色"下拉列表中选择黑色，在"短划线类型"下拉列表中选择长短线性类型,如图 7.75 所示。

图 7.75 设置垂直线格式

Step 9:此时,获得供货商报价比较图表,调整图表的位置与大小,删除网格线,修改图表横纵坐标轴标题,再添加数据系列标签,然后移动图例至图表下方并设置图表坐标轴,如图 7.76 所示。

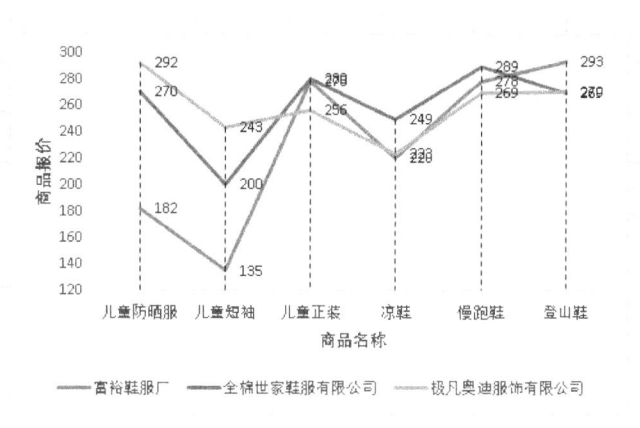

图 7.76 美化商品供货商报价比较图表

此时,卖家可以通过对不同供货商的商品进行分析后,获得最佳报价的供货商。

7.3.7 商品购买量分析

某一种商品在市场销售时,一般会经历商品销售的几个阶段,即商品入市销售初期、销售增长期、销售平稳期和销售下降期,相应的商品销售利润也伴随着上述几个阶段出现增长和下降的特征。因此,卖家应该分析了解商品在市场上销售的几个过程,在商品销售上升的阶段,增加商品采购数量,而在商品销售下降的阶段,减少商品的采购数量,以避免不必要的成本投入及减少损失。下面介绍通过分析商品的销售阶段从而控制商品采购的过程，具体操作如下。

Step 1：打开"商品成交量"工作表，选择 B1:D31 单元格区域，选择"插入"选项卡，在"图表"组中单击"折线图"下拉按钮，选择"折线图"选项，如图 7.77 所示。

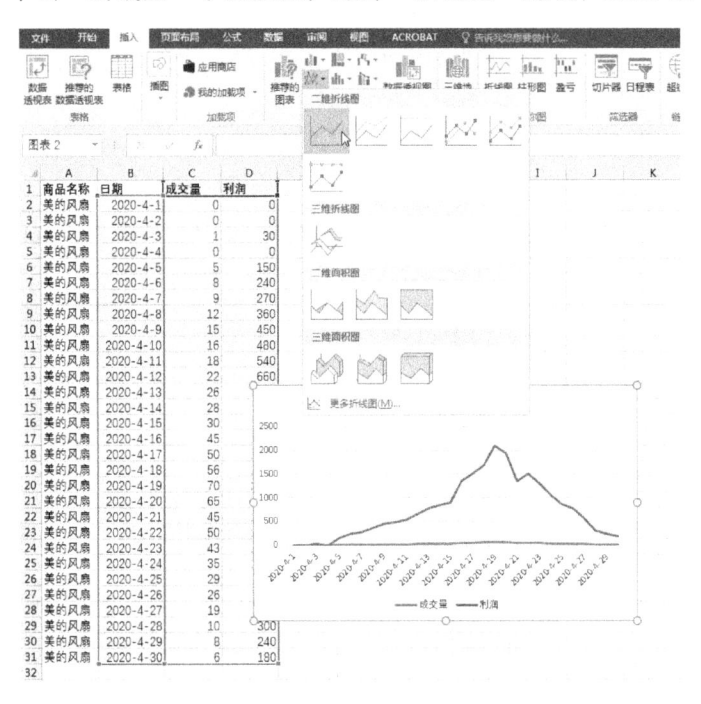

图 7.77　插入折线图

Step 2：在图表中选中"成交量"数据系列单击鼠标右键，在弹出菜单中选择"设置数据系列格式…"选项，如图 7.78 所示。

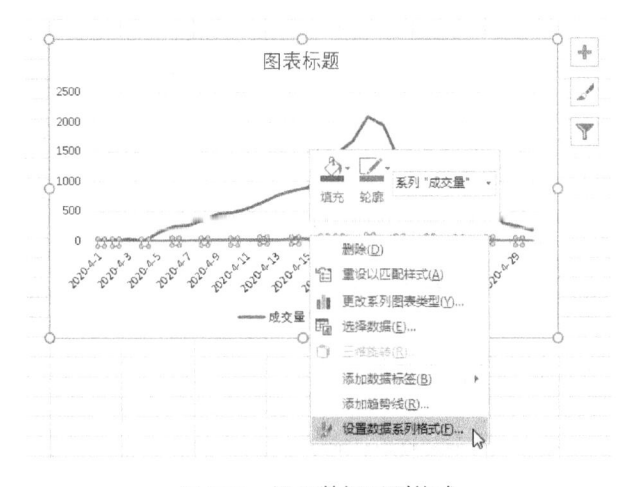

图 7.78　设置数据系列格式

Step 3：在弹出的"设置数据系列格式"窗格选中"系列选项"中的"次坐标轴"单选按钮，如图 7.79 所示。

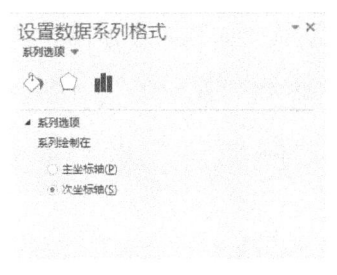

图 7.79　选择"次坐标轴"

Step 4：在图表次坐标轴单击鼠标右键，在弹出菜单中选择"设置坐标轴格式…"选项，如图 7.80 所示。

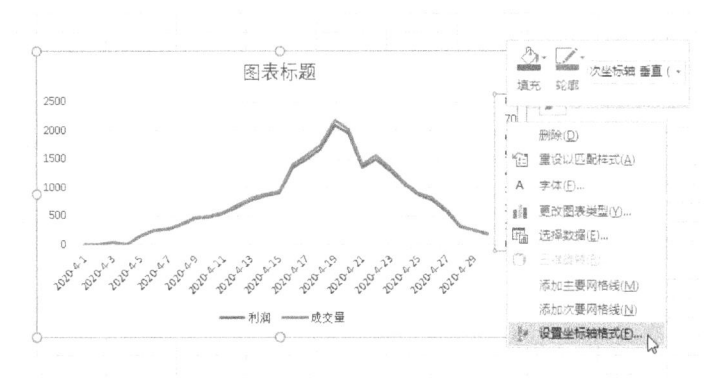

图 7.80　设置次坐标轴格式

Step 5：在弹出的"设置坐标轴格式"窗格中，在"坐标轴选项"的"边界"内容区域设置"最小值"为 0，"最大值"为 200，在"单位"内容区域设置"主要"为 20，如图 7.81 所示。

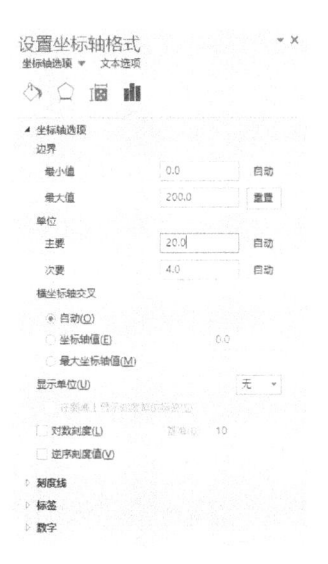

图 7.81　设置次坐标轴参数

Step 6：选中图表中的"成交量"数据系列，在"设置数据系列格式"窗格中勾选"线条"选项最下端的"平滑线"复选框,如图 7.82 所示。

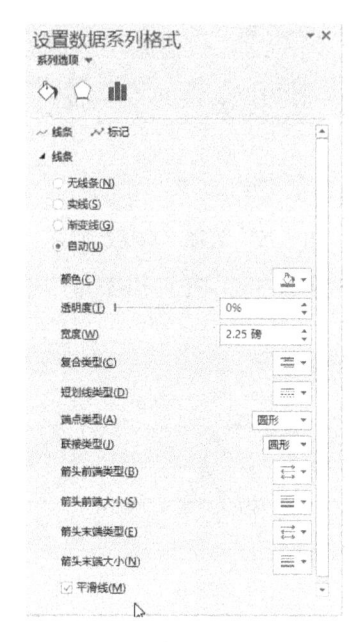

图 7.82 设置成交量数据系列线型

Step 7:使用同样的方法,设置"利润"数据系列,如图 7.83 所示。

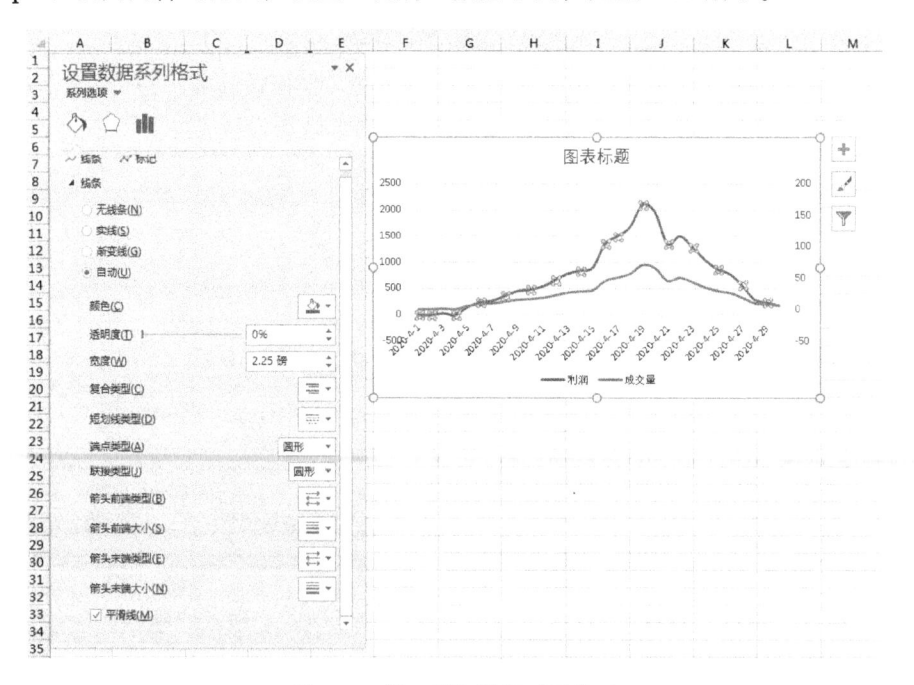

图 7.83 设置利润数据系列线型

Step 8:在图表中选中纵坐标轴,在弹出的"设置坐标轴格式"窗格中,在"坐标轴选项"的"边界"内容区域设置"最小值"为 0,其他的值保持默认,如图 7.84 所示。

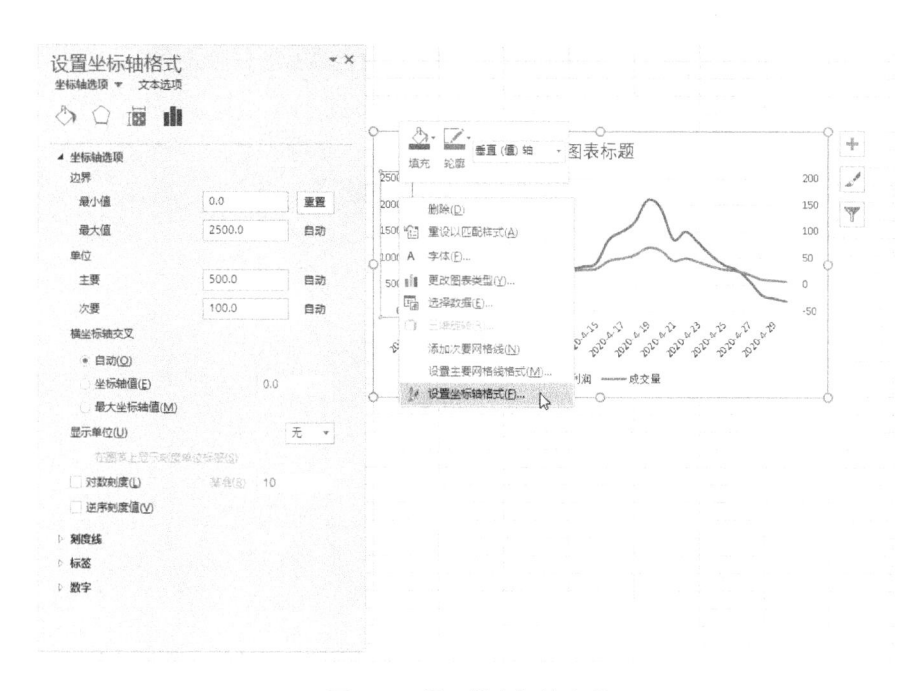

图 7.84　设置纵坐标轴选项

Step 9：选择"插入"选项卡，在"插图"下拉列表中单击"形状"下拉按钮，选择 ＼ （"直线条"）形状，如图 7.85 所示。

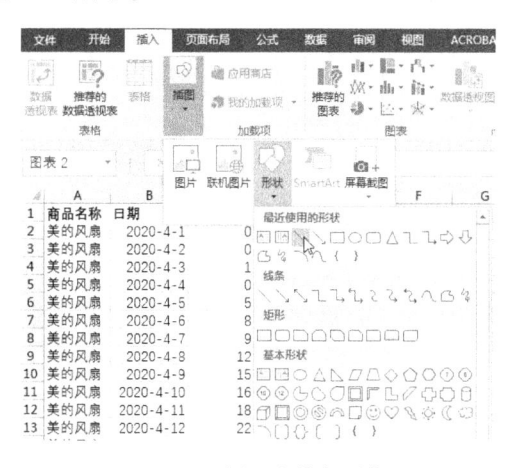

图 7.85　插入直线条形状

Step 10：在"利润"数据系列与横坐标之间绘制直线，将"利润"数据系列按照商品销售获取利润的高低状况分为 4 个阶段。在"插入"选项卡的"文本"组中单击"文本框"下拉按钮，选择"横排文本框"选项，如图 7.86 所示。

Step 11：在文本框中输入"销售初期"，设置字体大小、加粗并调整位置。使用同样的方法插入其他阶段的文本框，并在图表中删除网格线即可完成图表制作。美化图表，设置图表标题。此时，卖家可以根据商品销售的成交量和利润状况来确定是否增加商品采购，提高销售利润，如图 7.87 所示。

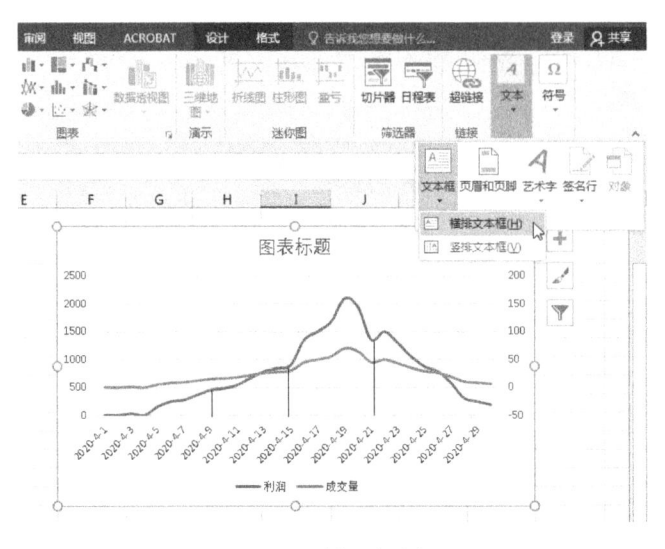

图 7.86　插入文本框

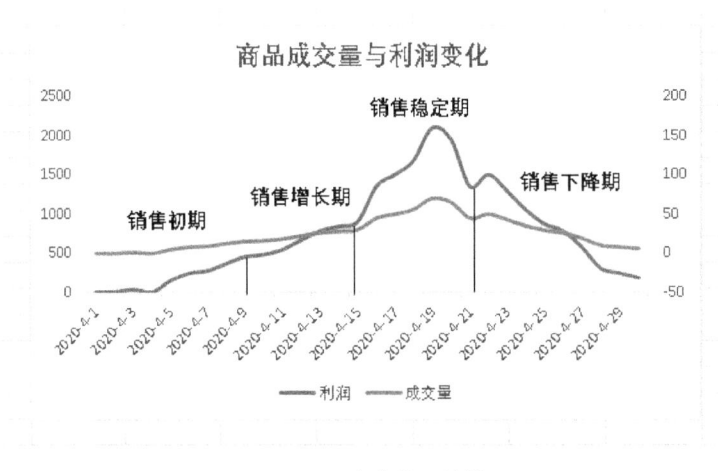

图 7.87　图表美化后的效果

7.4　库存管理

商品销售过程中对库存的管理是卖家十分注重的一个环节。商品库存情况的准确记录与分析，不仅在商品数量的统计方面，更多的是在商品库存变化情况与采购商品、补充货源的关联性分析方面。本节将介绍如何使用 Excel 进行商品库存数据的分析，进一步管理商品销售的库存购销比例。

7.4.1　统计库存类商品比例

库存中商品分类比例的统计与分析，可以直接反映市场对商品的欢迎程度，反映商品结构是否能满足市场的需求。卖家应根据商品占比情况，实时同步地调整商品销售策略，获取合理的商品销售利润收入结构。下面示例如何统计库存中的各类商品占比，具体操作如下。

Step 1：打开"商品库存"工作表，选择任意一个单元格，再选择"插入"选项卡，在"图表"组中单击"饼图"下拉按钮，选择"三维饼图"选项，如图 7.88 所示。

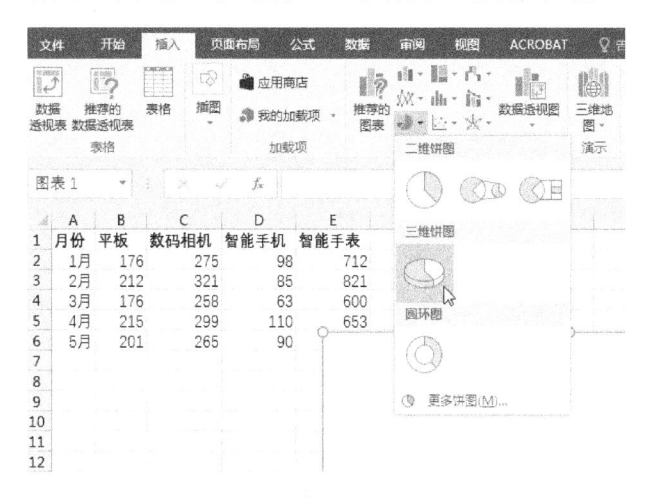

图 7.88 插入三维饼图

Step 2：在图表中单击鼠标右键，在弹出菜单中选择"选择数据..."选项，如图 7.89 所示。

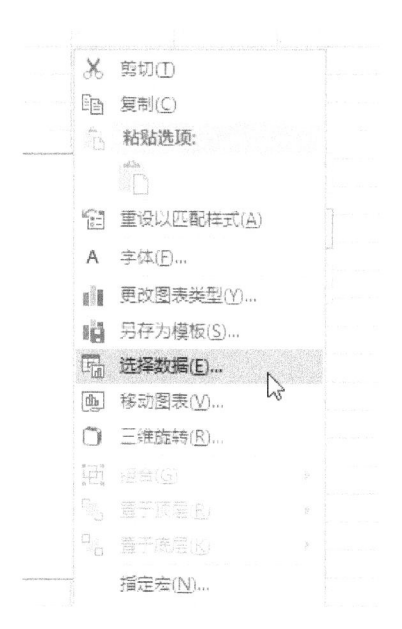

图 7.89 选择"选择数据..."命令

Step 3：在弹出的"选择数据源"对话框中单击"切换行/列"按钮，然后单击"确定"按钮，如图 7.90 所示。

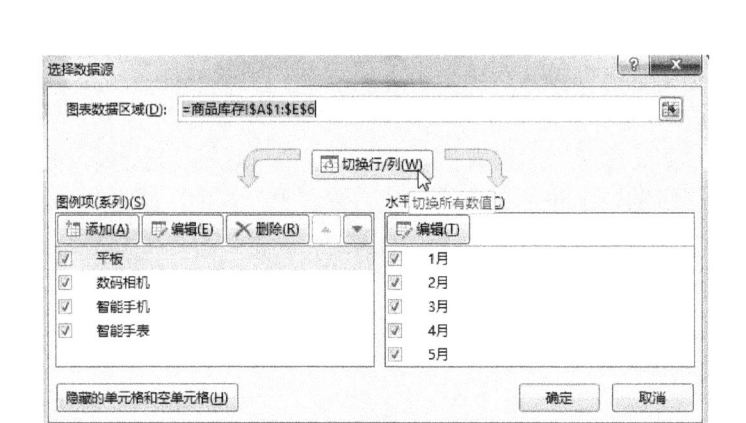

图 7.90 切换行列

Step 4：回到图表，设置图表标题为"1-5月商品库存"，并设置图例字体格式。选中图表数据系列并单击鼠标右键，在弹出菜单中选择"设置数据系列格式…"，如图 7.91 所示。

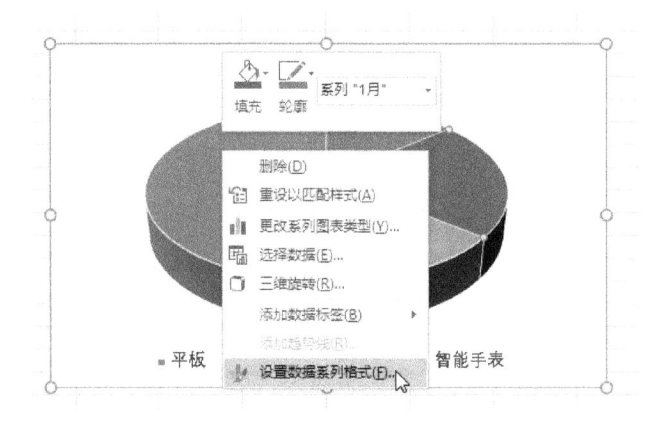

图 7.91 设置数据系列格式

Step 5：在弹出的"设置数据系列格式"窗格中拖动"饼图分离程度"数据条，设置参数值为 20%，如图 7.92 所示。

图 7.92 设置三维饼图分离程度

Step 6：在"设置数据系列格式"窗格中的"填充"选区选中"渐变填充"单选按钮，设置"渐变光圈"的颜色，单击"关闭"按钮，如图 7.93 所示。

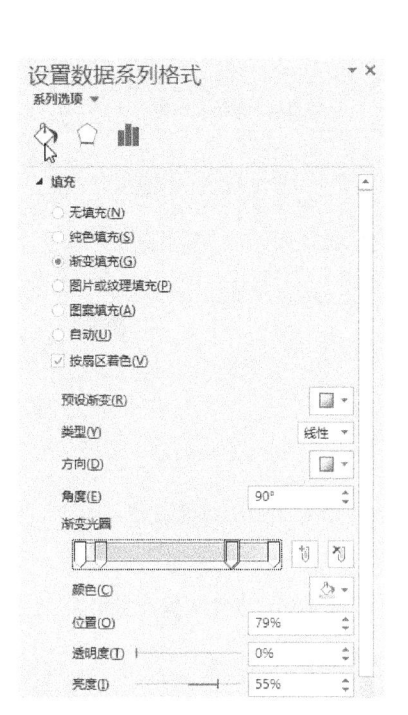

图 7.93 设置图表区的填充颜色

Step 7：选中图表并单击鼠标右键，在弹出菜单中选择"添加数据标签"的"添加数据标签"选项，如图 7.94 所示。

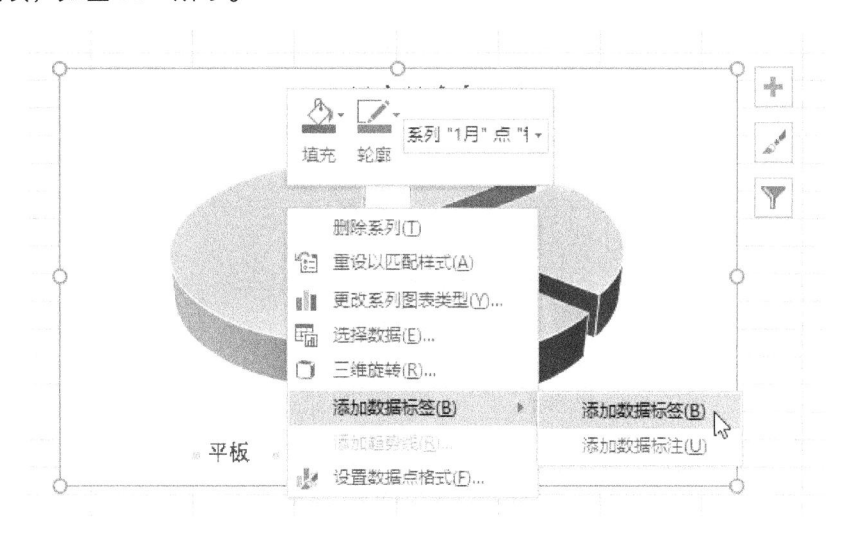

图 7.94 添加数据标签

Step 8：选择添加的数据标签单击鼠标右键，在弹出菜单中选择"设置数据标签格式…"选项，如图 7.95 所示。

Step 9：在打开的"设置数据标签格式"窗格中选中"类别名称"和"百分比"复选框，在"分隔符"下拉列表中选择"(分行符)"，在"标签位置"选项区选中"数据标签内"单选按钮，如图 7.96 所示。

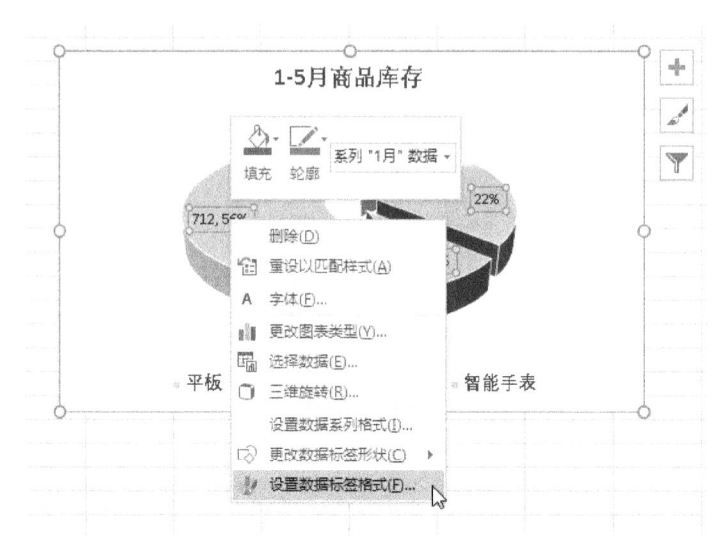

图 7.95　设置数据标签格式

图 7.96　设置标签选项参数值

Step 10：回到图表设置数据标签字体格式，调整图表的位置与大小，完成图表效果图制作。此时，卖家可以根据库存商品的占比情况及时调整商品采购策略，如图 7.97 所示。

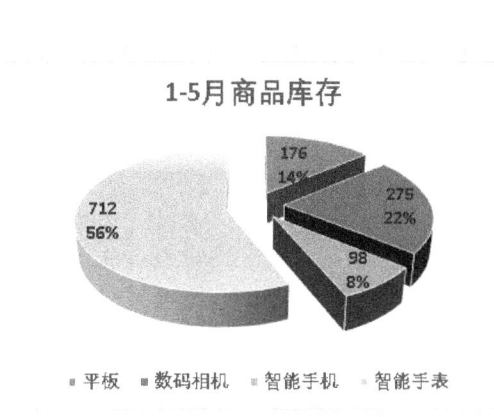

图 7.97 图表美化制作效果

7.4.2 查询库存商品动态变化

卖家需要对商品的库存实时变化有所了解，通过对每个月份的商品库存数量进行实时查询，可以得知是否需要更改商品的采购需求或者调整销售策略。下面通过使用 Excel 的控件分析商品库存的实时情况，具体操作如下。

Step 1：打开"商品动态库存"工作表，选择"文件"选项卡，单击"选项"按钮，弹出"Excel 选项"对话框，单击"自定义功能区"选项，如图 7.98 所示。

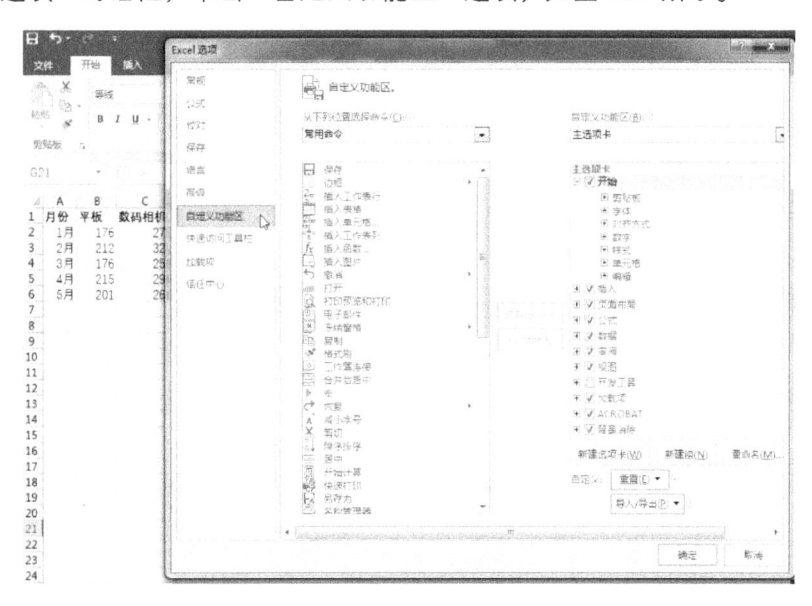

图 7.98 设置 Excel 选项

Step 2：在"自定义功能区"选项的"主选项卡"列表框中勾选"开发工具"复选框，然后单击"确定"按钮，如图 7.99 所示。

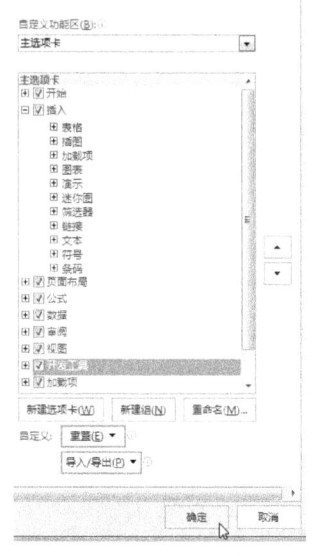

图 7.99 设置 Excel 选项的自定义功能区

Step 3：选择"开发工具"选项卡，在"控件"组中单击"插入"下拉按钮，在"表单控件"选区中单击"组合框（窗体控件）"按钮，如图 7.100 所示。

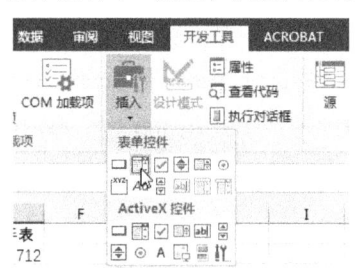

图 7.100 插入表单控件

Step 4：在工作表中选中某单元格区域绘制组合框，在组合框控件单击鼠标右键，在弹出菜单中选择"设置控件格式…"选项，如图 7.101 所示。

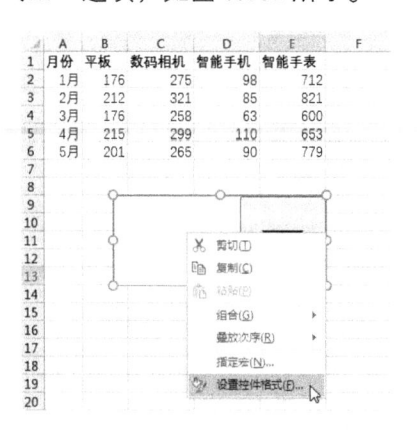

图 7.101 设置表单控件

Step 5：在弹出的"设置控件格式"对话框中选择"控制"选项卡，设置"数据源区域"

为$A$2:$A$6,设置"单元格链接"为$B$8,然后单击"确定"按钮,如图 7.102 所示。

图 7.102　设置控件参数

Step 6:此时,单击组合框右侧的下拉按钮,根据选择相应的月份,会同时在 B8 单元格显示相应选项的序号,如图 7.103 所示。

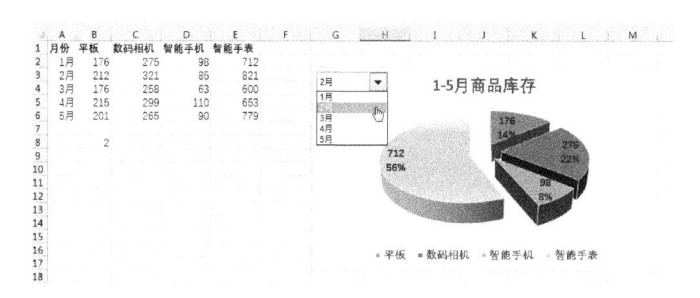

图 7.103　选择月份

Step 7:在图表中选择 B1:E1 单元格区域,使用 Ctrl+C 组合键进行复制,选中 C7 单元格,使用 Ctrl+V 组合键进行粘贴。单击 F7 单元格右下角的"粘贴选项"下拉按钮,选择("粘贴链接")选项,如图 7.104 所示。

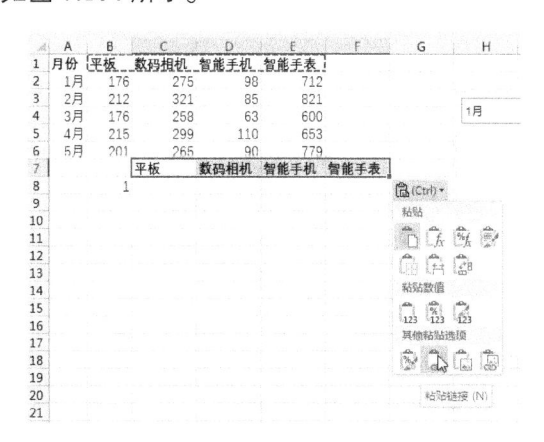

图 7.104　粘贴链接

Step 8:选择 C8 单元格,在编辑栏中输入公式"=INDEX(E2:E6,$B$8)",单击（"输

入")按钮或按回车键确认,并利用填充柄功能将公式填充到右侧的其他单元格中,如图 7.105 所示。

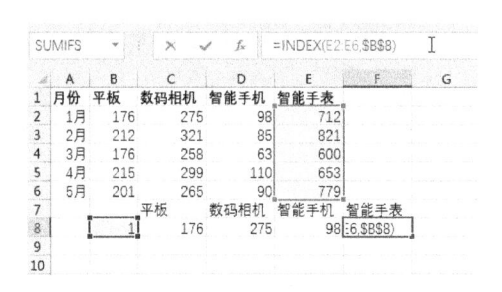

图 7.105 填充数据

Step 9:在图表上单击鼠标右键,在弹出菜单中选择"选择数据…"选项,如图 7.106 所示。

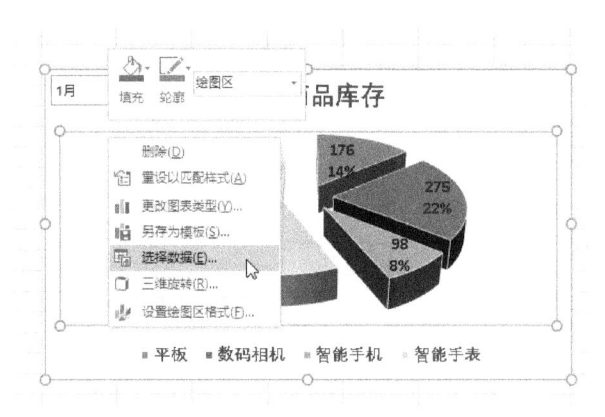

图 7.106 选择数据

Step 10:在弹出的"选择数据源"对话框中,在"图例项(系列)"列表框中选中"5 月"系列,如图 7.107 所示。

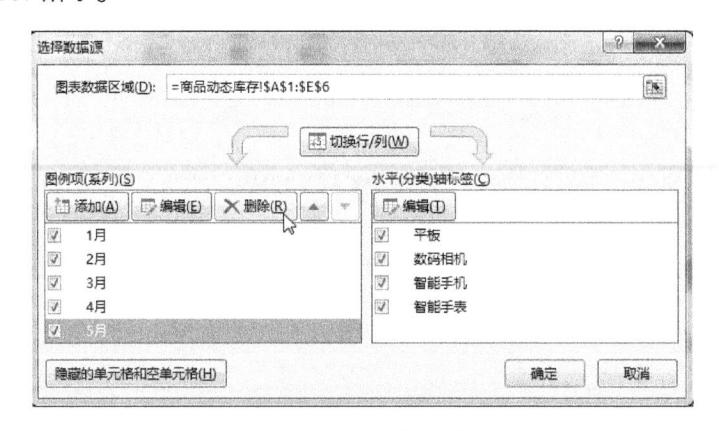

图 7.107 删除系列

Step 11:使用同样的方法,在"选择数据源"对话框中依次删除"4 月""3 月""2 月"系列,选择"1 月"系列单击"编辑"按钮,如图 7.108 所示。

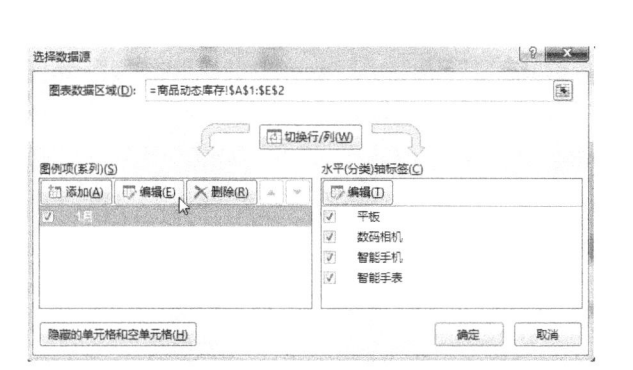

图 7.108 编辑 "1 月" 系列

Step 12：在弹出的"编辑数据系列"对话框中，在"系列值"文本框中删除原有表格默认显示参数数据，然后在工作表中选择 C8:F8 单元格区域，单击"确定"按钮，如图 7.109 所示。

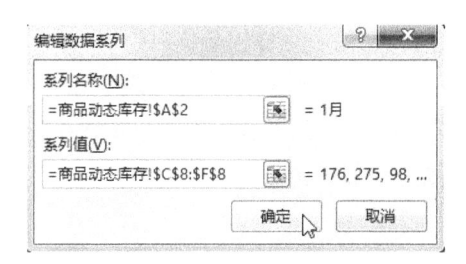

图 7.109 编辑数据系列

Step 13：回到图表，单击组合框下拉按钮，在弹出的下拉列表中选择月份，则图表会根据所选月份自动变化，显示出相应商品的库存数量，如图 7.110 所示。

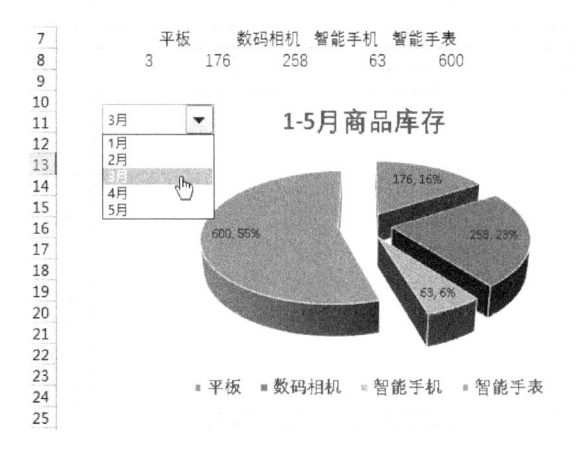

图 7.110 最终图表效果

7.4.3 分析库存商品数量

为了保证商品销售的供销平衡状态，卖家需要对商品的库存数量进行分析，保持适当的数量供给避免商品积压。通过对一段时间的商品库存数量进行分析，可以为下一阶段的商品入库数量提供数据支持。下面通过 Excel 的筛选和柱形图分析商品数量,具体操作如下。

Step 1:打开"商品库存数量"工作表,选择"数据"选项卡,在"排序和筛选"组中单击"筛选"按钮,如图 7.111 所示。

图 7.111 设置自动筛选数据

Step 2:单击"商品名称"筛选按钮,在弹出的列表中取消勾选"多功能手环"和"平板"复选框,然后单击"确定"按钮,如图 7.112 所示。

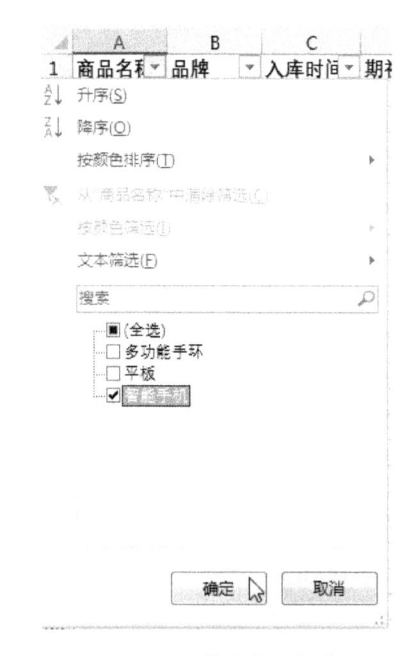

图 7.112 筛选商品名称

Step 3:选择 G1:H7 单元格区域,选择"插入"选项卡,在"图表"组中单击"柱形图"下拉按钮,选择"簇状柱形图"选项,如图 7.113 所示。

Step 4:调整图表的位置与大小,删除网格线,添加图表标题为"商品库存量与库存标准量分析",如图 7.114 所示。

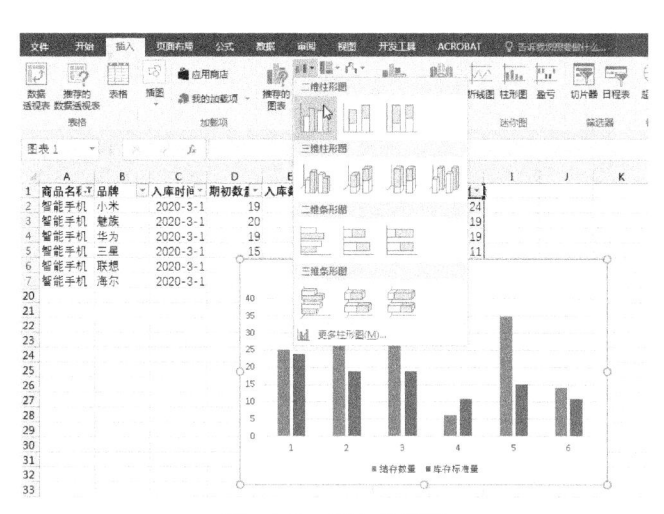

图 7.113　插入柱形图

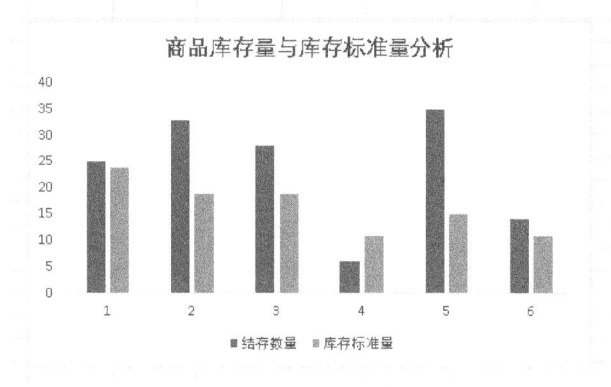

图 7.114　设置图表格式与标题

Step 5：选择 I22 单元格，在编辑栏中输入公式"=A2&"("&B2&")""并单击 ✓（"输入"）按钮确认，然后利用填充柄将公式填充到 I23:I27 单元格区域中，如图 7.115 所示。

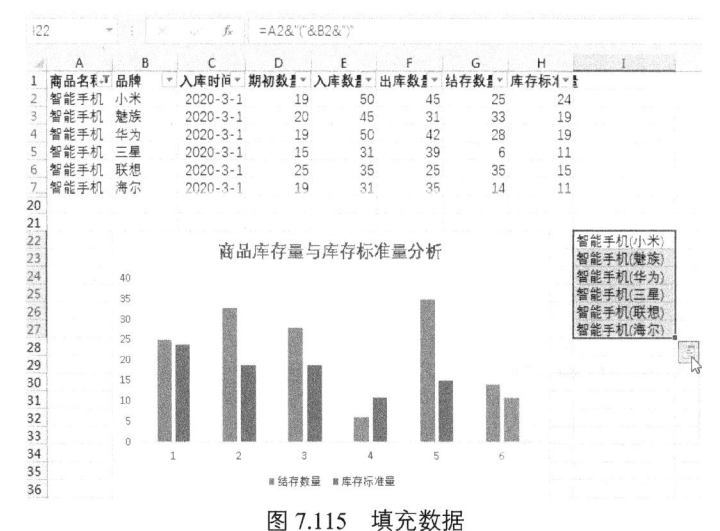

图 7.115　填充数据

Step 6：在图表上单击鼠标右键，在弹出菜单中选择"选择数据..."选项，如图7.116所示。

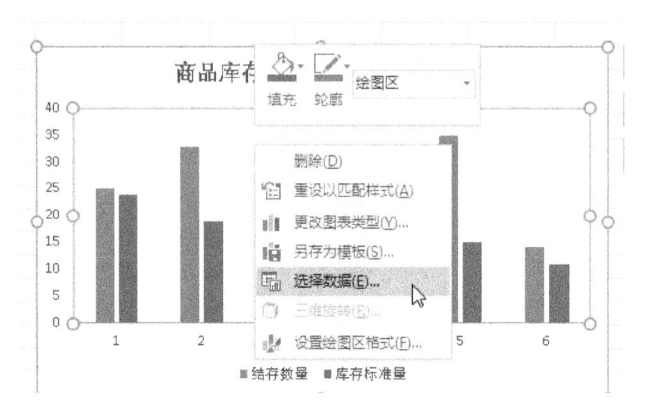

图 7.116 选择"选择数据..."命令

Step 7：在弹出的"选择数据源"对话框中，在"水平（分类）轴标签"选项区中单击"编辑"按钮，如图7.117所示。

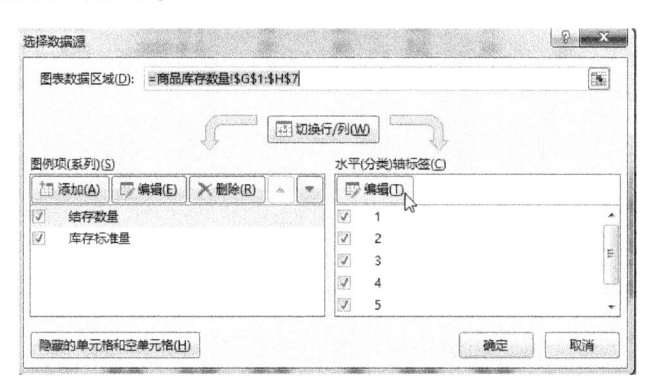

图 7.117 编辑水平（分类）轴标签

Step 8：在弹出的"轴标签"对话框中，在"轴标签区域"文本框中选择输入 I22:I27 单元格区域，单击"确定"按钮，如图7.118所示。

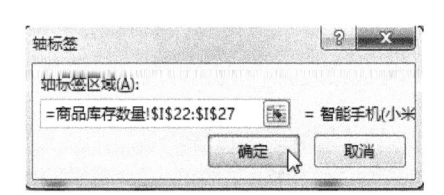

图 7.118 编辑轴标签区域

Step 9：此时可以获得水平坐标轴标签改变的"智能手机"图表，进一步设置轴标签字体格式，完成图表的制作，如图7.119所示。

卖家从图表可以得知，"小米"品牌的智能手机库存量与库存标准量差距较小，库存适中，而"联想"品牌的智能手机库存量与库存标准量差距较大，可以考虑进一步采购补充货源。

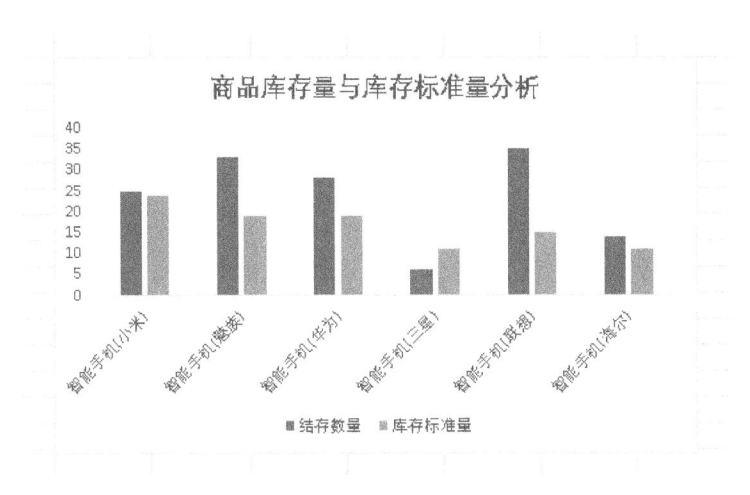

图 7.119　最终完成库存量分析图表效果

7.4.4　分析库存商品折损与补货

商品在库存里进行出入库的过程中，容易发生破损现象，一定程度的商品损耗是可以接受的。如果损耗过高，卖家需要通过分析数据找到根本原因，并采取相对应的措施解决高损耗问题。下面分析库存商品的折损情况，具体操作如下。

Step 1：打开"商品库存破损分析与补货"工作表，选中 L2 单元格，然后选择"公式"选项卡，在"函数库"组中单击"自动求和"下拉按钮，选择"求和"命令，如图 7.120 所示。

图 7.120　插入"自动求和"函数

Step 2：此时，在 L2 单元格插入 SUM 函数，在工作表中选中 G2:G19 单元格区域，然后单击 ✓（"输入"）按钮计算商品库存的结存数量，如图 7.121 所示。

图 7.121　计算商品库存的结存数量

Step 3：选择 M2 单元格，使用同样的方法计算破损数量，如图 7.122 所示。

图 7.122　计算破损数量

Step 4：选择 N2 单元格，在编辑栏中输入公式"=M2/L2"，然后单击 ✓（"输入"）按钮，计算破损率，如图 7.123 所示。

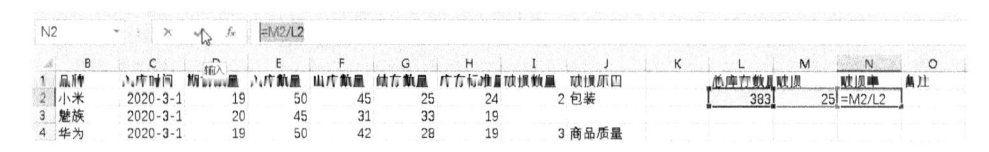

图 7.123　计算破损率

Step 5：选择 O2 单元格，在"公式"选项卡中的"函数库"组中单击"逻辑"下拉按钮，选择 IF 函数，如图 7.124 所示。

Step 6：在弹出的"函数参数"对话框中设置函数参数，在 Logical_test 文本框区域输入 "N2<1%"，Value_if_true 文本框区域输入""正常破损范围""，Value_if_false 文本框区域输入""破损率较高，应重视""，如图 7.125 所示。

第 7 章
经营管理数据分析

图 7.124 插入 IF 函数

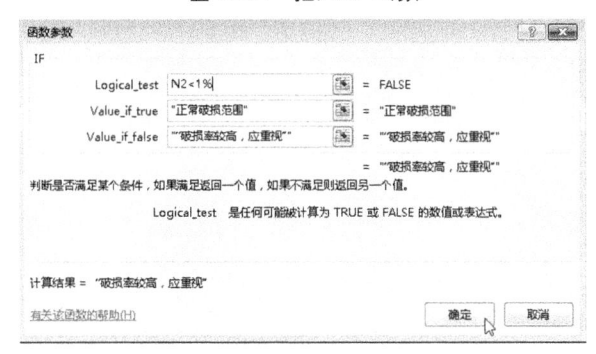

图 7.125 设置 IF 函数参数

Step 7：选择 M6 单元格，在编辑栏中输入公式"=SUMIF($J$2:$J$19,L6,$I$2:$I$19)"，然后单击"输入"按钮确认公式，如图 7.126 所示。

图 7.126 计算破损原因为"包装"数量

Step 8：使用填充柄将 M6 单元格公式填充到本列的 M7:M9 单元格区域，如图 7.127 所示。

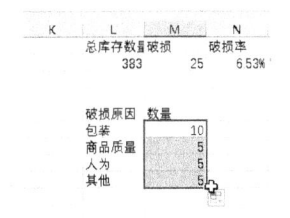

图 7.127 使用填充柄填充公式到其他列单元格区域

Step 9：选择"插入"选项卡，在"图表"组中单击"饼图"下拉按钮，选择"饼图"

251

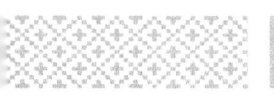

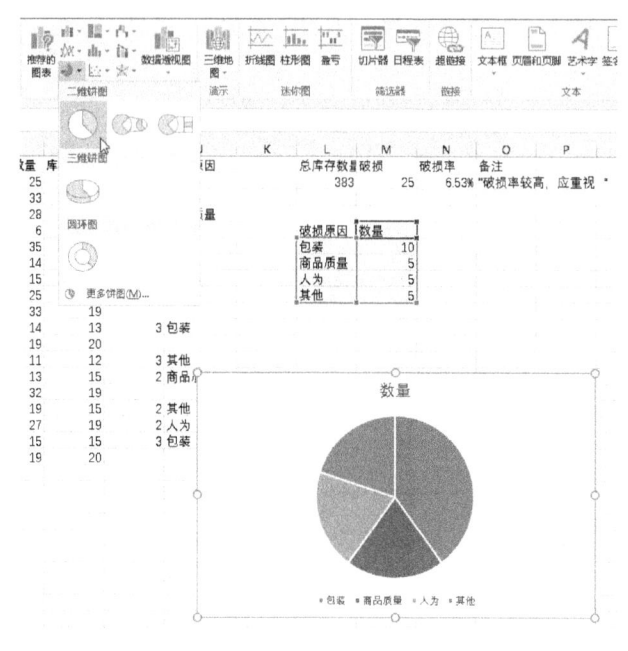

选项，如图 7.128 所示。

图 7.128　插入饼图

Step 10：选中图表，再选择"设计"选项卡，在"图表布局"组中单击"快速布局"下拉按钮，选择"布局 6"样式，获得调整布局后的饼图，如图 7.129 所示。

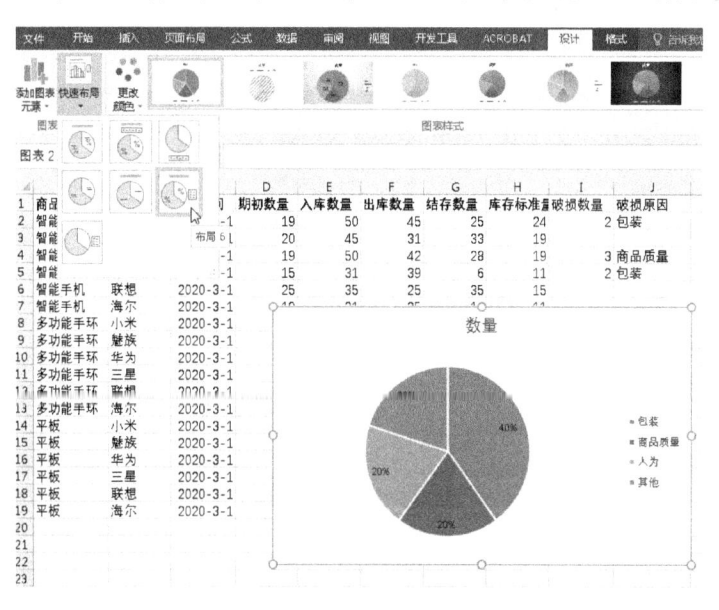

图 7.129　使用"快速布局"调整图表

Step 11：调整图表的大小和位置，输入图表标题文本，设置数据标签字体格式，完成图表的制作。卖家由图表分析可以得知，商品折损原因为"包装"的商品库存损耗占比最大，需要对商品包装的环节进行把控，如图 7.130 所示。

第 7 章
经营管理数据分析

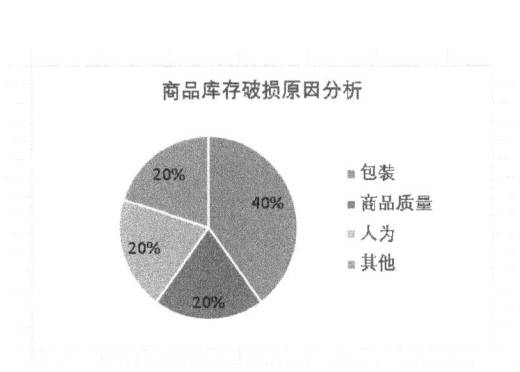

图 7.130 美化图表效果图

通过分析商品在库存里的折损后，卖家可以设置补货信息提醒。在去除折损商品后，库存的商品存储有可能需要及时进行采购以弥补数量，这时可以采用提示信息的方式及时反映库存情况。下面分析库存商品补货提示情况，具体操作如下。

Step 1：打开"商品库存破损分析与补货 1"工作表，选中 I2 单元格，在编辑栏中输入公式"=G2-H2"，然后单击 ✓ （"输入"）按钮，计算库存差异，如图 7.131 所示。

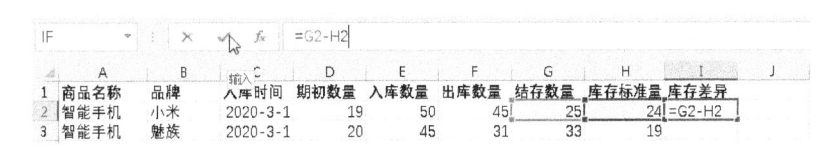

图 7.131 计算库存差异

Step 2：选中 I2 单元格，使用填充柄将 I2 的公式填充至 I3:I19 单元格区域。单击"自动填充选项"下拉按钮，选择"不带格式填充"单选按钮，如图 7.132 所示。

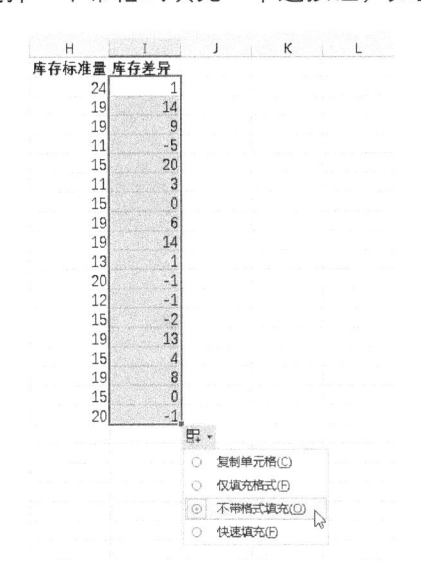

图 7.132 填充数据

Step 3：选择"开始"选项卡，在"样式"组中单击"条件格式"下拉按钮，选择"图标集"中的"三色交通灯（无边框）"选项，如图 7.133 所示。

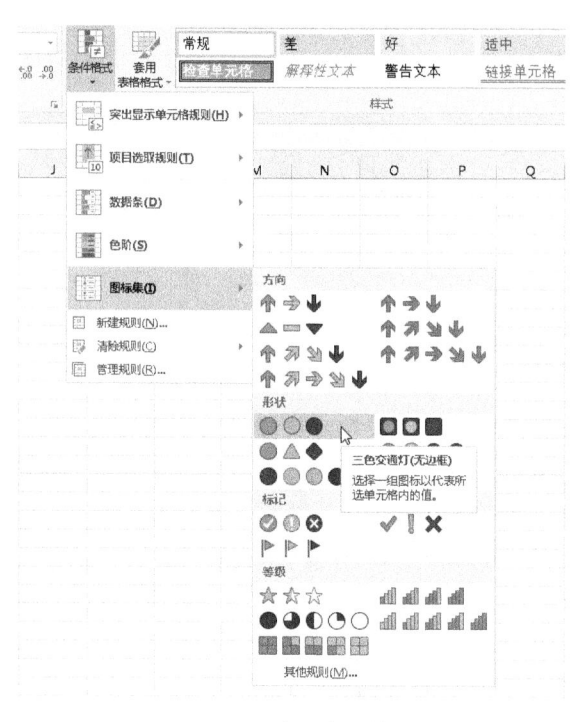

图 7.133 应用条件格式

Step 4：单击"条件格式"下拉按钮，选择"管理规则…"选项，如图 7.134 所示。

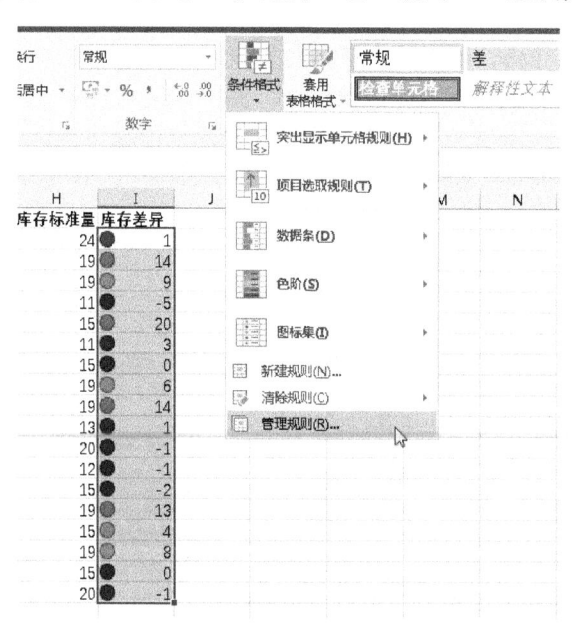

图 7.134 选择管理规则

Step 5：在弹出的"条件格式规则管理器"对话框中选择"图表集"规则，在"应用于"编辑区域选中工作表的单元格区域 I2:I19 或直接输入"=$I$2:$I$19"，然后单击"编辑规则"按钮，如图 7.135 所示。

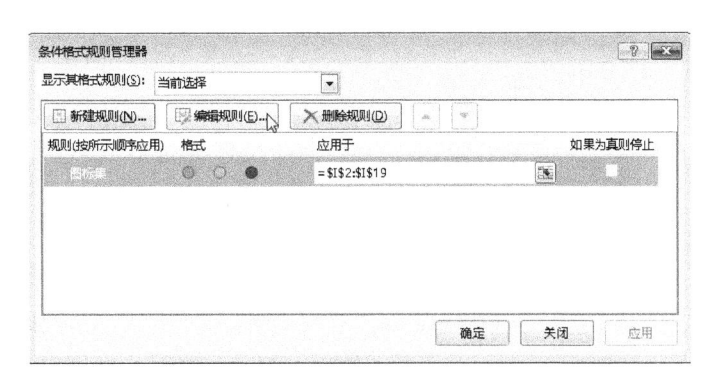

图 7.135 编辑规则

Step 6：在弹出的"编辑格式规则"对话框中单击"黄色交通灯"下拉按钮，选择"无单元格图标"选项，如图 7.136 所示。

图 7.136 设置无单元格图标

Step 7：设置图标"类型"为"数字"，输入"值"，然后单击"确定"按钮，如图 7.137 所示。

Step 8：选择 K5 单元格，再选择"插入"选项卡，单击"文本框"下拉按钮，选择"横排文本框"选项，如图 7.138 所示。

图 7.137 编辑格式规则

图 7.138 插入文本框

Step 9：拖动鼠标绘制文本框，并在文本框中输入对信号的解释说明文本，如图 7.139 所示。

图 7.139 编辑文本框内容添加解释性说明

本章小结

本章针对商品销售平台与企业日常运营过程中涉及人（企业员工）与物（商品采购与存储）的数据管理分析方法进行了介绍。

在企业人员管理方面，通过对人力资源的分析与管理，有效地反映了企业在商品交易过程中的人力资源分配情况、员工工作考勤情况、绩效工作激励措施效果客观度量情况。为商品销售企业的良性稳步发展提供了客观的数据分析与政策决策支持。

在商品采购和存储方面，通过分析商品采购的成本、采购资金与时间、采购商品类别占比、供货商供货价格比较及商品在市场上的受欢迎程度来获取对销售过程中商品库存入库前期的信息，科学地指导卖家如何判断采购商品最佳价格和时机，减少商品交易的前期采购成本，增加销售利润。同时，在商品存储入库进行销售的过程中，库存商品的数量动态变化分析，商品折损与补货的实时信息提示分析，都对卖家了解交易平台销售状况，避免企业流通资金被无序占用，导致库存增大、积压货物的情况出现，保证了商品供销平衡。

练习与实践

练习使用 Excel 的组合框控件功能，使用"服装商品成交量"工作表数据制作动态查询表，进行销售数据分析，查看各类商品的销量占比情况，如图 7.140 所示。

月份	女装	男装	童装	婴幼儿服装
6月	434	334	98	145
7月	324	257	178	150
8月	278	490	275	210
9月	375	236	301	200
10月	201	300	190	119
11月	234	500	236	120
12月	112	412	328	90

图 7.140 服装商品成交量动态查询

第8章 商务数据的可视化与报告

学习目标

学习商务数据可视化图表与效果；
学习商务数据可视化方法与交互；
学习商务数据分析报告。

重点与难点

了解商务数据可视化基础；
掌握商务数据可视化方法；
理解商务数据分析报告基础；
掌握商务数据分析报告撰写。

思维导图

- 商务数据的可视化与报告
  - 商务数据的可视化
    - 商务数据可视化基础
    - 商务数据可视化图表
  - 商务数据分析报告
    - 商务数据分析报告基础
    - 商务数据分析报告类型
    - 商务数据分析报告撰写

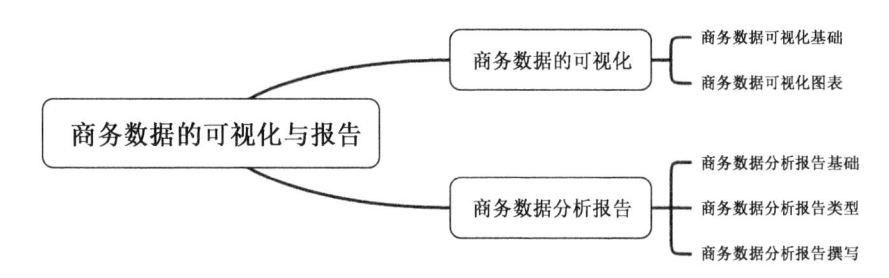

8.1　商务数据的可视化

人类使用图的方式来理解复杂难懂的知识、概念、规则，可以追溯至 17 世纪地图的出现和 19 世纪初饼图的发明。其中，最经典的统计图使用分析案例是 Charles Minard 绘制的拿破仑入侵俄罗斯示意图，该示意图不仅描绘了参与军队的规模信息、军队行军撤退路线，还将当时的温度和时间信息关联起来，使示意图阅读者可以深入理解和感受当时事件发生的全体概况。因此，使用图表的可视化方式是人类历史发展过程中极为重要的文明发展里程碑之一。特别是自 20 世纪 40 年代第一部电子通用计算机诞生以来，计算机技术及其开发的系统伴随着互联网的蓬勃发展、大数据行业的快速迭代，向现代商业活动提供了超越历史社会经济发展速度的支持，为现代社会经济发展创造了无数奇迹。

商务交易活动下产生的商务数据，无论从数量上还是维度上，使传统的数据管理与分析方法越来越不适用。从用户的角度出发，为了更直观、更形象、更有效地理解商务数据及其背后的信息内涵与规则获取，针对各类商务数据的分析与应用结果进行可视化，可以满足用户日益增长的需求。

对商务数据的分析与管理，通过使用可视化处理方式，一方面可以提高对相关商务活动数据信息的内容理解力，另一方面也可以提高用户对大量商务数据的阅读效率。商务交易活动参与者（例如卖家和买家用户）可以利用商务数据分析所得的原始数据源，以标准可推广使用的软件、函数、方法，通过二维平面或三维立体环境下的曲线、图像、图形、动画等可视化方式来深入理解与掌握商务数据及其内涵信息。同时，参与者也可以对商务数据的产生模式与数据源之间的直接或间接关系进行可视化分析，获取更多、更全、更准确的商务信息。

本节在介绍相关商务数据的采集、清洗处理、分析方法等内容后，读者在理解商务数据内涵信息、了解商务数据的产生渠道、掌握商务数据分析方法的基础上，将介绍商务数据可视化处理基础与图表操作内容。

8.1.1 商务数据可视化基础

商务数据可视化是对管理与分析的商务数据进行图表化的展示，数据使用用户可以通过直观的方式了解数据背后的知识规律。而且，用户还可以借助交互式的数据可视化工具，进一步使用相关技术深入挖掘图表和图形的信息。特别是随着当代电子计算机的迅速普及与互联网的蓬勃发展，全球经济一体化的增强，社会消费的日益成熟，大量商务数据高速地被制造并迫切需要被处理分析。因此，商务数据可视化是解决此类数据分析需求的多种方案之一。

商务数据可视化不但解决了数据信息高效读取与分析应用的现实问题，还从另一个视角提供给用户了解世界的机会。同样的数据集出现在用户面前，使用不同的表达方式就能产生不同的效果。数据的可视化不仅能够让用户更直观准确地理解信息所表达的意图，更可以让传递出来的信息表达更具有真实性、说服力和创造力。

在介绍具体实施的数据分析方法、商务数据可视化操作之前，数据可视化准备工作需要明确数据分析基本问题、满足一定的数据可视化基本要求，即确定：

➢ 是否已经掌握了所需要分析的数据对象。

数据可视化处理需要分析人员对可以进行分析操作的数据大小和基数（数据集列中数据值的唯一性）有着明确的掌握。

➢ 是否明确需要可视化数据的内容与信息。

数据可视化操作能提供非常繁杂的内容，分析人员需要面向用户真实的数据可视化需求展开具体可视化操作，并把相应的信息类型需求从数据可视化结果中抽取出来，提供给用户应用。

➢ 是否落实可视化用户的信息处理能力。

数据可视化结果提供给用户之后，需要用户在数据可视化的图表图形内容上进行互动操作或者仅仅是信息要素的提取。因此，需要明确落实可视化用户的信息处理能力，以便做出适合用户信息处理能力的数据可视化成品。

➢ 是否明确可视化用户的图表图形需求类型。

可视化用户的数据使用目的不同，其应用数据可视化成果的方式也不一样。制作数据可视化成品的前提之一，是明确用户最终需要的可视化图表图形类型，以便其展开数据与图表的关联分析操作。

在明确了上述数据可视化的基本问题之后，可以为要处理的数据量做好准备。由于"大数据"给可视化带来了新的挑战，特别是庞大的数据具有不同的种类划分与不同的产生速度。因此，需要在实施商务数据可视化操作之前，认真思考和掌握相关数据与背景信息。

可以从以下三方面进一步了解关于商务数据的可视化基础：可视化效果、可视化方法和可视化交互。

1. 商务数据可视化效果

一份制作精美、清晰易懂的商务数据可视化成品，应该通过使用合适的图形、适当的配色、清楚的数据关系来传达出数据背景信息。可视化最佳的效果是使读者可以轻松地、一目了然地通过可视化作品理解数据信息，并从复杂的信息中提取自己需要的内容、规则，从而指导下一步决策。

数据可视化的最终目的是通过对数据的分析与设计，增强对数据本身的理解和应用，而不是过度地追求设计的技艺自身。关于数据可视化过程中应该注意的几项原则，可以参考阿尔贝托·开罗的《数据可视化陷阱》一书内容，总结起来遵循以下几方面，得以保证数据可视化的最佳视觉效果与数据分析有效性：字体、图形、统一、线条、比例、配色、注释、数据控制，如图 8.1 所示。

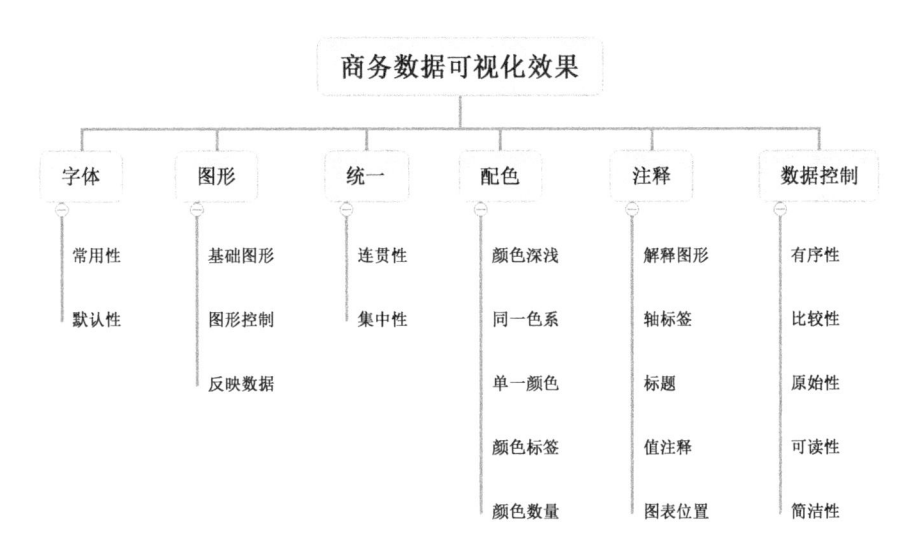

图 8.1　商务数据可视化效果影响因素

（1）字体。可视化作品中选择使用的字体有可能影响文本的易读性，并增强或减弱预期图表所希望传达的含义。应尽量使用普通简单、文字边缘没有小脚的无衬线字体，例如 Excel 等程序中的默认字体。无衬线字体可使读者对数据内容阅读起来更加清晰易懂。而且，可视化图表中应尽量不使用艺术字体，以避免过多地分散读者注意力。

另外，许多可视化工具在使用过程中，尽量使用默认的字体，以便排版可视化。例如，在 Excel 中使用表格数字字体，保证了所有的数字具有相同的宽度，使它们排列时能彼此对齐，阅读起来更加清晰明了。

（2）图形。坚持采用基础图形，例如直方图、条形图、散点图和线形图，可以帮助读者高效理解数据可视化内容传达的真实信息。注重控制图形形状适度性，例如条状图形的宽度、条形图之间的间隔均应为 1/2 栏宽度。另外，使用 2D 形状的图形会比看起来酷炫的 3D 形状更能反映数据本身的准确信息，3D 形状的图形有可能会扭曲读者的认知，难以保证读者对数据理解的准确性。

（3）统一。数据可视化效果是否令读者更容易接收信息，其设计与制作的统一性十分重要。读者在一致连贯性的设计风格中，对接收到的数据信息更容易理解，连贯的设计将有效融入背景，使读者能够轻松处理信息。最佳可视化效果可帮助读者快速得出数据所呈现的结论。因此，在可视化内容的颜色、图像、风格等方面，需要保持统一的连贯性。

另一方面，在图表可视化制作过程中，需要让读者保持注意力集中，不能额外提供一些容易分散读者注意力的信息元素与设计内容。例如，在曲线图形比较的过程中，应尽量使用连贯的实线，而不是虚线。因为虚线容易分散注意力，实线和相匹配的颜色更容易区分曲线。

（4）配色。数据可视化中的图表配色应考虑五点基本内容，即颜色深浅、同一色系、单一颜色、颜色标签和颜色数量。

图表通过颜色的深浅来表达数据指标值的强弱和大小，是数据可视化设计的常用方法。因此，需要调整好配色，使用户第一眼看到图表便能从整体角度区分出哪一部分指标的数据值更突出。

在一份数据可视化的图表和图形中使用同一色系或类比色，避免使用过多不同色系，给数据阅读过程带来视觉负担，增加阅读数据信息的困难。

同理，在图表中应避免使用鲜艳的颜色。过多明亮鲜艳的颜色，会使所有的数据信息元素都被强调并放大。单一的颜色或色系，反而能很好地用于数据可视化，帮助读者理解数据可视化带来的信息，而不是被数据呈现覆盖。

在图表中使用不同颜色区分的数据标签，可以使读者明白可视化产品中正在比较的几种不同（颜色标记）的事物数据。例如，如果在一段时间中，猫和狗的体重经过多次测量，并以数据可视化的方式呈现它们的增长或减少趋势比较。此时，使用"黄色"和"蓝色"分别标记猫和狗的测量情况，可使读者更直接地了解到正在比较的两种对象之间的区别。

应该时刻注意图表中的颜色数量并严格遵守：使用不超过 6 种以上的颜色为原则。使用过多的颜色，会给整个图表的数据信息呈现过度分散，并会覆盖图表所希望传达的信息。

（5）注释。图表注释是保证数据可视化效果的重要手段。一般可以对几何图形、颜色形状编码进行注释，即解释图形的含义，回归数据的本质。对于含有横纵坐标轴的图表，应该使用详细准确的轴标签注释，以帮助读者在阅读时建立对所观察数据的维度信息。

图表标题也是数据可视化的重要部分，在一份可视化产品中，标题往往是读者第一个关注的信息。图表中有时会包含许多重要的数据元素，在展示可视化结果时，如果能对重要的元素进行单独注释标记，可以增强读者的关注重点，帮助读者快速理解数据。

数据可视化的最初目的是想要读者能观看到希望展示的内容，因此，在排版图例等重要元素时，应尽量将其排在读者首次注意到的图片顶部或左上角区域。

（6）数据控制。数据可视化的结果中对数据的良好控制，可以帮助提升数据可视化的效果，控制数据展示需要注意的五方面包括：有序性、比较性、原始性、可读性和简洁性。

图表中有序的数据排序，例如按照字母、大小顺序或价值进行排序，可以达到以一种合乎逻辑且直观的方式来引导读者了解数据的目的。同时，数据的比较展示一般是阐释数据差异的常用方法，因此，选择最合适的比较方法来比较数据系列，而不是将所有的数据都罗列在可视化结果中，是帮助读者理解数据差异的关键因素。

数据的可视化虽然可以通过诸如 3D 图形或气泡图方式进行展示，但是在可视化操作过程中不可以扭曲数据的真实本质，确保所有可视化方式在数据的操作上是准确的。这也就意味着，当使用可视化结果展示数据时，读者可以看到所有的数据及其背后被阐释的信息，数据的来源清晰并且易获取。

数据的简洁性非常重要，在可视化展示数据的过程中，信息太多会影响读者的注意，可以从可视化中删除不必要的信息，例如在坐标轴中可以不包含变量的名称，从而简化数据的可视化结果。

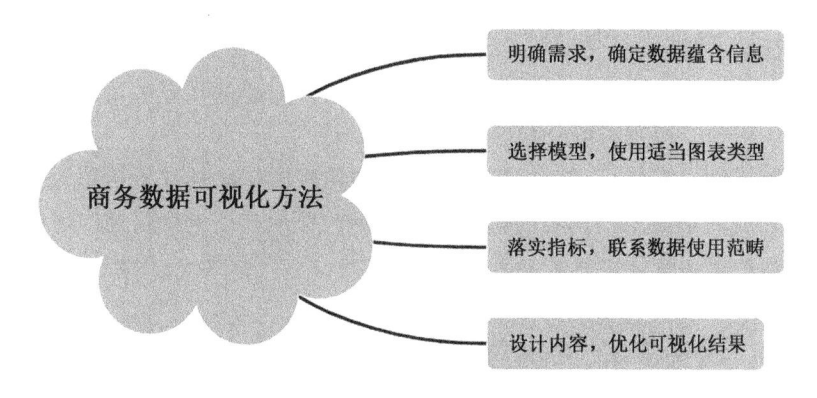

2. 商务数据可视化方法

商务数据可视化图表与图形结果必须从用户的角度出发进行设计与制作。可视化工具使用人员应该在了解数据的内容、理解用户对数据信息挖掘的需求、掌握一定的可视化分析技巧的基础上，依据相关数据处理工作原则，实施开展一系列数据分析与可视化工作，以保证可视化视觉效果的质量与水平。

如图 8.2 所示，商务数据可视化处理可以按照以下步骤进行。

图 8.2　商务数据可视化方法

（1）明确需求，确定数据蕴含信息。启动商务数据可视化工作之前，需要明确用户对数据可视化的具体需求。也需要明确数据可视化结果给用户提供的支持与具体的解决方案，以及在数据分析的过程中，非用户关注的数据信息是否会被可视化操作一并放入结果。

在明确了用户对数据可视化工作的需求之后，可以开始收集、清洗、整理、分析和管理数据信息，挖掘获取数据可视化的内在数据联系，建立对数据之间关联性的架构设计，并最终获得对数据可视化整体框架的理解和阐释拟进行可视化数据蕴含的背景信息。

（2）选择模型，使用适当图表类型。在明确了用户对数据可视化需求后，下一步是选择正确的可视化模型，使用适当的图表类型进行数据的分析与表达。在大数据及高速计算机优秀软硬件性能的环境下，数据的分析与处理是非常迅速的，其可视化效率也非常高。因此，需要对使用的图表类型的匹配性进行确认，从而获得最终正确的结果。

（3）落实指标，联系数据使用范畴。数据可视化操作面对的数据有很多高维的指标，需要操作者落实明确可用指标，并在数据可使用的范畴内提取信息。众多数据指标中，关联而且能突出数据背景信息特征的指标值并不是一成不变的，需要操作者与用户保持及时沟通，在使用数据的现实场景中筛选出相应指标参数，进一步完成数据可视化工作。

（4）设计内容，优化可视化结果。在获取数据信息、匹配数据使用场景之后，需要完成优秀的内容展示设计。通过优化数据可视化结果来增加用户的兴趣与关注。同时，优秀的可视化设计可以依托数据内容完善展示手段。

3. 商务数据可视化交互

商务数据可视化交互是指在数据可视化过程中,通过使用信息轮播、动画展示等动态效果,自动切换数据信息以完成数据可视化信息阐释的过程。

商务数据可视化交互的优点是通过一定程度的动画过渡效果,增加可视化结果中视图数据展示的丰富性与可理解性,增加用户在交互过程中的参与性与反馈度,保持数据从分析到阐释的一致连贯性、操作自然性。除此之外,可视化交互过程还可以增强数据分析中重点信息或整体画面的表现力,吸引用户的关注力,增加印象,使用户保持对数据信息的敏感性。

数据可视化交互虽然有诸多优点可以参考使用,但对其过度使用或不恰当使用,同样会带来负面影响。以下三方面原则是实施数据可视化过程中应注意的内容。

一是适量原则,可视化动画不宜使用过多,过多的自动播放等数据呈现方式,会陷入过度可视化设计的危机中。

二是统一原则,用户在使用数据可视化的过程中,对相同动画的语义统一、相同行为与动画的一致性保持,以及体验一致性十分敏感。

三是易理解原则,数据可视化内容与结果,对用户的认知而言应该是轻负担、易接受的。通过图形化的简单形变、动态内容的适当展示,使用户在一个可控、可取舍、可循环的环境下完成对数据可视化信息的获取。

8.1.2 商务数据可视化图表

目前市面上广泛使用的数据可视化工具非常多,不同的工具各有侧重,从单机版到云端版,从个人免费版到企业收费版。这些可视化软件工具可以对海量的商务数据进行灵活的数据分析和可视化。常用的数据可视化工具有 Excel、Power BI、Tableau、QlickView、D3.js、Datawrapper、Chartbuilder、Google Data Studio、Google Chart、OpenHeatMap、FusionCharts、Sisense、Carto,这些数据可视化工具伴随着计算机操作系统与互联网的发展而不断飞速更新迭代版本,给企业、个人等专业与非专业人士提供了管理分析数据的便捷高效操作方式。

比较分析上述数据可视化工具的功能特点与应用场景,可以对商务数据可视化图表的功能划分为以下六种类型,如图 8.3 所示。

1. 比例关系类型

描述比例关系的可视化图表类型通过使用不同的面积大小、长短等图形,阐释事物的主要结构和组成,显示数据中主要与次要的部分。一般常见描述比例关系的图表类型有饼图、圆环图、日光图等。

(1)饼图

饼图是将一个圆饼图形分为若干份,显示一个数据系列中各项的大小与各项总和的比例,图形中的数据点显示为整个饼图的百分比。饼图较适合表现事项之间简单的占比比例关系,一般可以在数据精细度需求较低的情况下使用。

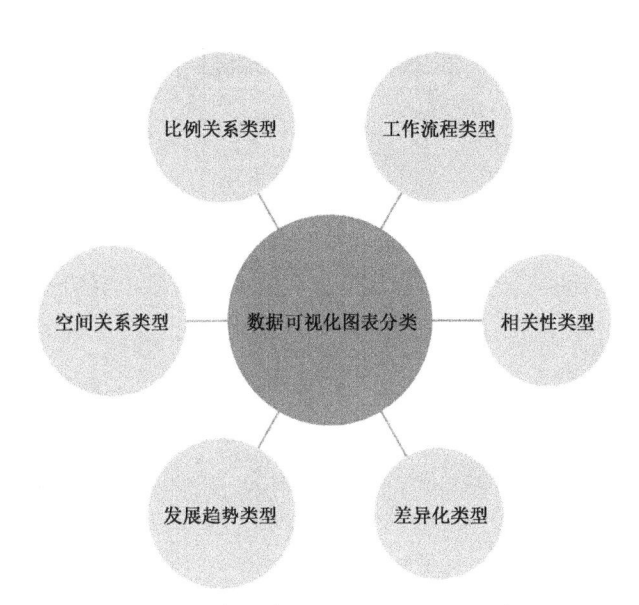

图 8.3　商务数据可视化图表功能分类

例如，使用"地区发货记录表"工作表的数据，可以制作一个饼图展示地区之间的发货比例关系，具体操作如下。

Step 1：打开"地区发货记录"工作表，选择 A1:B11 数据单元格区域，如图 8.4 所示。

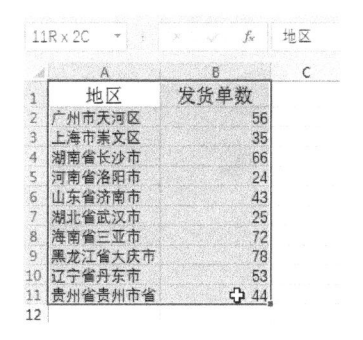

图 8.4　选择数据制作饼图

Step 2：选择"插入"选项卡下的"图表"组，单击"插入饼图或圆环图"下拉按钮，如图 8.5 所示。

图 8.5　选择图表下拉按钮

Step 3：选择"插入饼图或圆环图"下拉按钮，单击下拉菜单中的"二维饼图"按钮，如图 8.6 所示。

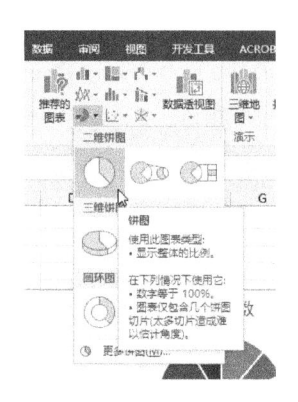

图 8.6　选择二维饼图

Step 4：单击选中图中的标题标签，修改名称为"地区发货记录"，修改字体为"微软雅黑"，大小为 14，加粗显示。此时，可获得以不同色块标记区分的地区与发货记录饼图示意图，如图 8.7 所示。

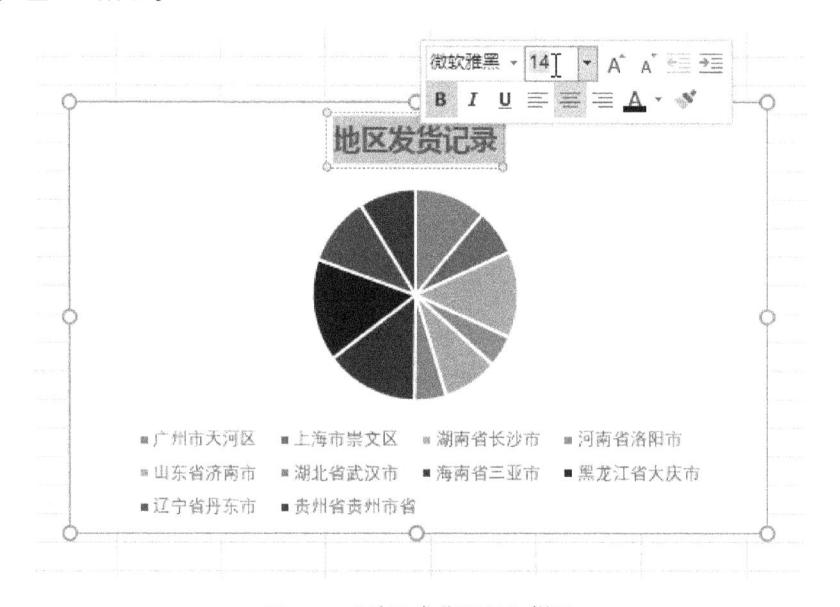

图 8.7　"地区发货记录"饼图

（2）圆环图

圆环图与饼图类似，其作用同样为显示数据中部分与整体的关系，但圆环图可以包含多个数据系列。在圆环图中绘制的每个数据系列都会向图表添加一个圆环，第一个数据系列显示在图表的中心。由于圆环图具有循环性质，因此并不容易被阅读理解，尤其是在显示多个数据系列的时候。由于外环和内环的比例不能准确表示数据的大小，外环上的数据点显示可能大于内环上的数据点，而其实际值可能较小。因此，在数据标签中显示值或百分比在圆环图中非常有用，但如果要并排比较数据点，应改为使用堆积柱形图或堆积条形图。

使用"国家地区销售额"工作表的数据，按照以下步骤制作一个圆环图，展示国家地区之间销售额比例关系，具体操作如下。

Step 1：打开"国家地区销售额"工作表，选择 A2:C5 数据单元格区域，如图 8.8 所示。

第 8 章
商务数据的可视化与报告

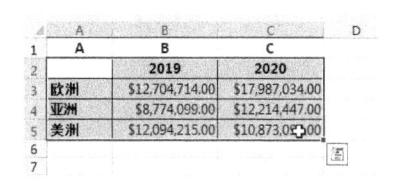

图 8.8　选择数据制作圆环图

Step 2：选择"插入"选项卡下的"图表"组，单击"插入饼图或圆环图"下拉按钮，如图 8.9 所示。

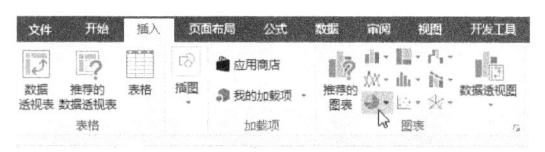

图 8.9　选择"图表"下拉按钮

Step 3：选择"插入饼图或圆环图"下拉按钮，单击下拉菜单中的"圆环图"按钮，如图 8.10 所示。

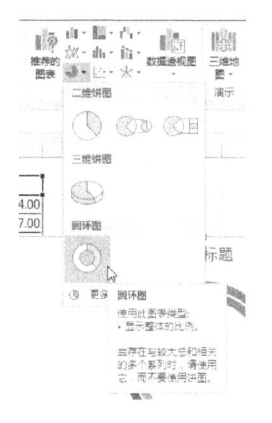

图 8.10　选择"圆环图"

Step 4：单击选中圆环图中的标题标签，修改标题为"国家地区销售额"，修改字体为"微软雅黑"，大小为 14，加粗显示，如图 8.11 所示。

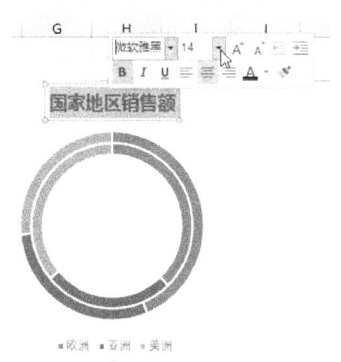

图 8.11　修改圆环饼图标题

267

Step 5：选中圆环单击鼠标右键，在弹出菜单中选择"添加数据标签"中的"添加数据标签"选项，如图 8.12 所示。

图 8.12　添加数据标签

Step 6：此时，获得显示带有国家地区销售额数据标签的圆环图，如图 8.13 所示。

图 8.13　国家地区销售数据标签

Step 7：选中图表并选择"设计"选项卡下的"图表"组，单击"快速布局"下拉按钮，选择"布局 1"设置图表标签与图例布局，如图 8.14 所示。

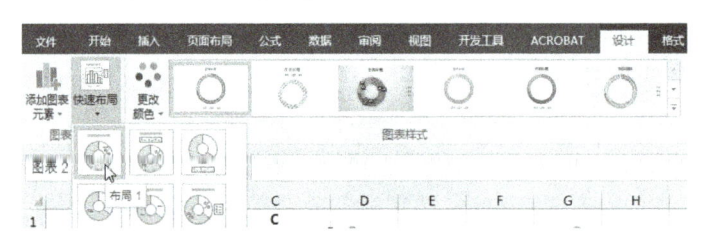

图 8.14　设置圆环图快速布局

Step 8：在图表中拖动调整数据标签到适当位置，最终获得国家地区销售额比例内容的圆环图效果图，如图 8.15 所示。

（3）旭日图

旭日图与不含任何分层数据的圆环图类似，但旭日图具有多个级别的类别，适合于显示分层数据。当用户拟通过使用制图功能中的"推荐的图表"的"所有图表"选项卡创建旭日图时，必须保证所处理的分层数据含有空白单元格，才能正常使用推荐的旭日图模板。

旭日图层次结构中的每个级别均通过一个环或圆形表示,图形中每一个圆环代表同一级别的比例数据,离原点越近的圆环级别越高,最内层的圆表示层次结构的顶级。

使用"季度月周销售额"工作表的数据,按照以下步骤制作一个旭日图,展示销售额在季度、月份与每周的销售比例情况,具体操作如下。

Step 1:打开"季度月周销售额"工作表,选择 A2:D16 数据单元格区域,如图 8.16 所示。

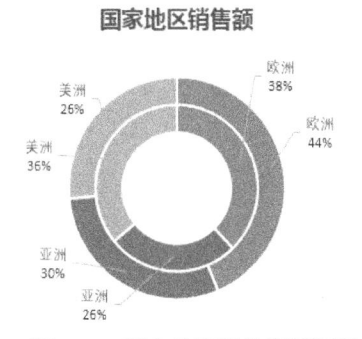

图 8.15 国家地区销售额圆环图　　　图 8.16 选择数据制作圆环图

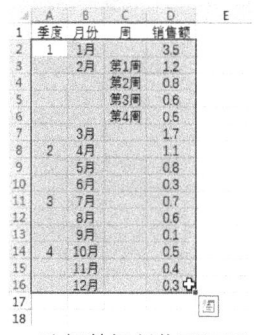

Step 2:选择"插入"选项卡下的"图表"组,单击"插入饼图或圆环图"下拉按钮,如图 8.17 所示。

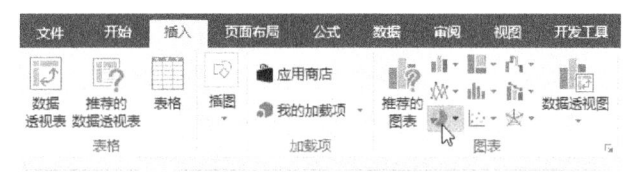

图 8.17 选择图表下拉按钮

Step 3:选择"插入饼图或圆环图"下拉按钮,单击下拉菜单中的"更多饼图"选项,如图 8.18 所示。

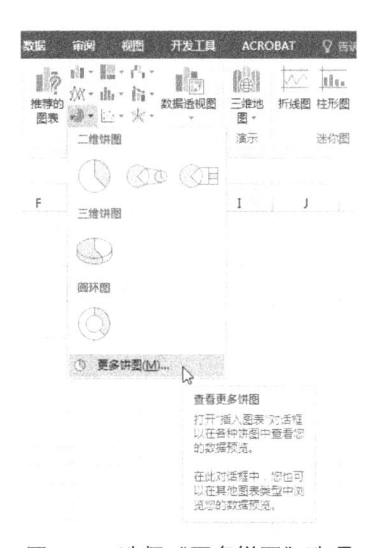

图 8.18 选择"更多饼图"选项

Step 4：在弹出的"插入图表"对话框中选择"所有图表"选项卡，单击"旭日图"选项，单击"确定"按钮，如图 8.19 所示。

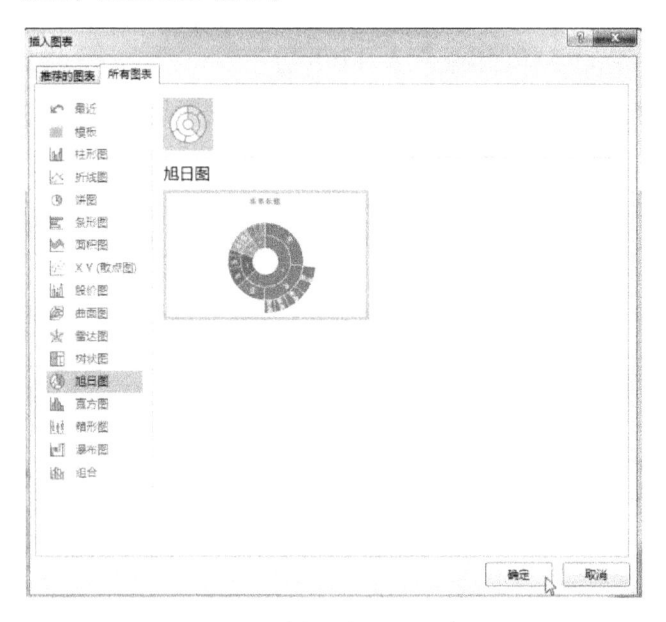

图 8.19　选择"旭日图"选项

Step 5：将制作的旭日图修改图表标题为"季度月周销售额"，选中图表标题单击鼠标右键，在弹出菜单中选择"字体…"选项，如图 8.20 所示。

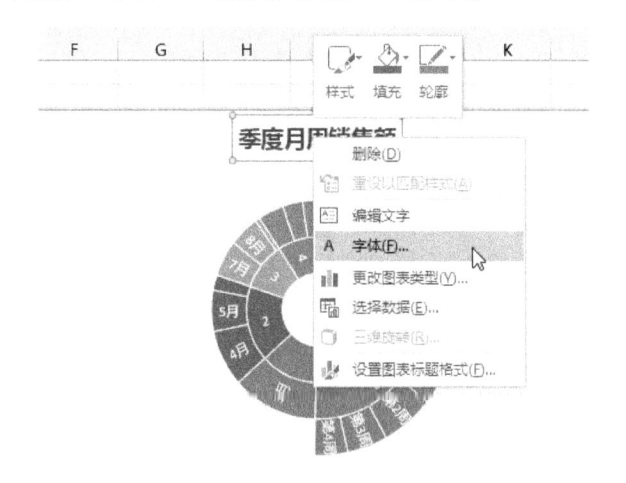

图 8.20　修改旭日图标题

Step 6：在弹出的"字体"对话框中设置字体为"微软雅黑"，字体"大小"为 14，"字体样式"为加粗，单击"确定"按钮，如图 8.21 所示。

图 8.21 设置图表标题

Step 7：此时，获得商品季度、月与周的销售额旭日效果图，如图 8.22 所示。

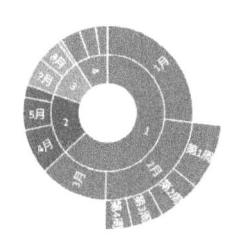

图 8.22 商品季度、月、周销售额旭日图

2. 工作流程类型

描述工作流程的可视化图表类型通过图表来阐释工作流程各个环节的关系，明确工作过程的工作环节内容与工作任务量，管理者通过了解实际工作环节的任务完成情况，可以适时地消除冗余工作环节、合并同类任务，加强工作流程的管理。工作流程可视化图表可以使工作过程更加合理、经济、高效和简化，进一步提高工作效率，一般常见描述工作流程的图表类型有漏斗图。

漏斗图可显示工作流程中多个阶段的值，反映关键流程各个环节的转化情况，一般情况下，值逐渐减小，从而使条形图呈现出漏斗形状。例如，使用漏斗图来显示销售过程中每个阶段的潜在客户数，在电商数据分析过程中阐释销售目标用户从进入销售阶段到最终完成销售工作的客户数量转化情况，帮助卖家从每个销售环节的客户转化率直观地分析并发现销售问题，及时提出解决方案。

使用"人事管理"工作表的数据，按照以下步骤制作一个漏斗图展示人员应聘入职的变化情况，具体操作如下。

Step 1：打开"人事管理"工作表，选择 A2:C7 数据单元格区域，如图 8.23 所示。

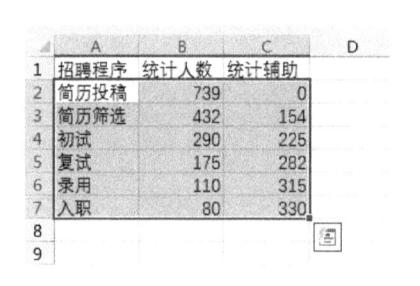

图 8.23　选择数据制作漏斗图

Step 2：选择"插入"选项卡下的"图表"组，单击"插入柱形图或条形图"下拉按钮，选择"堆积柱形图"选项，如图 8.24 所示。

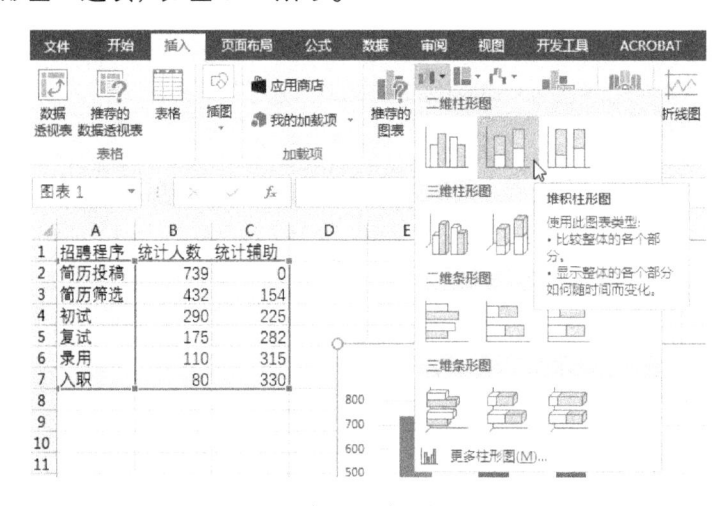

图 8.24　插入"堆积柱形图"

Step 3：在图表上单击鼠标右键，在弹出菜单中选择"选择数据…"选项，如图 8.25 所示。

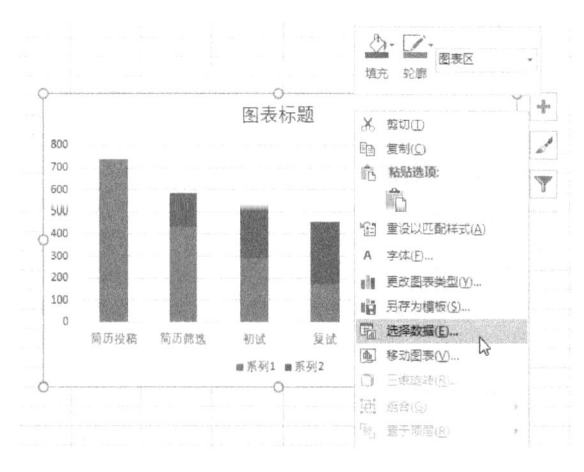

图 8.25　选择"选择数据…"选项

Step 4：在弹出的"选择数据源"对话框中，在"图例项（系列）"内移动"系列 2"到"系列 1"之上，单击"确定"按钮，如图 8.26 所示。

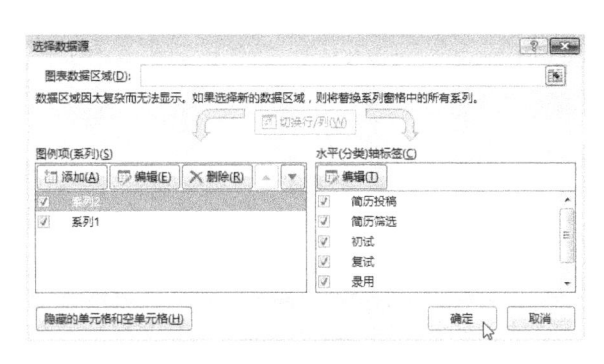

图 8.26　调整系列数据堆积顺序

Step 5：此时，在调整了系列的图表上单击鼠标右键，在弹出的菜单中选择"更改图表类型…"选项，如图 8.27 所示。

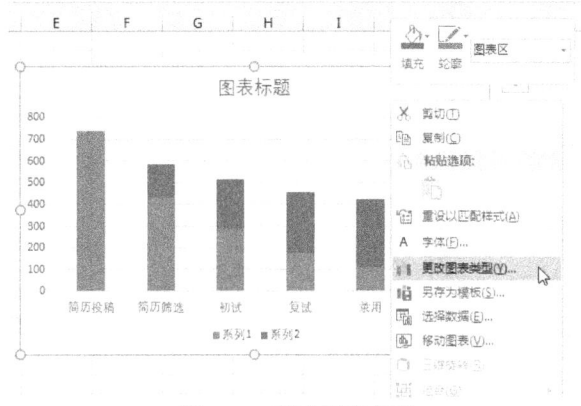

图 8.27　更改图表类型

Step 6：在弹出的"更改图表类型"对话框的"推荐的图表"选项卡中选择横坐标为数字，纵坐标为事项的"堆积条形图"图表类型，单击"确定"按钮，如图 8.28 所示。

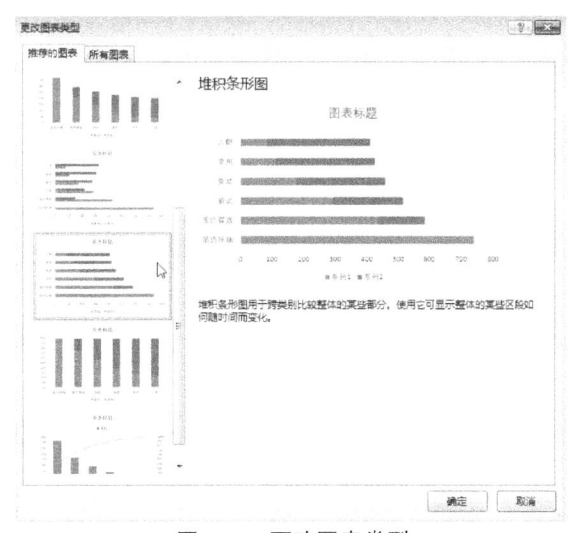

图 8.28　更改图表类型

Step 7：在图表的纵坐标轴上单击鼠标右键，在弹出的菜单中选择"设置坐标轴格式…"选项，如图 8.29 所示。

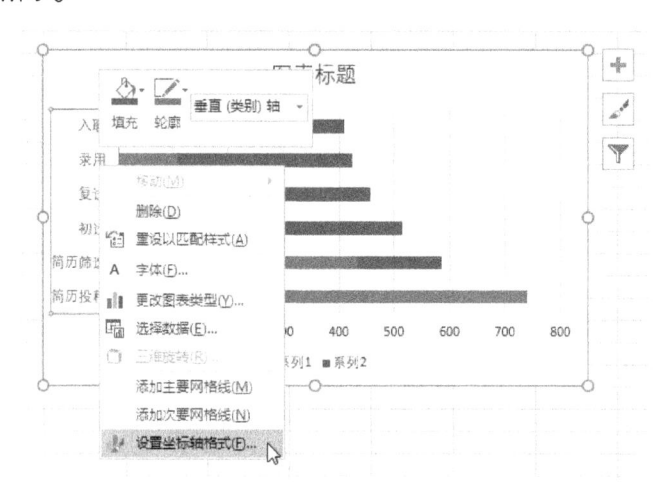

图 8.29　选择"设置坐标轴格式…"选项

Step 8：在弹出的"设置坐标轴格式"窗格中，在"坐标轴选项"中勾选"逆序类别"复选框，单击"确定"按钮，如图 8.30 所示。

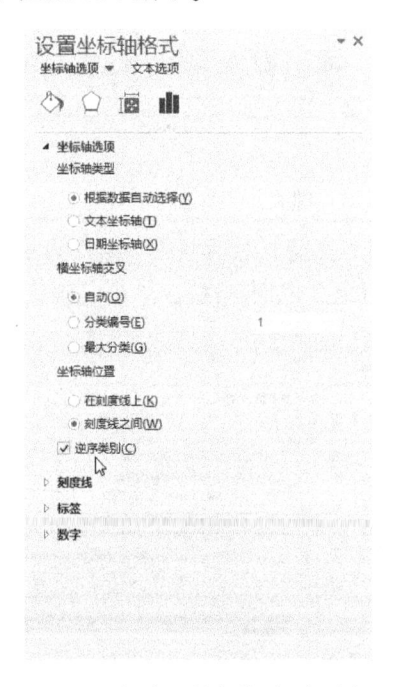

图 8.30　勾选"逆序类别"复选框

Step 9：此时，纵坐标以逆序排列。在图表中选中"系列 2"单击鼠标右键，在弹出菜单中选择"无填充颜色"选项，如图 8.31 所示。

Step 10：在图表中选中"系列 2"单击鼠标右键，在弹出菜单中选择"选择数据…"选项，如图 8.32 所示。

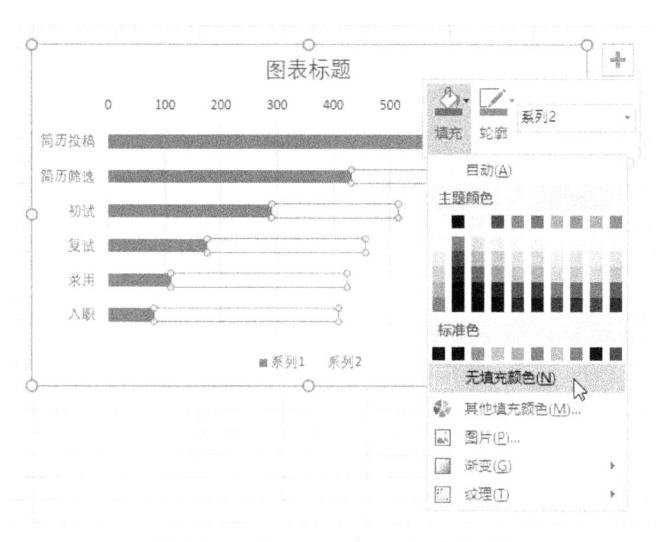

图 8.31 修改"系列 2"的填充颜色

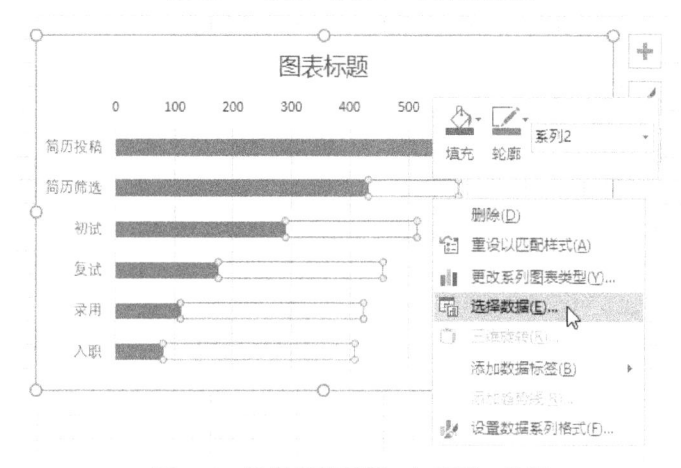

图 8.32 选择调整系列 1 与系列 2 数据

Step 11：在弹出的"选择数据源"对话框中，在"图例项（系列）"内使用上下移动功能，移动"系列 2"到"系列 1"之上，单击"确定"按钮，如图 8.33 所示。

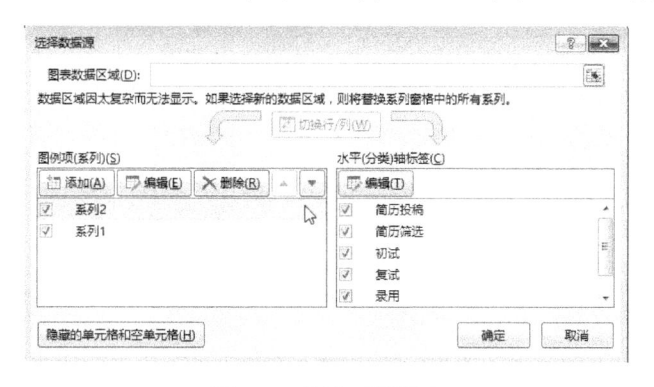

图 8.33 调整系列顺序

Step 12：在图表中修改标题为"招聘数据"，分别选中图例"系列 1""系列 2"和纵坐标网格线，按 Delete 键删除，如图 8.34 所示。

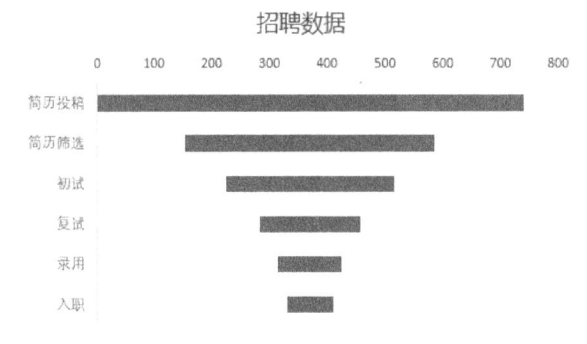

图 8.34　调整系列顺序

Step 13：在图表中右键单击系列数据，在弹出菜单中选择"添加数据标签"选项，如图 8.35 所示。

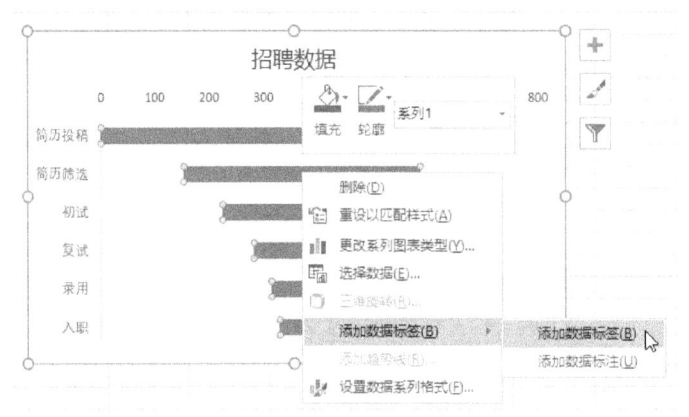

图 8.35　添加数据标签

Step 14：此时，图表系列数据上已添加了数据标签。鼠标右键单击数据标签，在弹出的菜单中选择"字体…"选项，如图 8.36 所示。

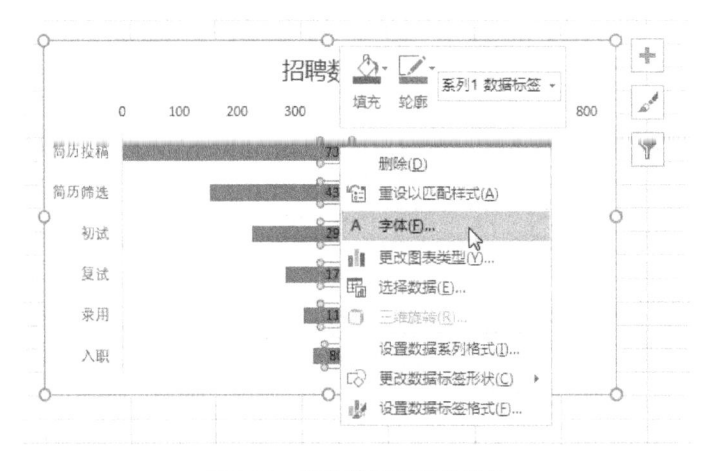

图 8.36　修改数据标签的字体

第 8 章
商务数据的可视化与报告

Step 15：在弹出的"字体"对话框中，在"字体"选项卡中的"字体颜色"下拉列表中选择"白色，背景1"，单击"确定"按钮，如图8.37所示。

图 8.37　修改数据标签字体颜色

Step 16：此时，图表上的数据标签字体颜色已修改为白色。选中图表横坐标单击鼠标右键，在弹出的菜单中选择"删除"选项，删除横坐标，如图8.38所示。

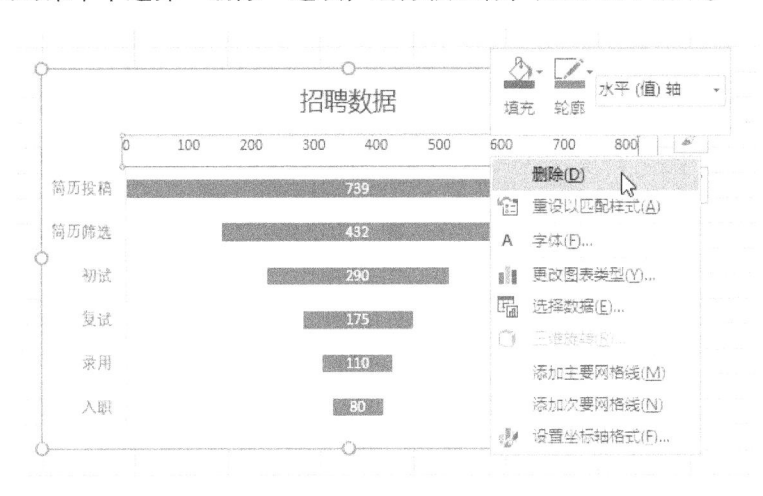

图 8.38　删除横坐标

Step 17：在图表中右键单击纵坐标，在弹出的菜单中选择"设置坐标轴格式…"选项，如图8.39所示。

Step 18：在弹出的"设置坐标轴格式"对话框中，在"线条"选项中选择"无线条"单选按钮，如图8.40所示。

277

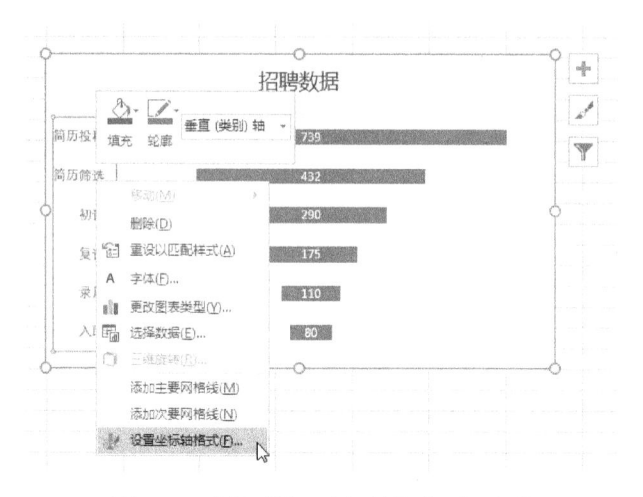

图 8.39 选择"设置坐标轴格式…"选项

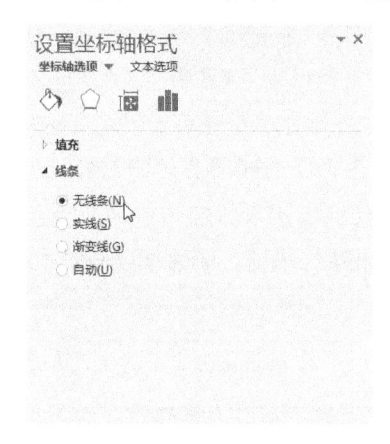

图 8.40 设置坐标轴格式

Step 19：在美化字体等细节之后，可以获得招聘数据的漏斗图效果，如图 8.41 所示。

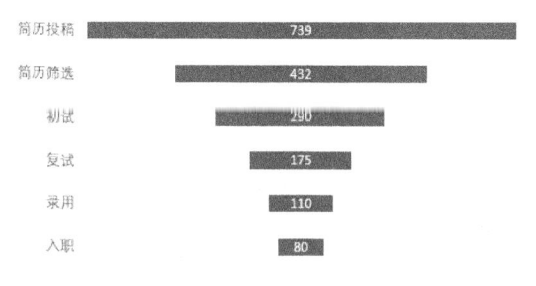

图 8.41 漏斗图

3. 相关性类型

描述相关性的可视化图表是一类阐释数据分布或占比情况，展示研究目标对象的分布特征、不同维度间的关系等方面特征的图表。一般常见反映相关性的图表类型有散点图、气泡图等。

（1）散点图

散点图通常用于显示和比较数值，例如科学数据、统计数据和工程数据。散点图有两个数值轴：水平（x）数值轴和垂直（y）数值轴。在散点图中，x 值和 y 值被合并到单一数据点并按不均匀的间隔或簇来显示，通过可视化的方式提供用户判断两个变量之间是否存在某种关联性。

使用"会员商品购买数量"工作表的数据，按照以下步骤制作一个散点图，具体操作如下。

Step 1：打开"会员商品购买数量"工作表，选择 A1:F8 数据单元格区域，如图 8.42 所示。

图 8.42　选择数据制作散点图

Step 2：选择"插入"选项卡下的"图表"组，单击"插入散点图或气泡图"下拉按钮，如图 8.43 所示。

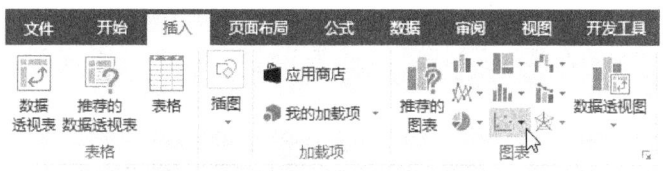

图 8.43　插入散点图

Step 3：选择"插入散点图或气泡图"下拉菜单中的"散点图"选项，如图 8.44 所示。

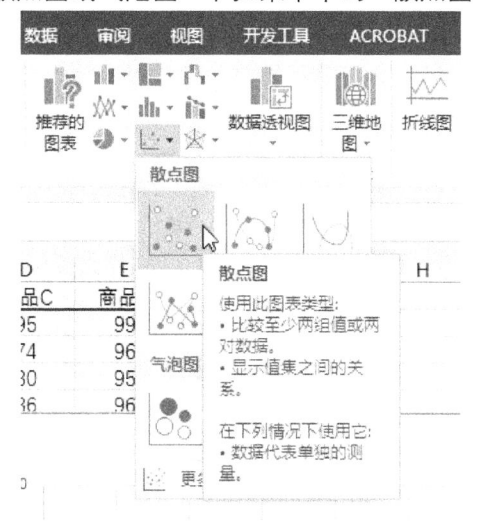

图 8.44　选择散点图类型

Step 4：将图表标题修改为"会员商品购买数量"，双击标题并设置字体为"微软雅黑"，字体大小为 14，加粗，美化并获得最终散点效果图，如图 8.45 所示。

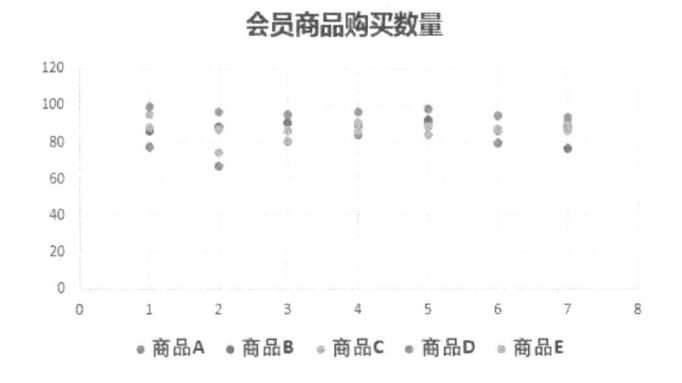

图 8.45　散点图

（2）气泡图

气泡图与散点图非常相似，气泡图通过增加第 3 个柱形来指定显示气泡的大小，以便表示数据系统中的数据点特征。气泡图的类型有一般气泡图或三维气泡图，这两种气泡图处理的数据都是一组的 3 个数值，而这 3 个数值中的两个数值用来表示二维气泡的坐标，或在三维中显示气泡，其中第 3 个值指定气泡标记的大小。同样使用"会员商品购买数量"工作表的数据，按照以下步骤制作一个气泡图，具体操作如下。

Step 1：打开"会员商品购买数量"工作表，选择 A1:F8 数据单元格区域，如图 8.46 所示。

	A	B	C	D	E	F
1	会员	商品A	商品B	商品C	商品D	商品E
2	HY202101001	77	86	95	99	88
3	HY202101002	67	88	74	96	87
4	HY202101003	80	90	80	95	86
5	HY202101004	84	89	86	96	90
6	HY202101005	90	92	88	98	84
7	HY202101006	79	86	87	94	87
8	HY202101007	88	76	90	93	86

图 8.46　选择数据制作散点图

Step 2：选择"插入"选项卡下的"图表"组，单击"插入散点图或气泡图"下拉按钮，如图 8.47 所示。

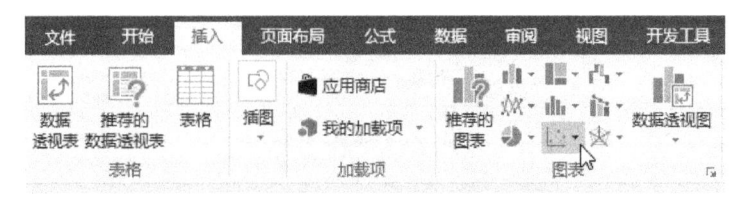

图 8.47　插入气泡图

Step 3：选择"插入散点图或气泡图"下拉菜单中的"气泡图"选项，如图 8.48 所示。

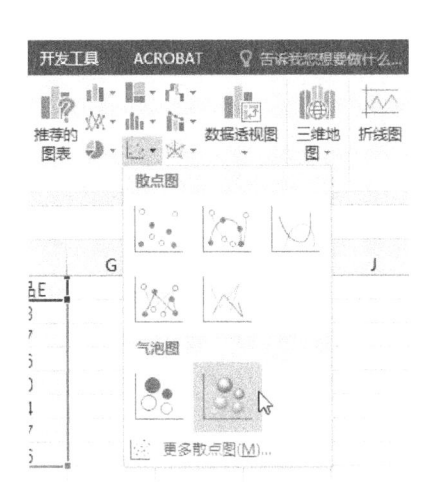

图 8.48　选择气泡图类型

Step 4：将图表标题修改为"会员商品购买数量"，双击标题并设置字体为"微软雅黑"，字体大小为 14，加粗，美化并获得最终散点效果图，如图 8.49 所示。

图 8.49　气泡图

4．差异化类型

描述差异化的可视化图表是通过对比来发现数据中蕴含的不同事物对象之间的差异，从而总结出研究对象的特征。一般常见描述差异化的图表类型可以使用雷达图。

雷达图的作用主要是比较若干数据系列的聚合值，展现分析对象在各个维度上的分布情况，从而得出研究对象的特征强弱分布与对比情况。雷达图有两种分类：带数据标记的雷达图和填充雷达图，前者为无论单独的数据点有无标记，雷达图都显示值相对于中心点的变化，后者则在填充雷达图中数据系列覆盖的区域填充颜色。

因此，雷达图被广泛应用于体育、销售领域的数据分析。例如，可以对一个运动员各方面能力得分进行分析阐释，使教练或观众通过雷达图清晰地理解此运动员哪方面能力强，哪方面能力弱；可以应用雷达图来展示产品的评价维度相关评分；再如，针对植物类商品销售中心的子类商品销售差异情况，使用雷达图可反映子类商品销售热度与月份相关分布情况。

使用"供应商供货商品打分"工作表的数据制作雷达图的具体操作如下。

Step 1：打开"供应商供货商品打分"工作表，选择 A1:D9 数据单元格区域，如图 8.50 所示。

图 8.50　选择数据制作雷达图

Step 2：选择"插入"选项卡下的"图表"组，单击"插入折线图或面积图"下拉按钮，如图 8.51 所示。

图 8.51　插入折线图

Step 3：选择"插入折线图或面积图"下拉菜单中的"带数据标记的折线图"选项，如图 8.52 所示。

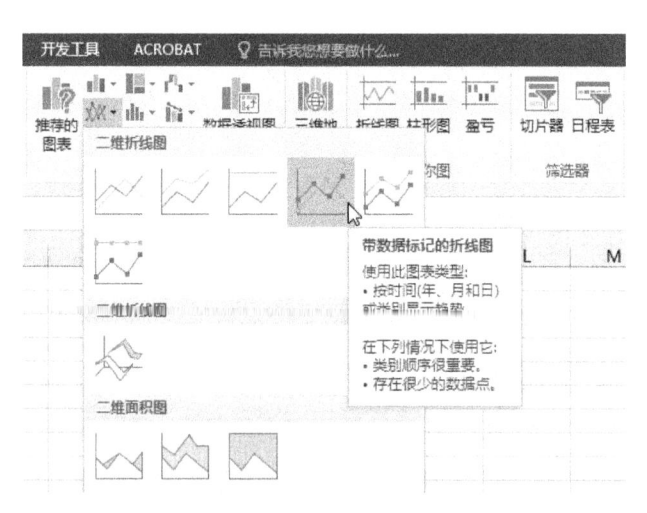

图 8.52　选择带数据标记折线图类型

Step 4：选择图表纵坐标轴单击鼠标右键，在弹出菜单中选择"设置坐标轴格式…"选项，如图 8.53 所示。

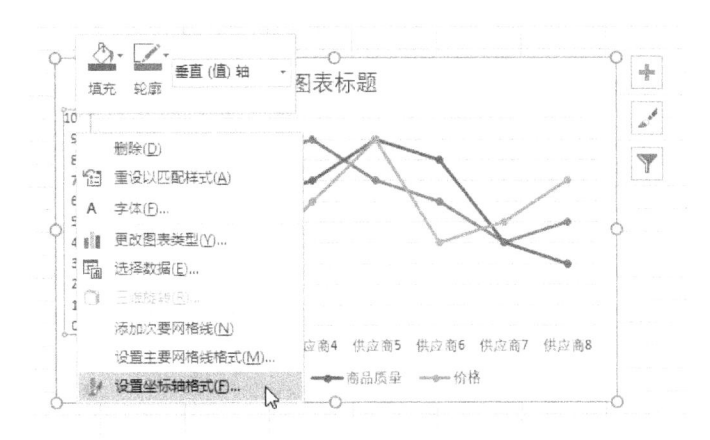

图 8.53　设置纵坐标轴格式

Step 5：在弹出来的"设置坐标轴格式"窗格中选择"线条"选项中的"实线"，设置"颜色"为黑色，如图 8.54 所示。

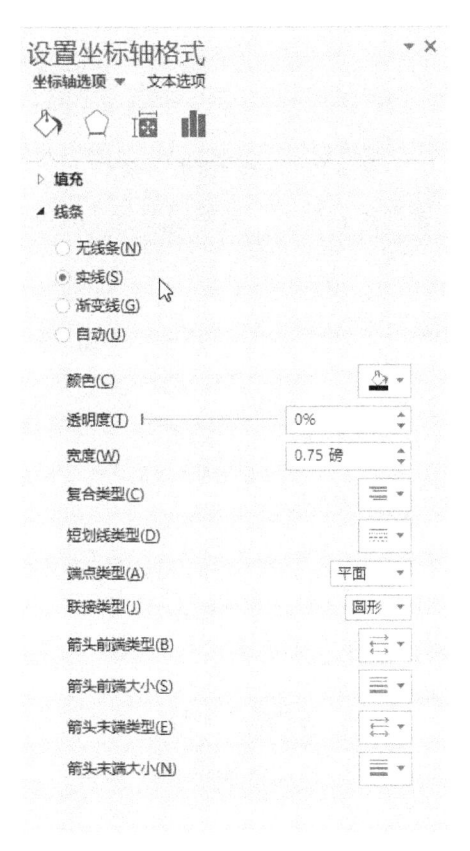

图 8.54　设置纵坐标轴线条与颜色

Step 6：使用同样的方法，选择图表横坐标轴单击鼠标右键，在弹出菜单中选择"设置坐标轴格式…"选项，如图 8.55 所示。

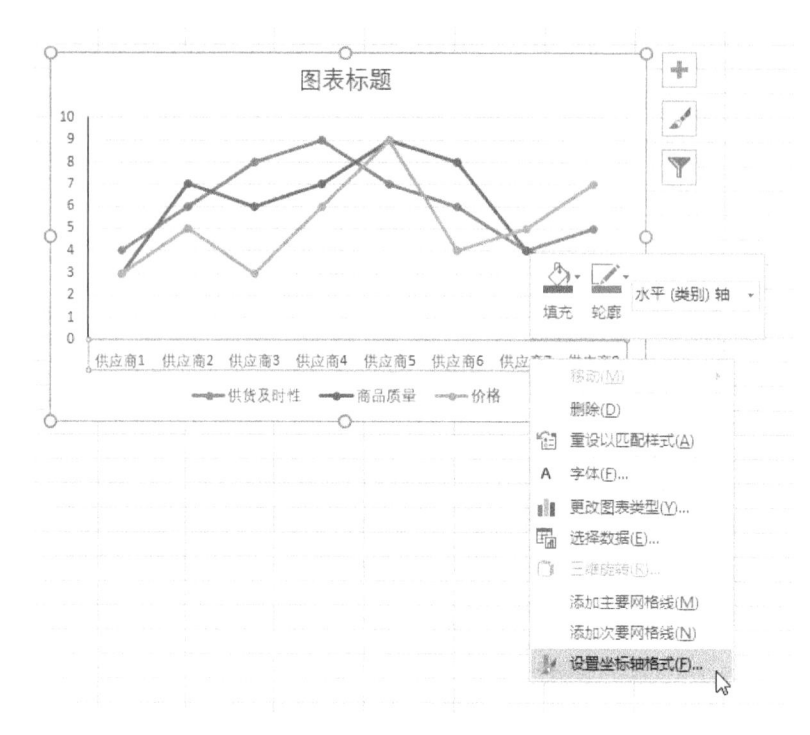

图 8.55 设置横坐标轴格式

Step 7：在弹出来的"设置坐标轴格式"窗格中选择"线条"选项的"实线"，设置"颜色"为黑色，如图 8.56 所示。

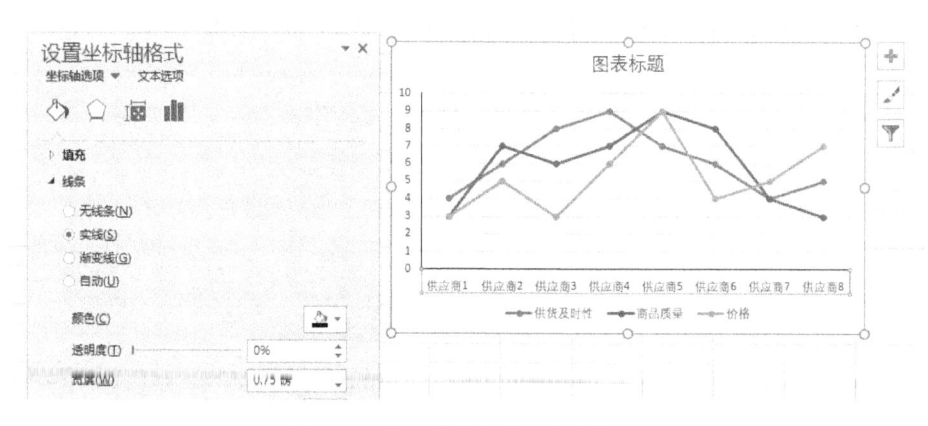

图 8.56 设置横坐标轴线条与颜色

Step 8：选中图表单击鼠标右键，在弹出菜单中选择"更改图表类型…"选项，如图 8.57 所示。

Step 9：在弹出来的"更改图表类型"对话框中选择"所有图表"选项卡的"雷达图"，选择更改雷达图，单击"确定"按钮，如图 8.58 所示。

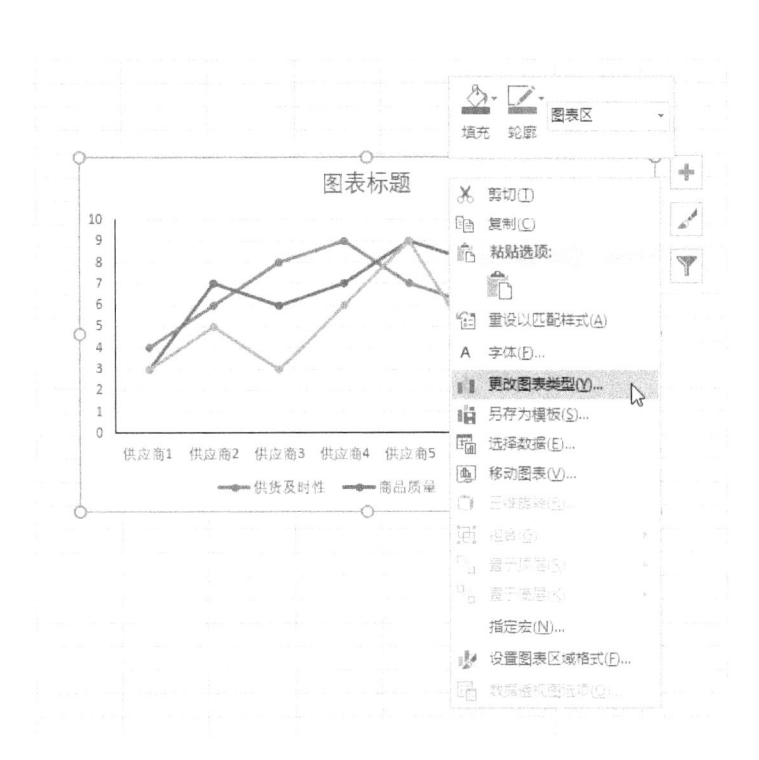

图 8.57 选择 "更改图表类型..." 选项

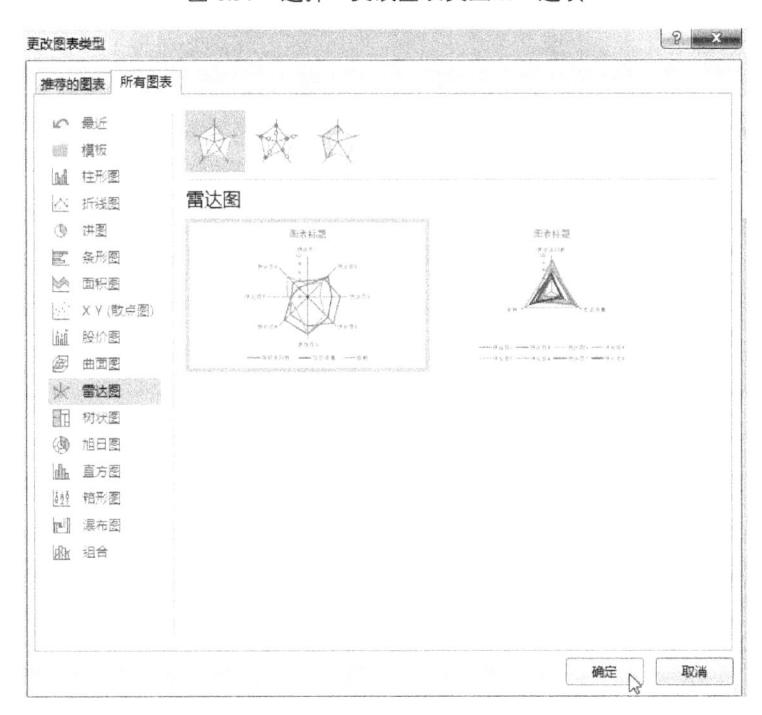

图 8.58 选择更改雷达图

Step 10：将图表标题修改为"供应商供货商品打分"，双击标题并设置字体为"微软雅黑"，字体大小为 14，加粗，获得最终雷达图，如图 8.59 所示。

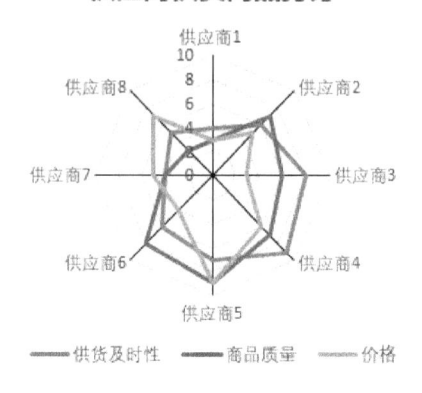

图 8.59 雷达图效果

5. 描述发展趋势类型

描述发展趋势的可视化图表类型是通过使用二维或三维的图表表现方式，解释说明数据背后的事件发展趋势，利用清晰简洁的曲线等图形呈现、预测未来趋势或走向。一般常见的图表类型有随着时间序列变化而发生趋势改变的柱形图、折线图和面积图等。

（1）柱形图。柱形图通常用来显示一段时间的数据更改，以宽度相等的条形通过高度的差异来显示统计指标数值大小的图形。柱形图可以反映事物的变化趋势，例如，某个指标最近一年的变化趋势也可以按照其他维度（如区域、服装类别等）来反映事物的分布情况。在柱形图中，类别通常沿横坐标轴组织，值沿纵坐标轴组织。

使用"水果商品销售"工作表的数据制作柱形图，具体操作如下。

Step 1：打开"水果商品销售"工作表，选择 A1:C7 数据单元格区域，如图 8.60 所示。

	A	B	C
1	名称	价格/斤	订购数量
2	西瓜	6	4
3	香蕉	8	7
4	苹果	4	8
5	葡萄	9	5
6	番茄	12	9
7	柚子	3	3

图 8.60 选择数据制作柱形图

Step 2：选择"插入"选项卡下的"图表"组，单击"插入柱形图或条形图"下拉按钮，如图 8.61 所示。

图 8.61 插入折线图

Step 3：选择"插入柱形图或条形图"下拉菜单中的"簇状柱形图"选项，如图 8.62 所示。

图 8.62 选择"簇状柱形图"类型

Step 4：将图表标题修改为"水果商品销售柱形图"，双击标题并设置字体为"微软雅黑"，字体大小为 14，加粗，获得最终柱形图，如图 8.63 所示。

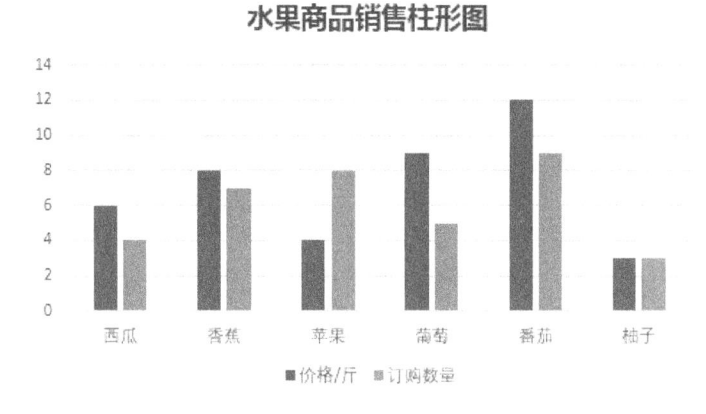

图 8.63 柱形图

（2）折线图。折线图是工作表中以列或行的形式排列的数据通过点和线连在一起的图表。在折线图中，类别数据沿水平轴均匀分布，所有值数据沿垂直轴均匀分布。折线图可在均匀按比例缩放的坐标轴上显示一段时间的连续数据，适合显示相等时间间隔（如月度、季度或会计年度）数据的趋势。

同样，使用"水果商品销售"工作表的数据制作折线图，具体操作如下。

Step 1：打开"水果商品销售"工作表，选择 A1:C7 数据单元格区域，如图 8.64 所示。

Step 2：选择"插入"选项卡下的"图表"组，单击"插入折线图或面积图"下拉按钮，如图 8.65 所示。

图 8.64 选择数据制作折线图

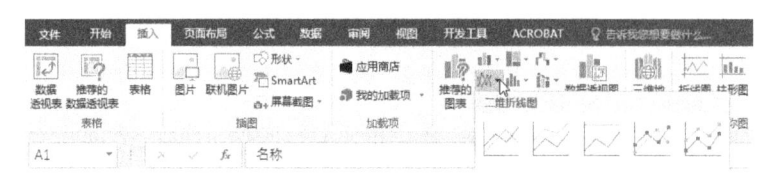

图 8.65 插入折线图

Step 3：选择"插入折线图或面积图"下拉菜单中的"带数据标记的折线图"选项，如图 8.66 所示。

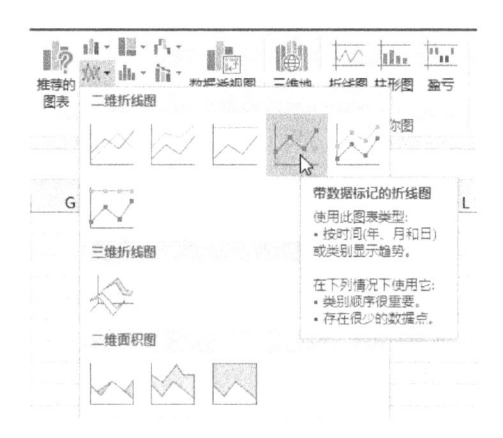

图 8.66 选择"带数据标记的折线图"类型

Step 4：将图表标题修改为"水果商品销售折线图"，双击标题并设置字体为"微软雅黑"，字体大小为 14，加粗，获得最终柱形图，如图 8.67 所示。

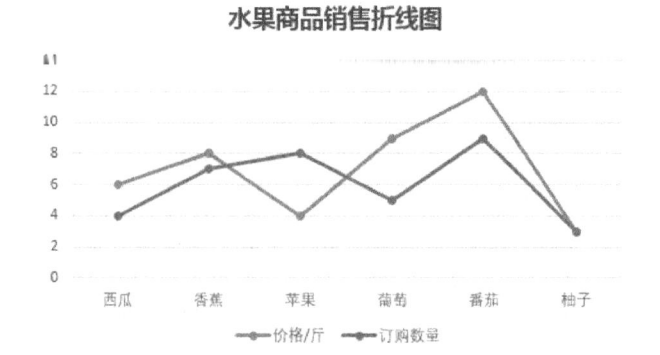

图 8.67 折线图

（3）面积图。面积图是工作表中以列或行的形式排列的数据通过描绘在折线图中加上阴影的面积大小来阐释事件发展趋势和分布情况的图形。面积图可用于绘制能引起关注的随时间发生的总值量变化趋势，并显示部分与整体的关系。

同样，使用"水果商品销售"工作表的数据制作面积图，具体操作如下。

Step 1：打开"水果商品销售"工作表，选择 A1:C7 数据单元格区域，如图 8.68 所示。

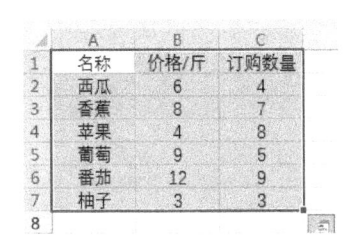

图 8.68　选择数据制作折线图

Step 2：选择"插入"选项卡下的"图表"组，单击"插入折线图或面积图"下拉按钮，如图 8.69 所示。

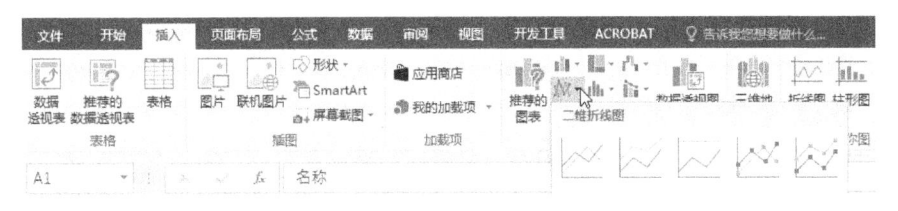

图 8.69　插入折线图

Step 3：选择"插入折线图或面积图"下拉菜单中"二维面积图"中的"堆积面积图"选项，如图 8.70 所示。

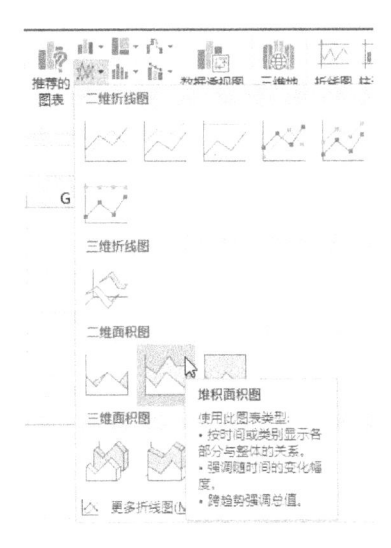

图 8.70　选择"堆积面积图"类型

Step 4：将图表标题修改为"水果商品销售堆积面积图"，双击标题并设置字体为"微软雅黑"，字体大小为 14，加粗，获得最终面积图，如图 8.71 所示。

水果商品销售堆积面积图

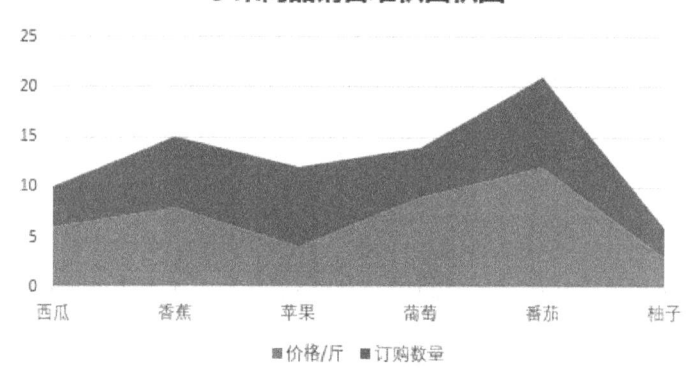

图 8.71　堆积面积图

6. 空间关系类型

描述空间关系的可视化图表是通过地图来反映研究对象事物的地理分布情况或用户的出行轨迹。一般常见的描述空间关系、含有地理区域的数据可视化图表类型可以使用地图图表，此类图表有全球地图、中国地图、省市地图、街道地图、地理热力图等。

地图图表可以比较相关数值、显示跨地理区域情况。例如，按人口划分的国家/地区数值表示每个国家/地区的总人口情况，每个数值使用两种颜色的渐变图谱形象地反映在地理上的人口分布情况及相关人群迁徙情况。

8.2　商务数据分析报告

商务数据分析报告一般是指通过对商务活动或交易过程进行基于数据分析基础，凝练总结出来的一份能阐述研究对象及问题、分析数据背景信息、挖掘数据蕴含规律、提供问题解决方案或预测事物未来发展趋势的总结性文档。在商务领域，企业运营和个人用户需要在日常的管理与运行工作中，对所涉及的商务数据进行获取、整理、分析与要点提炼，然后将问题分析过程与数据研究结果整理成一份通俗易懂、解决实际问题、支持决策依托的商务数据分析报告。一份条理清晰、分析严谨、结论明确、简洁美观的商务数据分析报告，是对企业或个人商务活动数据分析的详细总结。

无论是回顾前期工作、落实当前业务活动，还是预测展望未来发展趋势，数据分析及其报告撰写都是繁杂琐碎、考验数据思维与组织协调能力的艰巨工作。因此，能够总结撰写出高质量、高价值的商务数据分析报告，不仅能够充分地展现数据分析业务的能力，还可以体现数据蕴含的价值。同时，数据分析报告也是企业或个人梳理业务流程，厘清工作逻辑并发现问题、研究问题、解决问题的保证。

本节从商务数据分析报告的基础类型与构架、主要内容和撰写注意事项等几个方面进行介绍，梳理总结出一份优秀的数据分析报告撰写的关键要素。

8.2.1 商务数据分析报告基础

商务数据分析报告是数据分析人员明确问题、分析数据、思考关联、总结规则的数据分析结果。因此,大部分的工作不仅仅只是"写"报告,或者将所有的数据结果进行"罗列",并且没有主题、没有重点、没有主次地堆砌成文。商务数据分析报告应该是"数据分析+逻辑推理+论据支持+结论明确"的综合体,在准备撰写报告之前,需要以下几方面基础准备工作。

1. 明确落实报告的读者类型

报告是给人阅读的,不同的读者因其背景知识与信息获取能力不同,对一份翔实全面的数据分析报告所理解和期待的点也是不一样的。所以需要报告撰写者首先明确落实数据分析报告的读者类型,即明确报告分析的目的,拟解决什么问题及其解决方案。

例如,电子商务淘宝平台某电子产品企业旗舰店在618销售狂欢节过后,对数据进行分析并形成报告,作为企业的领导,其关注的内容是销售问题与解决方案,而一线的销售人员则更多地关注产品销售利润的增减与畅滞销产品,后者更关注与其销售提成绩效相关的结论信息。

2. 厘清报告框架与撰写思路

数据分析报告的整体框架和撰写思路,应反映自然的问题分析流程,并最终得出结论。

在面对拟研究分析的对象及其数据集时,一份报告从整体框架上需要把握并规定好各分项模块内容应完成什么撰写任务,然后在实施展开数据分析的过程中,拆解一个较为复杂的问题对象,逐步分析相关联数据,并获得数条初步结论,最后在整理报告结束部分进行结论整合,输出最重要的报告部分给读者用户。换而言之,一个清晰的分析撰写思路,体现了分析者对问题的理解程度、数据的处理操作熟练度,以及总结陈述结论的优秀能力。

3. 确保分析数据的翔实准确

翔实准确的数据采集与处理是撰写一份分析报告最重要的环节之一。随着大数据技术手段的广泛使用,企业和个人往往能获取到超过传统手工数据收集模式的几倍甚至十几倍的数据量。而且,这些数据无论从数量上还是维度上都大大超过了传统数据分析方法所能处理的范畴。因此,在数据的获取和处理环节,往往会占用撰写数据分析报告六成甚至更多的时间。

鉴于数据的采集和处理需要较长的时间和繁杂的程序环节,准确翔实的数据源显得至关重要。如果数据基础不真实准确,一份分析报告的基本构成就不准确,分析的作用和结果就没有任何意义。因此,在进行报告撰写的前期基础准备中,务必确保所采集整合的数据可靠、数据来源口径一致和范围明确。

4. 利用恰当适度的图表

数据分析报告的图表使用并不是简单地堆砌曲线图、饼图、柱状图、散点图、二维数据表等其他类型图表在一起,图表的使用应该是报告撰写框架和思路的具体化。而且,图与图之间、图与表之间的关系,搭配使用是否能进一步阐释想要分析的问题,是否能佐证问题分析的结论信息,都需要认真地思考并恰当地使用在报告中。另一方面,图表的使用数量是否恰当，同样是一份高质量的数据分析报告需要合理安排分配的内容。过多的图表展示，往往会带来数据罗列、重点信息不突出的印象。

5. 给出准确适用的结论

数据分析报告不仅阐释了所研究的问题对象与事物之间的联系等客观存在事实，更重要的是，基于报告中前述问题来源背景陈述、数据采集处理分析、数据逻辑推理规则挖掘，应给出准确、适用、有针对性的结论及解决方案建议。因此，作为一份高质量的数据分析报告最核心与精华的部分，应该是对数据的理性分析与推理之后，得出明确有意义的结论。

8.2.2 商务数据分析报告类型

一份高质量的优秀商务数据分析报告，有着明确的类别划分，即报告所适用的场景类型。一般可以对商务数据分析报告划分为四种类型：咨询类报告，描述类报告，因果类报告和预测类报告。

1. 咨询类报告

此类型数据分析报告更多类似于问答式分析报告，在通过一系列的问题明确辨析、数据分析推理之后，给出相应的分析结论，并在此基础上提供给企业或个人具有相对应价值的建议指南。例如，对某企业拟进入新领域的相关产品上下游制造业、物流系统、销售环境与市场成熟度的商务数据咨询分析报告。

2. 描述类报告

此类型报告一般为陈述性分析报告，记录分析对象或问题的相关信息，尽可能全面翔实地记录重现对象的数据。例如，对电商企业业务的周期性数据展现，诸如月、季、年销售额，客户关注度，商品库存情况等。

3. 因果类报告

此类型报告与描述类报告相似，在描述类报告的基础上，增加了对导致问题发生或研究对象出现的原因阐释，研究问题的根本原因。例如，某工厂产品质量不及格率在一个月内急剧攀升的问题，报告需要找出该问题背后的原因。

4. 预测类报告

此类型报告是通过对研究对象或事实的相关数据进行分析之后，推理判断产生此现象的原因，并对未来的一种规划和预测判断。例如，某地区由于气候在一段时间内存在高温的可能，干旱事件发生的概率极大，因此，商家可以使用预测类报告对未来该地区相应的抗干旱和蓄水产品采购需求做出预测判断，及时调整销售策略与产品储备。

8.2.3 商务数据分析报告撰写

撰写一份商务数据分析报告，需要遵循一定的流程和分析模板，从而保证形成报告的质量和水平。虽然，现实的商务主体及其活动场景十分不同，但从标准的报告使用目的出发，遵循一定的报告撰写流程和模板是必要且高效的。

如图 8.72 所示，撰写报告首先要明确数据分析报告的类型，即确定报告的使用主体类别及其需求，并按照前述四种商务数据分析报告类型，遵循以下内容架构组织与流程，开展报告撰写工作。

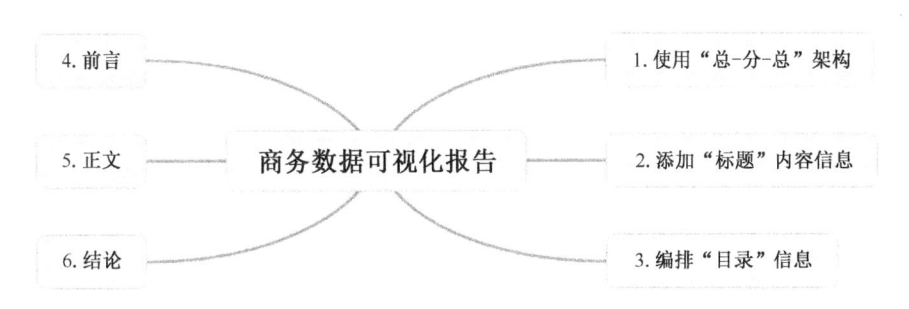

图 8.72　商务数据分析报告架构与撰写内容

1. 使用"总-分-总"架构组织报告内容

此处的第一个"总"指的是报告的标题、目录、背景、目的和思路，"分"指的是每一个单项内容的具体撰写，而最后一个"总"指的是将报告的最后分析结论、提供建议、收集数据附录等内容进行总结性概括和陈述。

2. 添加"标题"内容信息

标题作为一项能够以最简约、高度概括、全面展示数据分析报告内容的精华部分，是报告撰写者需要认真思考和总结的内容。清晰明确的标题可以让报告读者准确地理解文档的主要目的，在标题中适当地加入报告部分或关键性结论信息，也可以达到传递报告信息的效果。

例如，某咨询公司提供给企业一份关于生鲜品需求供给变化方面的报告，可以在标题中直接嵌入相关分析结论，即《物流人力成本攀升因素下的生鲜链路线上市场销售利润下降》。

3. 编排"目录"信息

目录是全面展现数据分析报告整体架构框架的部分，在目录的章节、子节结构设计下，报告整合的分析内容从逻辑上进行编排，保证行文的一致连贯性。

4. 前言

分析报告中前言部分内容的作用等同于文章摘要，其展示分析了报告的目的和背景、阐述事件现状或存在问题、分析需要研究解决的问题、使用了何种分析思路与模型，并给出报告总结性的结论与研究数据来源。

5. 正文

数据分析报告的正文内容需要以较强的逻辑性组织文字、编排内容、阐释现状和严谨推理论证问题。除此之外，在正文中的组织架构需要清晰可见、层次分明，全面符合前面目录所展示的整体框架。报告内容的文字呈现需要前后逻辑一致，不出现跳跃性思维，可视化图表使用在恰当的报告位置，以简洁的方式将数据呈现在读者面前。在使用图表的同时，适当地对涉及的专业术语和研究方法进行解释，逐步从问题探究、数据研判、逻辑分析，到最后给出易懂明了直接的观点和结论。

6. 结论

数据分析报告的结论是经过严谨分析的结果。虽然一个报告中涉及的研究问题可能不止一个，相关的分析工作也不止一个章节，所以报告的形成过程必将是多个子结论共同存在于分析报告之中。在进行分析报告的最后总结性陈述时，一定是选择整合和研究目标最相关的观点或论点，形成一个比较集中的总结论性内容，避免分散性观点和子论点扰乱读者的阅读思路。

以上是商务数据分析报告撰写的一个提纲化的解释，需要说明的是，在现实商务活动中的业务是多种多样的，并不是模板化的商业行为。而且不同的业务分析内容及报告阅读者习惯差异，分析报告的结构也相应不同。上述的报告撰写结构基于考虑内容的完整性和报告的适用性，提出的针对不同行业、不同使用目的指引下的基本数据分析报告框架。因此，在实际应用场景中，应依据企业或个人的实际业务进行有针对性的调整，最终形成最合适的商务数据分析报告。

本章小结

本章主要介绍了商务数据可视化基础内容：商务数据可视化效果、可视化方法、可视化交互内容、可视化图表，并精简分类了可视化图表使用类别，以及介绍了可视化效果应遵循的要点等方面。同时，本章也重点阐述了如何使用适当的商务数据可视化方法进行数据可视化图表图形制作，并描述了从商务数据可视化交互角度出发，在数据可视化过程中应该注意的原则。

商务数据的分析与可视化的最终目的是应用分析与可视化结果到数据分析报告。因此，本章还对报告撰写的基础知识进行了介绍，并分类解释了分析报告的类型及相关应用场景，给读者普及了如何撰写商务数据分析报告。最后，针对分析报告的内容，以模板化的方式介绍了如何通过相应架构进行内容准备，完成一份高质量的数据分析报告。同时，本章阐释了在实际商务场景中商务数据的分析与应用，其中每一份报告与实际问题背景、适用领域及其读者是相匹配的，需要对相应的数据源进行合理地采集分析处理，最终服务于使用报告的读者对象。

练习与实践

综合使用本章数据可视化的图表制作方法，使用"会员消费记录"工作表的数据信息，如表 8.1 所示，分别制作会员性别比例饼图、会员地址来源与消费额相关性散点图，以及会员消费记录雷达图。

表 8.1 会员消费记录

会员 ID	性别	出生日期	地址	消费总金额	消费次数
GZ0066001	M	1976-10-23	广州市天河区	8302	92
GZ0066002	M	1976-1-17	上海市崇明区	4290	70
GZ0066003	F	1981-2-26	湖南省长沙市	7277	85
GZ0066004	M	1981-2-26	湖南省长沙市	7219	86
GZ0066005	M	1980-8-1	河南省洛阳市	8870	122
GZ0066006	F	1987-3-16	山东省济南市	5433	135
GZ0066007	F	1981-3-21	湖北省武汉市	12288	167
GZ0066007	F	1981-3-21	湖北省武汉市	12288	167
GZ0066007	F	1981-3-21	湖北省武汉市	12288	167
GZ0066008	M	1977-3-28	海南省三亚市	6577	124
GZ0066008	M	1977-3-28	海南省三亚市	6577	124
GZ0066008	M	1977-3-28	海南省三亚市	6577	124
GZ0066008	M	1977-3-28	海南省三亚市	6577	124
GZ0066009	M	1980-8-17	黑龙江省大庆市	3252	76
GZ0066009	M	1980-8-17	黑龙江省大庆市	3252	76

参考文献

[1] 郭清溥,张桂香. Excel 2016 数据处理与分析(微课版). 北京:人民邮电出版社,2020.
[2] 廖莎,胡辉,孙学成. 商务数据可视化(全彩微课版). 北京:人民邮电出版社,2019.
[3] 沈凤池. 商务数据分析与应用. 北京:人民邮电出版社,2019.
[4] ExcelHome. Excel 2016 数据处理与分析:微课版. 北京:人民邮电出版社,2019.
[5] 苏林萍,谢萍. Excel 2016 数据处理与分析应用教程(微课版). 北京:人民邮电出版社,2019.
[6] 夏榕,高伟籍,胡娟,等. Excel 商务数据分析与应用(慕课版). 北京:人民邮电出版社,2018.
[7] 点金文化. Excel 2016 数据处理与分析从新手到高手. 北京:电子工业出版社,2016.

欢迎广大院校师生 **免费** 注册应用

华信SPOC官方公众号

www.hxspoc.cn

华信SPOC在线学习平台

专注教学

- 教学课件 师生实时同步
- 数百门精品课 数万种教学资源
- 多种在线工具 轻松翻转课堂
- 电脑端和手机端（微信）使用
- 测试、讨论、投票、弹幕…… 互动手段多样
- 一键引用，快捷开课 自主上传，个性建课
- 教学数据全记录 专业分析，便捷导出

登录 www.hxspoc.cn 检索 | 华信SPOC 使用教程 | 获取更多

华信SPOC宣传片

教学服务QQ群： 1042940196
教学服务电话：010-88254578/010-88254481
教学服务邮箱：hxspoc@phei.com.cn

电子工业出版社　华信教育研究所